FOKUS CHEMIE

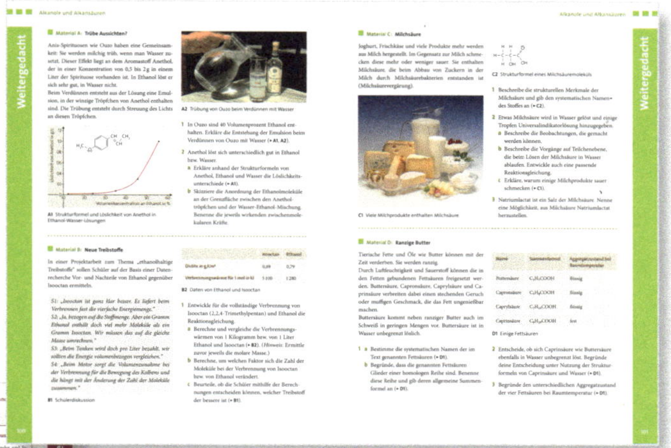

WEITERGEDACHT

Hier wird es knifflig: Ähnlich wie in einer Leistungskontrolle fordern dich diese Aufgaben heraus! Beschäftige dich zuerst mit dem vorgestellten Material, damit du diese Aufgaben lösen kannst.

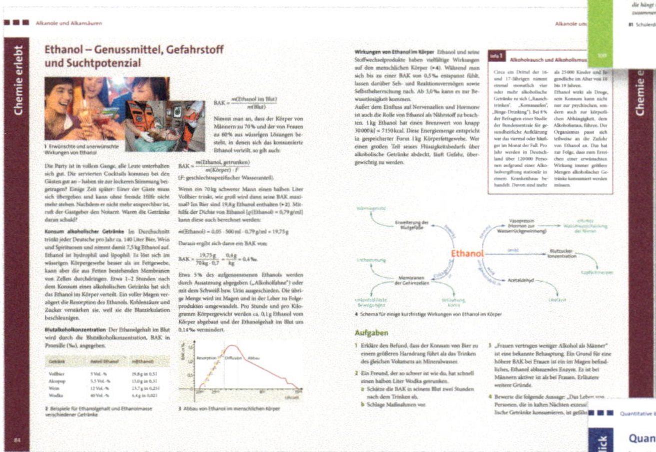

CHEMIE ERLEBT

Themen, die die Chemie lebendig machen: Energie, Umwelt, Geschichte, Gesundheit und mehr – mit Texten, Abbildungen und Experimenten, die tiefer in die Anwendungsbereiche der Chemie einsteigen lassen.

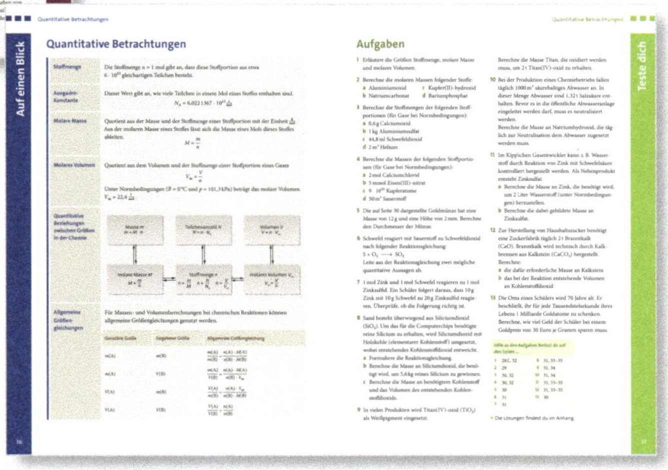

AUF EINEN BLICK UND TESTE DICH

Am Kapitelende findest du die wichtigsten Fachbegriffe *Auf einen Blick* erklärt.
Unter *Teste dich* findest du zur Überprüfung des Grundwissens zusätzliche Aufgaben mit den Lösungen im Anhang.

FOKUS
CHEMIE 9/10

SACHSEN-ANHALT

Cornelsen

FOKUS CHEMIE

Autoren:	Dr. Karin Arnold (Treuen), Andreas Grimmer (Magdeburg), Dr. Anja Grimmer (Magdeburg)
mit Beiträgen von:	Dr. Barbara Arndt, Prof. Dr. Volkmar Dietrich (†)
Herausgeber:	Dr. Karin Arnold
Autoren weiterer Ausgaben:	Michaela Böttger, Andreas Eberle, Dr. Holger Fleischer, Andrea Hein, Annkathrien Jaek, Carina Kronabel, Dr. Uwe Lüttgens, Ralf Malz, Jörn Peters, Hannes Rehm, Steffen Schäfer, Inge Töwe
Redaktion:	Dr. Angelika Fallert-Müller, Dr. Claudia Seidel
Illustration und Grafik:	Hannes von Goessel, Birgit Janisch, Tom Menzel, Oxana Rödel, Detlef Seidensticker
Umschlaggestaltung und Layoutkonzept:	EYES-OPEN, Berlin
Layout und technische Umsetzung:	Oxana Rödel, Absatz DTP-Service, Teltow

Begleitmaterial zum Lehrwerk

Lösungen	978-3-06-015717-4
Gefährdungsbeurteilungen auf DVD	978-3-06-013158-7
Handreichungen Teil 2	978-3-06-013157-0
Begleitmaterial auf USB-Stick mit Unterrichtsmanager und E-Book auf Scook	978-3-06-012705-4

www.cornelsen.de

Das Buch setzt die neue EU-Verordnung zur Einstufung und Kennzeichnung von Chemikalien um (Globally Harmonised System of Classification and Labelling of Chemicals, GHS).

Experimente sind in der Regel Schüler-Experimente. Wenn sie mit einem L markiert sind, dürfen sie nur von der Lehrerin oder dem Lehrer durchgeführt werden.

1. Auflage, 2. Druck 2018

Alle Drucke dieser Auflage sind inhaltlich unverändert und können im Unterricht nebeneinander verwendet werden.

Druck und Bindung: Livonia Print, Riga

ISBN 978-3-06-015715-0 (Schülerbuch)
ISBN 978-3-06-015716-7 (E-Book)

PEFC
PEFC/12-31-006

PEFC zertifiziert
Dieses Produkt stammt aus nachhaltig bewirtschafteten Wäldern und kontrollierten Quellen.

www.pefc.de

Inhalt

ALKANOLE UND ALKANSÄUREN 78

VOM STICKSTOFF ZUM DÜNGEMITTEL 102

GRUNDLAGEN CHEMISCH-TECHNISCHER VERFAHREN 118

PRAKTIKUM UND SYSTEMATISIERUNG 146

ANHANG 172

Erinnere dich

Das hast du in der 7. und 8. Klasse gelernt.

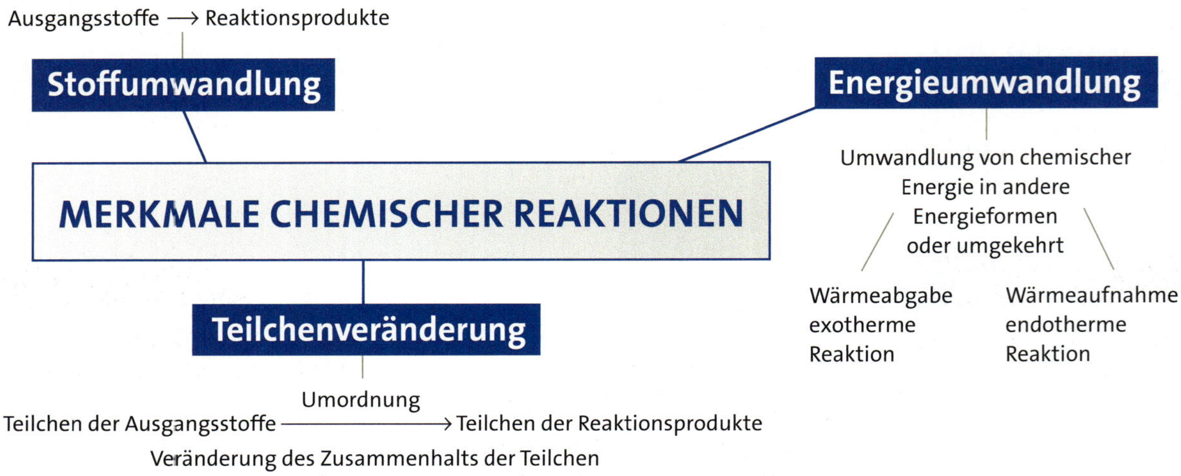

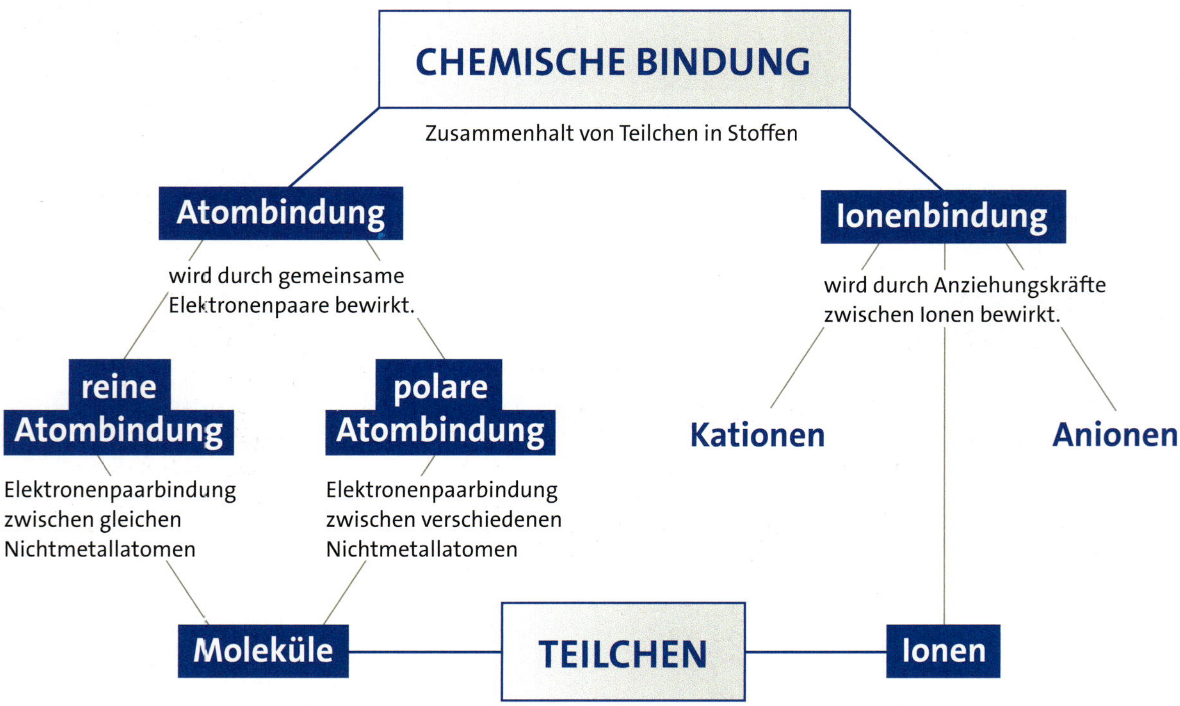

STOFFKLASSEN

Molekülsubstanzen

Teilchenart: Moleküle

Nichtmetalle

- Sauerstoff
- Stickstoff
- Wasserstoff
- Halogene

Nichtmetalloxide

- Wasser
- Kohlenstoffdioxid
- Stickstoffmonooxid
- Schwefeldioxid

Säuren

- Salzsäure
- Salpetersäure
- Schwefelsäure
- Phosphorsäure

Ionensubstanzen

Teilchenart: Ionen

Metallsulfide

- Natriumsulfid
- Bariumsulfid
- Zinksulfid

Metalloxide

- Kaliumoxid
- Calciumoxid
- Blei(IV)-oxid

Metallhydroxide

- Natriumhydroxid
- Bariumhydroxid
- Aluminiumhydroxid

Salze

- Natriumchlorid
- Calciumbromid
- Kaliumiodid

ARTEN CHEMISCHER REAKTIONEN

Oxidation

Reaktion eines Stoffes mit Sauerstoff

Dissoziation

Bildung von Ionen beim Lösen eines Stoffes in Wasser

Neutralisation

Wasserstoff-Ionen einer sauren Lösung reagieren mit Hydroxid-Ionen einer basischen Lösung.

Fällung

Reaktion, bei der aus wässrigen Lösungen Ionen eines schwer löslichen Salzes zu Kristallen zusammentreten und als Niederschlag ausfallen

WÄSSRIGE LÖSUNGEN

Saure Lösungen

- Überschuss an Wasserstoff-Ionen
- entstehen durch Lösen einer Säure in Wasser
- $HCl \rightleftharpoons H^+ + Cl^-$

Basische Lösungen

- Überschuss an Hydroxid-Ionen
- entstehen durch Lösen einer Base in Wasser
- $NaOH \rightleftharpoons Na^+ + OH^-$

Neutrale Lösungen

- weder sauer noch basisch
- Wasserstoff-Ionen und Hydroxid-Ionen in gleicher (geringer) Anzahl

Vom Kohlenstoff bis zum Kalkstein

Kalk ablagern erwünscht! Aus Thermalquellen entspringt bei Pamukkale in der Türkei besonders kalkhaltiges Wasser. Es verdunstet, während es über die Sinterterrassen fließt, und schneeweißer Kalk kristallisiert aus. Weithin sichtbar sind die weißen Kreidefelsen von Rügen und bilden ein Wahrzeichen der Ostseeinsel. Kreide, Kalk und Kalkstein enthalten Kohlenstoff als Carbonat. In elementarer Form kommt Kohlenstoff auf der Erde als Kohle und Diamant vor.

Modifikationen des Kohlenstoffs

Kohlenstoff wird als superfestes Schneidmittel oder als weiches Schmiermittel eingesetzt. Er kann durchsichtig oder dunkelgrau sein; leitet den elektrischen Strom nicht oder wird als Elektrodenmaterial bei der Gewinnung von Metallen eingesetzt. Als Diamant sehr teuer oder als Graphit ganz billig – und trotzdem alles Kohlenstoff.

1 Diamant und Graphit – Erscheinungsformen des Kohlenstoffs

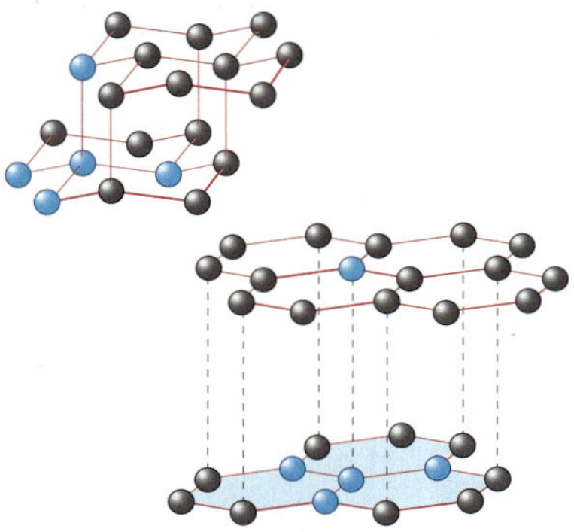

2 Modell der Anordnung der Kohlenstoffatome in Diamant und Graphit

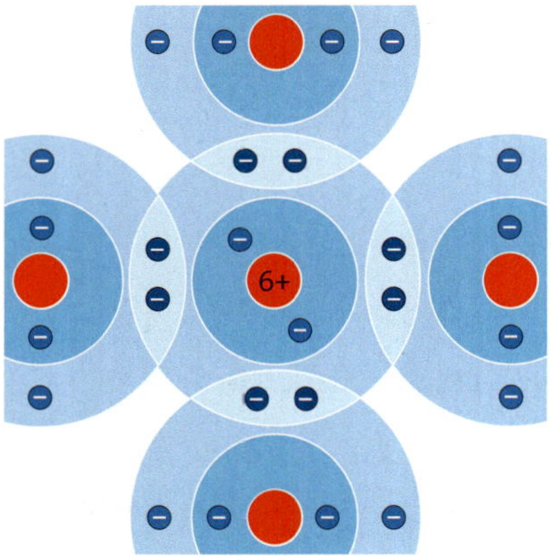

3 Bindungsverhältnisse eines Kohlenstoffatoms im Raumgitter von Diamant (Ausschnitt)

Eigenschaften und Verwendung von Graphit und Diamant In der Natur kommt reiner Kohlenstoff vor allem als Diamant und Graphit vor. **Diamant** ist das härteste natürlich vorkommende Mineral. Diamanten werden als Werkzeug zum Schleifen und Schneiden von sehr harten Materialien verwendet. Geschliffene Diamanten sind durchsichtig, stark lichtreflektierend und -brechend und gelten als begehrte Schmucksteine. **Graphit** ist dunkelgrau, schuppig und weich. Bei Berührung können dünne Schichten abgerieben werden. Im Gegensatz zu Diamant leitet Graphit den elektrischen Strom. Er wird zur Herstellung von Elektroden sowie als Schmiermittel verwendet (▸**1**).

Bau von Graphit und Diamant Diamant und Graphit sind aus Molekülen aufgebaut, die aus Tausenden von Kohlenstoffatomen bestehen. Bei **Diamant** ist jedes Kohlenstoffatom mit vier anderen Kohlenstoffatomen durch Atombindung verbunden (▸**2**). Jedes Atom teilt sich seine Außenelektronen mit vier anderen Kohlenstoffatomen (▸**3**). Abstände und Anziehungskräfte zwischen den Atomen sind untereinander gleich. Die Kohlenstoffatome bilden ein regelmäßiges, sehr stabiles Raumgitter. Da alle vier Außenelektronen eines Kohlenstoffatoms an Elektronenpaarbindungen beteiligt sind, leitet Diamant den elektrischen Strom nicht.
Im **Graphit** bilden die Kohlenstoffatome Schichten, in denen sie in stabilen Sechsringstrukturen angeordnet sind (Schichtgitter, ▸**2**). In einer Ebene bilden die Kohlenstoffatome mit drei ihrer vier Außenelektronen Atombindungen zu den benachbarten Kohlenstoffatomen aus. Das vierte Außenelektron ist frei beweglich und deshalb ist Graphit elektrisch leitfähig. Zwischen den Schichten wirken geringere Anziehungskräfte, weshalb sie gegeneinander verschiebbar sind. Dies erklärt die leichte Spaltbarkeit und Schmierwirkung von Graphit.

Modifikationen des Kohlenstoffs Tritt ein Element wie der Kohlenstoff in der Natur in verschiedenen Erscheinungsformen auf, so werden diese als **Modifikationen** bezeichnet. Alle Modifikationen des Kohlenstoffs bestehen aus Kohlenstoffatomen, die durch Atombindung untereinander verbunden sind. Die Anordnung der Kohlenstoffatome ist jedoch unterschiedlich.

Eine weitere, erst 1985 entdeckte Modifikation des Kohlenstoffs sind die **Fullerene**, deren Moleküle aus einer begrenzten Anzahl Kohlenstoffatomen (unter anderem 60, 70 oder 240) aufgebaut sind. Diese Atome bilden eine molekulare Hohlkugel mit Fünf- und Sechsringsystemen als Begrenzungsflächen. Es gibt verschiedene Fullerenstrukturen. Die bekannteste und auch stabilste ist das „fußballartige“ **Buckminster-Fulleren** (C_{60}) aus 60 Kohlenstoffatomen. Dieses „Fußballmolekül“ besteht aus zwölf Fünfecken und zwanzig Sechsecken (▸5). Man erzeugt Fullerene künstlich aus Graphit durch Verdampfen in einem Lichtbogen.

Eigenschaften von Fullerenen Die elektrischen Eigenschaften der Fullerene liegen zwischen jenen von Graphit und Diamant. Fullerene sind Halbleiter. Durch Einbau geeigneter Atome in die Hohlräume ihrer Moleküle kann die elektrische Leitfähigkeit erhöht werden, sodass Fullerene metallähnlich oder sogar supraleitend werden. Die Kristalle dieser Modifikation sind in unpolaren Lösungsmitteln löslich.

Verwendung von Fullerenen Die Fullerenforschung ist noch sehr jung, aber die Anfangsphase ist überwunden, dies zeigen Anwendungen bei Hochspannungsschaltern oder Fotokopierern. Neue Einsatzgebiete auf dem Gebiet der Elektrotechnik sind Leichtgewichtbatterien, Flachbildschirme, Solarzellen und Supraleiter. In der Medizin könnten sie für den Transport von Medikamenten im Körper genutzt werden. So ist es denkbar, sehr aggressive, gesundheitsschädliche Medikamente in der HIV-Therapie in Fullerene einzuschließen, sie gezielt zu injizieren und am Ort der Erkrankung anzuhäufen.

Graphit, Diamant und Fullerene sind Modifikationen des Kohlenstoffs, in denen die Kohlenstoffatome durch Atombindungen verbunden sind. Aus den unterschiedlichen Anordnungen der Atome ergeben sich die typischen Eigenschaften.

Info

„Carbon“ – ist ein kohlenstofffaserverstärkter Kunststoff. Kohlenstofffasern werden industriell aus kohlenstoffhaltigen Ausgangsmaterialien hergestellt, die durch spezielle thermische Verfahren in graphitartig angeordneten Kohlenstoff umgewandelt werden. Carbonfasern sind außerordentlich leicht und zugfest. Ihre Dicke beträgt lediglich 5–8 µm. Um sie nutzen zu können, werden sie in Kunststoff eingebettet.

4 Carbonfasermatten für die Herstellung von Skiern

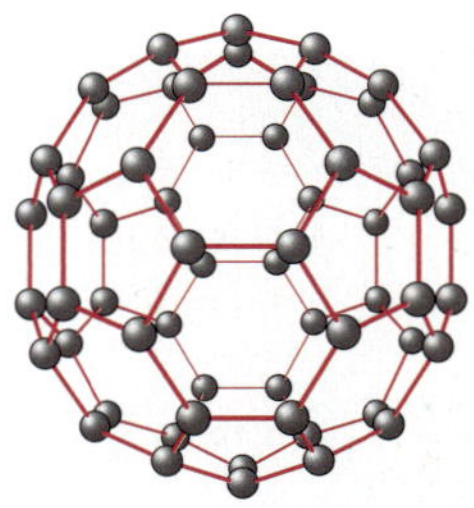

5 Modell eines C_{60}-Fullerens

Aufgaben

1 Vergleiche die verschiedenen Einsatzgebiete von Diamant und Graphit. Begründe mithilfe des Baus der Stoffe.

2 Aus Graphit können Diamanten hergestellt werden. Begründe, warum dies möglich ist.

3 Diamant und Graphit verbrennen in reinem Sauerstoff vollständig zu Kohlenstoffdioxid. Entwickle die Reaktionsgleichung für diesen Vorgang. Leite eine Aussage zum Bau der Stoffe ab.

4 Vergleiche die Modifikationen Diamant und Graphit hinsichtlich des Baus und der Verwendung in einer Tabelle.

5 Nenne typische Eigenschaften der Fullerene und deute sie anhand ihres Baus.

Nanotubes und Graphen

Neben Diamant, Graphit und den Fullerenen existieren noch zwei weitere Modifikationen des Kohlenstoffs. Sie sind nicht nur für den Wissenschaftler interessant, sondern bieten aufgrund der außergewöhnlichen Eigenschaften zukünftig ein breites Anwendungsspektrum.

Nanotubes

Nanotubes sind sehr kleine molekulare Röhren aus Kohlenstoffatomen. Entdeckt wurden sie 1991 zufällig bei der Herstellung von Fullerenen.
Im Bau sind sie dem Graphit sehr ähnlich. Bei Nanotubes sind die Ebenen aus Kohlenstoffatomen jedoch zu einer Röhre aufgerollt. Aufgrund der starken Bindungskräfte zwischen den Kohlenstoffatomen sind Nanotubes viel steifer und mechanisch fester als andere Werkstoffe. Sie sind je nach Struktur metallisch leitend, halbleitend oder sogar supraleitend und werden zum Bau von Transistoren oder Displays eingesetzt. Nach Mischung mit herkömmlichem Kunststoff lassen sich sogar elektrisch leitende Kunststoffe herstellen, die z. B. im Fahrzeugbau verwendet werden. Durch elektrischen Strom lassen sich die Nanotubes bewegen. Daher erforscht man derzeit ihre Eignung als künstliche Muskeln.

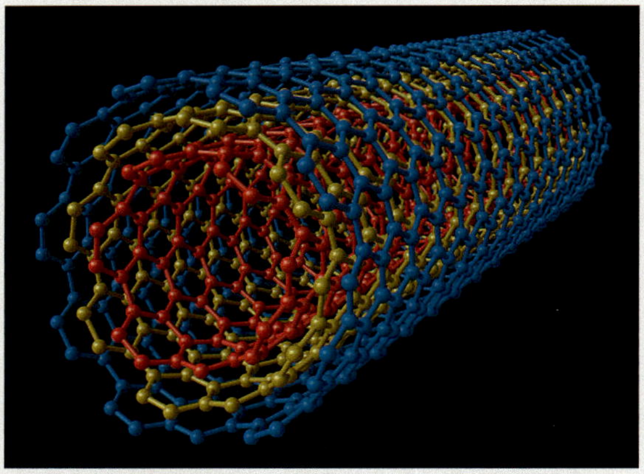

1 Anordnung der Kohlenstoffatome in einer mehrschichtigen Nanotube

Aufgabe

1 Begründe, weshalb Graphen im Gegensatz zum Graphit seine hohe Stabilität erst als einlagiges Molekül aus Kohlenstoff erreichen kann.

Graphen – ein zweidimensionaler Werkstoff

Graphen besteht nur aus einer einzigen Lage Kohlenstoff, die wie eine Graphitschicht aufgebaut ist – es ist daher praktisch zweidimensional. Für die Entdeckung des Graphens haben die Wissenschaftler Andre Geim (*1958) und Konstantin Novoselov (*1974) im Jahr 2010 den Nobelpreis für Physik erhalten.
Im Gegensatz zu Graphit, dessen schlechte Stabilität jeder vom Brechen der Bleistiftminen her kennt, ist eine Lage Graphen jedoch mehr als 100-mal zugfester als Stahl. Diese außergewöhnliche Eigenschaft kann Graphen erst als einlagiges Molekül aus Kohlenstoffatomen erreichen.

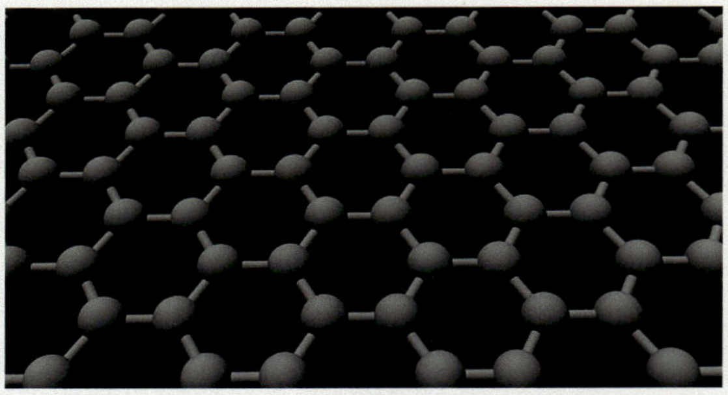

2 Graphen – das dünnste Material der Welt

Info 1

Graphen – das Material der Zukunft

Die Anwendungsmöglichkeiten für Graphen scheinen einem Science-Fiction-Roman entnommen zu sein. Vorstellbar sind hauchdünne Displays, die zusammengefaltet in eine Hemdtasche passen und trotzdem funktionieren, Tarnkappen und superschnelle Wunderchips für die Computerbranche. Wegen seiner hohen Zugfestigkeit kommt dem Graphen auch im Bauwesen eine visionäre Rolle zu, z. B. würden die Tragseile der Golden Gate Bridge statt einem halben Meter nur noch wenige Zentimeter dick sein.

3 Tragseil der Golden Gate Bridge

Eigenschaften von Kohlenstoffdioxid

Exp. 1 **Herstellung von Kohlenstoffdioxid**

Gib in ein Reagenzglas eine zerbröselte Brausetablette und tropfe anschließend etwas Wasser dazu. Verschließe das Reagenzglas mit einem durchbohrten Stopfen mit Schlauchansatz. Fange das Gas durch Luftverdrängung auf.
Notiere deine Beobachtungen. Stelle eine Vermutung auf, warum das Gas nicht pneumatisch aufgefangen werden sollte.
Entsorgung: Reste vollständig auflösen und ins Abwasser geben.

Exp. 2 **Nachweis von Kohlenstoffdioxid**

Tropfe mit einer Pipette einige Milliliter Kalkwasser (GHS07) in ein mit Kohlenstoffdioxidgas gefülltes Reagenzglas (z. B. aus Exp. 1). Verschließe das Reagenzglas mit einem Stopfen und schüttle vorsichtig.
Notiere deine Beobachtungen.
Entsorgung: Reste ins Abwasser geben.

Exp. 3 **Löschpulver**

Entzünde in einer Porzellanschale einige Tropfen Leichtbenzin (GHS02|07|08|09). Bestäube die Flammen mithilfe eines feinen Siebes mit Natron.
Notiere deine Beobachtungen und werte sie aus.
Entsorgung: Reste in den Behälter für halogenfreie organische Abfälle geben.

Exp. 4 **Einfluss des Drucks auf die Löslichkeit von Kohlensäure**

Öffne eine Flasche spritziges Mineralwasser und fülle ein Reagenzglas zur Hälfte. Füge einige Tropfen eines Indikators hinzu und erwärme langsam.
Notiere deine Beobachtungen und deute sie.
Entsorgung: Reste ins Abwasser geben.

Exp. 5 **Herstellen von Kohlenstoffdioxid und untersuchen seiner Eigenschaften**

Streue auf den Boden eines großen, weiten Becherglases ein Päckchen Backpulver und gib etwa 10 ml Speiseessig auf das Backpulver, sodass es gut angefeuchtet wird. Lass die Mischung aus Backpulver und Essig 2–3 min stehen. Notiere deine Beobachtungen. Gieße anschließend das Gas vorsichtig in ein zweites Becherglas, auf dessen Grund ein brennendes Teelicht steht. Beschreibe deine Beobachtungen. Diskutiere die ermittelten Ergebnisse.
Entsorgung: Feststoffe in Sammelbehälter für Hausmüll geben.

Exp. 6 **Löslichkeit von Kohlenstoffdioxid in Wasser**

Gib in einen Enghalsrundkolben 20 ml dest. Wasser und etwa fünf Tropfen Universalindikatorlösung. Setze eine Kerze auf einen Verbrennungslöffel und zünde sie an. Fülle den Rundkolben mithilfe der brennenden Kerze mit Kohlenstoffdioxid. Verschließe den Rundkolben mit einem Stopfen und schüttle kräftig. Öffne danach den Stopfen und senke die brennende Kerze wiederum in die Öffnung.
Werte deine Beobachtungen aus.
Entsorgung: Kerze wiederverwenden. Lösungen in Sammelbehälter für Abwasser geben.

Exp. 7 **Einfluss der Temperatur auf die Löslichkeit von Kohlenstoffdioxid**

Fülle zwei 0,5-Liter-Getränkeflaschen aus Kunststoff (PET) zu zwei Dritteln mit heißem bzw. kaltem Wasser. Beachte, dass beide Flaschen gleich hoch gefüllt sind. Gib anschließend in den verbleibenden Gasraum über dem Wasser etwas Kohlenstoffdioxid. Verschließe beide Flaschen und schüttle sie.
Notiere deine Beobachtungen und deute sie.
Entsorgung: Flüssigkeiten ins Abwasser geben.

Oxide des Kohlenstoffs

Klimaerwärmung, Treibhausgase, Kohlenstoffdioxidemission – Kohlenstoffdioxid steht im Mittelpunkt bei allen Klimadiskussionen. Nach dem gegenwärtigen Kenntnisstand ist Kohlenstoffdioxid hauptverantwortlich für die Erderwärmung und damit für den Klimawandel.

1 Die Klimaerwärmung gefährdet den Lebensraum der Eisbären.

2 Begasen von Blumen mit Kohlenstoffdioxid für schnelleres Wachstum

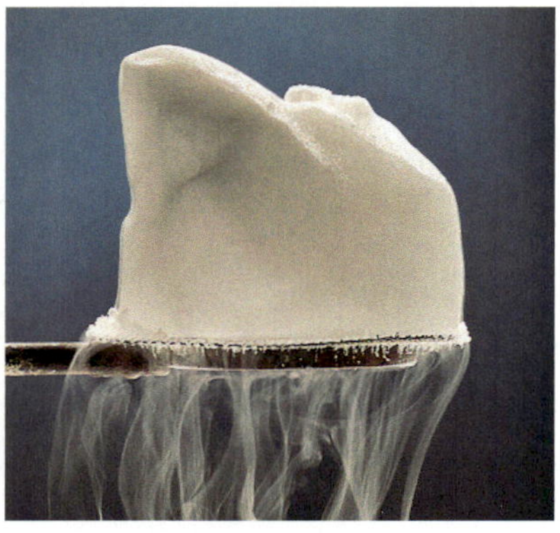

3 Trockeneis sublimiert bei –79 °C.

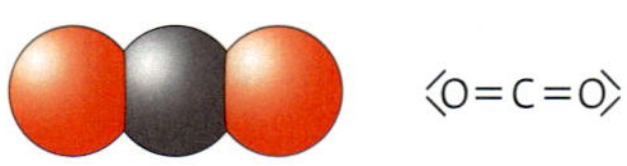

4 Modell eines Kohlenstoffdioxidmoleküls und Formel in Elektronenschreibweise

Eigenschaften und Verwendung von Kohlenstoffdioxid Der in den letzten hundert Jahren um 25 % gestiegene Volumenanteil von Kohlenstoffdioxid in der Atmosphäre beruht auf der zunehmenden Energieerzeugung durch Verbrennen fossiler Brennstoffe (Kohle, Erdöl, Erdgas).

$$C + O_2 \longrightarrow CO_2$$

Kohlenstoffdioxid ist ein farbloses, nicht brennbares, geruchloses und ungiftiges Gas. Es hat eine größere Dichte als Luft und sammelt sich am Boden von Räumen und Gefäßen (▸ Exp. 5, S. 13). Kohlenstoffdioxid ist als Feuerlöschmittel geeignet, weil es den Zutritt von Luft verhindert. Handfeuerlöscher enthalten Kohlenstoffdioxid, früher auch Stoffe, die durch eine chemische Reaktion am Brandherd Kohlenstoffdioxid erzeugen können (▸ Exp. 3, S. 13). Pflanzen benötigen es für die Fotosynthese. Gewächshäuser werden deshalb mit Kohlenstoffdioxid begast, um höhere Erträge zu erzielen (▸ **2**).
Es wird in der Getränkeindustrie zur Herstellung kohlensäurehaltiger Getränke (▸ Exp. 1, S. 13) und in der Lebensmittelindustrie als Konservierungsstoff (E 290) und Schutzgas für Lebensmitteln verwandt.
Festes Kohlenstoffdioxid ist als sogenanntes Trockeneis im Handel. Es schmilzt nicht, sondern sublimiert bei –79 °C (Normdruck) (▸ **3**).

Bau von Kohlenstoffdioxid Wie bekannt, besteht Kohlenstoffdioxid aus Molekülen, in denen jeweils ein Kohlenstoffatom durch Atombindung mit zwei Sauerstoffatomen verbunden ist. Der Bau des Kohlenstoffdioxidmoleküls lässt sich aus dem Elektronenpaarabstoßungsmodell ableiten. Nach diesem stoßen sich die bindenden Elektronenpaare des Kohlenstoffatoms so stark ab, dass das Molekül linear gebaut ist (▸ **4**).

Löslichkeit von Kohlenstoffdioxid Kohlenstoffdioxid löst sich gut in Wasser. Bei 15 °C und Normdruck löst sich etwa 1 Liter Kohlenstoffdioxid in einem Liter Wasser. Dabei reagiert nur ein geringer Teil des Kohlenstoffdioxids, etwa 0,1 %, mit Wasser zu Kohlensäure (▸ Exp. 6, S. 13).
Kohlenstoffdioxid ist z. B. in Mineralwasser gelöst. Öffnet man eine Mineralwasserflasche zum ersten Mal, so wird der Druck stark vermindert und das Gas entweicht. Lässt man eine Mineralwasserflasche in der prallen Sonne stehen, kann es passieren, dass sie platzt. Bei hohen Temperaturen ist die Löslichkeit von Kohlenstoffdioxid in Wasser wesentlich geringer (▸ Exp. 4 und 7, S. 13). Die Löslichkeit von Kohlenstoffdioxid in Wasser ist also vom Druck, aber auch von der Temperatur abhängig (▸ **5**).

Nachweis von Kohlenstoffdioxid Kohlenstoffdioxid lässt sich mit Bariumhydroxidlösung nachweisen. Dabei entsteht ein weißer Niederschlag aus Bariumcarbonat, ein schwerlöslicher weißer Stoff.
Neben Bariumhydroxidlösung kann man auch Calciumhydroxidlösung (Kalkwasser) zum Nachweis verwenden. In beiden Fällen entsteht festes weißes Carbonat als Niederschlag (▸ **6**; ▸ Exp. 2, S. 13).

$$Ba^{2+} + 2\,OH^- + CO_2 \longrightarrow BaCO_3 \downarrow + H_2O$$

Kohlenstoffmonooxid Beim Verbrennen von Kohle entsteht nicht nur Kohlenstoffdioxid. In geringen Mengen bildet sich immer auch Kohlenstoffmonooxid, das bei ausreichender Sauerstoffzufuhr sofort zu Kohlenstoffdioxid weiteroxidiert. Kohlenstoffmonooxid entsteht demnach bei der Verbrennung von Kohlenstoff bei ungenügender Sauerstoffzufuhr, z. B. beim Anheizen eines Kohleofens.

Kohlenstoffmonooxid besteht wie Kohlenstoffdioxid aus Molekülen. Es ist ein farbloses, geruchloses und giftiges Gas. Kohlenstoffmonooxid blockiert die Fähigkeit des Hämoglobins, Sauerstoff anzulagern und im Körper zu transportieren. Bereits 0,5 l Kohlenstoffmonooxid in einem Kubikmeter Luft sind für den Menschen tödlich.

Eigenschaft	Kohlenstoffmonooxid	Kohlenstoffdioxid
Aggregatzustand bei 20 °C	gasförmig	gasförmig
Farbe	farblos	farblos
Geruch	geruchlos	geruchlos
Wirkung auf den Organismus	sehr giftig	erstickend
Dichte im Vergleich zur Dichte von Luft	kleiner	größer
Brennbarkeit	brennbar	nicht brennbar

7 Vergleich von Kohlenstoffmonooxid und Kohlenstoffdioxid

Kohlenstoffmonooxid und Kohlenstoffdioxid sind wichtige an vielen Vorgängen in Natur und Technik beteiligte Gase. Kohlenstoffmonooxid ist ein sehr gefährliches Blutgift.

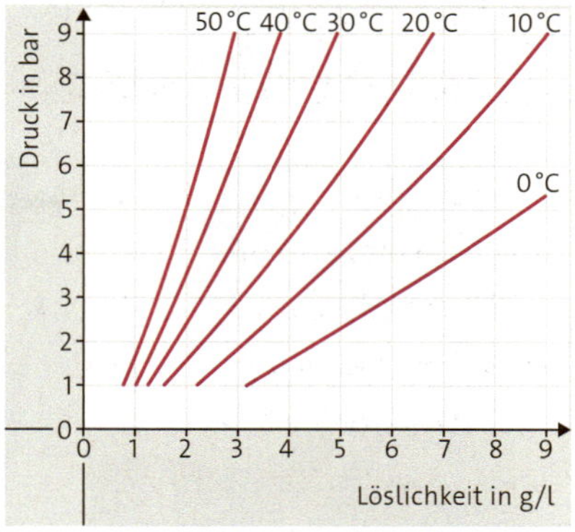

5 Löslichkeit von Kohlenstoffdioxid in Wasser

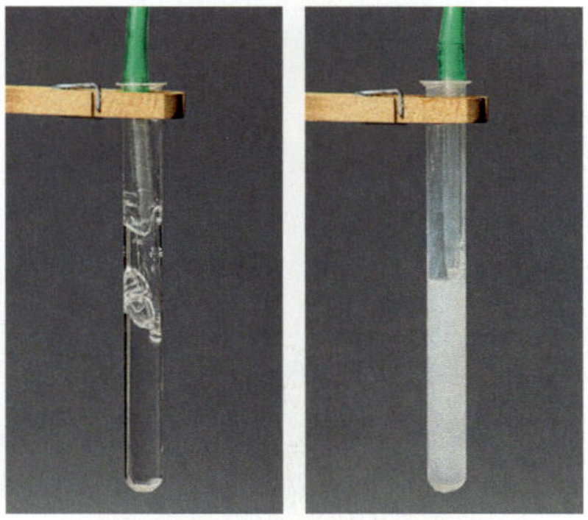

6 Nachweis von Kohlenstoffdioxid

Aufgaben

1 Formuliere jeweils die Wort- und Reaktionsgleichung für die Bildung von Kohlenstoffmonooxid aus Kohlenstoff.

2 Erkläre, warum sich Kohlenstoffdioxid von einem Standzylinder in einen anderen Standzylinder umgießen lässt.

3 Begründe die Vorschrift für Garagen: „Beim Laufen der Motoren Türen auf!"

4 Formuliere die Reaktionsgleichung für den Nachweis von Kohlenstoffdioxid mit Kalkwasser.

Treibhauseffekt

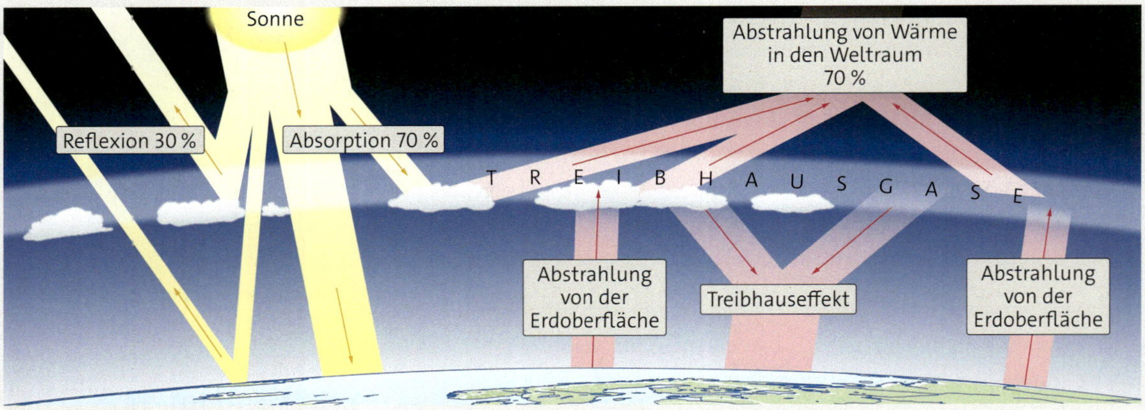

1 Der Treibhauseffekt erwärmt die Erde auf eine Jahresdurchschnittstemperatur von 15 °C.

Atmosphäre Vor 4,5 Milliarden Jahren bestand die Atmosphäre nur aus den Gasen Wasserstoff und Helium. Durch die Abkühlung der Erde und den auftretenden Vulkanismus wurden Gase aus dem Erdinnern, z. B. Kohlenstoffdioxid, freigesetzt, doch der Hauptbestandteil war zu 80 % Wasserdampf. Erst vor 500–600 Millionen Jahren zeigten sich die ersten Sauerstoffvorkommen, die die Ausbildung der Ozonschicht auslösten. Produzenten des Sauerstoffs waren frühe Pflanzenarten.
Heute beträgt die Jahresdurchschnittstemperatur auf der Erde 15 °C und die Luft, die wir atmen, besteht aus Stickstoff (78 %), Sauerstoff (21 %) sowie in geringen Anteilen Argon (1 %), Kohlenstoffdioxid (0,04 %) und Wasserdampf.

2 Die Sauerstoffproduktion eines Baumes liegt durchschnittlich bei etwa 3 500 Litern pro Tag.

Treibhauseffekt An einem heiteren Tag spüren wir die Kraft der Sonne. Der Teil der Sonnenstrahlen, der nicht an den Wolken reflektiert oder absorbiert wird, wärmt uns und die Erdoberfläche (▸1). Aber auch diese Energie wird in Form von Wärme wieder abgestrahlt. Gase wie Wasserdampf, Kohlenstoffdioxid, Methan und Stickstoffoxide halten 30 % dieser Wärme in der Atmosphäre und heizen sie weiter auf. Ohne diesen **natürlichen Treibhauseffekt** würde die globale Jahresdurchschnittstemperatur nur −18 °C betragen.

Die Atmosphäre funktioniert wie Glasdach und -wände eines Treibhauses. Das Glas lässt zwar die Sonnenstrahlen passieren, aber nicht die Wärmestrahlung. Sie wird reflektiert und heizt das Treibhaus auf. Diese Funktion von Kohlenstoffdioxid, Methan und Wasserdampf in der Atmosphäre als **Treibhausgase** entdeckte John Tyndall bereits im 19. Jahrhundert.

3 Veranschaulichung des Treibhauseffekts: Die Sonnenstrahlung kann Glas passieren, Wärmestrahlung nicht.

Anthropogener Treibhauseffekt Abgesehen von Wasserdampf gilt Kohlenstoffdioxid als Hauptverursacher des Treibhauseffekts. Der Mensch produziert und emittiert bei Verbrennungsprozessen jedes Jahr rund 30 Milliarden Tonnen Kohlenstoffdioxid, mehr davon im Winter als im Sommer. Insgesamt nimmt der Volumenanteil an Kohlenstoffdioxid jährlich um etwa 2 ppm (1 ppm = 0,0001 %) zu (▸**4**). Das klingt nicht viel, dennoch steigt die Jahresdurchschnittstemperatur in den letzten Jahren stetig an.
Im Zusammenhang mit dem Treibhauseffekt fällt deshalb auch immer wieder das Stichwort von der globalen Erwärmung.
Die globale Temperatur war schon immer leichten Schwankungen unterworfen. Größere Ausreißer können heute auf den Einfluss von Naturkatastrophen zurückgeführt werden, doch ein gewisser Zusammenhang zwischen gestiegenem Kohlenstoffdioxidanteil in der Luft und Temperaturanstieg lässt sich in vielen statistischen Erhebungen erkennen (▸**5**).
Diese Verstärkung des natürlichen Treibhauseffekts bezeichnet man als **anthropogenen**, vom Menschen ausgelösten Treibhauseffekt.

Auswirkungen des Treibhauseffekts Seit 1850 (dem Beginn der industriellen Revolution) stieg die Jahresdurchschnittstemperatur um 0,6 °C. Das hat direkte Folgen auf unser Ökosystem sowie das Wetter auf der Erde. Schwere Stürme, Dürren, Überschwemmungen sowie ein Abschmelzen der Eismassen an den Polen werden als Folgen der Erderwärmung genannt. Die Erwärmung der Meere und der damit einhergehende Anstieg des Wasserspiegels beeinflussen auch große Meeresströmungen wie den Golfstrom, der für das Klima in Westeuropa von großer Bedeutung ist.

Werden die CO_2-Emissionen nicht gesenkt, kann die Erde sich bis zum Jahr 2100 um weitere 4–6 °C erwärmen. Statt Energie aus Erdöl und Kohle zu gewinnen, müssen regenerative Energien wie Wind und Sonne genutzt werden. Benzin muss durch Biodiesel ersetzt und zum Heizen müssen Holzpellets verwendet werden. Holzpellets setzen nur so viel Kohlenstoffdioxid frei, wie sie zuvor beim Wachstum des Baumes gespeichert haben (▸S. 14, 22). Sie haben deshalb eine neutrale Kohlenstoffdioxidbilanz.

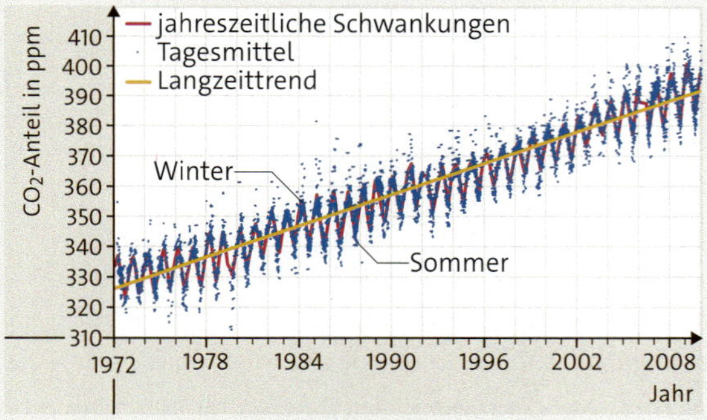

4 Kohlenstoffdioxidanteil der Luft in ppm (parts per million; 1 ppm = 0,000 1 %)

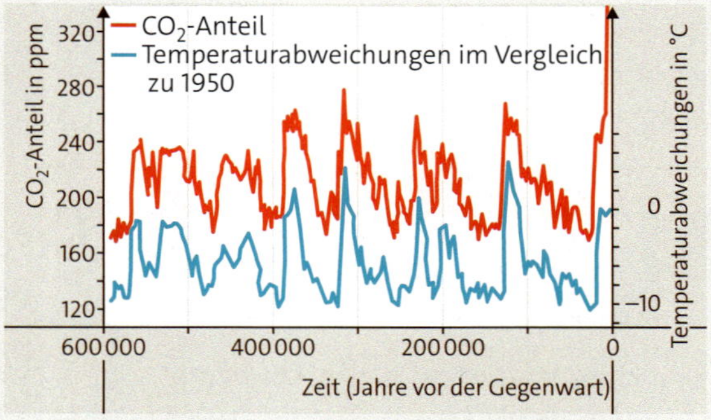

5 Temperaturabweichungen und Veränderung des Kohlenstoffdioxidgehalts in der Atmosphäre

Aufgaben

1 Erläutere, warum man beim Gewächshaus von einem Modell für den Treibhauseffekt sprechen kann. Fertige hierzu eine Tabelle an, in der die Bestandteile des Gewächshauses den Aspekten des natürlichen Treibhauseffekts zugeordnet werden.

2 Überlege, warum der Kohlenstoffdioxidanteil auf der Nordhalbkugel im Winter höher ist als im Sommer (▸**4**).

3 Bewerte die Aussage, dass Treibhausgase schädlich seien.

4 Die Vernichtung tropischer Wälder durch Brandrodung verstärkt den Treibhauseffekt in doppelter Hinsicht. Begründe diese Aussage.

Carbonate und Hydrogencarbonate

Exp. 8 Thermisches Zersetzen von Carbonaten

Gib in ein Reagenzglas einen Spatel Magnesium- oder Calciumcarbonat. Verschließe das Reagenzglas mit einem durchbohrten Stopfen mit Schlauchansatz. Erhitze das Carbonat kräftig mit dem Brenner, bis die Gasentwicklung beendet ist. Leite das entstehende Gas in ein zweites Reagenzglas mit gesättigter Calciumhydroxidlösung (GHS05|07) ein.
Notiere deine Beobachtungen. Deute die Ergebnisse.
Entsorgung: Lösungen in den Behälter für saure und basische Abfälle geben.

Exp. 9 Kalkmörtel – ein Luftmörtel

Verrühre eine handelsübliche Mörtelmischung (Calciumhydroxid, GHS05|07) nach Packungsangaben mit Sand und Wasser. Fülle die Mischung in zwei Filmdosen. Verschließe eine Dose mit dem Deckel, die andere bleibt offen. Überprüfe nach 48 h.
Notiere deine Beobachtungen. Gib eine Erklärung.
Entsorgung: Reste in den Hausmüll geben.

Exp. 10 Verhalten von Carbonaten gegenüber Salzsäure

Gib auf einer Tüpfelplatte in je eine Vertiefung eine Stoffprobe, z. B. Eierschalen, Schneckengehäuse, Muschelschalen, und versetze diese mit einigen Tropfen 10%iger Salzsäure (GHS07). Halte gleichzeitig einen mit Calciumhydoxidlösung (GHS05|07) benetzten Glasstab über die Stoffprobe.
Notiere deine Beobachtungen.
Entwickle für den positiven Nachweis die Reaktionsgleichungen für die ablaufenden Vorgänge.
Entsorgung: Lösungen in den Behälter für saure und basische Abfälle geben.

Exp. 11 Unterscheidung von Natron und Soda

A Gib in das Reagenzglas eines Gasentwicklers (Reagenzglas mit seitlichem Ansatz) drei Spatel Natron, verschließe mit einem durchbohrten Stopfen und tropfe verdünnte Salzsäure (GHS07) dazu. Leite das entstehende Gas in ein Reagenzglas mit Calciumhydroxidlösung (GHS05).

Wiederhole den Versuch mit Soda.
Notiere deine Beobachtungen.

B Gib drei Spatel Natron in das Reagenzglas und erhitze vorsichtig. Leite das entstehende Gas in ein Becherglas mit einem brennenden Teelicht.

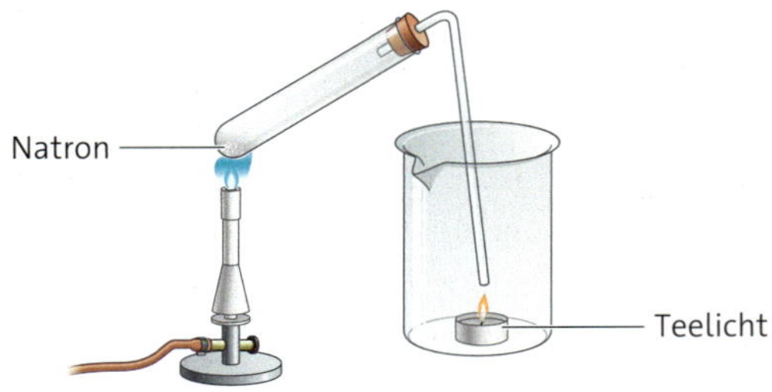

Wiederhole den Versuch mit Soda (GHS07).
Notiere deine Beobachtung.

Beurteile, inwieweit die beiden Experimente dazu geeignet sind, die Stoffe Natron und Soda zu unterscheiden.
Entsorgung: Lösungen in den Behälter für saure und basische Abfälle, Feststoffe in den Hausmüll geben.

Exp. 12 Verhalten von Kohlensäure beim Erwärmen

Fülle ein Reagenzglas bis zur Hälfte mit frischem Mineralwasser. Gib einige Siedesteinchen und einige Tropfen Universalindikator dazu. Erhitze das Reagenzglas vorsichtig.
Notiere deine Beobachtungen und erkläre sie.
Entsorgung: Lösungen ins Abwasser geben.

Kohlensäure und ihre Salze

1 Sprudelndes Mineralwasser

Diese Aussage kannst du bestimmt bestätigen: „Mineralwasser schmeckt gut, löscht den Durst und erfrischt so richtig!"

Vorkommen von Kohlensäure Die Säure entsteht in der Natur, indem sich das Kohlenstoffdioxid aus der Luft im Regenwasser löst. Die Kohlensäure und andere im sauren Regen enthaltene Säuren greifen kalkhaltiges Gestein an (► **2**) und fördern das Rosten von Eisen.
Natürliches kohlensäurehaltiges Mineralwasser bildet sich in tiefen Erdschichten, wo durch unterirdische Vulkanaktivitäten Kohlenstoffdioxid freigesetzt wird. Dieses löst sich dann im Quellwasser zusätzlich zu den Mineralstoffen (► **1**, **3**).

Bildung und Zerfall von Kohlensäure Beim Einleiten von Kohlenstoffdioxid in Wasser löst sich ein geringer Teil des Gases in Wasser und bildet so die Kohlensäure. Sie zerfällt aber auch leicht wieder.

$$CO_2 + H_2O \rightleftharpoons H_2CO_3$$

Bildung und Zerfall der Kohlensäure sind einander entgegengesetzte Vorgänge. Es sind **umkehrbare chemische Reaktionen.**
Welche Reaktion abläuft, hängt von den Reaktionsbedingungen Druck und Temperatur ab. Bei einer Druckerhöhung löst sich mehr Kohlenstoffdioxid im Wasser, wird der Druck verringert, entweicht es wieder. Dies geschieht beispielsweise beim Öffnen einer Flasche mit kohlensäurehaltigem Getränk.
Steigende Temperaturen begünstigen den Zerfall der Kohlensäure (► Exp. 12, S. 18). Deshalb sollte man kohlensäurehaltige Getränke, z. B. Sekt, auch kühl lagern, um den Zerfall der Kohlensäure zu verlangsamen.

Kohlensäure entsteht bei der Reaktion von Kohlenstoffdioxid mit Wasser. Bildung und Zerfall der Kohlensäure sind umkehrbare chemische Reaktionen, die druck- und temperaturabhängig sind.

2 Historische Baukunst ist durch den sauren Regen gefährdet.

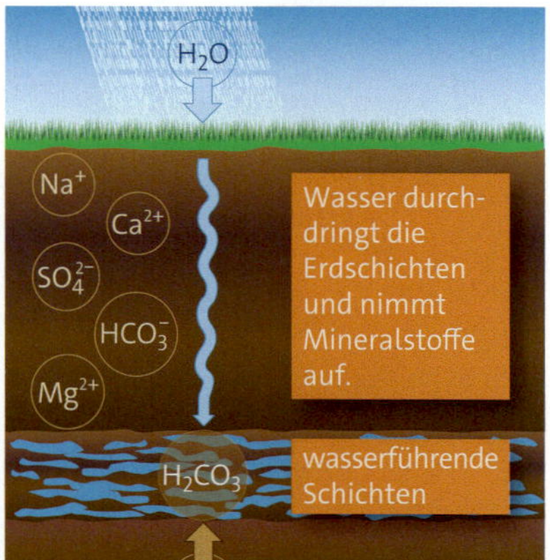

3 Bildung von kohlesäurehaltigem Mineralwasser

1 Rhodochrosit (Mangancarbonat)

2 Kalksinterterrassen in Pamukkale

3 Brausetablette

Salze der Kohlensäure Die Kohlensäure bildet aufgrund ihrer Reaktion mit Wasser zwei Gruppen von Salzen.

$$H_2CO_3 \rightleftharpoons H^+ + HCO_3^-$$

Dissoziiert die Kohlensäure in Wasserstoff-Ionen und Hydrogencarbonat-Ionen, können daraus die **Hydrogencarbonate** als Salze gebildet werden. Reagieren die Hydrogencarbonat-Ionen z. B. mit Natrium-Ionen, so entsteht Natriumhydrogencarbonat.

$$Na^+ + HCO_3^- \longrightarrow NaHCO_3$$

Die heißen Quellen von Pamukkale (Türkei) enthalten Kohlensäure und gelöste Salze der Kohlensäure. Die interessant geformten Steinterrassen (▸ **2**) entstehen unter anderem aus mit Calciumhydrogencarbonat gesättigtem Quellwasser.

Jedes Kohlensäuremolekül enthält zwei Wasserstoffatome. Deshalb kann das Hydrogencarbonat-Ion ein weiteres Wasserstoff-Ion abspalten.

$$HCO_3^- \rightleftharpoons H^+ + CO_3^{2-}$$

Die Lösung enthält nun Wasserstoff-Ionen (Protonen) und Carbonat-Ionen, die mit Metall-Ionen wieder Salze bilden können, die **Carbonate**, z. B. das Calciumcarbonat.

$$Ca^{2+} + CO_3^{2-} \longrightarrow CaCO_3$$

Die Salze der Kohlensäure sind die Hydrogencarbonate und die Carbonate. Sie können durch die Reaktion mit Metall-Ionen gebildet werden.

Hydrogencarbonate Diese Salze der Kohlensäure sind feste, meist gut in Wasser lösliche Stoffe. Sie zersetzen sich ab einer Temperatur von ca. 50 °C, wobei immer Kohlenstoffdioxid und Wasser entstehen (▸ Exp. 11, S. 18).

$$2\,NaHCO_3 \longrightarrow Na_2CO_3 + CO_2\uparrow + H_2O$$

Das bekannteste Hydrogencarbonat ist das **Natriumhydrogencarbonat** ($NaHCO_3$), auch **Natron** genannt. Es wird in der Lebensmittelindustrie als Bestandteil von Backtriebmitteln, Brausepulvern und -tabletten verwendet (▸ **3**). Auch in Medikamenten gegen Sodbrennen ist es enthalten.

Aufgrund seiner ähnlichen chemischen Eigenschaften wird **Kaliumhydrogencarbonat** ($KHCO_3$) für die gleichen Zwecke verwendet wie Natriumhydrogencarbonat.
Ammoniumhydrogencarbonat (NH_4HCO_3) ist im Hirschhornsalz enthalten und dient ebenfalls als Backtriebmittel, hier speziell für Lebkuchen und andere flache Gebäcke (▸ S. 112).

Modifikation	Vorkommen und Bedeutung
Kalkstein	– besteht im Wesentlichen aus Calciumcarbonat – ist vor allem aus Schalen im Meer lebender Tiere entstanden
Kalkspat (Calcit)	– ist das reinste Calciumcarbonat in der Natur – bildet häufig durchsichtige, schön geformte Kristalle
Marmor	– ist ein dichter, reiner Kalkstein, der aus miteinander verwachsenen Kalkspatkristallen besteht – zeigt oft Verfärbungen, die auf die Einlagerung verschiedener Metalloxide zurückzuführen ist – ist in reiner Form schneeweiß und wird u. a. für Kunstwerke genutzt
Kreide	– ist ein weißer, lockerer, feinkörniger Kalkstein – ist aus den Kalkgehäusen von Kleinstlebewesen entstanden – färbt ab und wird deshalb als Tafelkreide verwendet
Perlen	– werden von der Perlmuschel abgeschieden – entstehen, wenn ein Fremdkörper (z. B. ein Sandkorn) von Calciumcarbonat umschlossen wird

4 Modifikationen von Calciumcarbonat

Carbonate sind in der Natur vor allem als Mineralien weit verbreitet (▸**1**, **5**). Das bekannteste Carbonat, das **Calciumcarbonat**, wird in der Alltagssprache oft als Kalk bezeichnet. Calciumcarbonate kommen in verschiedenen Modifikationen vor (▸**4**). Von diesen bilden insbesondere Kalkstein, Marmor und Kreide große Lagerstätten.

Carbonate haben als Ausgangsstoffe in der chemischen Industrie eine große Bedeutung (▸**6**).

Eigenschaften von Carbonaten Mit Ausnahme von Natrium- und Kaliumcarbonat sind Carbonate kaum in Wasser löslich. Durch Hitze werden Carbonate unter Bildung von Kohlenstoffdioxid zersetzt, das sich mit Calciumhydroxidlösung nachweisen lässt (▸Exp. 8, S. 18). Carbonate reagieren mit sauren Lösungen. Stets bildet sich dabei auch Kohlenstoffdioxid (▸Exp. 10, S. 18). Diese Reaktion dient zum Nachweis von Carbonaten in festen Stoffen. Manche Badreinigungsmittel enthalten zur Entfernung von Kalkflecken Citronen- oder Essigsäure.

$$CaCO_3 + 2\,HCl\,(aq) \longrightarrow Ca^{2+} + 2\,Cl^- + CO_2\uparrow + H_2O$$

Name	Formel	Trivialname	Verwendung
Natriumcarbonat	Na_2CO_3	Soda	Seifenindustrie, Glasindustrie
Kaliumcarbonat	K_2CO_3	Pottasche	Glasindustrie, Düngemittelzusatz
Calciumcarbonat	$CaCO_3$	Marmor, Kalk, Kreide	Bauindustrie
Eisen(II)-carbonat	$FeCO_3$	Spateisenstein, Siterit	Eisenindustrie

6 Name, Formel und Verwendung einiger Carbonate

5 Calcit (Calciumcarbonat)

Aufgaben

1 Im Labor kann Calciumcarbonat auf drei verschiedenen Wegen hergestellt werden. Entwickle die jeweiligen Reaktionsgleichungen.

2 Suche in einem Atlas Lagerstätten von Kalkstein, Marmor und Kreide in Europa. Erstelle eine Tabelle.

3 Bei hartem Wasser setzt sich in Wasserkochern schnell Kesselstein (u. a. Calciumcarbonat) ab. Ein altes Hausmittel ist das Auskochen mit einer Essigsäurelösung. Gib eine Erklärung.

4 Ergänze die Tabelle (▸**6**) durch drei weitere Beispiele. Nutze auch das Internet.

Kalkkreislauf

Kalk ist als gesteinsbildendes Material in der Natur weit verbreitet. Durch die Verwitterung des Kalksteins entstehen Spalten und Höhlen. Sie prägen Karstlandschaften wie den Südharz, die Sächsische Schweiz oder das Zittauer Gebirge.

1 Karstlandschaft Elbsandsteingebirge

2 Tropfsteinhöhle

Natürlicher Kalkkreislauf In Regenwasser gelöste Kohlensäure reagiert mit schwer löslichem Kalkstein im Boden unter Bildung von löslichem Calciumhydrogencarbonat.

$$CaCO_3 + H_2CO_3\,(aq) \longrightarrow Ca^{2+} + 2\,HCO_3^-$$

Dieser Vorgang findet überall dort statt, wo Wasser verdunstet oder erhitzt wird. Dabei wandelt sich das Calciumhydrogencarbonat wieder zu Calciumcarbonat und Kohlenstoffdioxid um.

$$Ca^{2+} + 2\,HCO_3^- \longrightarrow CaCO_3 + H_2O + CO_2\uparrow$$

Tropfsteine wachsen, indem das herunterfließende Wasser langsam verdunstet, wobei Calcium-Ionen und Hydrogencarbonat-Ionen zu Calciumcarbonat reagieren und so den Kalkstein bilden (▸ **2**). Auch Muscheln, Schnecken und Korallen bauen mithilfe des im Wasser gelösten Calciumhydrogencarbonats ihre Kalkgehäuse auf und geben dabei Kohlenstoffdioxid und Wasser an die Umgebung ab. Diese Vorgänge werden als natürlicher Kalkkreislauf bezeichnet (▸ **3**).

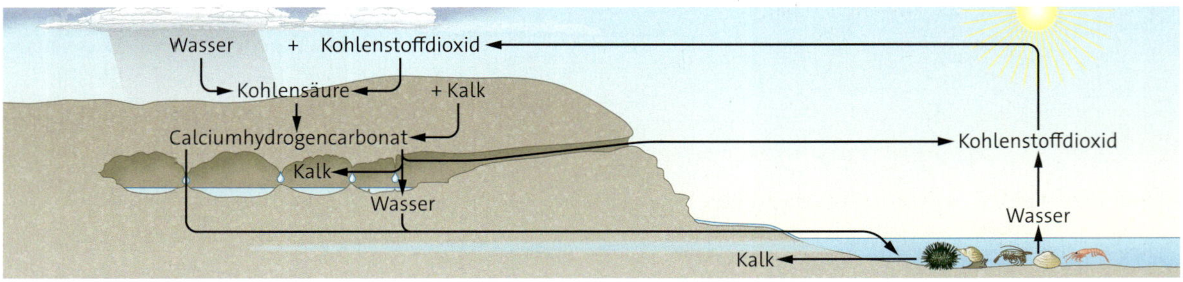

3 Kalkkreislauf der Natur

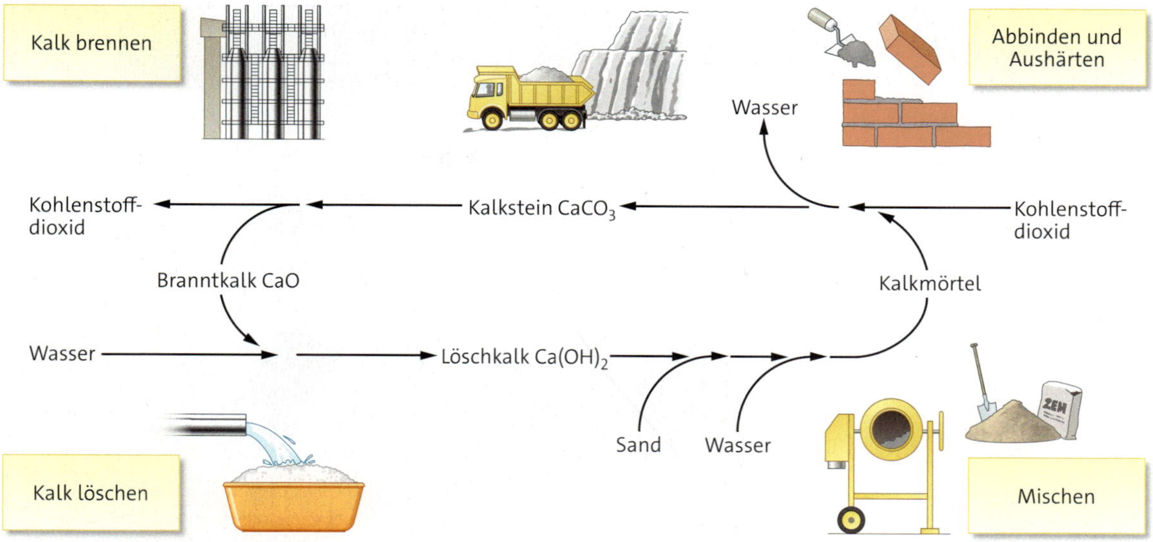

4 Technischer Kalkkreislauf

Technischer Kalkkreislauf Auch in der Technik spielt Calciumcarbonat in Form von Kalkstein eine wichtige Rolle. Für die Bauindustrie ist er ein wichtiger und nahezu unerschöpflicher Rohstoff und wird in einem als technischer Kalkkreislauf bezeichneten Vorgang verarbeitet (▸ **4**). Zunächst wird der Kalkstein gemahlen und auf über 1 000 °C erhitzt, man sagt „gebrannt". Dabei wird Calciumcarbonat thermisch in Kohlenstoffdioxid und Calciumoxid (**Branntkalk**) zerlegt. Diese Reaktion verläuft endotherm (▸ **5**). Mit Wasser wird Calciumoxid in einer stark exothermen Reaktion zu Calciumhydroxid (**Löschkalk**) umgewandelt (▸ **6**). Um die Festigkeit des Werkstoffs zu erhöhen, wird **Kalkmörtel**, eine Mischung aus Calciumhydroxid und Sand, zum Verputzen und Mauern verwendet. Beim Abbinden handelt es sich nicht nur um ein Austrocknen des Mörtels, sondern um eine chemische Reaktion. Calciumhydroxid reagiert mit dem Kohlenstoffdioxid aus der Luft, wobei unter Freisetzen von Wasser wiederum Calciumcarbonat gebildet wird (▸ Exp. 9, S. 18). Calciumcarbonat ist härter als Calciumhydroxid, dadurch erhält der Kalkmörtel nach dem Abbinden an der Luft seine mechanische Festigkeit. Das Abbinden des Mörtels benötigt einige Zeit, bis das an der chemischen Reaktion beteiligte Kohlenstoffdioxid allmählich durch die Mörtelfugen hindurchgedrungen ist. Neu errichtete Häuser müssen außerdem ständig gut gelüftet werden, damit das bei der Reaktion entstehende Wasser aus den Räumen entweichen kann.

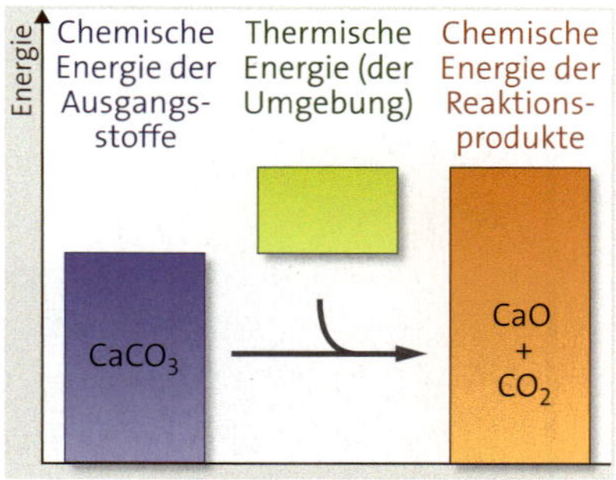

5 Endotherme Reaktion

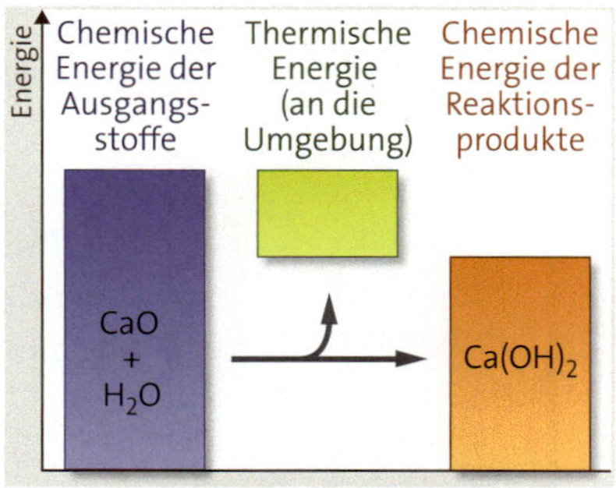

6 Exotherme Reaktion

Aufgaben

1 Erläutere die Bildung von Tropfsteinhöhlen.

2 Erläutere die Herstellung von Löschkalk. Gib Gefahren an, die beachtet werden müssen.

3 Entscheide, ob es sich bei den einzelnen Vorgängen des technischen Kalkkreislaufs um chemische Reaktionen handelt. Formuliere alle Reaktionsgleichungen.

Vom Kohlenstoff bis zum Kalkstein

Kohlenstoff

Reiner Kohlenstoff tritt in der Natur in drei Modifikationen auf: als Graphit, Diamant und Fullerene.

	Diamant		Graphit	
Stoffprobe und Modell der Anordnung der Kohlenstoffatome		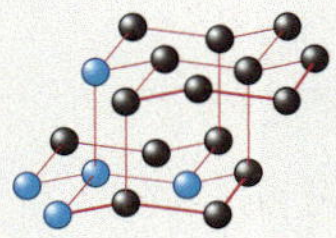		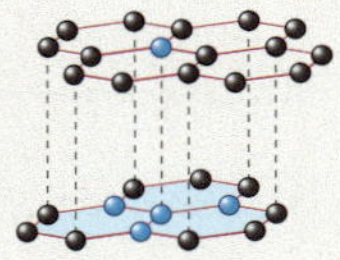
Bau	Kohlenstoffatome bilden ein regelmäßiges, sehr stabiles Raumgitter und sind durch Atombindung verbunden.		Kohlenstoffatome sind schichtweise in ebenen, regelmäßigen Sechsecken angeordnet und durch Atombindung verbunden.	
Eigenschaften	sehr hart, leitet den elektrischen Strom nicht, starke Lichtbrechung im geschliffenen Zustand		sehr weich, leitet den elektrischen Strom, schwarzgrau, schuppig	

Oxide des Kohlenstoffs

Kohlenstoffmonooxid und Kohlenstoffdioxid entstehen bei der Verbrennung von Kohlenstoff. Sie bestehen aus Molekülen. Die Atome in den Molekülen sind durch Atombindung miteinander verbunden.
Kohlenstoffdioxid ist gut in Wasser löslich.
Durch die chemische Reaktion von Kohlenstoffdioxid und Wasser entsteht Kohlensäure. Die Reaktion ist von Druck und Temperatur abhängig.

Carbonate und Hydrogencarbonate

Carbonate und Hydrogencarbonate sind Salze der Kohlensäure. Einige Carbonate und Hydrogencarbonate können thermisch und durch Einwirkung von Säurelösungen zersetzt werden. In beiden Fällen entsteht Kohlenstoffdioxid.

Nachweis von Kohlenstoffdioxid

Für den Kohlenstoffdioxidnachweis wird das zu prüfende Gas in gesättigte Calciumhydroxidlösung oder Bariumhydroxidlösung geleitet. Es fällt weißes Calciumcarbonat oder Bariumcarbonat als Niederschlag aus.

Natürlicher Kalkkreislauf

Kalkstein (Calciumcarbonat) wird durch kohlensäurehaltiges Regenwasser zu löslichem Hydrogencarbonat zersetzt und entsteht beim Verdunsten des Wassers wieder.

Technischer Kalkkreislauf

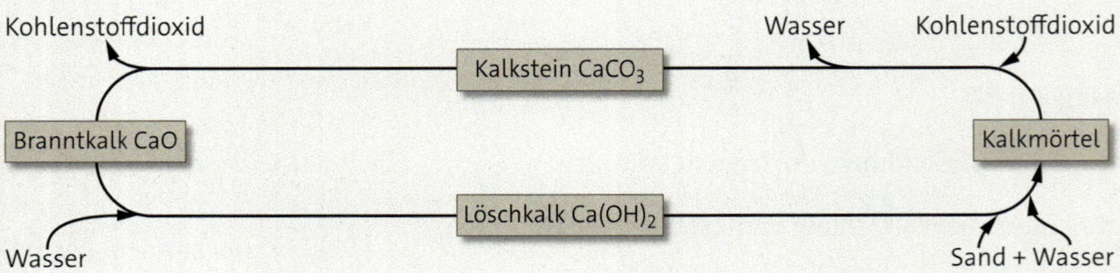

Aufgaben

1 Reiner Kohlenstoff kommt in der Natur als Graphit und Diamant vor.
- **a** Unterscheide diese Modifikationen des Kohlenstoffs, indem du jeweils zwei Eigenschaften gegenüberstellst.
- **b** Begründe diese Eigenschaften mit dem Bau der beiden Modifikationen.
- **c** Leite je zwei Verwendungsmöglichkeiten ab.

2 Bei der Verbrennung von Kohlenstoff können zwei Oxide entstehen. Gib den Namen und die Formel der Oxide an.

3 Der Anteil von Kohlenstoffdioxid in der Luft ist in den letzten Jahrzehnten gestiegen. Erläutere, welche Auswirkungen dies auf die Umwelt hat.

4 Kohlenstoffdioxid kann durch eine Bariumhydroxidlösung nachgewiesen werden. Beschreibe den Nachweis und stelle die Reaktionsgleichung auf.

5 Backpulver enthält als Backtriebmittel Natriumhydrogencarbonat. Dies zerfällt beim Erhitzen unter Abgabe von Kohlenstoffdioxid. Stelle die Reaktionsgleichung auf.

6 Calciumcarbonat kommt als Marmor, Kreide und Kalkstein vor. Gib je eine Verwendung an.

7 Stelle die Reaktionsgleichung für die Reaktion von Schwefelsäure mit Soda auf.

8 Das Schema zeigt den technischen Kalkkreislauf:

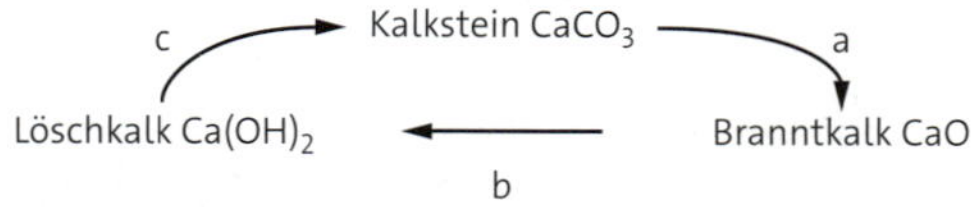

- **a** Benenne die Vorgänge a, b, c und entwickle jeweils eine Reaktionsgleichung.
- **b** Begründe die Notwendigkeit, bei der Mörtelherstellung Augen und Haut zu schützen.
- **c** In frisch verputzten Räumen sind die Wände oft feucht. Begründe diese Erscheinung.

Hilfe zu den Aufgaben findest du auf den Seiten ...

1	10 f.	5	20
2	14 f.	6	21
3	14, 16 f.	7	21
4	15	8	23

▶ Die Lösungen findest du im Anhang.

Material A: Tropfsteine

Tropfsteinhöhlen wie die Drachenhöhle in Syrau im Vogtland verdanken ihr bizarres Aussehen dem fortlaufenden Auflösen und Fällen von Calciumcarbonat.
In einem Modellversuch können diese Vorgänge mithilfe von pH- und Leitfähigkeitssensoren sowie eines grafikfähigen Taschenrechners verfolgt werden.

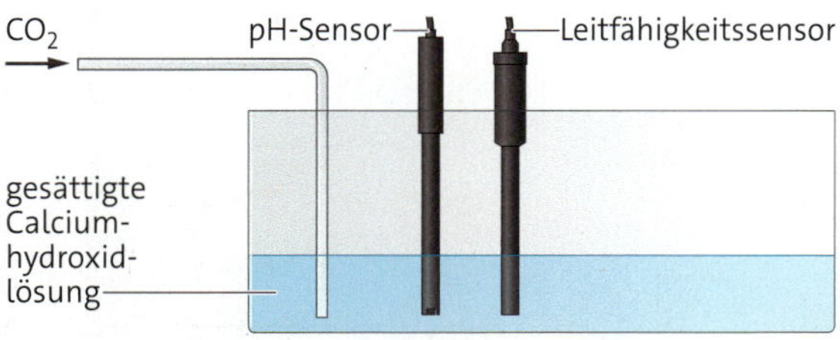

A1 Einleiten von Kohlenstoffdioxid in eine gesättigte Calciumhydroxidlösung

Hinweis: Im Versuch ist zunächst die Bildung eines Niederschlags zu beobachten, der sich bei weiterer Zugabe von Kohlenstoffdioxid wieder auflöst.

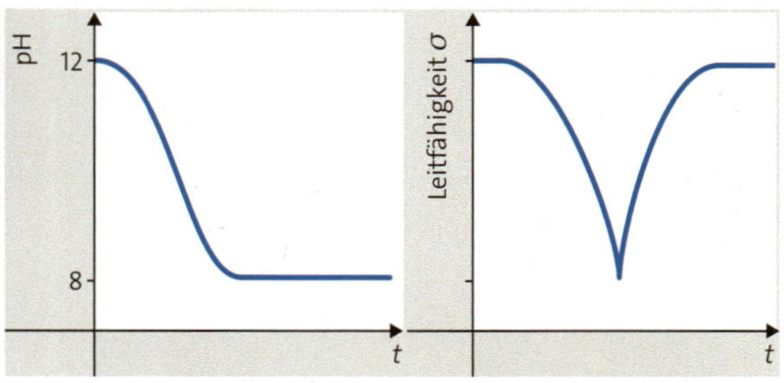

A2 pH-Wert und elektrische Leitfähigkeit in Abhängigkeit von der Zeit beim Einleiten von Kohlenstoffdioxid

1 Entwickle eine Reaktionsgleichung für die Bildung des Niederschlags (▸ **A1**).

2 Interpretiere die Kurven 1 und 2 während der Bildung des Niederschlags (▸ **A2**).

3 Erkläre das Auflösen des Niederschlags (▸ **A1, A2**).

Quantitative Betrachtungen

Nicht nur bei der Roheisenherstellung in den Hochöfen von Thyssen-Krupp in Duisburg-Bruckhausen müssen die Reaktionspartner bei allen chemischen Reaktionen in genau bestimmten Verhältnissen miteinander reagieren. Für die Qualität und Haltbarkeit ist die Zusammensetzung der Reaktionsprodukte von entscheidender Bedeutung. Die Iron Bridge in England, die erste gusseiserne Bogenbrücke, steht seit 1779. Nicht nur das exakte Abwägen, sondern auch Berechnungen gehören daher zum Alltag von Laborantinnen und Laboranten.

Stoffmenge und molare Masse

Könnte man alle Sandkörner zählen, aus denen der Strand besteht, würde man eine unvorstellbar große Anzahl erhalten. Ein Sandkorn allein enthält aber trotzdem immer noch mehr Teilchen als der gesamte Strand an Sandkörnern.

1 Unzählige Sandkörner bilden den Sandstrand auf dem Darß (Ostsee).

! Avogadro-Konstante N_A

$N_A = 6{,}022 \cdot 10^{23} \frac{1}{\text{mol}}$

Teilchenanzahl und Stoffmenge Aus der Reaktionsgleichung für die Bildung eines Kupfer(I)-sulfids (Cu_2S) aus Kupfer und Schwefel lässt sich ableiten, dass jeweils zwei Atome Kupfer und ein Atom Schwefel zu einer Baueinheit Kupfer(I)-sulfid reagieren.

$2\,Cu + S \longrightarrow Cu_2S$ | exotherm

Im Experiment reagieren aber immer Stoffportionen, z. B. 15,9 g Kupfer mit 4 g Schwefel. Diese Stoffportionen bestehen – genauso wie ein Sandkorn – aus einer unvorstellbar großen Anzahl Teilchen. So bestehen 15,9 g Kupfer aus $1{,}5 \cdot 10^{23}$ Kupferatomen (das sind 150 Trilliarden Kupferatome) und 4 g Schwefel aus $7{,}5 \cdot 10^{22}$ Schwefelatomen (75 Trilliarden Schwefelatome).

Um mit so großen Teilchenanzahlen sinnvoll arbeiten zu können, wurde eine neue Basisgröße eingeführt: die **Stoffmenge *n***. Die Einheit für die Stoffmenge ist das **Mol**, das Zeichen für die Einheit **mol**. Ähnlich wie man 50 kg Getreide zu einem Zentner Getreide zusammenfasst, so fasst man in der Chemie $6 \cdot 10^{23}$ (600 Trilliarden) Teilchen zu einem mol Teilchen zusammen. Der exakte Wert ergibt sich aus der **Avogadro-Konstante** N_A, mit der man die Teilchenanzahl errechnen kann (▸**2**).

Die Stoffmenge ist eine physikalische Größe für alle Teilchenarten. Das können z. B. Atome oder Moleküle, aber auch Protonen oder Elektronen sein. Deshalb muss hinter dem Formelzeichen *n* immer das chemische Zeichen für die Teilchenart angegeben werden.

Die Stoffmenge n(Stoffportion) = 1 mol gibt an, dass diese Stoffportion aus etwa $6 \cdot 10^{23}$ gleichartigen Teilchen besteht.

Formeln zur Berechnung:

$N = N_A \cdot n \qquad n = \frac{N}{N_A}$

Beispiel:

Berechnung der Teilchenanzahl in 1,5 mol Kupfer

$N(\text{Kupferatome}) = N_A \cdot n(\text{Kupfer})$
$= 6 \cdot 10^{23} \frac{1}{\text{mol}} \cdot 1{,}5\ \text{mol}$
$= 9 \cdot 10^{23}$

In 1,5 mol Kupfer sind $9 \cdot 10^{23}$ Kupferatome enthalten.

2 Zusammenhang zwischen Teilchenanzahl *N* und Stoffmenge *n* einer Stoffportion

Die molare Masse eines Stoffes Wird die Masse einer Stoffportion, z. B. von Schwefel, verdoppelt bzw. halbiert, so verdoppelt bzw. halbiert sich auch deren Stoffmenge (▸ **3**). Aus der Wertetabelle ist ableitbar: Zwischen der Masse m und der Stoffmenge n einer Stoffportion besteht eine proportionale Zuordnung: $m \sim n$.

Der Proportionalitätsfaktor ergibt sich als Quotient zwischen Masse und Stoffmenge der Stoffportion (▸ **3**). Dieser Quotient ist eine Konstante, die **molare Masse**. Das Formelzeichen für die molare Masse ist M, die Einheit $\frac{g}{mol}$.

$$M(\text{Stoff}) = \frac{m(\text{Stoffportion})}{n(\text{Stoffportion})} \qquad \text{Einheit: } \frac{g}{mol}$$

Wiegt man eine Stoffportion ab, die genau 1 mol Teilchen enthält, entspricht der Zahlenwert der Masse der Stoffportion der molaren Masse des Stoffes (▸ **4, 5**). Die molare Masse ist demnach das 600-Trilliardenfache der Masse eines Teilchens bzw. einer Baueinheit, aus der der Stoff aufgebaut ist.
Die molare Masse einer Verbindung kann mithilfe ihrer Formel und der Atommassen m_a aus dem Periodensystem berechnet werden. Sie ist die Summe der Atommassen aller beteiligten Elemente, da der Zahlenwert der Atommasse dem Zahlenwert der molaren Masse entspricht (▸ Beispielrechnung).

Aufgabe: Berechne die molare Masse von Wasser mithilfe der Atommasse in u.

Gesucht: $M(H_2O)$ **Gegeben:** $m_a(1\,H) = 1\,u = 1\,\frac{g}{mol}$
$m_a(1\,O) = 16\,u = 16\,\frac{g}{mol}$

Lösung: $M(H_2O) = 2 \cdot 1\,\frac{g}{mol} + 1 \cdot 16\,\frac{g}{mol} = 18\,\frac{g}{mol}$

Ergebnis: Die molare Masse von Wasser beträgt $18\,\frac{g}{mol}$.

Masse und Stoffmenge einer Stoffportion können einen beliebigen Wert besitzen. Die molare Masse ist dagegen von der Stoffportion unabhängig, sie kennzeichnet einen Stoff (▸ **5**).

Die molare Masse eines Stoffes ist der Quotient aus der Masse einer Stoffportion und ihrer Stoffmenge. Die Einheit ist $\frac{g}{mol}$.

m(S) in g	n(S) in mol	$\frac{m(S)}{n(S)}$ in $\frac{g}{mol}$
8	0,25	32
16	0,5	32
32	1	32

3 Massen und Stoffmengen für Stoffportionen des Schwefels

4 Verschieden große Stoffportionen – aber immer die gleiche Anzahl an Teilchen – nämlich genau 1 mol Teilchen

Stoff	M in $\frac{g}{mol}$
Eisen	56
Eisen(II)-sulfid	88
Kohlenstoffdioxid	44
Sauerstoff	32
Schwefeldioxid	64

5 Molare Masse M einiger Stoffe

Aufgaben

1 Bestimme die Stoffmenge aus der Teilchenanzahl:
a $N(Mg) = 1{,}2 \cdot 10^{23}$
b $N(SO_2) = 4{,}5 \cdot 10^{24}$
c $N(Cl_2) = 1{,}5 \cdot 10^{23}$
d $N(FeS) = 3{,}6 \cdot 10^{22}$

2 Berechne die Teilchenanzahl aus der Stoffmenge:
a $n(H_2O) = 3\,mol$
b $n(O_2) = 0{,}02\,mol$
c $n(Cu_2S) = 4{,}25\,mmol$
d $n(MnO_2) = 0{,}72\,mol$

3 Bestimme jeweils die molare Masse:
a Kohlenstoffmonooxid: CO
b Eisen(III)-oxid: Fe_2O_3
c Bariumcarbonat: $BaCO_3$
d Calciumphosphat: $Ca_3(PO_4)_2$
e Glucose: $C_6H_{12}O_6$

Berechnen von Stoffportionen

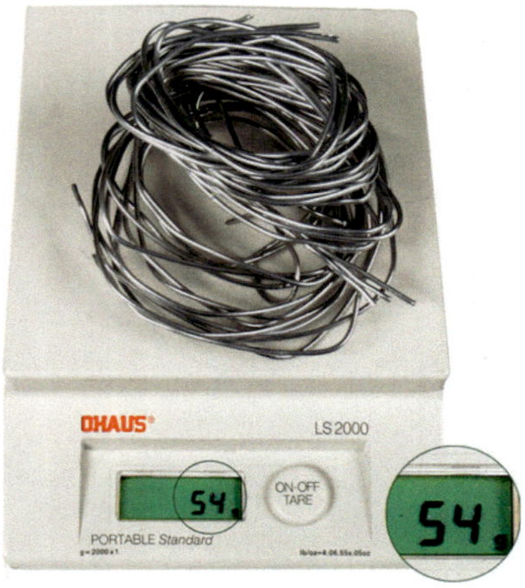

1 Ein Aluminiumdraht mit der Stoffmenge $n(\text{Al}) = 2$ mol hat eine Masse $m(\text{Al}) = 54$ g.

$$M(\text{Stoff}) = \frac{m(\text{Stoffportion})}{n(\text{Stoffportion})}$$

$$n(\text{Stoffportion}) = \frac{m(\text{Stoffportion})}{M(\text{Stoff})}$$

$$m(\text{Stoffportion}) = M(\text{Stoff}) \cdot n(\text{Stoffportion})$$

$$N(\text{Stoffportion}) = N_A \cdot n(\text{Stoffportion})$$

2 Beziehungen zwischen quantitativen Größen

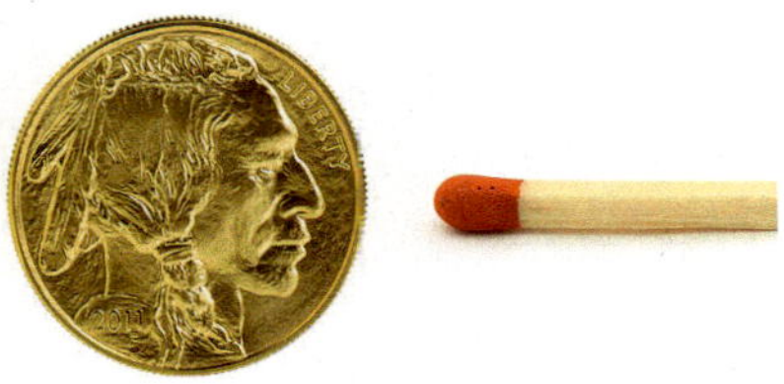

3 Eine Goldmünze, die 12 g Gold enthält

Beziehungen zwischen quantitativen Größen Zwischen den Größen Masse, Stoffmenge, molare Masse und Teilchenanzahl bestehen verschiedene Beziehungen. Durch Umstellen der Größengleichung der molaren Masse kann die jeweils gesuchte Größe berechnet werden (▸ **2**).

Aufgabe: Aluminium mit der Stoffmenge $n(\text{Al}) = 2$ mol wird für eine Synthese benötigt. Berechne die abzuwiegende Masse an Aluminium.

Gesucht: $m(\text{Al})$ **Gegeben:** $n(\text{Al}) = 2$ mol

$M(\text{Al}) = 27 \frac{\text{g}}{\text{mol}}$ (▸ PSE)

Lösung: $$M(\text{Al}) = \frac{m(\text{Al})}{n(\text{Al})}$$

$$m(\text{Al}) = M(\text{Al}) \cdot n(\text{Al}) = 27 \frac{\text{g}}{\text{mol}} \cdot 2\,\text{mol} = 54\,\text{g}$$

Ergebnis: Für eine Synthese mit Aluminium der Stoffmenge $n(\text{Al}) = 2$ mol muss eine Masse $m(\text{Al}) = 54$ g abgewogen werden.

Aufgabe: Magnesiumoxid (E 530) wird in der Lebensmittelindustrie als Säureregulator verwendet. Berechne die Stoffmenge von 4 g Magnesiumoxid.

Gesucht: $n(\text{MgO})$ **Gegeben:** $m(\text{MgO}) = 4$ g

$M(\text{MgO}) = 40 \frac{\text{g}}{\text{mol}}$ (▸ PSE)

Lösung: $$M(\text{MgO}) = \frac{m(\text{MgO})}{n(\text{MgO})}$$

$$n(\text{MgO}) = \frac{m(\text{MgO})}{M(\text{MgO})} = \frac{4\,\text{g}}{40 \frac{\text{g}}{\text{mol}}} = 0{,}1\,\text{mol}$$

Ergebnis: Die Stoffmenge von 4 g Magnesiumoxid beträgt $n(\text{MgO}) = 0{,}1$ mol.

Aufgabe: Eine Goldmünze enthält 12 g reines Gold. Berechne die in der Münze enthaltene Anzahl Goldatome.

Gesucht: $N(\text{Au})$ der Stoffportion **Gegeben:** $m(\text{Au}) = 12$ g

$M(\text{Au}) = 197 \frac{\text{g}}{\text{mol}}$ (▸ PSE)

Lösung: $N(\text{Au}) = n(\text{Au}) \cdot N_A$ $\quad n(\text{Au}) = \frac{m(\text{Au})}{M(\text{Au})}$

$$N(\text{Au}) = \frac{m(\text{Au})}{M(\text{Au})} \cdot N_A$$

$$N(\text{Au}) = \frac{12\,\text{g}}{197 \frac{\text{g}}{\text{mol}}} \cdot 6 \cdot 10^{23} \frac{1}{\text{mol}}$$

$$N(\text{Au}) = 6{,}091 \cdot 10^{-2}\,\text{mol} \cdot 6 \cdot 10^{23} \frac{1}{\text{mol}} \approx 3{,}65 \cdot 10^{22}$$

Ergebnis: Die Goldmünze aus 12 g reinem Gold enthält $3{,}65 \cdot 10^{22}$ Goldatome.

Massenberechnung bei chemischen Reaktionen

Quantitative Aussagen aus einer Reaktionsgleichung Aus der Reaktionsgleichung für die Reaktion von Magnesium mit Sauerstoff lassen sich quantitative Aussagen über die kleinstmögliche Anzahl der reagierenden Teilchen sowie Aussagen über die Stoffmengen aller Stoffe und das Stoffmengenverhältnis der Stoffe untereinander ableiten.

2 Mg	+	O_2	⟶	2 MgO | exotherm
2 Magnesiumatome	+	1 Sauerstoffmolekül	⟶	2 Magnesiumoxidbaueinheiten
2 mol Magnesium	+	1 mol Sauerstoff	⟶	2 mol Magnesiumoxid

Stoffmengenverhältnis: $n(\text{Mg}) : n(\text{O}_2) : n(\text{MgO}) = 2 : 1 : 2$

Massenberechnung bei chemischen Reaktionen Um zu berechnen, welche Masse an Magnesium verbrannt werden müsste, um z. B. 50 g Magnesiumoxid zu erhalten, nutzt man die aus der Reaktionsgleichung ableitbaren quantitativen Aussagen der konstanten Stoffmengenverhältnisse. Da zwischen Stoffmenge und Masse einer Stoffportion eine Proportionalität besteht (► S. 29), sind auch die Massenverhältnisse der betrachteten Stoffe konstant.
Die Berechnung der Massen von Reaktionspartnern einer chemischen Reaktion kann unter Nutzung der Größengleichung $m = n \cdot M$ und dem Aufstellen des Massenverhältnisses der gesuchten zur gegebenen Masse erfolgen (► **4**).

Aufgabe: Berechne die Masse an Magnesium, die für die Herstellung von 50 g Magnesiumoxid aus den Elementen benötigt wird.

Reaktionsgleichung: $2\,\text{Mg} + \text{O}_2 \longrightarrow 2\,\text{MgO}$ | exotherm

Gesucht: $m(\text{Mg})$

Gegeben: $m(\text{MgO}) = 50\,\text{g}$; $M(\text{Mg}) = 24\,\frac{\text{g}}{\text{mol}}$; $M(\text{MgO}) = 40\,\frac{\text{g}}{\text{mol}}$; $n(\text{Mg}) = 2\,\text{mol}$; $n(\text{MgO}) = 2\,\text{mol}$

Lösung:

$$\frac{m(\text{Mg})}{m(\text{MgO})} = \frac{n(\text{Mg}) \cdot M(\text{Mg})}{n(\text{MgO}) \cdot M(\text{MgO})}$$

$$m(\text{Mg}) = \frac{n(\text{Mg}) \cdot M(\text{Mg}) \cdot m(\text{MgO})}{n(\text{MgO}) \cdot M(\text{MgO})}$$

$$m(\text{Mg}) = \frac{2\,\text{mol} \cdot 24\,\frac{\text{g}}{\text{mol}} \cdot 50\,\text{g}}{2\,\text{mol} \cdot 40\,\frac{\text{g}}{\text{mol}}}$$

$$m(\text{Mg}) = 30\,\text{g}$$

Ergebnis: Für die Synthese von 50 g Magnesiumoxid ist eine Masse von 30 g Magnesium erforderlich.

$$\frac{m(\text{A})}{m(\text{B})} = \frac{n(\text{A}) \cdot M(\text{A})}{n(\text{B}) \cdot M(\text{B})}$$

(A) Stoff der gesuchten Größe
(B) Stoff der gegebenen Größe

4 Massenverhältnis der Stoffe bei chemischen Reaktionen

Aufgaben

1 Bei der Reaktion von 2 g Calcium mit verdünnter Chlorwasserstoffsäure (Salzsäure) entstehen Calciumchlorid und Wasserstoff. Berechne die Masse an Calciumchlorid, die bei der vollständigen Zersetzung des Calciums entsteht.

2 Für die Durchführung eines Experiments müssen 5 g Aluminiumsulfat hergestellt werden. Aluminiumsulfat kann durch die Reaktion von Aluminiumoxid mit konzentrierter Schwefelsäure gebildet werden. Berechne die benötigte Masse an Aluminiumoxid.

3 Rotes Eisen(III)-oxid wird in großen Mengen als Farbstoffpigment benötigt. Es wird aus Roheisen durch Reaktion mit Sauerstoff hergestellt. Roheisen besteht zu 96 % aus Eisen.
Berechne die Masse an Roheisen, die benötigt wird, um 10 t Eisen(III)-oxid herzustellen.

Molares Volumen

1 Startende Raumfähre

2 AMEDEO AVOGADRO (1776–1856)

Das molare Volumen von Gasen Beim Start einer Rakete in den Weltraum muss die Erdanziehungskraft überwunden werden. Dazu wird das Prinzip des Rückstoßes angewendet. Dies ist vergleichbar mit dem gefüllten Luftballon, der nach dem Loslassen wild durch die Gegend fliegt, weil an einem Ende Gas austritt. Um allerdings eine Rakete in den Weltraum zu bekommen, müssen durch Gasbildungsreaktionen genau definierte Volumina an Gasen für den Rückstoß frei werden. Hierzu nutzt man auch die Gesetzmäßigkeiten, die der italienische Physiker AMEDEO AVOGADRO um 1811 veröffentlicht hat. Durch seine umfangreichen Forschungen über Gase gelangte er zu einer Hypothese, die heute als **Satz von AVOGADRO** bekannt ist.

Gleiche Volumina aller Gase enthalten bei gleicher Temperatur und gleichem Druck die gleiche Anzahl von Teilchen.

Diese charakteristische Eigenschaft der Gase lässt sich in einem Experiment bestätigen. Wiegt man je 1 mol verschiedener Gase bei konstanter Temperatur und konstantem Druck, so erhält man immer ein konstantes Volumen (▸**3**).

ϑ = 0 °C p = 101,3 kPa n = 1 mol	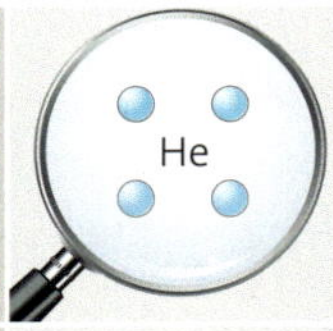	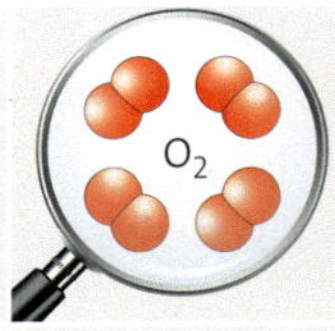	
Masse:	$m = 4\,g$	$m = 32\,g$	$m = 44\,g$
molare Masse:	$M = 4\,\frac{g}{mol}$	$M = 32\,\frac{g}{mol}$	$M = 44\,\frac{g}{mol}$
Volumen:	$V = 22,4\,l$	$V = 22,4\,l$	$V = 22,4\,l$

3 Volumen von je 1 mol Helium, Sauerstoff und Kohlenstoffdioxid unter Normbedingungen

Als **molares Volumen** V_m eines Gases bezeichnet man den Quotienten aus dem Volumen des Gases und der darin enthaltenen Stoffmenge von einem Mol. Es beträgt unter Normbedingungen (0 °C, 101,3 kPa) immer $22,4\,\frac{l}{mol}$.

Das molare Volumen V_m aller Gase beträgt unter Normbedingungen $22,4\,\frac{l}{mol}$.

Berechnungen von Volumen und Stoffmenge einer Stoffportion Durch das Umstellen der Größengleichung für das molare Volumen von Gasen lässt sich bei gegebener Stoffmenge das Volumen und bei gegebenem Volumen die Stoffmenge einer Stoffportion errechnen (▸**4**).

$$V_m = \frac{V(\text{Stoffportion})}{n(\text{Stoffportion})}$$

$$V(\text{Stoffportion}) = n(\text{Stoffportion}) \cdot V_m$$

4 Größengleichung für das molare Volumen von Gasen

Volumenberechnung bei chemischen Reaktionen Wenn bei chemischen Reaktionen gasförmige Stoffe beteiligt sind, ist es erforderlich, deren benötigte oder deren entstehende Volumina zu kennen. Davon ist z. B. die Größe der erforderlichen Laborgeräte abhängig. Auch für eine Gefahrenabschätzung sind Informationen über die Volumina der entstehenden Gase wichtig. Zur Berechnung wird der proportionale Zusammenhang zwischen der Masse eines Stoffes und dem Volumen eines anderen Stoffes bei einer chemischen Reaktion ausgenutzt (▸**5**).

Aufgabe: Berechne das erforderliche Volumen an Sauerstoff, um eine Masse von 1,2 g Magnesium vollständig zu oxidieren.

Reaktionsgleichung: $2\ Mg + O_2 \longrightarrow 2\ MgO$

Gesucht: $V(O_2)$ **Gegeben:** $m(Mg) = 1{,}2\ g$

$M(Mg) = 24\ \frac{g}{mol}$

$V_m = 22{,}4\ \frac{l}{mol}$

Lösung: $$\frac{V(O_2)}{m(Mg)} = \frac{n(O_2) \cdot V_m}{n(Mg) \cdot M(Mg)}$$

$$V(O_2) = \frac{n(O_2) \cdot V_m \cdot m(Mg)}{n(Mg) \cdot M(Mg)} = \frac{1\ mol \cdot 22{,}4\ \frac{l}{mol} \cdot 1{,}2\ g}{2\ mol \cdot 24\ \frac{g}{mol}}$$

$$V(O_2) = 0{,}56\ l$$

Ergebnis: Zur vollständigen Oxidation von 1,2 g Magnesium wird ein Volumen von $V = 0{,}56\ l$ Sauerstoff benötigt.

Sind bei einer chemischen Reaktion nur gasförmige Stoffe beteiligt, wird zur Berechnung der bestehende proportionale Zusammenhang zwischen den Volumina der reagierenden Stoffe genutzt (▸**5**).

Aufgabe: Berechne das Volumen an Wasserstoff, das sich mit Chlor vollständig zu 100 l Chlorwasserstoff umsetzt.

Reaktionsgleichung: $H_2 + Cl_2 \longrightarrow 2\ HCl$

Gesucht: $V(H_2)$ **Gegeben:** $V(HCl) = 100\ l$

$V_m = 22{,}4\ \frac{l}{mol}$

Lösung: $$\frac{V(H_2)}{V(HCl)} = \frac{n(H_2) \cdot V_m}{n(HCl) \cdot V_m}$$

$$V(H_2) = \frac{n(H_2) \cdot V(HCl)}{n(HCl)} = \frac{1\ mol \cdot 100\ l}{2\ mol}$$

$$V(H_2) = 50\ l$$

Ergebnis: Zur vollständigen Umsetzung von Chlor mit Wasserstoff zu 100 l Chlorwasserstoff wird ein Volumen von 50 l Wasserstoff benötigt.

$$\frac{V(A)}{m(B)} = \frac{n(A) \cdot V_m}{n(B) \cdot M(B)}$$

$$\frac{V(A)}{V(B)} = \frac{n(A)}{n(B)}$$

(A) Stoff der gesuchten Größe

(B) Stoff der gegebenen Größe

5 Allgemeine Größengleichung zu Volumenberechnungen bei chemischen Reaktionen

Aufgaben

1 Berechne die Stoffmengen folgender Gase unter Normbedingungen:
- **a** $V(Cl_2) = 50\ ml$
- **b** $V(N_2) = 2\ l$
- **c** $V(CO_2) = 10\ m^3$

2 Berechne das Volumen folgender Gase unter Normbedingungen:
- **a** $n(CO) = 5\ mol$
- **b** $n(SO_2) = 20\ mmol$

3 Berechne das Volumen oder die Masse der Gasportion (unter Normbedingungen):
- **a** $m(CO) = 1{,}28\ kg$
- **b** $V(N_2O_4) = 67{,}2\ l$

4 Ein Kohlenbrikett mit der Masse 24 g wird an der Luft vollständig verbrannt. Berechne das jeweilige Volumen:
- **a** an entstandenem Kohlenstoffdioxid
- **b** an benötigtem Sauerstoff

5 Berechne die Masse an Calciumcarbonat, die vollständig mithilfe von verdünnter Chlorwasserstoffsäure (Salzsäure) zersetzt werden muss, um 30 ml Kohlenstoffdioxid herzustellen.

Methode

Schrittfolge zur Massenberechnung bei chemischen Reaktionen

Die Berechnung von Massen der reagierenden bzw. entstehenden Stoffe bei chemischen Reaktionen kann unter Verwendung von Größengleichungen nach einer Schrittfolge erfolgen.

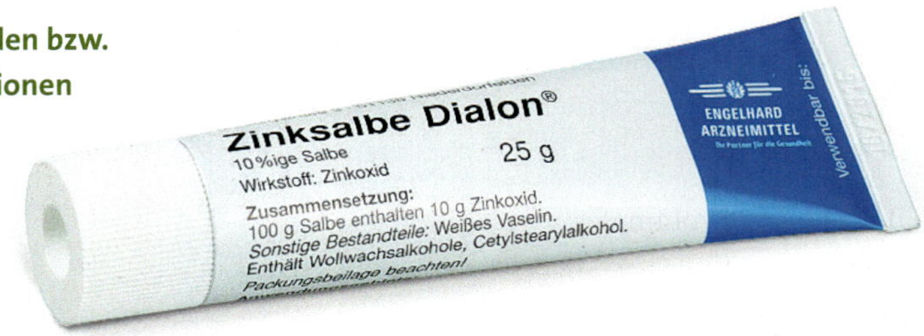

In einer Zinksalbe zur Wundbehandlung sind 10 g Zinkoxid enthalten. Berechne die Masse an Zink, die zur Herstellung der benötigten Masse Zinkoxid erforderlich war.

1 Entwickle die Reaktionsgleichung.

$$2\,Zn + O_2 \longrightarrow 2\,ZnO$$

2 Erfasse die gegebenen und gesuchten Größen.
Ermittle die benötigten molaren Massen mithilfe des Periodensystems und die Stoffmengen aus der Reaktionsgleichung.

Gesucht: $m(Zn)$

Gegeben:
$m(ZnO) = 10\,g$
$M(ZnO) = 81\,\frac{g}{mol}$
$M(Zn) = 65\,\frac{g}{mol}$
$n(Zn) = 2\,mol$
$n(ZnO) = 2\,mol$

3 Formuliere das Massenverhältnis der gesuchten zur gegebenen Größe.
Stelle die Gleichung unter Nutzung der Größengleichung ($m = n \cdot M$) auf oder nutze die allgemeine Größengleichung zur Massenberechnung bei chemischen Reaktionen aus dem Tafelwerk.

$$\frac{m(A)}{m(B)} = \frac{n(A) \cdot M(A)}{n(B) \cdot M(B)}$$

$$\frac{m(Zn)}{m(ZnO)} = \frac{n(Zn) \cdot M(Zn)}{n(ZnO) \cdot M(ZnO)}$$

4 Forme die Gleichung nach der gesuchten Größe um.

$$m(A) = \frac{n(A) \cdot M(A)}{n(B) \cdot M(B)} \cdot m(B)$$

$$m(Zn) = \frac{n(Zn) \cdot M(Zn)}{n(ZnO) \cdot M(ZnO)} \cdot m(ZnO)$$

5 Setze die bekannten Größen in die Gleichung ein und berechne das Ergebnis.

$$m(Zn) = \frac{2\,mol \cdot 65\,\frac{g}{mol}}{2\,mol \cdot 81\,\frac{g}{mol}} \cdot 10\,g$$

$$m(Zn) = 8{,}02\,g$$

6 Formuliere einen Antwortsatz.

Für die Herstellung von 10 g Zinkoxid ist eine Masse von 8,02 g Zink erforderlich.

Schrittfolge zur Volumenberechnung bei chemischen Reaktionen

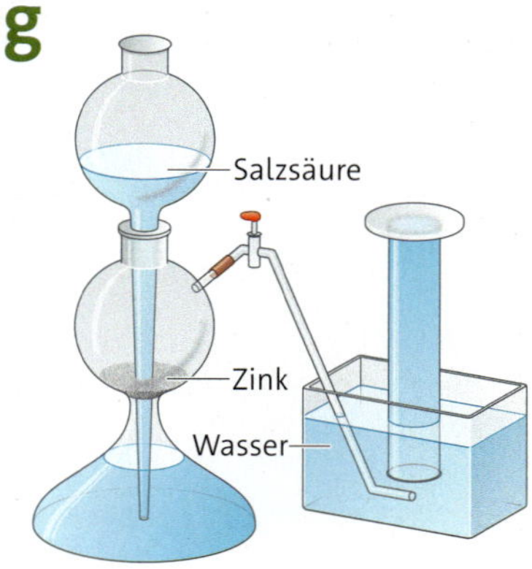

Im Labor wird Wasserstoff häufig durch Reaktion von Zink mit Salzsäure gewonnen. Dazu kann ein Kipp'scher Apparat, entwickelt von PETRUS JACOBUS KIPP (1808–1864, holländischer Apotheker), verwendet werden.

Berechne das Volumen an Wasserstoff, das beim Umsatz von 30 g Zink mit Salzsäure bei Normbedingungen entsteht.

1 Entwickle die Reaktionsgleichung.

$$Zn + 2\,HCl\,(aq) \longrightarrow ZnCl_2 + H_2\uparrow$$

2 Erfasse die gegebenen und gesuchten Größen.
Ermittle die benötigten molaren Massen mithilfe des Periodensystems und die Stoffmengen aus der Reaktionsgleichung.

Gesucht: $V(H_2)$

Gegeben:
$m(Zn) = 30\,g$
$M(Zn) = 65\,\frac{g}{mol}$
$V_m = 22{,}4\,\frac{l}{mol}$
$n(Zn) = 1\,mol$
$n(H_2) = 1\,mol$

3 Formuliere das Verhältnis zwischen Volumen der gesuchten Größe und Masse der gegebenen Größe.
Stelle die Gleichung unter Nutzung der Größengleichung ($V = n \cdot V_m$; $m = n \cdot M$) auf oder nutze die allgemeinen Größengleichungen zur Volumenberechnung bei chemischen Reaktionen aus dem Tafelwerk.

$$\frac{V(A)}{m(B)} = \frac{n(A) \cdot V_m}{n(B) \cdot M(B)}$$

$$\frac{V(H_2)}{m(Zn)} = \frac{n(H_2) \cdot V_m}{n(Zn) \cdot M(Zn)}$$

4 Forme die Gleichung nach der gesuchten Größe um.

$$V(A) = \frac{n(A) \cdot V_m}{n(B) \cdot M(B)} \cdot m(B)$$

$$V(H_2) = \frac{n(H_2) \cdot V_m}{n(Zn) \cdot M(Zn)} \cdot m(Zn)$$

5 Setze die bekannten Größen in die Gleichung ein und berechne das Ergebnis.

$$V(H_2) = \frac{1\,mol \cdot 22{,}4\,\frac{l}{mol}}{1\,mol \cdot 65\,\frac{g}{mol}} \cdot 30\,g$$

$$V(H_2) = 10{,}34\,l$$

6 Formuliere einen Antwortsatz.

Bei der Reaktion von 30 g Zink mit Salzsäure entsteht unter Normbedingungen ein Volumen von 10,34 Litern Wasserstoff.

Quantitative Betrachtungen

Stoffmenge

Die Stoffmenge $n = 1$ mol gibt an, dass diese Stoffportion aus etwa $6 \cdot 10^{23}$ gleichartigen Teilchen besteht.

Avogadro-Konstante

Dieser Wert gibt an, wie viele Teilchen in einem Mol eines Stoffes enthalten sind.

$$N_A = 6{,}022\,1367 \cdot 10^{23}\,\frac{1}{\text{mol}}$$

Molare Masse

Quotient aus der Masse und der Stoffmenge einer Stoffportion mit der Einheit $\frac{\text{g}}{\text{mol}}$. Aus der molaren Masse eines Stoffes lässt sich die Masse eines Mols dieses Stoffes ableiten.

$$M = \frac{m}{n}$$

Molares Volumen

Quotient aus dem Volumen und der Stoffmenge einer Stoffportion eines Gases

$$V_m = \frac{V}{n}$$

Unter Normbedingungen ($\vartheta = 0\,°\text{C}$ und $p = 101{,}3\,\text{kPa}$) beträgt das molare Volumen $V_m \approx 22{,}4\,\frac{1}{\text{mol}}$.

Quantitative Beziehungen zwischen Größen in der Chemie

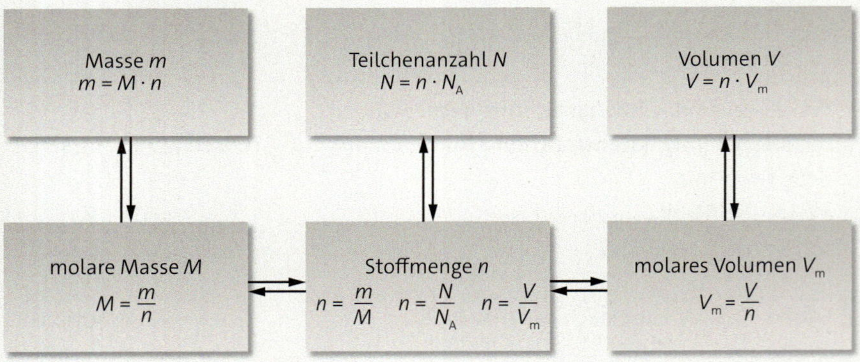

Allgemeine Größengleichungen

Für Massen- und Volumenberechnungen bei chemischen Reaktionen können allgemeine Größengleichungen genutzt werden.

Gesuchte Größe	Gegebene Größe	Allgemeine Größengleichung
$m(\text{A})$	$m(\text{B})$	$\frac{m(\text{A})}{m(\text{B})} = \frac{n(\text{A}) \cdot M(\text{A})}{n(\text{B}) \cdot M(\text{B})}$
$m(\text{A})$	$V(\text{B})$	$\frac{m(\text{A})}{V(\text{B})} = \frac{n(\text{A}) \cdot M(\text{A})}{n(\text{B}) \cdot V_m}$
$V(\text{A})$	$m(\text{B})$	$\frac{V(\text{A})}{m(\text{B})} = \frac{n(\text{A}) \cdot V_m}{n(\text{B}) \cdot M(\text{B})}$
$V(\text{A})$	$V(\text{B})$	$\frac{V(\text{A})}{V(\text{B})} = \frac{n(\text{A})}{n(\text{B})}$

Aufgaben

1 Erläutere die Größen Stoffmenge, molare Masse und molares Volumen.

2 Berechne die molaren Massen folgender Stoffe:
a Aluminiumoxid
b Natriumcarbonat
c Kupfer(II)-hydroxid
d Bariumphosphat

3 Berechne die Stoffmengen der folgenden Stoffportionen (für Gase bei Normbedingungen):
a 0,6 g Calciumoxid
b 1 kg Aluminiumsulfat
c 44,8 ml Schwefeldioxid
d 2 m^3 Helium

4 Berechne die Massen der folgenden Stoffportionen (für Gase bei Normbedingungen):
a 2 mol Calciumchlorid
b 5 mmol Eisen(III)-nitrat
c $9 \cdot 10^{23}$ Kupferatome
d 50 m^3 Sauerstoff

5 Die auf Seite 30 dargestellte Goldmünze hat eine Masse von 12 g und eine Höhe von 2 mm. Berechne den Durchmesser der Münze.

6 Schwefel reagiert mit Sauerstoff zu Schwefeldioxid nach folgender Reaktionsgleichung:
$S + O_2 \longrightarrow SO_2$
Leite aus der Reaktionsgleichung zwei mögliche quantitative Aussagen ab.

7 1 mol Zink und 1 mol Schwefel reagieren zu 1 mol Zinksulfid. Ein Schüler folgert daraus, dass 10 g Zink mit 10 g Schwefel zu 20 g Zinksulfid reagieren. Überprüfe, ob die Folgerung richtig ist.

8 Sand besteht überwiegend aus Siliciumdioxid (SiO_2). Um das für die Computerchips benötigte reine Silicium zu erhalten, wird Siliciumdioxid mit Holzkohle (elementarer Kohlenstoff) umgesetzt, wobei entstehendes Kohlenstoffdioxid entweicht.
a Formuliere die Reaktionsgleichung.
b Berechne die Masse an Siliciumdioxid, die benötigt wird, um 5,6 kg reines Silicium zu gewinnen.
c Berechne die Masse an benötigtem Kohlenstoff und das Volumen des entstehenden Kohlenstoffdioxids.

9 In vielen Produkten wird Titan(IV)-oxid (TiO_2) als Weißpigment eingesetzt.
Berechne die Masse Titan, die oxidiert werden muss, um 2 t Titan(IV)-oxid zu erhalten.

10 Bei der Produktion eines Chemiebetriebs fallen täglich 1000 m^3 säurehaltiges Abwasser an. In dieser Menge Abwasser sind 1,32 t Salzsäure enthalten. Bevor es in die öffentliche Abwasseranlage eingeleitet werden darf, muss es neutralisiert werden.
Berechne die Masse an Natriumhydroxid, die täglich zur Neutralisation dem Abwasser zugesetzt werden muss.

11 Im Kipp'schen Gasentwickler kann z. B. Wasserstoff durch Reaktion von Zink mit Schwefelsäure kontrolliert hergestellt werden. Als Nebenprodukt entsteht Zinksulfat.
a Berechne die Masse an Zink, die benötigt wird, um 2 Liter Wasserstoff (unter Normbedingungen) herzustellen.
b Berechne die dabei gebildete Masse an Zinksulfat.

12 Zur Herstellung von Haushaltszucker benötigt eine Zuckerfabrik täglich 2 t Branntkalk (CaO). Branntkalk wird technisch durch Kalkbrennen aus Kalkstein ($CaCO_3$) hergestellt.
Berechne:
a die dafür erforderliche Masse an Kalkstein
b das bei der Reaktion entstehende Volumen an Kohlenstoffdioxid

13 Die Oma eines Schülers wird 70 Jahre alt. Er beschließt, ihr für jede Tausendstelsekunde ihres Lebens 1 Milliarde Goldatome zu schenken. Berechne, wie viel Geld der Schüler bei einem Goldpreis von 30 Euro je Gramm sparen muss.

Hilfe zu den Aufgaben findest du auf den Seiten ...

1	28 f., 32	8	31, 33–35
2	29	9	31, 34
3	30, 32	10	31, 34
4	30, 32	11	31, 33–35
5	30	12	31, 33–35
6	31	13	30
7	31		

▶ Die Lösungen findest du im Anhang.

Material A: Schülermeinungen

Im Chemieunterricht gab es bei der Berechnung von Massen und Stoffmengen ein Streitgespräch, bei dem u. a. folgende Schülermeinungen geäußert wurden:

1 Stoffportionen unterschiedlicher Elemente mit einer Masse von $m = 1$ g enthalten bei gleichen Bedingungen immer 1 mol Atome.

2 Stoffportionen unterschiedlicher Elemente mit einer Masse von $m = 1$ g enthalten bei gleichen Bedingungen immer die gleiche Anzahl von Atomen.

n = Stoffmenge in mol

N = Teilchenanzahl

1 mol = $6 \cdot 10^{23}$ Teilchen

3 Stoffportionen unterschiedlicher Elemente mit einer Stoffmenge von $n = 1$ mol enthalten bei gleichen Bedingungen immer die gleiche Anzahl von Atomen.

4 Stoffportionen unterschiedlicher Elemente mit einer Stoffmenge von $n = 1$ mol enthalten bei gleichen Bedingungen immer die gleiche Teilchenanzahl wie 12 g Kohlenstoff.

A1 Schülermeinungen zu quantitativen Beziehungen in der Chemie

1 Finde die richtige(n) Meinung(en) heraus und begründe sie (► **A1**).

2 Begründe, warum unterschiedliche Stoffproben eines Stoffes, z. B. von Eisen, immer eine unterschiedliche Masse besitzen, aber der Stoff Eisen immer die gleiche molare Masse besitzt.

3 Erläutere die Zusammenhänge zwischen Masse, molarer Masse und Stoffmenge.

Material B: Kanaldeckel aus Gusseisen

Kanaldeckel werden aus Gusseisen gefertigt. Das verwendete Gusseisen entsteht bei der Reduktion von Eisenerz (Roteisenstein: Fe_2O_3; $w(Fe) = 70\,\%$) im Hochofen.

Eigenschaften	hart, aber spröde, geringe Bruch- und Schlagfestigkeit, Formgebung durch Gießen
Verwendung	zur Herstellung von Kanaldeckeln, Heizkörpern, Öfen, Röhren, Motorblöcken, Maschinenteilen
Chemische Zusammensetzung des Gusseisens eines Kanaldeckels	Kohlenstoff: 3,21 % Silicium: 0,98 % Mangan: 0,63 % Eisen: Rest bis 100 %
Masse des Deckels	62 kg

B1 Datenblatt mit wichtigen Informationen zu Gusseisen für die Kanaldeckelherstellung

1 Beschreibe die chemische Reaktion der Umsetzung von Roteisenstein zu Eisen in einem Hochofen.

2 Erläutere die Begriffe Stoffmenge und molare Masse.

3 Berechne für diesen Kanaldeckel die Stoffmenge und die Teilchenanzahl an Eisen (► **B1**).

4 Berechne die Massen für die angegebenen Stoffe, die für die Herstellung des Gusseisens für diesen Kanaldeckel umgesetzt werden müssen:
a Roteisenstein
b Kohlenstoff

Material C: Raketentreibstoff

Die Messenger-Sonde, die u. a. zum Planeten Merkur flog, wird über kleine Raketenmotoren gesteuert. Als Treibstoff dienen flüssiges Hydrazin (N_2H_4) und gasförmiges Distickstofftetraoxid (N_2O_4), die bei Kontakt sofort reagieren. Der Treibstoff setzt sich dabei in elementaren Stickstoff und Wasserdampf um. Die gasförmigen Reaktionsprodukte sorgen für den notwendigen Schub.

Bei einer Gesamtmasse von 1 093 kg der Messenger-Sonde entfielen alleine 609 kg auf den mitgeführten Treibstoff.

1 Hydrazin ist sehr giftig. Der Vorteil der guten Lagerfähigkeit macht es zurzeit aber noch unentbehrlich.

a Formuliere die vollständige Reaktionsgleichung mit allen Angaben zur Umsetzung von Hydrazin (N_2H_4) mit Distickstofftetraoxid (N_2O_4).

b Bestimme das Volumen an Stickstoff (unter Normbedingungen), das bei der Umsetzung von 320 kg Hydrazin entsteht.

c Ermittle aus dem Stoffmengenverhältnis der Reaktion die Masse an Hydrazin im Treibstoff der Messenger-Sonde.

Material D: Lachgas

Lachgas (Distickstoffmonooxid, N_2O) wurde früher als Narkosemittel eingesetzt. Heute dient es als Treibgas, z. B. in Sprühflaschen zur Schlagsahneherstellung. Mithilfe von Wertetabellen lässt sich ermitteln, welche Massen an Stickstoff, Sauerstoff und Distickstoffmonooxid bei der Herstellung von Lachgas umgesetzt werden.

$m(N_2)$	7 g	?	28 g	?	?
$m(O_2)$	?	8 g	?	32 g	?
$m(N_2O)$	?	?	?	88 g	176 g

D1 Ermittelte Massen bei der Herstellung von Lachgas aus verschiedenen Experimenten

1 Übertrage die Tabelle (► **D1**) in dein Heft und vervollständige sie. Stelle das kleinste ganzzahlige Massenverhältnis fest.
$m(N_2) : m(O_2) : m(N_2O) = \ldots : \ldots : \ldots$

2 Stelle die vollständigen Angaben aus der Tabelle (► **D1**) grafisch in einem Koordinatensystem dar [x-Achse: $m(N_2)$; y-Achse: $m(N_2O)$].

a Kennzeichne die zusammengehörigen Paare als Punkte im Koordinatensystem und verbinde die Punkte mit einem Lineal.

b Ermittle mithilfe dieses Koordinatensystems die erforderlichen Massen Stickstoff zur Herstellung von 20 g, 34 g und 50 g Lachgas.

3 Ermittle mithilfe dieses Koordinatensystems die erforderlichen Massen Sauerstoff, die benötigt werden, wenn 4 g, 10 g und 30 g Stickstoff reagieren. Überprüfe die Ergebnisse rechnerisch mithilfe der entsprechenden Größengleichungen.

Von fossilen Rohstoffen bis zum Kunststoff

Allein in Deutschland sind mehr als 40 Millionen Pkws zugelassen, die jährlich über 46 Millionen Liter Kraftstoff verbrauchen und dabei über 145 Millionen Tonnen Kohlenstoffdioxid ausstoßen. Mobilität, Strom und Heizung werden noch immer durch fossile Energieträger gesichert. Erdöl und Erdgas enthalten aber auch chemische Verbindungen des Kohlenstoffs, die als Rohstoffe zur Herstellung hochwertiger Produkte wie Kunststoffe, Farben, Arzneimitteln, Klebstoffe und vieler weiterer Gebrauchsgüter dienen.

Erdöl und Erdgas

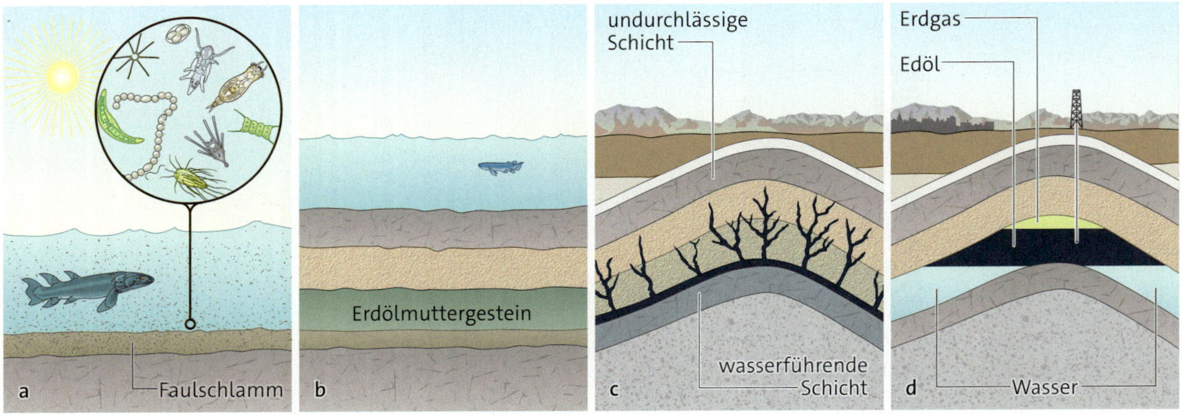

1 Entstehung von Lagerstätten für Erdöl und Erdgas (schematisch)

2 Ölkuhle (Erdölsee)

Entstehung von Erdöl und Erdgas Das Ausgangsmaterial bei der Entstehung von Erdöl und Erdgas bildeten **Kleinstlebewesen**, vor allem Algen im Plankton des Meerwassers. Abgestorben und abgesunken auf den Meeresgrund fehlte jedoch der Sauerstoff zur Zersetzung. Es kam zur Bildung von **Faulschlamm** (▸ **1a**). Durch die Last des darüber abgelagerten Materials, vor allem Sand und Ton, ging der Faulschlamm in Tonschiefer über. Es bildet sich das **Erdölmuttergestein** (▸ **1b**). Im Laufe von Jahrmillionen wandelten Bakterien, die ohne Sauerstoff leben können, bei hohem Druck und hohen Temperaturen das Material langsam in einfache Kohlenwasserstoffe um. Das gebildete Erdöl stieg wegen seiner geringen Dichte nach oben (▸ **1c**). Manchmal erreichte es die Erdoberfläche und bildete Ölkuhlen (▸ **2**). Stieß das Erdöl auf eine **undurchlässige Gesteinsschicht** (Sperrschicht), entstand eine **Lagerstätte**. Enthaltene gasförmige Stoffe bildeten darüber Erdgasblasen (▸ **1d**).

Förderung und Transport Bei der Erdölförderung wird heute innerhalb der Lagerstätte meist horizontal gebohrt. Nur etwa jede sechste Bohrung wird dabei fündig. Das Erdöl schießt zuerst von selbst zur Erdoberfläche auf, da es innerhalb der Lagerstätte unter hohem Druck steht. Lässt der Druck allmählich nach, werden Pumpen eingesetzt. Unter günstigsten Bedingungen können so bis zu 50 % des Erdöls gefördert werden. Zur weiteren Ausbeute wird das Öl entweder durch Erwärmen dünnflüssiger gemacht oder durch das Einbringen von Lösungsmitteln aus dem Gestein herausgelöst und mit dem Lösungsmittel zutage gefördert. Nach der Reinigung von Gas, Sand und Wasser erhält man aus dem Erdöl das **Rohöl**. Erdöl und Erdgas müssen meist über Tausende Kilometer in Pipelines oder per Schiff transportiert werden. Während das Erdöl in Erdölraffinerien weiterverarbeitet wird, nutzt man Erdgas in Deutschland hauptsächlich zum Heizen. Ein Teil des Erdgases wird in riesigen Untertagespeichern gelagert, die meist aus porösem Gestein bestehen (▸ **3**).

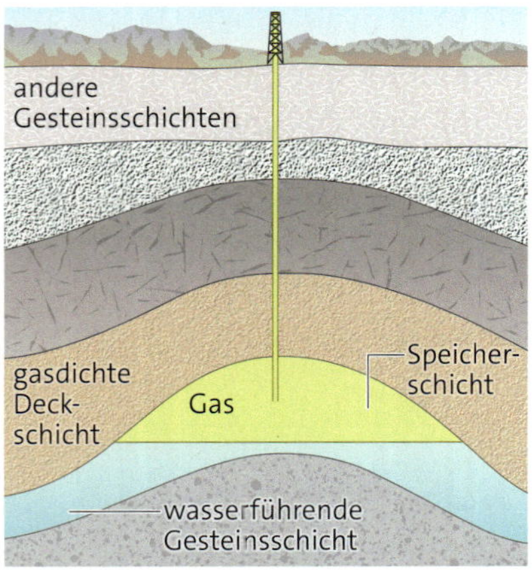

3 Porenspeicher für Erdgas

Zusammensetzung und Eigenschaften Erdöl ist ein Gemisch aus vielen Stoffen, die sich z. B. in ihren Siedetemperaturen unterscheiden. So findet man im Erdöl eine Vielzahl von organischen Verbindungen, an deren Aufbau nur die Elemente Kohlenstoff und Wasserstoff beteiligt sind. Weiterhin enthält Erdöl noch geringe Mengen an organischen Sauerstoff-, Stickstoff- und Schwefelverbindungen sowie einige anorganische Stoffe. Die Zusammensetzung dieses Stoffgemischs unterscheidet sich in jeder Lagerstätte. Schon das Aussehen variiert von Hellgelb bis fast Schwarz (▸**4**). Erdöl riecht charakteristisch und Petroleum ist flüssig bis zähflüssig und kann sogar fest sein. Mit steigender Temperatur nimmt die Viskosität des Erdöls ab. Bei der Verbrennung von Erdöl entstehen Kohlenstoffdioxid und Wasser.
Erdgas ist ein Gasgemisch. Es besteht zu etwa 90 % aus Methan (▸S. 48). Neben organischen Verbindungen wie Ethan, Propan und Butan sind meistens noch Kohlenstoffdioxid und Stickstoff enthalten.

4 Erdöl aus unterschiedlichen Lagerstätten

	Erdöl	Erdgas
Aggregatzustand	flüssig bis fest	gasförmig
Farbe	braun bis schwarz	farblos
Geruch	charakteristisch	geruchlos
Brennbarkeit	nach Erwärmung	explosiv mit Luft
Dichte	geringer als Wasser	geringer als Luft
Löslichkeit in Wasser	unlöslich	–

6 Ausgewählte Eigenschaften von Erdöl und Erdgas

5 Löscharbeiten nach der Explosion der „Deepwater Horizon“

Erdöl und Umwelt Bei der Förderung oder dem Transport von Erdöl kommt es immer wieder zu erschreckenden Umweltkatastrophen. So kam es infolge des Untergangs der Ölbohrinsel „Deepwater Horizon“ zur bis zu diesem Zeitpunkt größten Ölpest (▸**5**). Es dauerte drei Monate, die Ölquelle zu verschließen. Bis dahin strömten täglich 5,6 – 9,6 Millionen Liter Erdöl aus dem geborstenen Steigrohr. Bereits wenige Tage nach dem Sinken der Plattform betrug die Fläche des Ölteppichs mehr als 10 000 Quadratkilometer. Etwa zwei Monate nach dem Unglück waren die Küsten aller US-Bundesstaaten, die an den Golf von Mexiko grenzen, stark mit Öl verschmutzt.
Wenn Öl z. B. nach einem Tankerunglück ins Wasser gelaufen ist, bildet sich ein durch Wind und Strömung schnell ausbreitender dünner Ölfilm. Um die unkontrollierte Ausbreitung zu verhindern, werden Ölsperren gebildet. Auf die Öllache wird Ölbindemittel gegeben. Hierzu eignet sich Polyurethan, das als fester, hochadsorptiver Schaumstoff über eine sehr große Oberfläche verfügt und große Mengen des ausgelaufenen Öls binden kann. Moderne Tanker haben doppelte Außenwände, damit im Fall einer Kollision die Gefahr der Verseuchung herabgesetzt ist.

Aufgaben

1 Erstelle eine Übersicht über weltweite Erdöl- und Erdgasvorkommen. Nutze hierfür deinen Atlas.

2 Überlege, wie sich nachweisen lässt, dass Erdöl wirklich ein Stoffgemisch ist.

3 Diskutiere den Satz: „Erdöl ist nicht gleich Erdöl.“

4 Erläutere, weshalb bei einer Ölpest das Erdöl auf dem Wasser schwimmt und keine Lösung mit Wasser bildet.

Verarbeitung des Rohöls

1 Destillationstürme einer Erdölraffinerie

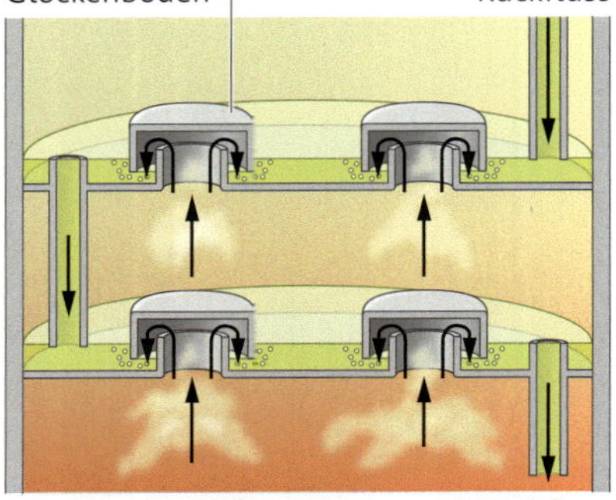

2 Vorgänge auf den Glockenböden

Fraktionierte Destillation von Rohöl Zur Trennung der verschiedenen im Erdöl enthaltenen Bestandteile mit ihren jeweils charakteristischen Siedetemperaturen eignet sich die Destillation. Im Experiment konnten bei unterschiedlichen Temperaturen Stoffe mit andersartiger Farbe, Viskosität, Entflammbarkeit und charakteristischem Geruch durch Destillation aufgefangen werden (▸ Exp. 1). Die erhaltenen Stoffe sind jedoch keine Reinstoffe, sondern ebenfalls Stoffgemische, da die Siedetemperaturen der Stoffe sehr nah beieinanderliegen. Diese Stoffgemische werden als **Fraktionen**, die Art der Destillation als **fraktionierte Destillation** bezeichnet.

In der großtechnischen Aufbereitung von Erdöl findet dieser Vorgang in Raffinerien statt (▸ **1**). Das Rohöl wird im Röhrenofen auf 350–400 °C erhitzt. Die Rohöldämpfe gelangen in den ersten Destillationsturm mit Normaldruck. Der Turm ist durch Glockenböden stockwerkartig unterteilt. Die Temperatur nimmt von unten nach oben ab, sodass sich auf den unteren Böden die hochsiedenden Fraktionen, weiter oben die niedrigsiedenden Fraktionen sammeln (▸ **3**). Die Böden sorgen konstruktionsbedingt für eine gute Trennung des Stoffgemischs (▸ **2**). Der Rückstand wird bei verringertem Druck in der **Vakuumdestillation** weiterdestilliert. Bei herabgesetzten Siedetemperaturen kann hier die Trennung des Rückstands ohne unerwünschte Nebenreaktionen erfolgen, wie sie bei höheren Temperaturen auftreten würden (▸ **3**).

Rohöl wird durch fraktionierte Destillation in Fraktionen mit unterschiedlichen Siedebereichen aufgetrennt.

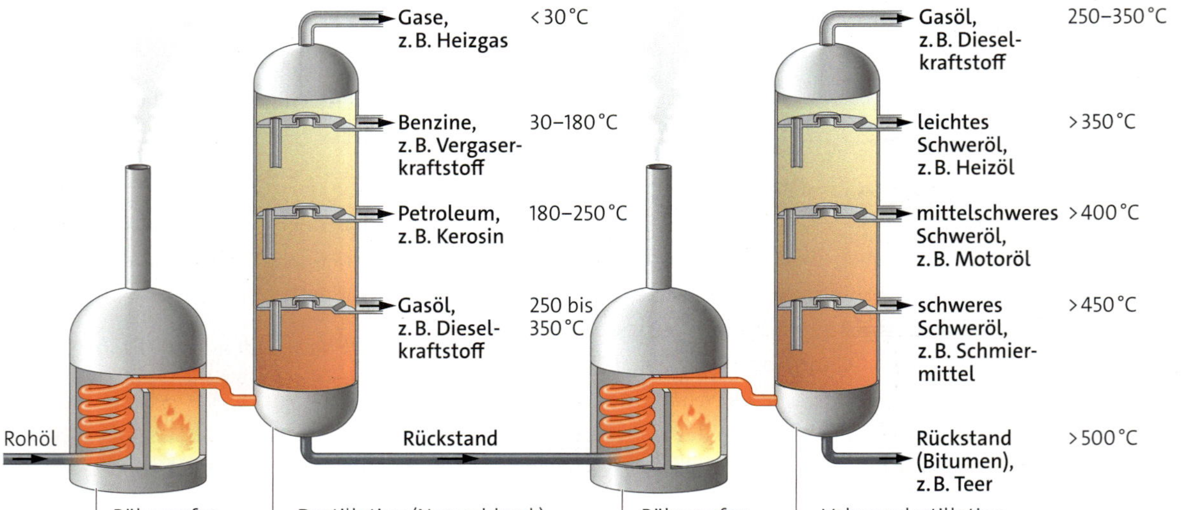

3 Schema der fraktionierten Destillation von Erdöl und der erhaltenen Produkte

Exp. 1 **Fraktionierte Destillation von Erdöl**

Vorsicht! Abzug!
Befülle einen Rundkolben zu einem Drittel mit künstlichem Erdöl (GHS02|08|07|09), gib einige Siedesteinchen hinzu und stelle ihn in eine Heizhaube. Baue die Experimentieranordnung wie in der Abbildung fertig auf. Sichere Rundkolben, Heizhaube und Kühler mit entsprechendem Stativmaterial. Stelle die Kühlwasserzufuhr an. Erhitze mit der Heizhaube auf der niedrigsten Stufe. Leite das zuerst entweichende Gas (GHS02) mit einem Schlauch in den Abzug. *Vorsicht! Entzündungsgefahr!*
Fange die nächste Fraktion in einem Becherglas auf, sobald die Temperatur über 70 °C ansteigt. Erhöhe nun allmählich die Temperatur. Fange weitere Fraktionen bei 110 °C, 150 °C und 220 °C auf.
Prüfe die Fraktionen auf Geruch, Farbe, Viskosität und Entflammbarkeit.
Stelle eine Beziehung zwischen Entflammbarkeit und Rußbildung im Vergleich zum Siedebereich der Fraktionen her.
Entsorgung: Fraktionen in den Behälter für halogenfreie organische Abfälle geben.

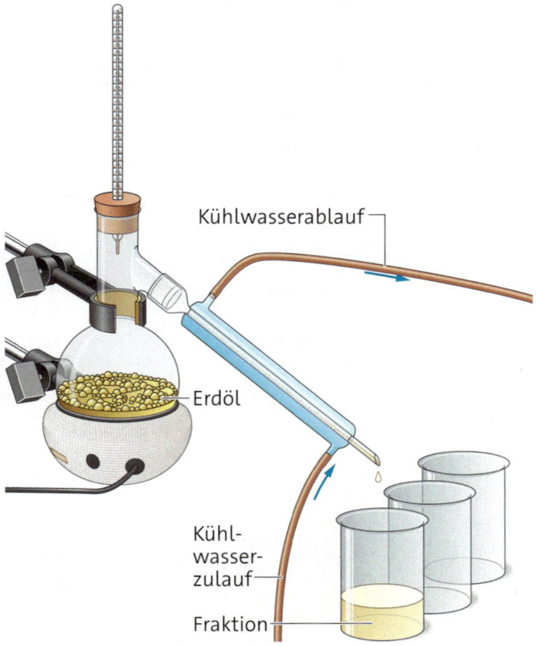

Erdölprodukte Erdöl gehört zu den wichtigsten Grundstoffen der chemischen und weiterverarbeitenden Industrie. Hauptprodukte von Erdölraffinerien sind Benzin, Dieselkraftstoffe und Heizöl.
Die durch die Destillation gewonnenen Kraftstoffe müssen zunächst entschwefelt werden, um den Ausstoß von Schwefeldioxid zu vermeiden, das bei der Verbrennung entstehen würde. Außerdem werden die Kraftstoffe mithilfe verschiedener Prozesse weiterverarbeitet und für ihre Einsatzgebiete optimiert (► S. 66 f.).
Aus Erdöl wird aber auch eine Vielzahl anderer Produkte gewonnen bzw. aus Erdölprodukten hergestellt, z. B. Kunstfasern, Farbstoffe oder Waschmittel (► **4**).

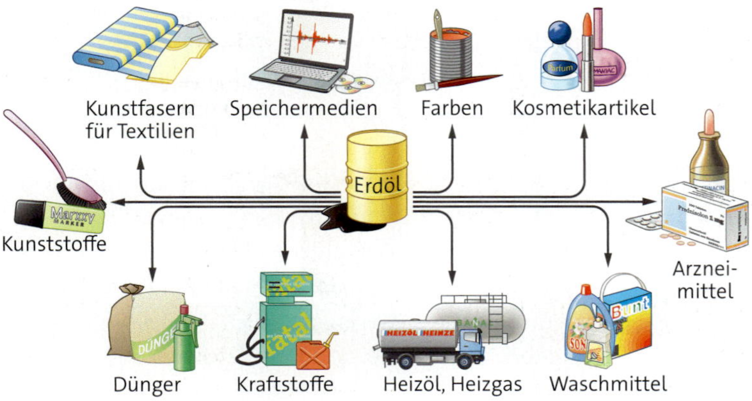

4 Erdölprodukte

Aufgaben

1 Beschreibe, was man unter einer Fraktion versteht.

2 Überlege die Vorteile der Vakuumdestillation für die Fraktionierung des Rückstands aus der ersten Destillation.

3 Erkunde weitere Verwendungen von Erdölprodukten.

4 Erläutere die Entzündbarkeit von Benzin und Dieselkraftstoff.

5 Erläutere die Notwendigkeit der Entschwefelung von Erdöl.

Organische Chemie – organische Stoffe

Bereits im 18. Jahrhundert erkannten Naturforscher, dass sich Mineralien, Erze und Gesteine durch ihr chemisches Verhalten und ihren Aufbau von solchen Stoffen unterscheiden, die im Körper von Pflanzen, Tieren und Menschen gebildet werden.

Organische Stoffe Der schwedische Chemiker Jöns Jakob Berzelius (1779–1848) bezeichnete deshalb um 1807 solche Stoffe, die von lebenden Organismen hergestellt werden, als organische Stoffe. Man glaubte, dass organische Stoffe nur von Pflanzen und Tieren unter Einfluss einer geheimnisvollen „Lebenskraft“ gebildet werden könnten. Eine Herstellung im Labor wurde für unmöglich gehalten.

1 Früchte und Gemüse – reich an organischen Stoffen

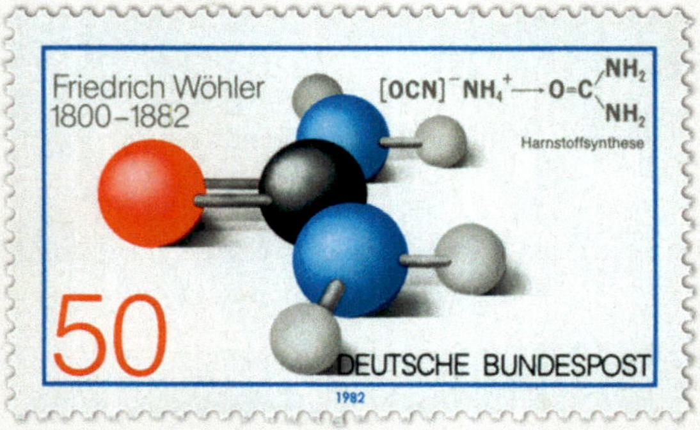

2 Harnstoffsynthese – Gedenkmarke zum 100. Todestag Wöhlers

Berlin, 28. Februar 1828

Lieber Herr Professor!
Obgleich ich sicher hoffe, einen Brief von Ihnen zu erhalten, so will ich ihn doch nicht abwarten, sondern schon wieder schreiben, denn ich kann sozusagen mein chemisches Wasser nicht halten und muß Ihnen erzählen, daß ich Harnstoff machen kann, ohne dazu Nieren oder überhaupt ein Thier, sey es Mensch oder Hund, nöthig zu haben.
Ich fand, daß immer, wenn man Cyansäure mit Ammoniak zu verbinden sucht, eine kristallisierte Substanz entsteht, die … weder auf Cyansäure noch Ammoniak reagierte …, und es bedurfte nun weiter Nichts als einer vergleichenden Untersuchung mit Pisse-Harnstoff, den ich in jeder Hinsicht selbst gemacht hatte, und dem Cyan-Harnstoff. Wenn nun … kein anderes Produkt als Harnstoff entstanden war, so mußte endlich … der Pisse-Harnstoff genau dieselbe Zusammensetzung haben wie das cyansaure Ammoniak. Und dies ist in der That der Fall …

3 Auszug eines Briefes von Wöhler an Berzelius über die erstmalige Synthese einer organischen Verbindung

Wöhler – Wegbereiter der organischen Chemie Die Auffassung über organische Stoffe änderte sich erst, als 1828 der deutsche Chemiker Friedrich Wöhler (1800–1882) in seinem Labor aus dem anorganischen Salz Ammoniumcyanat die organische Verbindung Harnstoff erhalten hatte. Harnstoff wird in Tieren und im Menschen als ein Endprodukt des Eiweißstoffwechsels gebildet und durch Urin ausgeschieden. Erstmals war die Herstellung einer organischen Verbindung ohne Mitwirkung der angenommenen „Lebenskraft“ gelungen.
Im Lauf der Zeit wurde bei Untersuchungen festgestellt, dass alle organischen Stoffe Kohlenstoffverbindungen sind. Wegen der Vielzahl der organischen Stoffe wurde die traditionelle Trennung zwischen organischer und anorganischer Chemie beibehalten.

Organische Verbindungen

Einige Eigenschaften organischer Stoffe Obwohl mehrere Millionen organische Verbindungen existieren, lassen sich einige allgemeine Aussagen über ihre Eigenschaften machen: Viele organische Stoffe haben einen charakteristischen Geruch, der auch noch in großer Verdünnung bemerkbar ist, wie der Geruch von Benzin, Alkohol oder Klebstoff.
Die Mehrzahl der organischen Verbindungen ist in Wasser unlöslich. Im Vergleich zu anorganischen Verbindungen haben sie zudem meist niedrigere Schmelz- und Siedetemperaturen. Organische Verbindungen bestehen aus Molekülen, deren Zusammenhalt relativ gering ist.
Außerdem sind viele organische Verbindungen wenig wärmebeständig und brennbar. Sie sind häufig leicht flüchtig und feuergefährlich, wie Brennspiritus, Ether oder Benzin.

Zusammensetzung Analysen von organischen Verbindungen zeigen, dass an ihrem Aufbau nur wenige Elemente beteiligt sind. Immer enthalten ist das Element Kohlenstoff. Das zeigt sich deutlich am Verkohlen organischer Stoffe beim Erhitzen – ob bewusst im Labor oder unabsichtlich im Alltag. Beim Anbrennen von Milch bzw. Fleisch oder beim zu starken Toasten von Brot bilden sich schwarze Reaktionsprodukte (▸**1**).
Weitere Elemente in organischen Verbindungen sind vor allem Wasserstoff, Sauerstoff und Stickstoff sowie Schwefel, Phosphor, Halogene und Metalle wie Eisen, Kupfer und Magnesium.

Bei der Verbrennung von organischen Verbindungen entsteht – häufig neben Ruß – auch immer Kohlenstoffdioxid, das sich mit Kalkwasser nachweisen lässt. Entsteht bei der Verbrennung einer organischen Verbindung Wasser, kann daraus geschlossen werden, dass am Aufbau der Verbindung Wasserstoff beteiligt ist. Der Sauerstoff kann aus der Luft stammen, der Wasserstoff aber nur aus der verbrannten Verbindung (▸Exp. 2). Organische Verbindungen, die nur die Elemente Kohlenstoff und Wasserstoff enthalten, werden **Kohlenwasserstoffe** genannt.

Info
Mehr als 13 Millionen Kohlenstoffverbindungen sind bis heute bekannt, davon sind aber nur etwa 200 000 anorganische Verbindungen. Anorganische Kohlenstoffverbindungen sind die Oxide des Kohlenstoffs, die Kohlensäure und die Carbonate.

1 Ein ärgerliches Missgeschick

Aufgaben

1 Fasse typische Eigenschaften von organischen Stoffen in einem Merksatz zusammen.

2 Begründe, warum die organischen Stoffe Benzin und Speiseessig im Gegensatz zu Kochsalz einen starken Geruch verbreiten.

Exp. 2

Untersuchung der Verbrennungsgase eine Kerze

Baue die Versuchsapparatur gemäß der Abbildung auf. Fülle die Waschflasche zu einem Viertel mit Kalkwasser (GHS05). Kühle das U-Rohr in einem Wasserbad. Stelle eine brennende Kerze unter den Trichter. Sauge mit einer Wasserstrahlpumpe die Verbrennungsgase durch die Apparatur, bis im U-Rohr und in der Gaswaschflasche deutliche Effekte zu beobachten sind. Gib danach eine Spatelspitze von vorher entwässertem Kupfer(II)-sulfat (GHS07|09) in das U-Rohr. Notiere deine Beobachtungen.
Benenne die Reaktionsprodukte und begründe deine Aussage.
Entsorgung: Kalkwasser in das Abwasser geben; Kupfersulfat einsammeln.

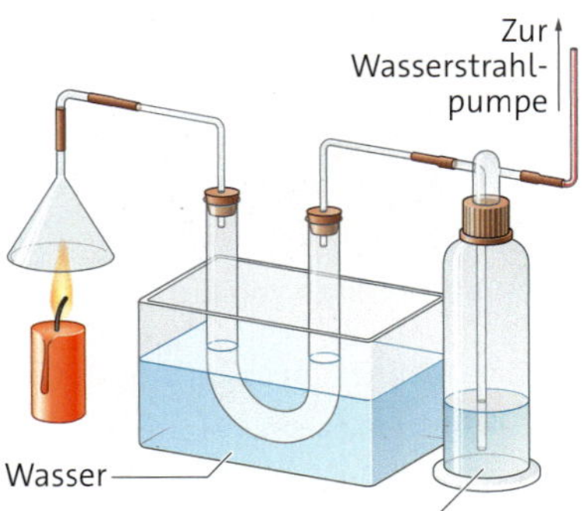

Methan

In Sümpfen, Mooren oder am Grund verschmutzter Gewässer bildet sich Sumpfgas, ein Gemisch aus Methan und Kohlenstoffdioxid. Im Hochsommer kann es zur Entzündung dieses Gases kommen, was als kleine Flämmchen beobachtet werden kann, sogenannte Irrlichter.

1 Moorlandschaft

Gasgemisch	Volumenanteil φ(Methan)
Erdgas	85–95 %
Biogas	ca. 60 %
Klär-, Faul- und Sumpfgas	bis zu 75 %
Grubengas	80–90 %

2 Methanvorkommen

Vorkommen und Verwendung von Methan Methan entsteht überall dort, wo abgestorbene tierische oder pflanzliche Reste unter Luftabschluss von Bakterien zersetzt werden (► 2).
Bei der Abwasserreinigung fällt in den Kläranlagen Schlamm an. Bei dessen Zersetzung entstehen **Klär-** und **Faulgas**.

Durch gezielte bakterielle Fäulnis von pflanzlichem Material wird z. B. aus Stallmist, Gülle, Klärschlamm oder organischem Müll **Biogas** gewonnen. Es besteht vorwiegend aus Methan und Kohlenstoffdioxid. Außerdem enthält es noch die Gase Wasserstoff, Stickstoff und Schwefelwasserstoff. Biogas hat einen hohen Heizwert. Seine Gewinnung kann dazu beitragen, dass wertvolle Rohstoffe eingespart und Umweltschäden vermieden werden.

Methan ist auch der Hauptbestandteil von **Erdgas** (► 2), das zum Kochen im Haushalt oder zur Beheizung von Wohnungen eingesetzt wird.
Auch das sich in den Klüften von Steinkohlenlagern sammelnde **Grubengas** enthält hauptsächlich Methan. Bei unzureichender Belüftung der Stollen entstehen explosive Methan-Luft-Gemische, die als „schlagende Wetter" schwere Zerstörungen verursachen. Bereits ein Funken beim Betätigen eines elektrischen Schalters kann das Gemisch entzünden.

Exp. 3 **Verbrennen von Erdgas**

Entzünde den Gasbrenner (Erdgas, GHS02) und halte über die Flamme zunächst ein umgekehrtes trockenes Becherglas und danach ein Becherglas, das mit Kalkwasser (GHS05) ausgespült wurde.

Beschreibe deine Beobachtungen. Leite daraus Schlussfolgerungen ab.
Entsorgung: Reste ins Abwasser geben.

Eigenschaften von Methan Methan ist ein farbloses Gas, das leichter als Luft ist. Reines Methan ist geruchlos, während Erdgas, Biogas und Sumpfgas aufgrund von Begleitstoffen einen typischen Geruch aufweisen. Methan ist in Wasser fast unlöslich und kann daher pneumatisch aufgefangen werden. Es ist brennbar und bildet mit Luft explosive Gemische (▸ Exp. 4; ▸ **3**). Bei der vollständigen Verbrennung von Methan entstehen Kohlenstoffdioxid und Wasser (▸ Exp. 3).

Molekülformel von Methan Die Verbrennungsprodukte Kohlenstoffdioxid und Wasser weisen darauf hin, dass im Methanmolekül Kohlenstoffatome und Wasserstoffatome gebunden sind.
Aus der Dichte von Methan (ϱ = 0,72 g/l) kann mithilfe des molaren Volumens auf die molare Masse von Methan geschlossen werden. Sie beträgt 16 g/mol. Ein Methanmolekül hat also eine Masse von 16 u.
Daraus folgt, dass nur ein Kohlenstoffatom (Atommasse 12 u) am Aufbau eines Methanmoleküls beteiligt sein kann. Die Anzahl der Wasserstoffatome ergibt sich aus der Differenz von 16 u und 12 u. Somit lautet die **Molekülformel CH_4**. Sie wird auch **Summenformel** genannt. Methan ist der einfachste Kohlenwasserstoff.

Struktur des Methanmoleküls Im Methanmolekül umgeben die vier Wasserstoffatome das Kohlenstoffatom und sind mit ihm jeweils durch ein gemeinsames Elektronenpaar (Atombindung) verbunden. Die Atombindungen im Methanmolekül liegen nicht in einer Ebene, sondern sind räumlich mit möglichst weitem Abstand voneinander angeordnet, sodass sich eine tetraedrische Anordnung ergibt. Der H–C–H-Bindungswinkel beträgt 109,5° und wird als Tetraederwinkel bezeichnet.
Mithilfe eines Kugel-Stab-Modells oder eines Kalottenmodells kann der räumliche Bau des Methanmoleküls veranschaulicht werden (▸ **4**, **5**).
Die **Strukturformel** stellt die Übertragung des dreidimensionalen Modells auf die zwei Dimensionen des Papiers dar, die sich aus dem Schattenwurf des Kugel-Stab-Modells (▸ **5**) ableiten lässt. Jedes gemeinsame Elektronenpaar ist durch einen Strich dargestellt.

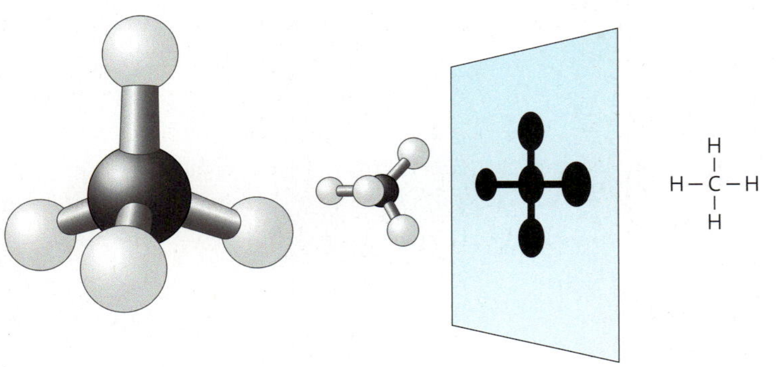

5 Kugel-Stab-Modell des Methanmoleküls: Aus dem Schattenwurf ergibt sich die Strukturformel von Methan.

Exp. 4 | **L**

Methan-Luft-Gemisch

Vorsicht! Schutzbrille! Schutzscheibe!
In einem starkwandigen Standzylinder (höchstens 200 ml) wird ein Methan-Luft-Gemisch (GHS01|02) gezündet.

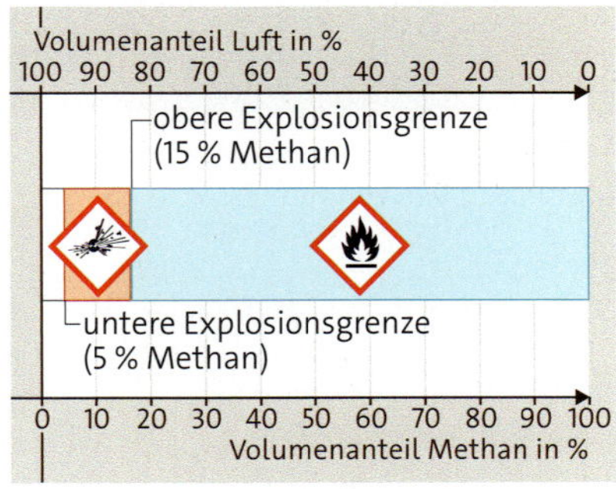

3 Explosionsgrenzen eines Methan-Luft-Gemischs

4 Kalottenmodell von Methan

Aufgaben

1 Entwickle einen Steckbrief von Methan.

2 Erläutere anhand der Modelle (▸ **4**, **5**) die Struktur des Methanmoleküls.

3 Erkunde Sicherheitsbestimmungen beim Umgang mit Erdgas.

4 Berechne mithilfe der Dichte von Methan die molare Masse. Vergleiche mit der Textangabe.

Homologe Reihe der Alkane

1 Propan und Butan werden auch als Brennstoff verwendet.

Wortstamm	Anzahl der Kohlenstoffatome in der Kette
Meth-	1
Eth-	2
Prop-	3
But-	4
Pent-	5
Hex-	6
Hept-	7
Oct-	8
Non-	9
Dec-	10
Undec-	11
Eicos-	20

2 Wortstämme – wichtig für die Namensbildung von Alkanen und anderen homologen Kohlenwasserstoffen

Weitere Alkane Neben Methan gibt es eine große Anzahl weiterer Kohlenwasserstoffe, so die Flüssiggase Propan und Butan oder Paraffine, feste Kohlenwasserstoffe, aus denen z.B. Kerzen, Wachse und Lippenstifte hergestellt werden.
Bei all diesen Kohlenwasserstoffen sind in den Molekülen die benachbarten Kohlenstoffatome durch Einfachbindung (Atombindung) verknüpft. Solche Kohlenwasserstoffe heißen **Alkane**.

Struktur der Moleküle Methan ist das einfachste Alkan mit den kleinsten Molekülen. Andere Alkane besitzen mehrere Kohlenstoffatome und entsprechend viele Wasserstoffatome in ihren Molekülen. Die Kohlenstoffatome in den Molekülen der Alkane bilden Ketten (▸**3**) – es sind **kettenförmige Kohlenwasserstoffe.**
In den Molekülen der Alkane sind zudem alle Kohlenstoffatome mit der größtmöglichen Anzahl an Wasserstoffatomen verbunden. Dies wird als gesättigt bezeichnet. Alkane gehören zu den **gesättigten Kohlenwasserstoffen.**

Ein Vergleich der Strukturformeln der Alkanmoleküle (▸**3**) zeigt, dass sich die Moleküle aufeinanderfolgender Glieder jeweils um eine CH_2-Gruppe unterscheiden. Eine solche Reihe wird als **homologe Reihe** (griech. *homologos:* übereinstimmend) bezeichnet.
Wird die Anzahl der Kohlenstoffatome eines Alkans mit n bezeichnet, beträgt die Anzahl der Wasserstoffatome desselben Alkans $2n + 2$.
Es gilt die **allgemeine Summenformel der Alkane:** C_nH_{2n+2}.

Namen der Alkane Die Namen der Alkane werden aus dem Wortstamm und der Endung **-an** gebildet. Vom Wortstamm lässt sich die Anzahl der Kohlenstoffatome im Molekül ableiten (▸**2**), z.B. Pentan (C_5H_{12}).

Name	Summenformel	Strukturformel	Molekülmodell
Methan	CH_4	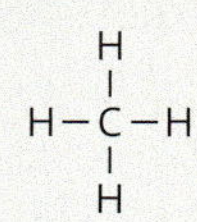	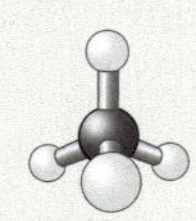
Ethan	C_2H_6	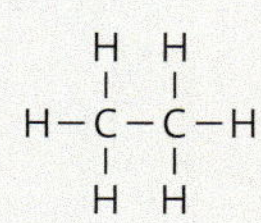	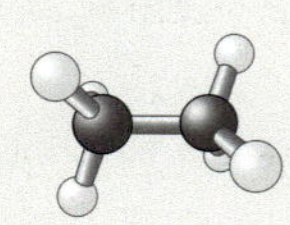
Propan	C_3H_8	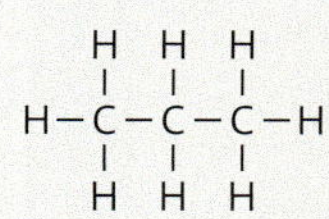	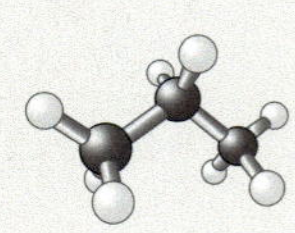
Butan	C_4H_{10}	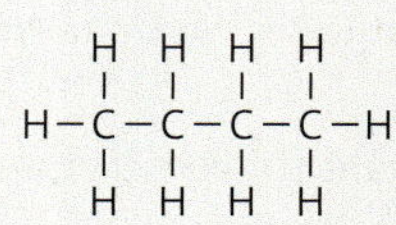	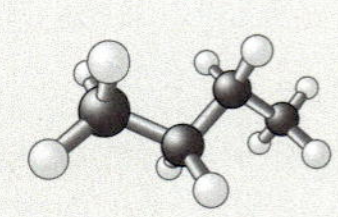

3 Die ersten vier Glieder der homologen Reihe der Alkane

Aufgaben

1 Begründe die Zuordnung der Alkane zu den gesättigten Kohlenwasserstoffen.

2 Alkane bilden eine homologe Reihe. Begründe diese Aussage. Notiere einen Merksatz.

3 Stelle die Strukturformeln folgender Alkane auf und benenne sie: C_7H_{16}, $C_{10}H_{22}$, C_9H_{20}.

Alkane auf dem Prüfstand

Exp. 5 Erhitzen von festen Alkanen

Gib einige Späne von Eicosan in ein Reagenzglas und erhitze vorsichtig mit der rauschenden Flamme. Wiederhole das Experiment mit einem höheren Alkan. Beschreibe und deute deine Beobachtungen.
Entsorgung: Reste in den Behälter für halogenfreie organische Abfälle geben.

Exp. 6 Mischbarkeit von Alkanen

Fülle in zwei Reagenzgläser etwa 2 cm hoch Heptan (GHS02|08|07|09). Gib mit einer Pipette acht Tropfen Octan (GHS02|08|07|09) in das eine Reagenzglas und acht Tropfen Wasser in das andere. Rühre vorsichtig mit einem Glasstab um. Wiederhole das Experiment mit Paraffinöl, dem Octan beziehungsweise Wasser zugesetzt wird. Notiere deine Beobachtungen. Deute das Ergebnis.
Entsorgung: Reste von Alkanen in den Behälter für halogenfreie organische Abfälle geben.

Exp. 7 Brennbarkeit von verschiedenen Alkanen

A: Entzünde einen Holzspan, halte ihn über einen Brenner und öffne langsam die Gaszufuhr.
B: Gib jeweils 2 ml Heptan (GHS02|08|07|09) und Paraffinöl in je eine Porzellanschale. Versuche mit einem langen brennenden Holzspan die Stoffe zu entzünden.

Beschreibe deine Beobachtungen. Interpretiere die Ergebnisse.
Entsorgung: Reste von Alkanen in den Behälter für halogenfreie organische Abfälle geben.

Exp. 8 Löslichkeit von Fetten und Ölen in Alkanen

Fülle in zwei Reagenzgläser etwa 2 cm hoch Octan (GHS02|08|07|09). Gib danach mit dem Spatel etwas Schmalz bzw. Speiseöl dazu. Rühre vorsichtig mit dem Glasstab um. Wiederhole das Experiment, aber ersetze Octan durch Wasser. Notiere deine Beobachtungen. Diskutiere die ermittelten Ergebnisse.
Entsorgung: Reste von Alkanen in den Behälter für halogenfreie organische Abfälle, übrige Flüssigkeiten ins Abwasser geben.

Exp. 9 Ermitteln der Auslaufzeiten von flüssigen Alkanen

Ziehe Heptan (GHS02|08|07|09) mit einer Pipettierhilfe bis zur Nullmarke einer Pipette auf. Starte den Auslauf, indem du die Pipettierhilfe abziehst. Miss die Auslaufzeit. Wiederhole das Experiment mit Dodecan (GHS08) und Paraffinöl.
Notiere deine Beobachtungen. Deute das Ergebnis.
Entsorgung: Reste von Alkanen in den Behälter für halogenfreie organische Abfälle geben.

Exp. 10 Elektrische Leitfähigkeit von verschiedenen Alkanen

Baue die Versuchsapparatur nach der Experimentieranordnung auf. Prüfe nacheinander Heptan (GHS02|08|07|09), Octan (GHS02|08|07|09), Dodecan (GHS08) und Paraffinöl auf elektrische Leitfähigkeit. Fertige ein Protokoll an.

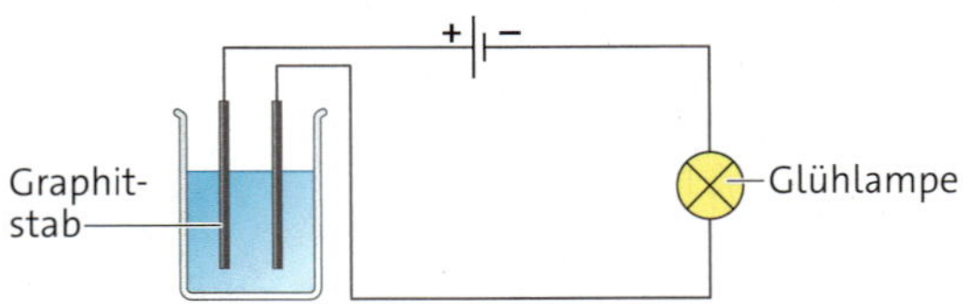

Entsorgung: Reste von Alkanen in den Behälter für halogenfreie organische Abfälle geben.

Eigenschaften von Alkanen

Wasser perlt ab und die lackierten Teile an Autos oder Motorrädern glänzen stärker, wenn nach dem Waschen Wachs aufgetragen wird. Egal ob feste, flüssige oder gasförmige Alkane im Alltag verwendet werden, immer ist ihre Verwandtschaft an ihren Eigenschaften zu erkennen.

1 Lackpflege mit Wachs – Gemische höherer Alkane

Exp. 11 | **L**

Bestimmung von Siedetemperaturen

Vorsicht! Schutzbrille!
Siedetemperaturen von flüssigen Alkanen (GHS02|08|07|09) werden ermittelt und mit tabellierten Werten verglichen.

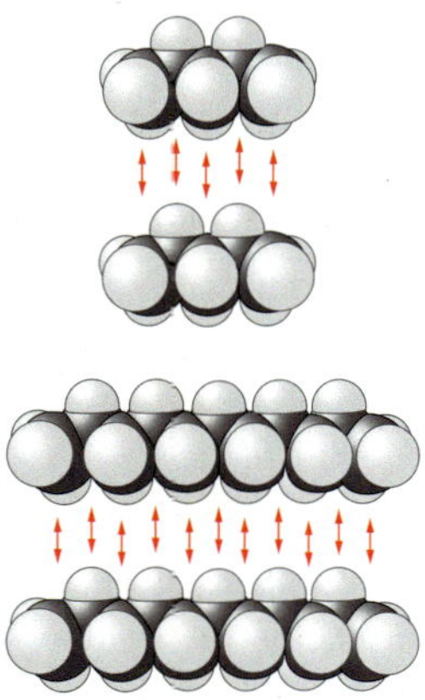

2 Anziehungskräfte zwischen Alkanmolekülen

Eigenschaften der Alkane Gemein ist allen Alkanen, dass sie den elektrischen Strom nicht leiten, da sie keine Ladungsträger, sondern nur ungeladene Moleküle enthalten (▸Exp. 10, S. 51). Bei vielen Eigenschaften der Alkane kann man aber feststellen, dass sich diese innerhalb der homologen Reihe regelmäßig ändern. So steigen mit zunehmender Kettenlänge die Siedetemperaturen (▸Exp. 11), die Dichten (▸**3**) und die Flammpunkte (▸Exp. 7, S. 51) der Alkane sowie die Viskosität (Zähflüssigkeit) der flüssigen Alkane (▸Exp. 9, S. 51) kontinuierlich an. Kurzkettige Alkane sind dünnflüssig, Schmieröle (C_{11} bis C_{18}) sind zähflüssig. Auch bei den Schmelztemperaturen kann man eine regelmäßige Zunahme feststellen (▸**3**).

Alle Erscheinungen können damit erklärt werden, dass zwischen den unpolaren Molekülen der Alkane schwache Anziehungskräfte wirken: die **Van-der-Waals-Kräfte**. Diese Kräfte müssen beim Schmelzen und beim Sieden eines Stoffes durch Energiezufuhr überwunden werden. Auch beim Auslaufen eines Stoffes müssen die Van-der-Waals-Kräfte z. T. überwunden werden, damit die Moleküle aneinander vorbeigleiten können.

Dabei gilt: Die Stärke der Van-der-Waals-Kräfte hängt von der Größe der Moleküle ab. Mit zunehmender Kettenlänge nimmt die Berührungsfläche der Moleküle zu und damit auch die Anziehungskraft zwischen ihnen (▸**2**).
So sind die Anziehungskräfte bei den höheren Alkanen so groß, dass es durch Energiezufuhr eher zur Spaltung von Bindungen kommt als zur Aufhebung der Van-der-Waals-Kräfte zwischen den Molekülen. Die Alkane etwa ab Eicosan ($C_{20}H_{42}$) zersetzen sich deshalb unterhalb der Siedetemperatur (▸Exp. 5, S. 51).

Name	Summenformel	Schmelztemperatur in °C	Siedetemperatur in °C	Dichte in g/cm³ bei 25 °C
Methan	CH_4	−182,5	−161,4	0,42*
Ethan	C_2H_6	−183,2	−88,5	0,54*
Propan	C_3H_8	−187,1	−42,1	0,58*
Butan	C_4H_{10}	−135,0	−0,5	0,60*
Pentan	C_5H_{12}	−129,7	36,2	0,63
Hexan	C_6H_{14}	−94,3	68,7	0,66
Heptan	C_7H_{16}	−90,0	98,0	0,68
Octan	C_8H_{18}	−56,5	125,8	0,70
Nonan	C_9H_{20}	−53,7	150,7	0,72
Decan	$C_{10}H_{22}$	−29,7	174,0	0,73
Pentadecan	$C_{15}H_{32}$	10,0	268,0	0,77
Hexadecan	$C_{16}H_{34}$	18,1	280,7	0,77
Heptadecan	$C_{17}H_{36}$	22,0	303,0	0,78

3 Vergleich der Eigenschaften einiger Alkane (* Dichte am Siedepunkt im flüssigen Zustand)

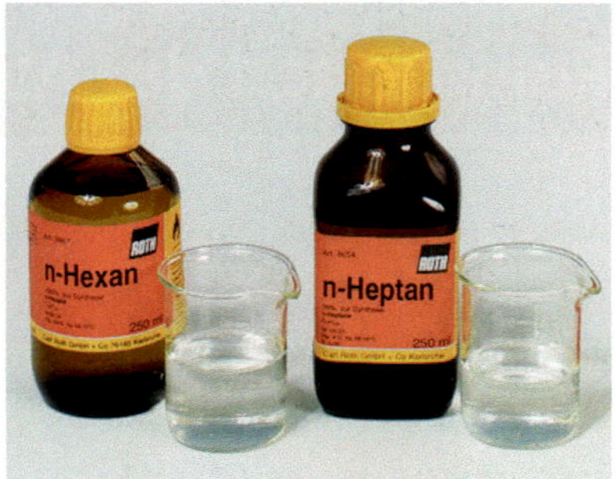

4 Hexan und Heptan sind leicht entzündliche Alkane (Flammpunkt unter 21 °C).

5 Hexan löst sich nicht in Wasser.

Löslichkeit Alkane sind mit Wasser nicht mischbar. Sie sind **hydrophob** (griech. *hydro:* Wasser, *phobos:* Furcht). Untereinander sind Alkane aber in jedem Verhältnis mischbar. Dieses unterschiedliche Löseverhalten ist auf unterschiedliche Anziehungskräfte zwischen Alkanmolekülen und Wassermolekülen zurückzuführen. Die Dipolmoleküle des Wassers ziehen sich untereinander durch **Wasserstoffbrücken** stark an. Die Anziehungskräfte zwischen den unpolaren Alkanmolekülen sind dagegen gering. Sie genügen nicht, um die Wasserstoffbrücken zwischen den Wassermolekülen zu überwinden (▸ Exp. 6, S. 51).

Flüssige Alkane sind im Gegensatz zu Wasser gute Lösungsmittel für Fette, Öle und Lacke (▸ Exp. 8, S. 51). Sie sind **lipophil** (griech. *lipos:* Fett, *philein:* lieben). Ihre Moleküle ähneln in ihrer Struktur den Molekülen der Alkane. Es gilt die Regel: **Ähnliches löst sich in Ähnlichem.**

Verhalten gegenüber	Butan	Wasser
	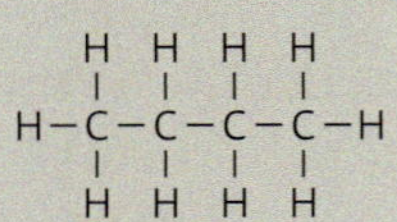	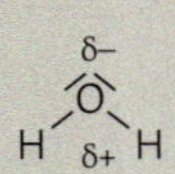
Stoff aus polaren Molekülen, z. B. Chlorwasserstoff	fettfeindlich = lipophob	wasserfreundlich = hydrophil
Stoff aus unpolaren Molekülen, z. B. Fette, Öle	fettfreundlich = lipophil	wasserfeindlich = hydrophob

6 Die Polarität der Teilchen von Stoffen hat Einfluss auf ihre Löslichkeit.

Aufgaben

1 Alkane haben bei Raumtemperatur unterschiedliche Aggregatzustände. Begründe und gib Beispiele dafür an.

2 Erläutere: „Ähnliches löst sich in Ähnlichem."

3 Erläutere, womit ein Ölfleck aus der Kleidung entfernt werden kann.

4 Beschreibe die Beobachtungen, die bei Zugabe von Kochsalz zu Wasser, Kochsalz zu Pentan und Nonan zu Hexan zu erwarten sind. Begründe deine Aussagen.

Reaktionen der Alkane

Alkane gelten allgemein als reaktionsträge. Sie können aber auch heftiger reagieren, z. B. wenn Häuser durch Erdgasexplosionen zerstört werden oder Öltanker durch Havarien in Flammen stehen.

1 Tankerunglück im Golf von Mexiko im September 2016

2 Nach einer Gasexplosion

3 Brennende Alkane: Erdgas, Hexan, Paraffinöl

Verbrennung Alle Alkane sind brennbar. Gemische von gasförmigen Alkanen mit Luft sind sogar explosiv. Beim Verbrennen reagieren die Alkane mit Sauerstoff. Chemisch betrachtet handelt es sich hierbei um eine Oxidation.
Bei **vollständiger Verbrennung** entstehen als Reaktionsprodukte Kohlenstoffdioxid und Wasser. Dabei wird Wärme abgegeben.

$$2\,C_3H_8 + 10\,O_2 \longrightarrow 6\,CO_2\uparrow + 8\,H_2O \quad |\ \text{exotherm}$$
$$2\,C_6H_{14} + 19\,O_2 \longrightarrow 12\,CO_2\uparrow + 14\,H_2O \quad |\ \text{exotherm}$$

Ist nicht genügend Sauerstoff vorhanden, kann es zur **unvollständigen Verbrennung** kommen, wobei neben Wasser das giftige Kohlenstoffmonooxid oder reiner Kohlenstoff in Form von Ruß entsteht.

$$2\,C_3H_8 + 7\,O_2 \longrightarrow 6\,CO\uparrow + 8\,H_2O \quad |\ \text{exotherm}$$
$$2\,C_3H_8 + 4\,O_2 \longrightarrow 6\,C + 8\,H_2O \quad |\ \text{exotherm}$$

$$2\,C_6H_{14} + 13\,O_2 \longrightarrow 12\,CO\uparrow + 14\,H_2O \quad |\ \text{exotherm}$$
$$2\,C_6H_{14} + 7\,O_2 \longrightarrow 12\,C + 14\,H_2O \quad |\ \text{exotherm}$$

Bei der Verbrennung verschiedener Alkane an der Luft nimmt mit steigendem Kohlenstoffanteil des Alkans die Helligkeit der Flamme zu. Hervorgerufen wird das durch hell glühende Rußteilchen in der Flamme. Als Folge der unvollständigen Verbrennung nimmt auch die Rußbildung stark zu (▸ 3).

Die chemischen Eigenschaften der Alkane stimmen infolge der gemeinsamen Strukturmerkmale weitgehend überein.

4 Reaktion von Hexan mit Brom vor und nach Belichtung

Substitution Werden einige Tropfen Brom zu Hexan gegeben, bleibt die braune Farbe des Broms erhalten. Bei Zimmertemperatur reagiert Hexan nicht mit Brom. Wird das Gemisch jedoch intensiv belichtet, verschwindet die Färbung langsam. Hexan und Brom reagieren miteinander. Als Reaktionsprodukte entstehen Bromhexan und das farblose Gas Bromwasserstoff, das feuchtes Indikatorpapier rot färbt (▸ 4).

$$\text{Hexan} + \text{Brom} \xrightarrow{\text{Licht}} \text{Bromhexan} + \text{Bromwasserstoff}$$
$$C_6H_{14} + Br_2 \xrightarrow{\text{Licht}} C_6H_{13}Br + HBr$$

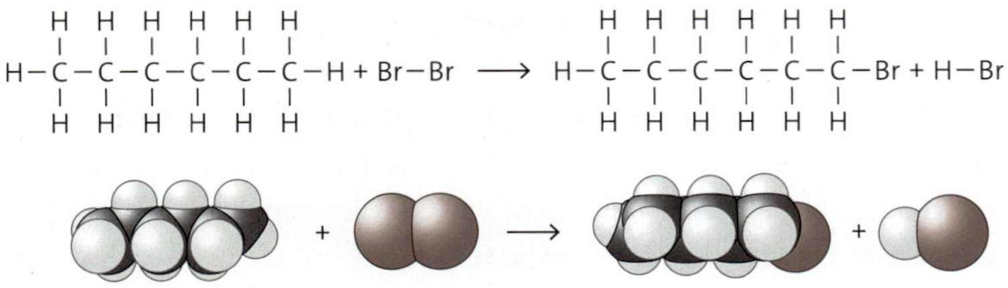

5 Reaktionsgleichung und Teilchenmodell der Reaktion von Hexan mit Brom

Bei dieser Reaktion wird ein Wasserstoffatom des Hexanmoleküls gegen ein Bromatom eines Brommoleküls ausgetauscht.
Auch mit anderen Alkan-Brom-Gemischen kommt es bei Einwirkung von Licht zu einer ähnlichen Reaktion (▸ Exp. 12). Dabei ersetzen sich in den Molekülen der Ausgangsstoffe jeweils ein Wasserstoffatom und ein Bromatom gegenseitig. Aus dem Lateinischen leitet sich der Name für die Art der chemischen Reaktion ab. Diese Reaktionen werden als **Substitutionen** (lat. *substituere:* ersetzen, austauschen) bezeichnet.

$$C_7H_{16} + Br_2 \xrightarrow{\text{Licht}} C_7H_{15}Br + HBr$$

Die Substitution ist eine chemische Reaktion, bei der zwischen den Molekülen der Ausgangsstoffe Atome ausgetauscht werden.

Exp. 12 | L

Chemische Reaktion von Heptan mit Brom

Vorsicht! Abzug!
Das sich in einem geschlossenen Gefäß befindende braune Gemisch von Heptan (GHS02|08|07|09) und Brom (GHS06|05|09) wird intensiv beleuchtet. Nach einiger Zeit wird angefeuchtetes Universalindikatorpapier in das Gefäß gehalten.

Info
Alkane reagieren nicht mit Säuren, Laugen und unedlen Metallen. Mit starken Oxidationsmitteln wie Kaliumpermanganatlösung reagieren sie nur sehr langsam. Alle Alkane wurden deshalb früher auch als Paraffine (lat. *parum:* wenig, *affinis:* zugeneigt, „wenig reaktionsfähig") bezeichnet.

Aufgaben

1 Nenne Nachteile einer unvollständigen Verbrennung.

2 Berechne das Volumen von Kohlenstoffdioxid, das bei der vollständigen Verbrennung von 3 kg Propan entsteht.

3 Erkläre, warum sich Indikatorpapier im oben beschriebenen Experiment färbt (▸ 4).

4 Beschreibe die Reaktion von Ethan mit Brom. Entwickle die Reaktionsgleichung.

5 Entwickle die Reaktionsgleichungen für folgende Reaktionen von Octan:
a Verbrennung
b Substitution mit Brom

Vielfalt der Alkane

Das Feuerzeug ist mit Flüssiggas gefüllt, einem Stoffgemisch, das aus drei Kohlenwasserstoffen besteht. Sie unterscheiden sich in ihren Siedetemperaturen: –42,1 °C, –11,7 °C und –0,5 °C. Mithilfe der Gaschromatografie lässt sich dieses leicht verdampfbare Gemisch trennen und identifizieren sowie die Struktur von Stoffen aufklären.

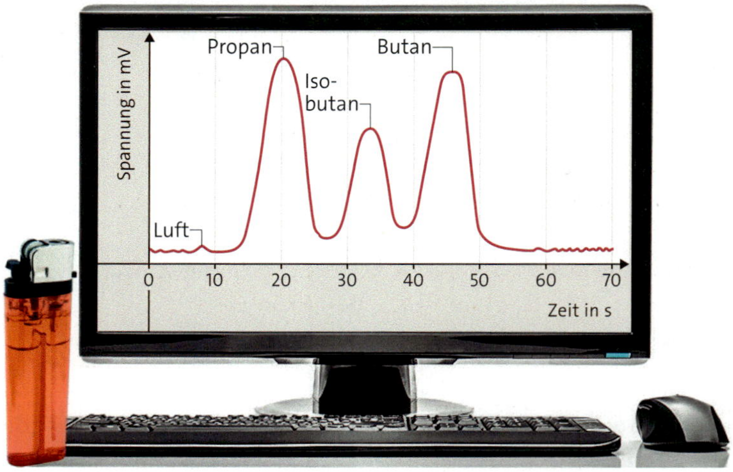

1 Gaschromatogramm: Bestandteile des Flüssiggases im Feuerzeug

Butan

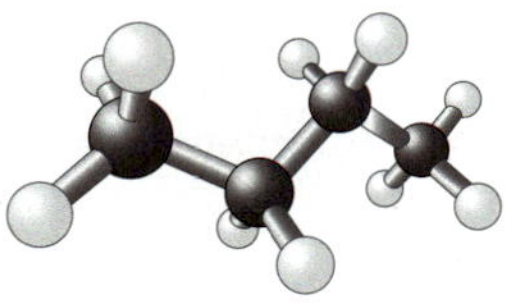

Siedetemperatur: –0,5 °C
Schmelztemperatur: –135 °C

Isobutan

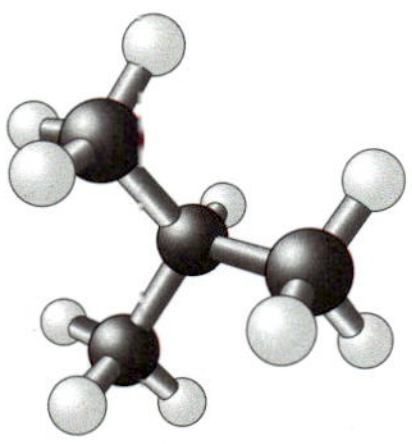

Siedetemperatur: –11,7 °C
Schmelztemperatur: –145 °C

2 Butan und Isobutan (2-Methylpropan)

Gleiche Summenformel – unterschiedliche Stoffe Die im Flüssiggas enthaltenen Kohlenwasserstoffe können als Propan (C_3H_8) und zwei weitere Verbindungen mit der Summenformel C_4H_{10} identifiziert werden. Die Moleküle dieser Verbindungen bestehen also aus den gleichen Atomen. Neben dem bekannten Butanmolekül, bei dem die Kohlenstoffatome in einer unverzweigten Kette miteinander verbunden sind, gibt es noch eine weitere Möglichkeit der Verknüpfung von vier Kohlenstoffatomen mit zehn Wasserstoffatomen: Im **Isobutan** sind die Kohlenstoffatome in einer verzweigten Kette miteinander verbunden. Das mittlere Kohlenstoffatom ist im Molekül mit einem weiteren Kohlenstoffatom und nur einem Wasserstoffatom verknüpft (▸**2**).
Beide Verbindungen entsprechen der allgemeinen Formel C_nH_{2n+2}, sind also Alkane. Solche Verbindungen, deren Moleküle bei gleicher Summenformel eine unterschiedliche Molekülstruktur haben, werden **Isomere** (griech. *isos:* gleich, *meros:* Teil) genannt.

Kohlenstoffatome verfügen über die besondere Eigenschaft, sich durch Elektronenpaarbindung untereinander zu verbinden. So kann sich eine praktisch unbegrenzte Anzahl von organischen Verbindungen bilden.

Info
In Verbindungen gehen die Kohlenstoffatome vier Elektronenpaarbindungen (Atombindungen) ein. Man sagt, das Kohlenstoffatom ist vierbindig.

kettenförmig unverzweigt	kettenförmig verzweigt	ringförmig
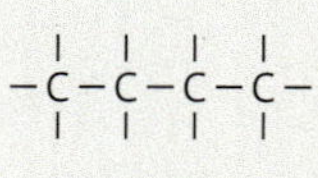	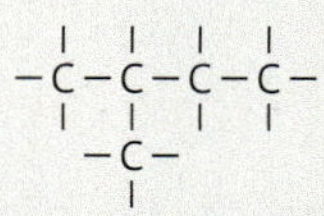	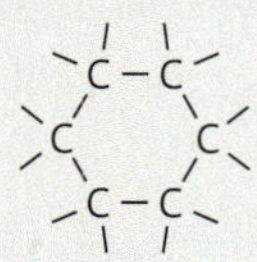

3 Beispiele für die Verknüpfung von Kohlenstoffatomen

Isomere und Eigenschaften Isomere Verbindungen unterscheiden sich in ihren Eigenschaften. Verzweigte Alkane haben in der Regel niedrigere Siede- und Schmelztemperaturen als die homologen unverzweigten Alkane (▸4). So unterscheiden sich die Siede- und Schmelztemperaturen von Isobutan und dem unverzweigten Butan jeweils um mehr als 10 °C (▸2). Dies ist darauf zurückzuführen, dass das Isobutan eine im Vergleich zu Butan kleinere Moleküloberfläche aufweist. Der Zusammenhalt zwischen den Molekülen ist daher geringer, weil sich nur an den Berührungspunkten der Moleküle Van-der-Waals-Kräfte ausbilden können. Das Auftreten isomerer Verbindungen wird als **Isomerie** bezeichnet.

Verbindungen, deren Moleküle bei gleicher Summenformel eine unterschiedliche Struktur haben, heißen Isomere.
Isomere Verbindungen unterscheiden sich in ihren Eigenschaften.

Namen der Alkylgruppen Wird von einem Alkanmolekül ein Wasserstoffatom entfernt, bleibt eine **Alkylgruppe** übrig. Dieser Rest wird in Formeln oft auch als **R** bezeichnet. Die Endung **-an** im Namen des Alkans wird durch **-yl** ersetzt.

Formel	CH_3–	C_2H_5–	C_3H_7–	C_4H_9–	C_5H_{11}–	R–
Name	Methyl-	Ethyl-	Propyl-	Butyl-	Pentyl-	Alkyl-

5 Namen einiger Alkylgruppen

Vielfalt der Isomere und deren Namen Je größer die Anzahl der Kohlenstoffatome im Alkanmolekül ist, desto mehr isomere Verbindungen dieses Alkans gibt es. Für Butan sind es nur zwei und für Pentan drei, dagegen für Decan schon 75 verschiedene Isomere (▸6). Alkane mit unverzweigten Molekülketten heißen **Normalalkane** (n-Alkane), mit verzweigten Ketten **Isoalkane** (i-Alkane). Die Seitenketten der Isoalkane sind Alkylgruppen. Die Benennung von Isomeren erfolgt nach international gültigen Nomenklaturregeln (▸S. 58).

Info
Auch in Kraftstoffen spielen isomere Verbindungen eine wichtige Rolle. Benzin ist ein Stoffgemisch aus Alkanen und Isomeren der Alkane mit 5–12 Kohlenstoffatomen im Molekül. Benzin ist aber nicht gleich Benzin. Entscheidend sind bestimmte Zusätze wie Isooctan.

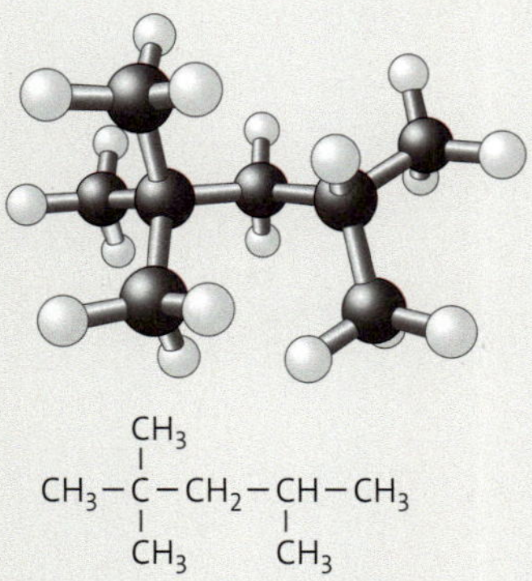

7 Modell und vereinfachte Strukturformel des Isooctanmoleküls

Name	Schmelztemperatur	Siedetemperatur
	in °C	
Pentan (n-Pentan)	–129,7	36,2
2-Methylbutan (Isopentan)	–159,9	28,0
2,2-Dimethylpropan (Neopentan)	–16,6	9,5

4 Isomere des Pentans

Kohlenwasserstoff	Anzahl der Isomere
C_4H_{10}	2
C_5H_{12}	3
C_6H_{14}	5
C_7H_{16}	9
C_8H_{18}	18
C_9H_{20}	35
$C_{10}H_{22}$	75
$C_{20}H_{42}$	366 319
$C_{40}H_{82}$	62 491 178 805 831

6 Isomere bei Alkanen

Aufgaben

1 Nenne Gemeinsamkeiten und Unterschiede bei Isomeren.

2 Begründe, warum es keine Propanisomere geben kann.

3 Notiere die Strukturformeln für die Moleküle aller Isomere des Hexans. Bestimme ihre Namen.

4 Erkläre mithilfe der Strukturformeln der isomeren Pentane die Unterschiede in den Schmelz- und Siedetemperaturen (▸4).

5 Bestimme den systematischen Namen von Isooctan (▸7).

Benennen von organischen Verbindungen

Damit wegen der Vielfalt der organischen Verbindungen der Überblick nicht verloren geht, ist eine eindeutige Benennung der Verbindungen notwendig. Ihre Namen werden mithilfe der international gültigen Nomenklaturregeln (IUPAC-Regeln: International Union of Pure and Applied Chemistry) aufgestellt.
Für die wissenschaftlich exakte Benennung der einfachsten Kohlenwasserstoffe gelten die folgenden IUPAC-Regeln:

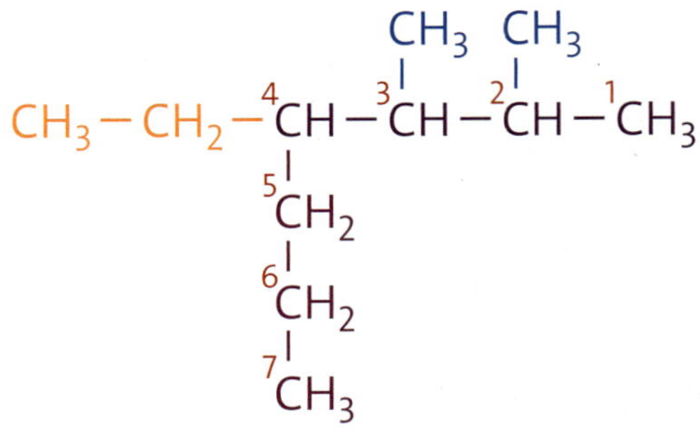

1 Wie wird der Name dieser Verbindung ermittelt?

1 Ermittle die längste unverzweigte Kette mit Kohlenstoffatomen (Hauptkette) im Molekül. Zähle die Kohlenstoffatome und benenne dementsprechend die Hauptkette.
Beachte, dass die Hauptkette in der Darstellung der Strukturformel abknicken kann.

2 Ermittle die Verzweigungen (Seitenketten) und benenne sie als Alkylreste. Ordne die Alkylreste alphabetisch.

3 Ermittle die Anzahl der jeweils gleichen Alkylreste, benenne sie mit griechischen Zahlwörtern (di-, tri-, tetra-...) und stelle diese den entsprechenden Namen der Alkylreste voran.

4 Ermittle die Nummern der Kohlenstoffatome, an denen Seitenketten gebunden sind, und stelle diese Zahlen den Namen der Seitenketten voran.
Die Hauptkette wird so durchnummeriert, dass die Verzweigungsstellen kleinstmögliche Zahlen erhalten.

5 Bilde den Namen.

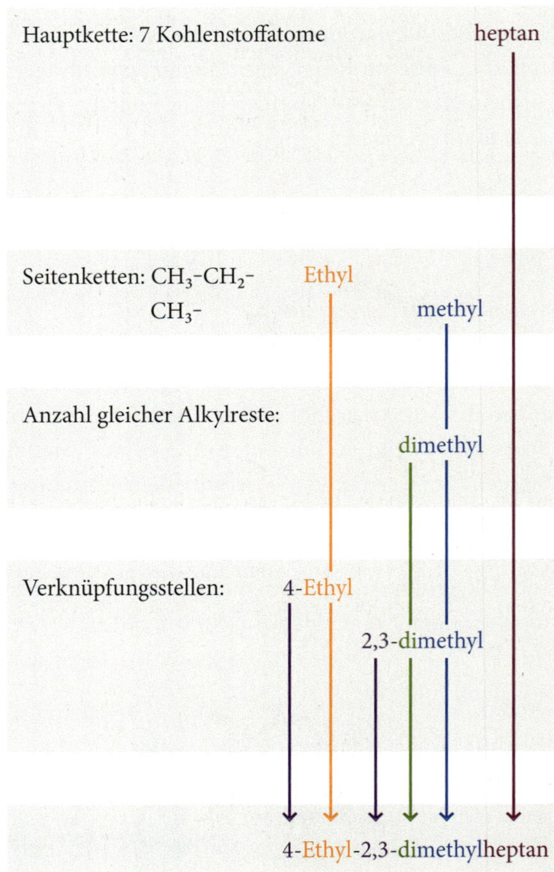

Molekülmodelle

Mithilfe von verschiedenen Modellen und Formeldarstellungen lassen sich bestimmte Aussagen über den Bau der Moleküle ableiten. Vorhersagen zu den Eigenschaften der Stoffe können so getroffen werden. Die Vielfalt der Darstellungsmöglichkeiten soll am Beispiel des n-Pentanmoleküls gezeigt werden.

Kugel-Stab-Modell

Im Kugel-Stab-Modell werden die Atome durch kleine Kugeln und die Elektronenpaarbindungen durch Stäbchen dargestellt.
Bindungslängen und Bindungswinkel werden im Modell besonders anschaulich wiedergegeben, wie auch die freie Drehbarkeit um die C–C-Einfachbindung. Das Modell macht keine Aussagen über die Raumerfüllung und die äußere Form der Moleküle.

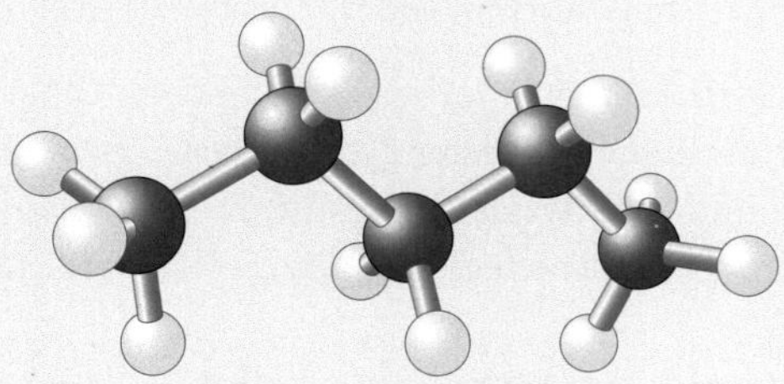

Kalottenmodell

Im Modell werden die Atome durch ineinander verschmolzene Kugeln dargestellt. Bindungslängen und Bindungswinkel werden maßstabgerecht wiedergegeben. Die Raumerfüllung der Moleküle ist besonders gut erkennbar.

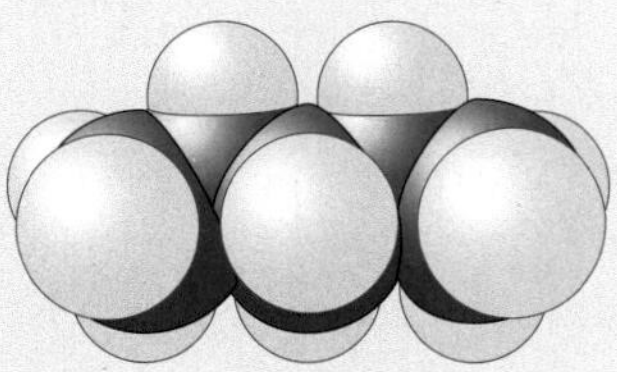

Keilstrichformel

Sie gibt die räumliche Lage der Atome und Atomgruppen durch ausgefüllte bzw. gestrichelte Keile der Bindungen wieder.

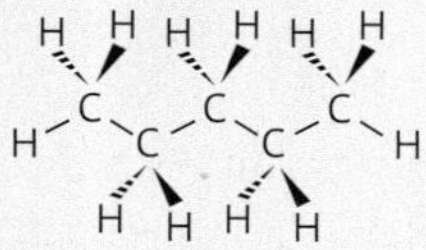

Strukturformel

Sie macht Aussagen über die Zusammensetzung aus den Elementen und über die chemischen Bindungen zwischen den Atomen eines Moleküls. Atombindungen werden durch Bindungsstriche gekennzeichnet. Sie trifft keine Aussagen über die räumliche Anordnung der Atome, z. B. über die Bindungswinkel.

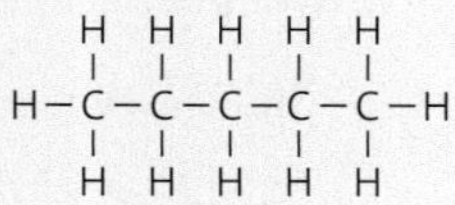

Vereinfachte Strukturformel

Bestimmte Atomgruppen des Moleküls werden ohne Wiedergabe der enthaltenen Bindungen zusammengefasst.

$CH_3-CH_2-CH_2-CH_2-CH_3$ oder $CH_3-(CH_2)_3-CH_3$

Skelettformel

Sie ist eine stark vereinfachte Strukturformel, bei der die Symbole der Kohlenstoff- und Wasserstoffatome sowie die Bindungsstriche der Kohlenstoff-Wasserstoff-Bindung weggelassen werden.

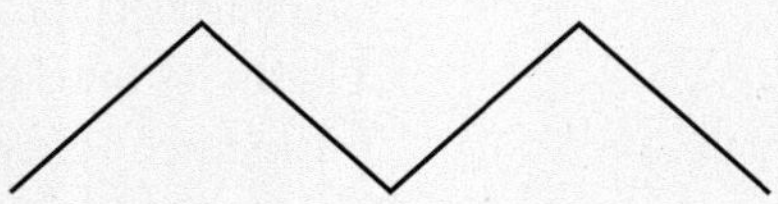

Aufgaben

1 Baue Molekülmodelle, die der Molekülformel C_6H_{14} entsprechen.

2 Gib die vereinfachten Strukturformeln für die folgenden Alkanmoleküle an: 3-Ethylhexan, n-Heptan, 2,3-Dimethylbutan.

3 Zeichne Struktur-, vereinfachte Struktur- und Skelettformel von 2,3,3,4-Tetramethylpentan. Vergleiche die Darstellungen miteinander.

Halogenderivate

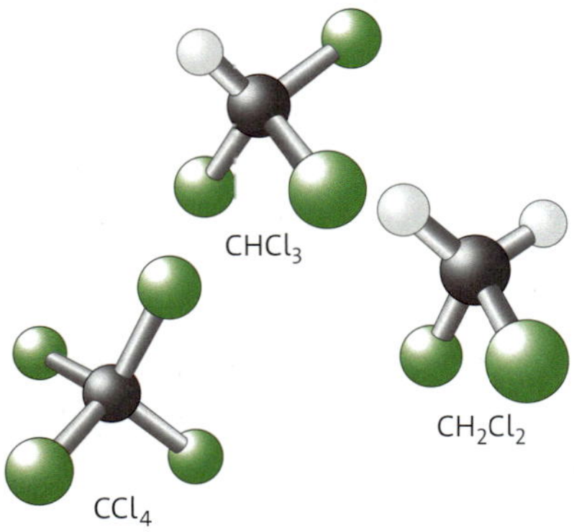

2 Modelle und Formeln der Chlorderivate von Methan

Name	Schmelztemperatur	Siedetemperatur
	in °C	
Methan	−182,5	−165,5
Trichlormethan	−63,5	60,7
Tetrachlormethan	−22,9	76,7
Ethan	−183,5	−88,6
Chlorethan	−136,4	12,3

3 Ausgewählte Eigenschaften von Alkanen und Halogenalkanen

Exp. 13 | **L**

Beilstein-Probe

Vorsicht! Abzug!
Eine kleine Menge Haarspray (GHS02), Backofenspray (GHS02) und Universalkleber (GHS02) werden jeweils auf erkaltetes, ausgeglühtes Kupferblech gegeben. Die Kupferbleche werden in die nicht leuchtende Brennerflamme gehalten.

Bildung Würde ein Gemisch von Methan und Chlor mit Licht bestrahlt werden, wäre eine explosionsartige Reaktion die Folge. Es entstehen Chlormethan und das farblose Gas Chlorwasserstoff (▸**1**).

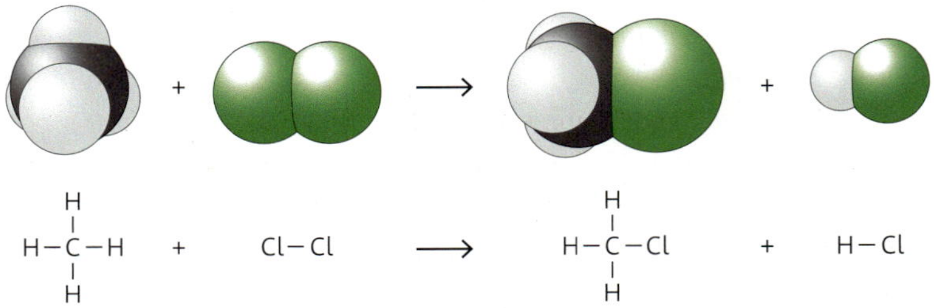

1 Bildung von Chlormethan – Modell und Reaktionsgleichung

Bei der Reaktion wird ein Wasserstoffatom eines Methanmoleküls gegen ein Chloratom eines Chlormoleküls substituiert. Durch Substitution gebildete Stoffe werden als **Derivate** (lat. *derivare:* ableiten) des Ausgangsstoffs bezeichnet. Chlormethan ist also ein Chlorderivat des Methans.

Die Reaktion zwischen Methan und Chlor macht nicht beim Chlormethan halt. Es kann auch zur Bildung weiterer Chlorderivate des Methans kommen, bei denen die restlichen Wasserstoffatome im Molekül ersetzt werden. Dabei entstehen Dichlormethan, Trichlormethan und Tetrachlormethan (▸**2**).
Auch mit anderen Halogenen sind Reaktionen möglich. Jedes Wasserstoffatom eines Alkanmoleküls kann durch ein Halogenatom substituiert werden. Es gibt deshalb eine Vielzahl von Halogenderivaten der Alkane, die kurz **Halogenalkane** genannt werden.

Eigenschaften Halogenalkane unterscheiden sich in ihren Eigenschaften von den Alkanen, aus denen sie entstanden sind. So haben sie höhere Schmelz- und Siedetemperaturen (▸**3**). Die meisten Halogenalkane sind schwach polar, d. h., zwischen den Molekülen können stärkere Anziehungskräfte wirken als zwischen denen der Alkane.
Halogenalkane sind miteinander und in Alkanen löslich. Sie sind gute Lösungsmittel für Fette. Je mehr Wasserstoffatome in den Alkanmolekülen durch Halogenatome substituiert sind, desto geringer ist ihre Brennbarkeit. Viele Halogenalkane sind sehr giftig und vermutlich auch krebserregend. Außerdem zerstören sie die schützende Ozonschicht. Heute gilt für viele Halogenalkane, vor allem für die FCKWs (Fluorchlorkohlenwasserstoffe), ein Einsatzverbot (▸S. 61).

Nachweis Organische Halogenverbindungen lassen sich durch die **Beilstein-Probe** nachweisen: Eine kleine Probe eines Halogenalkans auf einem ausgeglühten Kupferblech färbt die nicht leuchtende Flamme deutlich grün. Diese Grünfärbung tritt immer auf, wenn in den organischen Verbindungen Halogenatome gebunden sind (▸Exp. 13).

FCKW – Ozonkiller

Ozonschicht Die Sonne strahlt nicht nur lebensnotwendiges Licht und Wärme ab, sondern auch energiereiche UV-Strahlung. Diese kann beim Menschen zu Augenerkrankungen, zu einer erhöhten Hautkrebsrate und zur Schwächung des Immunsystems führen. Bei Pflanzen führt die Strahlung zu Ernteeinbußen und zur Schädigung des Planktons im Meer.
Im Bereich der Stratosphäre entstehen aus Sauerstoffmolekülen unter Einwirkung von UV-Strahlung Ozonmoleküle. Diese zerfallen ebenfalls unter Absorption von UV-Strahlung wieder in Sauerstoffmoleküle. Beide Prozesse verbrauchen UV-Strahlung, sodass sie die Erdoberfläche nicht erreichen kann. Die so im ungestörten Kreislauf vorhandene Ozonschicht bildet einen Schutz gegen die UV-Strahlung und ermöglicht das Leben auf der Erde.

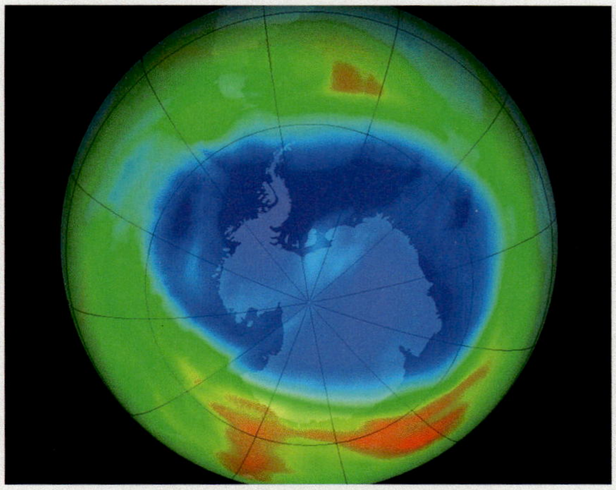

1 Das Ozonloch über der Antarktis (dunkelblauer Bereich) führt zur Verstärkung der UV-Strahlung auf der Erde.

Info 1

FCKW – bedeutende Halogenalkane

Die Fluor-Chlor-Kohlenwasserstoffe wurden aufgrund ihrer Eigenschaften – gut fettlöslich, nicht brennbar und reaktionsträge – bis 1989 als ideale Treibgase in Spraydosen, als Kühlflüssigkeiten und als Lösungsmittel für Lacke, Fette und Harze weltweit genutzt. Seit Verwendungsbeginn 1932 wurden bis 1990 etwa 22 Mio. Tonnen FCKWs hergestellt. Einige Beispiele dafür sind: Trichlorfluormethan (CCl_3F), Dichlordifluormethan (CCl_2F_2) und Chlordifluormethan ($CHClF_2$).

Zerstörung der Ozonschicht – Ozonloch Aufgrund ihrer Reaktionsträgheit und ihrer schlechten Wasserlöslichkeit haben sich die FCKWs zum „Ozonkiller“ entwickelt. Sobald sie freigesetzt sind, gelangen sie allmählich bis in die Stratosphäre. Dort spaltet die UV-Strahlung Chloratome ab, die in einer Kettenreaktion mit Ozonmolekülen reagieren. Auf diese Weise können bis zu 10 000 Ozonmoleküle durch ein einzelnes Chloratom zerstört werden, bis es selbst gebunden und somit unschädlich wird (▸2).
Durch den Abbau des Ozons entstehen in der Stratosphäre Bereiche mit deutlich vermindertem Ozonanteil. Diese Erscheinung wird als **Ozonloch** bezeichnet (▸1). Seit 1995 dürfen deshalb auch nach geltendem EU-Recht vollhalogenierte FCKWs nicht mehr hergestellt und verwendet werden.

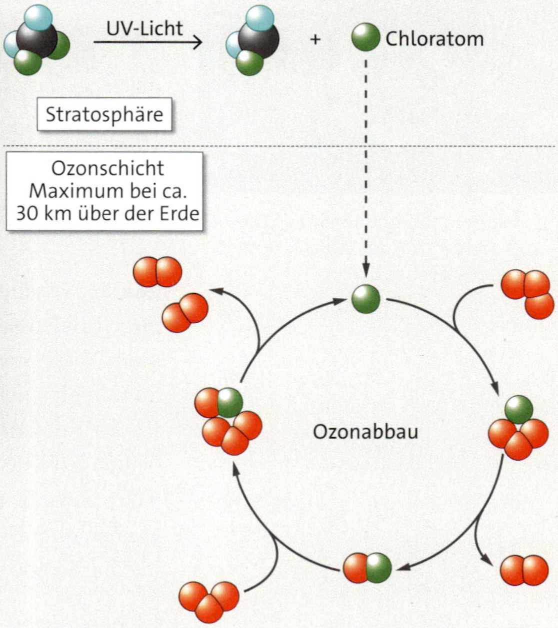

2 Zerstörung der Ozonschicht durch FCKWs im Modell

Aufgaben

1 „Ohne Ozon kein Leben!“ Richtig oder falsch? Setze dich mit dieser Behauptung auseinander.

2 In Sommermonaten kann in Großstädten Ozonalarm ausgelöst werden. Erkunde, was darunter zu verstehen ist.

Ethen und Ethin – ungesättigte Kohlenwasserstoffe

Ethen – ein Kohlenwasserstoff – wird in der Natur z. B. von reifendem Obst abgegeben und beschleunigt die weitere Fruchtreifung. In speziellen Lagerhallen werden deshalb unreife Früchte in einem Ethen-Luft-Gemisch vor dem Verkauf zur Reifung gebracht.

1 Grüne Bananen werden mit Ethen zur Reifung gebracht.

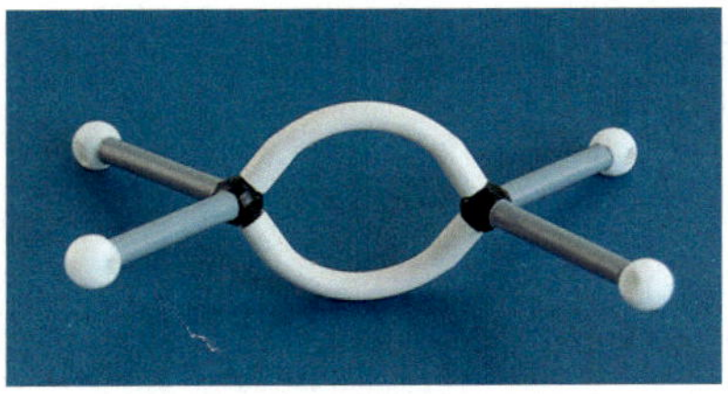

2 An diesem Steckmodell eines Ethenmoleküls sieht man, dass alle Atome in einer Ebene liegen.

Eigenschaften und Verwendung von Ethen Ethen ist bei Raumtemperatur ein farbloses, leicht süßlich riechendes Gas. In Wasser ist es fast unlöslich. Schmelz- und Siedetemperatur von Ethen sind ähnlich denen von Ethan. Ethen brennt an der Luft mit leuchtender, schwachrußender Flamme. In reinem Sauerstoff verbrennt es vollständig. Ethen-Luft-Gemische sind explosiv.
Ethen wird vor allem zur Herstellung von Kunststoffen, Lösungsmitteln, Lacken, Klebstoffen, Farbstoffen und Medikamenten verwendet.

Bau des Ethenmoleküls Ethen ist wie Ethan ein Kohlenwasserstoff mit zwei Kohlenstoffatomen im Molekül. Das Ethenmolekül enthält aber zwei Wasserstoffatome weniger als das Ethanmolekül. Es hat somit die Summenformel C_2H_4.
Da der Kohlenstoff vier Bindungen eingeht, wird der Zusammenhalt der beiden Kohlenstoffatome im Ethen durch zwei gemeinsame Elektronenpaare bewirkt. Im Ethenmolekül liegt zwischen den beiden Kohlenstoffatomen eine **Doppelbindung** vor. Alle Atome des Ethenmoleküls liegen in einer Ebene und alle Bindungswinkel betragen 120° (▸ **2, 3**).

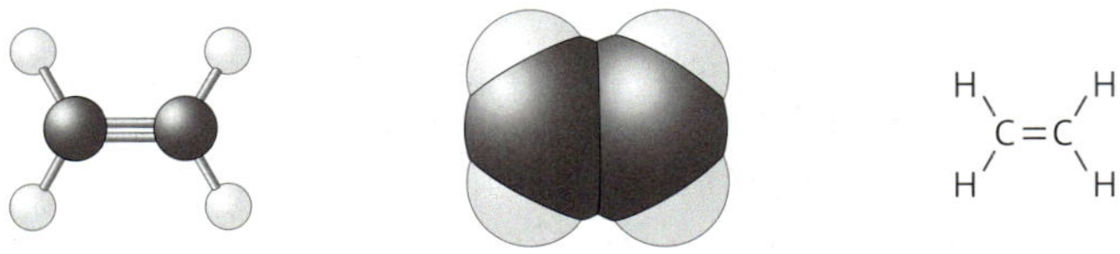

3 Modelle und Strukturformel des Ethenmoleküls

Name	Strukturformel
Propen	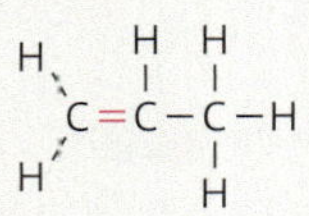
But-1-en	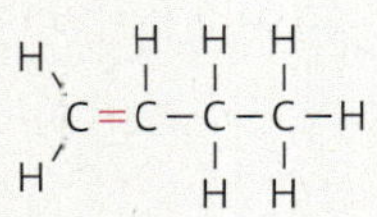
Pent-1-en	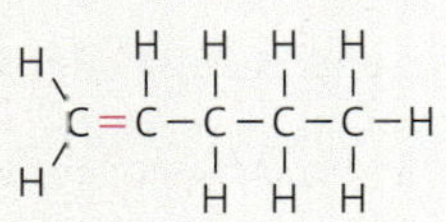

4 Homologe Reihe der Alkene (Ausschnitt)

Kettenförmige Kohlenwasserstoffe, deren Moleküle wie Ethen eine Doppelbindung zwischen zwei Kohlenstoffatomen aufweisen, gehören zur Stoffklasse der **Alkene**. Sie bilden wie die Alkane eine homologe Reihe (▸ **4**). Ihre allgemeine Summenformel lautet: C_nH_{2n}.

Alkene Ethen ist das erste Glied der homologen Reihe der Alkene. Die Alkene gehören zu den **ungesättigten Kohlenwasserstoffen**, da ihre Moleküle weniger Wasserstoffatome enthalten, als sie aufgrund der möglichen Anzahl an Atombindungen binden könnten (▸ **4**).
Die **Namen der Alkene** werden ähnlich wie die der Alkane gebildet. An die Stelle der Endsilbe **-an** bei den Alkanen tritt die Endsilbe **-en**, z. B. Ethen und Propen.
Bei den Alkenen mit vier oder mehr Kohlenstoffatomen im Molekül kann sich die Doppelbindung an verschiedenen Stellen des Moleküls befinden. Die Stellung der Doppelbindung wird deshalb durch eine Ziffer vor der Silbe -en angegeben. Es sind isomere Verbindungen (▸ S. 56).

But-1-en	$^1CH_2{=}^2CH{-}^3CH_2{-}^4CH_3$	**But-2-en**	$^1CH_3{-}^2CH{=}^3CH{-}^4CH_3$

5 Benennung der Alkene

Alkene sind ungesättigte Kohlenwasserstoffe, deren Moleküle eine Doppelbindung enthalten.

Chemische Reaktionen der Alkene Alkene sind reaktionsfähiger als Alkane. Das zeigt sich z. B. bei der Reaktion mit Brom. Wenn Bromdampf mit Ethen gemischt wird, verschwindet die Farbe des Broms sehr schnell. Die beiden Gase bilden ein farbloses Reaktionsprodukt, das 1,2-Dibromethan. Auch beim Einleiten von Ethen in Bromwasser verschwindet die braune Färbung des Broms nach kurzer Zeit (▸ Exp. 14; ▸ **6**).

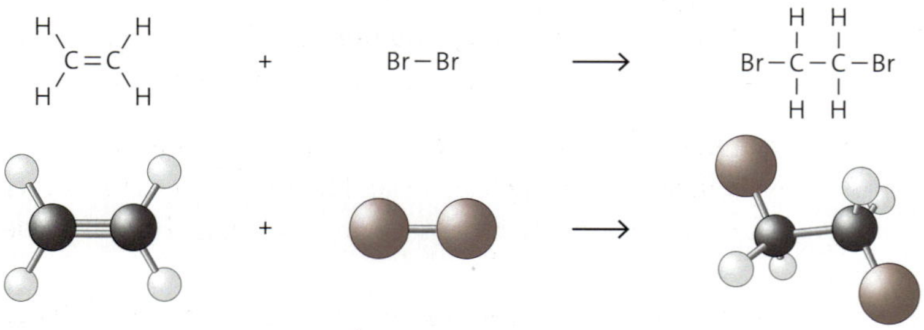

7 Reaktionsgleichung und Teilchenmodell der Reaktion von Ethen mit Brom

Bei dieser Reaktion lagert sich das Brommolekül an die Kohlenstoffatome der Doppelbindung an. Ein Elektronenpaar der Doppelbindung wird gespalten und es bilden sich Einfachbindungen zu den Bromatomen aus. Gleichzeitig wird auch die Einfachbindung im Brommolekül getrennt. Jedes Kohlenstoffatom im Ethenmolekül hat nun ein Bromatom gebunden (▸ **7**). Allgemein wird die Anlagerung von Atomen oder Atomgruppen an Moleküle mit Doppelbindungen als **Addition** bezeichnet.
Das Entfärben von Bromwasser gelingt mit allen ungesättigten Kohlenwasserstoffen und dient deshalb als Nachweisreaktion (▸ Exp. 14).

Die Addition ist eine chemische Reaktion, bei der sich jeweils zwei Moleküle der Ausgangsstoffe zu einem Molekül des Reaktionsprodukts verbinden.

Exp. 14 | L

Reaktion von Ethen und Petroleumbenzin mit Bromwasser

Vorsicht! Abzug!
A: Ethen (GHS02|07) wird mit 3%igem Bromwasser (GHS06) versetzt und geschüttelt.
B: zehn Tropfen Petroleumbenzin (GHS02|08|07|09) werden mit drei Tropfen 3%igem Bromwasser versetzt und geschüttelt.

6 Reaktion von Ethen mit Brom

Aufgaben

1 Erstelle einen Steckbrief von Ethen.

2 Entwickle die Reaktionsgleichung für die vollständige Verbrennung von Ethen.

3 Vergleiche den Bau der Moleküle von Ethan und Ethen. Stelle dazu die Strukturformeln auf.

4 Bilde die Namen der folgenden Alkene:
a $CH_3{-}CH{=}CH{-}CH_2{-}CH_3$
b $CH_3{-}CH_2{-}CH{=}CH{-}CH_2{-}CH_3$

5 Propen reagiert mit Brom. Erläutere und kennzeichne diese chemische Reaktion. Stelle die Reaktionsgleichung auf.

Info

Beim Gasschweißen wird mit Sauerstoff und einem Überschuss an Acetylen gearbeitet. Beim Brennschneiden wird zunächst das Eisen auf Weißglut erhitzt, dann das Brenngas abgestellt und das Eisen mit reinem Sauerstoff verbrannt.

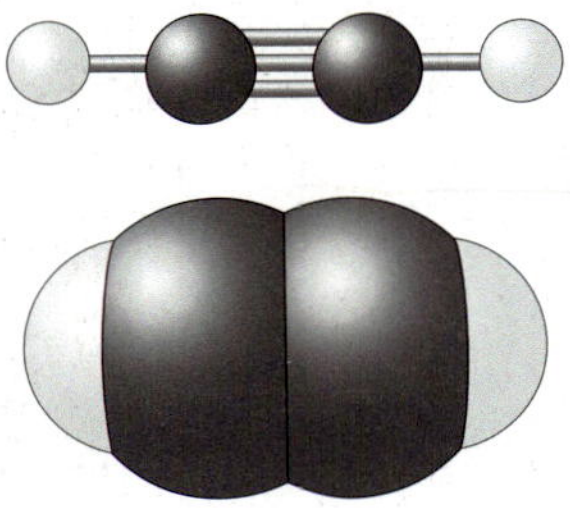

H−C≡C−H

1 Modelle des Ethinmoleküls

Aufgaben

1 Entwickle die Reaktionsgleichung für die Dehydrierung von Butan. Stelle die Strukturformel(n) der möglichen Reaktionsprodukte auf und benenne sie.

2 Erstelle einen Steckbrief von Ethin.

3 Gib die Strukturformeln und die Namen der ersten fünf Vertreter der homologen Reihe der Alkine an.

4 Erläutere an einem Beispiel den Nachweis von ungesättigten Kohlenwasserstoffen.

Weitere Additionsreaktionen Neben den Halogenen können auch noch andere Moleküle an Alkene addieren, z. B. Wasserstoff, Wasser oder Ammoniak. Die Addition von Wasserstoff heißt **Hydrierung**. Durch Hydrierung kann aus einem ungesättigten Kohlenwasserstoff ein gesättigter Kohlenwasserstoff entstehen. Additionsreaktionen sind umkehrbar. Mithilfe von Katalysatoren können Wasserstoffatome aus Molekülen von gesättigten Kohlenwasserstoffen auch wieder abgespalten werden. Diese Umkehrung der Hydrierung wird als **Dehydrierung** bezeichnet. Allgemein werden Reaktionen, bei denen aus jeweils einem Molekül des Ausgangsstoffs mindestens zwei Atome oder Atomgruppen abgespalten werden, als **Eliminierungen** bezeichnet.

$$\underset{\text{Ethen}}{CH_2{=}CH_2} + \underset{\text{Wasserstoff}}{H_2} \underset{\text{Dehydrierung}}{\overset{\text{Hydrierung}}{\rightleftharpoons}} \underset{\text{Ethan}}{CH_3{-}CH_3}$$

Ethin – Eigenschaften und Verwendung Ethin, auch als Acetylen bezeichnet, ist ein farbloses, in reiner Form fast geruchloses Gas. Gemische mit Luft, die zwischen 2,3 % und 82 % Ethin enthalten, sind explosiv. Ethin brennt an der Luft mit hell leuchtender und stark rußender Flamme. Ethin ist Ausgangsstoff für die Herstellung von Kunststoffen, Synthesekautschuk, Kunstfasern und vielen weiteren wichtigen Produkten.

Bau des Ethinmoleküls Die starke Rußentwicklung beim Verbrennen des Kohlenwasserstoffs Ethin deutet auf einen geringen Wasserstoffanteil im Ethinmolekül im Vergleich zu einem Ethan- oder Ethenmolekül hin. Tatsächlich enthält das Ethinmolekül nur zwei Wasserstoffatome. Ethin hat die Summenformel C_2H_2. Der Zusammenhalt der beiden Kohlenstoffatome wird durch drei gemeinsame Elektronenpaare bewirkt. Im Ethinmolekül liegt zwischen den beiden Kohlenstoffatomen eine **Dreifachbindung** vor (▸1). Die Dreifachbindung wie auch die Doppelbindung sind **Mehrfachbindungen**.

Ethin – ein Alkin Kettenförmige Kohlenwasserstoffe, deren Moleküle wie Ethin eine Dreifachbindung zwischen zwei Kohlenstoffatomen aufweisen, gehören zu den **Alkinen**.
Alkine sind wie die Alkene **ungesättigte Kohlenwasserstoffe** und bilden eine homologe Reihe. Ihre allgemeine Summenformel ist C_nH_{2n-2}.
Die Namen der Alkine setzen sich aus dem Wortstamm und der Endsilbe **-in** zusammen.

Aufgrund der Dreifachbindung in den Molekülen der Alkine sind Additionsreaktionen möglich. So kann z. B. Brom addiert werden. Die Reaktion verläuft in zwei Schritten und kann zum **Nachweis** der Mehrfachbindung genutzt werden:

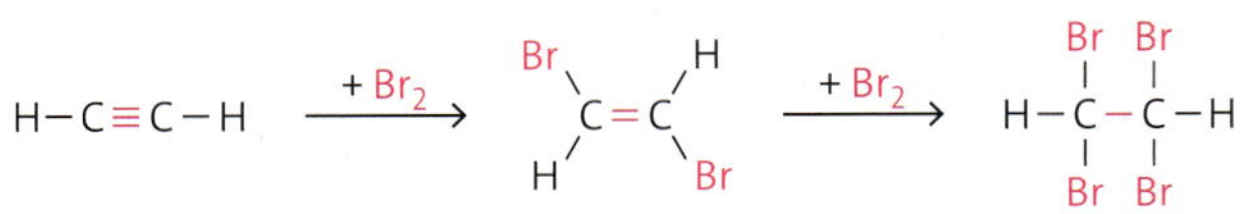

Ethin 1,2-Dibromethen 1,1,2,2-Tetrabromethan

Vergleich von Alkanen, Alkenen und Alkinen

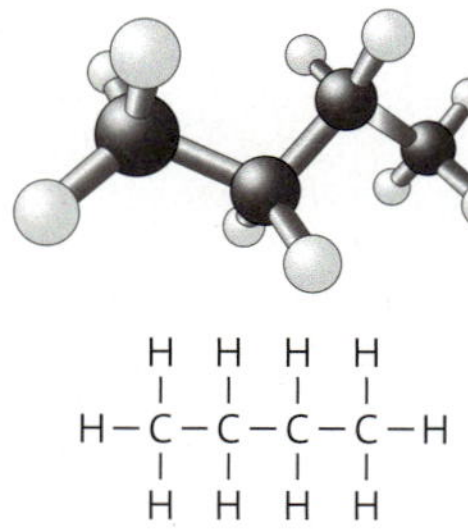

1 Modell und Strukturformel eines Butanmoleküls

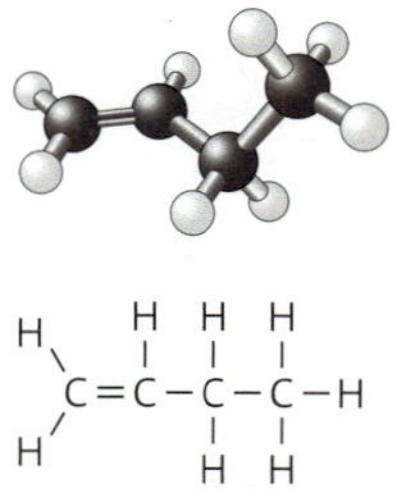

2 Modell und Strukturformel eines Butenmoleküls

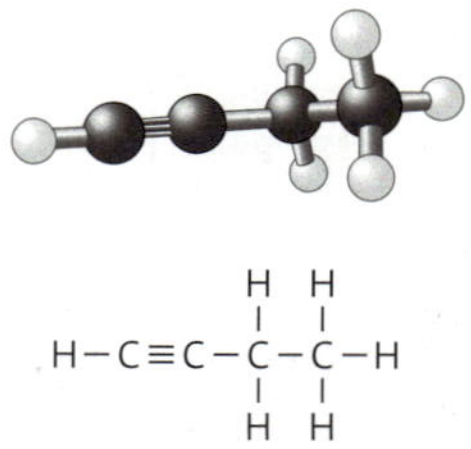

3 Modell und Strukturformel eines Butinmoleküls

Butan, Buten und Butin sind Kohlenwasserstoffe, die nur aus den Elementen Kohlenstoff und Wasserstoff aufgebaut sind.

Einteilung organischer Stoffe Butan, Buten und Butin sind wie die meisten organischen Stoffe aus Molekülen aufgebaut. Die Anordnung der Atome in den Molekülen beeinflusst die Eigenschaften der Stoffe. Aber auch die Molekülgröße und vor allem bestimmte Strukturmerkmale in den Molekülen haben Einfluss auf das chemische Verhalten der Stoffe. Aufgrund der Strukturmerkmale in den Molekülen lassen sich organische Stoffe **Stoffklassen** zuordnen (►4).

Stoffklasse	Anordnung der Kohlenstoffatome	Chemische Bindung – Elektronenpaarbindung als	
Alkane	kettenförmig	Einfachbindung zwischen Kohlenstoffatomen	–C–C–
	verzweigt		
Alkene	kettenförmig	Doppelbindung zwischen Kohlenstoffatomen	C=C
	verzweigt		
Alkine	kettenförmig	Dreifachbindung zwischen Kohlenstoffatomen	–C≡C–
	verzweigt		

4 Strukturmerkmale in den Molekülen von Kohlenwasserstoffen

Reaktionen organischer Stoffe und Bau ihrer Moleküle Die Zusammensetzung aus Kohlenstoff- und Wasserstoffatomen hat bei der vollständigen Verbrennung von Alkanen, Alkenen und Alkinen die Bildung von Kohlenstoffdioxid und Wasser zur Folge.

Substitutionsreaktionen treten vor allem bei Alkanen auf. Auch Eliminierungsreaktionen sind hauptsächlich bei Alkanen möglich. Additionsreaktionen sind dagegen nur bei Alkenen und Alkinen realisierbar, die Mehrfachbindungen im Molekül haben. Da die Entfärbung einer wässrigen Bromlösung mit allen Alkenen bzw. Alkinen gelingt, wird diese Reaktion zum Erkennen von ungesättigten Kohlenwasserstoffen genutzt.

5 Jeder Motor braucht Schmieröl. Motorenöle bestehen aus Gemischen von Kohlenwasserstoffen.

Aufgaben

1 Entwickle eine Übersicht zur Einteilung der Kohlenwasserstoffe. Ordne folgende Stoffe als Beispiele in die Übersicht ein: Pentin, Nonan, Hexen, Octan, Propin, Decen, Methan, Heptin, Buten.

2 0,57 kg Octan reagieren unter Normbedingungen mit Brom zu 1-Monobromoctan. Erläutere die Reaktionsart und berechne das Volumen von Bromwasserstoff, das dabei entsteht.

Erdöl effektiv nutzen

1 Erdölfraktionen: Bitumen, Schweröl, schweres, mittleres und leichtes Schmieröl, Diesel, Kerosin und Benzin

Weiterverarbeitung von Erdölfraktionen Die bei der Erdöldestillation anfallenden Anteile an Benzin, Dieselkraftstoff und leichtem Heizöl sind nicht ausreichend. Der Bedarf an diesen Produkten ist wesentlich höher und weiterhin ansteigend. Wie lässt sich dieses Problem lösen?

Cracken Langkettige Moleküle von höher siedenden Destillationsprodukten, z. B. Schweröle, müssen in Stoffe umgewandelt werden, aus denen die niedrigsiedenden Fraktionen bestehen. Ein Verfahren, mit dem dies gelingt, ist das Cracken (engl. *to crack:* spalten, aufbrechen). Bei diesem Verfahren entsteht ein Gemisch aus kurzkettigen Kohlenwasserstoffmolekülen. Ein langkettiges Molekül wird dabei nicht nur in zwei, sondern in mehrere kleinere Moleküle gespalten. Das dabei entstehende Reaktionsgemisch enthält neben Alkanen auch ringförmige Alkane, sogenannte Cycloalkane, und weitere Kohlenwasserstoffe.

Thermisches Cracken Beim thermischen Cracken werden die Stoffe der hochsiedenden Fraktionen bei einem Druck von bis zu 7 MPa auf bis zu 900 °C erhitzt, sodass die langkettigen Moleküle in mehrere Moleküle mit kleinerer Kettenlänge gespalten werden.

Katalytisches Cracken Energiesparend ist das Cracken mithilfe eines Katalysators. Bei diesem Verfahren wird eine bessere Qualität der Spaltprodukte als beim thermischen Cracken erreicht. Es wird bei einer Temperatur von etwa 500 °C und einem Druck von etwa 2 000 hPa gearbeitet. Das Cracken läuft in einem Reaktor mit umherwirbelnden Katalysatorperlen ab. Die Oberfläche des Katalysators bedeckt sich nach einiger Zeit mit Ruß und verliert dadurch ihre Aktivität. In einem Regenerator wird der Ruß unter Zufuhr von Sauerstoff zu Kohlenstoffdioxid verbrannt. Der so regenerierte Katalysator wird in den Reaktor zurückgeführt.

Exp. 1 **Cracken von Paraffinöl**

Befülle ein schwer schmelzbares Reagenzglas mit 5 ml Paraffinöl und im oberen Bereich mit etwas Stahlwolle. Baue die Experimentieranordnung wie in der Abbildung auf. Erhitze zunächst die Stahlwolle stark mit dem Bunsenbrenner. Erwärme danach das Paraffinöl mit einem zweiten Brenner bis zum Sieden. Erhitze die Stahlwolle fortwährend, bis das Paraffinöl fast vollständig verdampft ist. Fange die gasförmigen Produkte in Reagenzgläsern pneumatisch auf.
Prüfe die Gase (GHS02) in den Reagenzgläsern und die in der Kühlfalle gesammelte Flüssigkeit (GHS02|08|07|09) mit 3%igem Bromwasser (GHS06) und auf Brennbarkeit. Deute die Beobachtungsergebnisse und formuliere mögliche Reaktionsgleichungen.

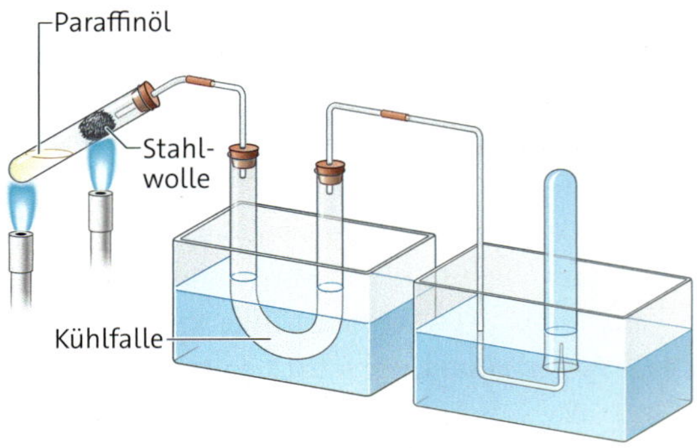

Entsorgung: Kondensat in den Behälter für halogenfreie organische Lösungsmittel, bromhaltige Reste in den Behälter für halogenhaltige organische Abfälle geben. Geräte mit Gasresten unter dem Abzug entlüften.

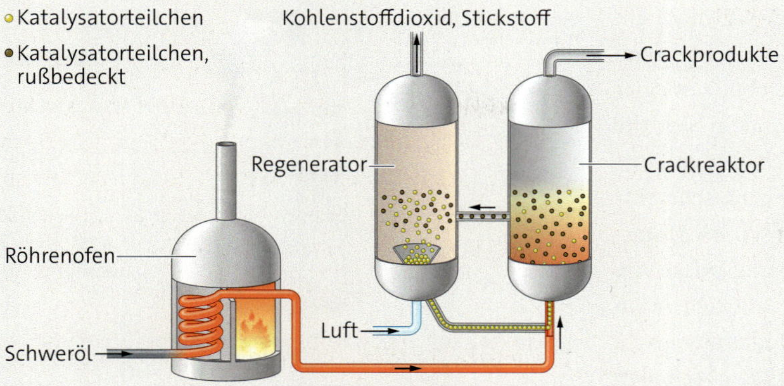

$CH_3-(CH_2)_{14}-CH_3$ Hexadecan

$\downarrow$

$CH_2{=}CH_2$ Ethen

$+\ CH_3-CH_2-CH_3$ Propan

$+\ CH_2{=}CH-CH_3$ Propen

$+\ CH_2{=}CH-(CH_2)_5-CH_3$ Oct-1-en

2 Schema des katalytischen Crackens (links) und mögliche Reaktionsprodukte beim katalytischen Cracken von Hexadecan (rechts)

Info 1

1888: Erste Autofernfahrt der Welt

Eugen und Richard Benz beschließen eines Tages, zusammen mit ihrer Mutter die Großmutter im 90 km entfernten Pforzheim zu besuchen. Dazu soll der von Vater CARL BENZ (1844–1929) entwickelte dreirädrige Patent-Motorwagen ohne dessen Wissen zum ersten Mal benutzt werden. Die Reisenden müssen während der Fahrt zahlreiche Pannen meistern. Als ihnen auf halber Strecke der Treibstoff ausgeht, kaufen sie beim Stadtapotheker in Heidelberg Benzin. Einmal ist die Benzinzufuhr verstopft; doch da leistet Mutters Hutnadel gute Dienste. Ein anderes Mal springen die Antriebsketten von den Zahnrädern; hier hilft ein Schmied, sie zu reparieren.

3 Patentwagen von CARL BENZ

Benzin ist nicht gleich Benzin Fährt man zu einer Tankstelle, hat man allein schon unter den Ottokraftstoffen die Auswahl zwischen Super 95, Super E10 und SuperPlus. Daneben gibt es auch noch Sommer- und Winterdiesel oder Treibstoff für das Moped. Weisen alle Kraftstoffe die gleiche Zusammensetzung und die gleichen Eigenschaften auf? Sind sie gleichermaßen gesundheitsgefährdend?

Exp. 2

Explosionsgrenze eines Benzin-Luft-Gemischs

Achtung! Gehörschutz (z. B. Ohropax)! Gib in einen Standzylinder einen Tropfen Reinigungsbenzin (GHS02|08|07|09), verschließe ihn mit einem Abdeckglas und schüttle. Halte dann einen brennenden Holzspan an die Öffnung. Wiederhole das Experiment, indem du die Benzinmenge bis maximal 14 Tropfen langsam steigerst.
Fertige ein Versuchsprotokoll an.
Entsorgung: Benzin in den Behälter für halogenfreie organische Abfälle geben.

Aufgaben

1 Stelle Fakten zusammen und begründe, warum das Cracken von Erdölfraktionen notwendig ist.

2 Informiere dich genauer über das thermische und katalytische Cracken. Nenne Vor- und Nachteile.

3 Erläutere, welche Crackprodukte sich mit Bromwasser nachweisen lassen.

4 Informiere dich über die Zusammensetzung und Eigenschaften zu den im Text oben genannten Benzinsorten. Fertige dazu eine tabellarische Übersicht an.

5 Leite aus den Gefahrenpiktogrammen für Otto- und Dieselkraftstoffe Regeln zum Umgang mit diesen Stoffen ab.

Wer klopft denn da? In einem Ottomotor muss ein Kraftstoff-Luft-Gemisch zu einem ganz bestimmten Zeitpunkt nach der Zündung durch den Funken einer Zündkerze gleichmäßig verbrennen, indem sich die Flammfront von der Zündkerze durch das gesamte Gemisch ausbreitet. Klopfende Motorgeräusche entstehen, wenn das Kraftstoff-Luft-Gemisch im Motorzylinder bereits während der Verdichtungsphase von selbst zündet, bevor der Zündfunke entsteht. Man hört dann ein klopfendes oder klingelndes Geräusch. Solche unkontrollierten Verbrennungen schaden dem Motor und mindern seine Leistung.

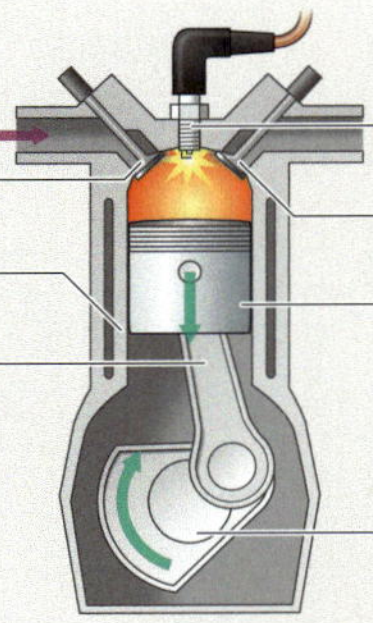

1 Schnitt durch einen Verbrennungsmotor

Erhöhung der Klopffestigkeit – Reformieren Durch Reformieren (lat. *reformare:* umgestalten) werden Kohlenwasserstoffmoleküle mit unverzweigten Ketten in stark verzweigte und ringförmige Moleküle umgewandelt. Dabei werden die Fraktionen bei einer Temperatur von ca. 500 °C und unter Druck über Platin- oder Rheniumkatalysatoren geleitet. Auf diese Weise wird die Oktanzahl des Kraftstoffs erhöht.
Analog zur Oktanzahl beschreibt die Cetanzahl (CZ) für Dieselkraftstoffe die Zündwilligkeit im Motor. Dieselmotoren müssen heute mit Dieselkraftstoffen ab einer Cetanzahl von 51 betrieben werden.

Zündstoffe in Kraftstoffen Heute können je nach Bedarf für jeden Motor und auch für jede Jahreszeit Kraftstoffe nach Maß hergestellt werden. So müssen im Winter Kraftstoffe leicht flüchtiger sein als im Sommer. Außerdem werden den Kraftstoffen weitere Zusatzstoffe (Additive) zugesetzt, z. B. Antiklopfmittel und Stoffe zur Verhinderung von Korrosion an den Motorteilen. Außerdem wird der Winterdiesel durch Zusätze flüssig gehalten, damit er bei −20 °C noch zündet. Des Weiteren wird Dieselkraftstoffen eine Beimischung von Wasser und Emulgatoren zugegeben. Sie ermöglichen eine verbesserte Verteilung des Kraftstoffs im Brennraum und verringern somit die Rußbildung.

Erdölressourcen Aufgrund immer knapper werdender Erdölressourcen, der stetig steigenden Kraftstoffpreise und des drohenden Klimawandels gilt es, immer intensiver an der Entwicklung neuer oder alternativer Treibstoffe zu arbeiten. Welche Kraftstoffe werden wir in Zukunft tanken?

Info 2

Oktanzahl (OZ)

Die Oktanzahl einer Benzinsorte gibt über die Qualität des Kraftstoffs Auskunft. Der Begriff „Oktanzahl" ist vom Kohlenwasserstoff 2,2,4-Trimethylpentan abgeleitet, der auch als Isooctan (i-Octan) bezeichnet wird. Zur Festlegung der Oktanzahl dienen das zündfreudige, aber stark klopfende n-Heptan mit der Oktanzahl 0 und das zündträge und klopffeste Isooctan mit der Oktanzahl 100. Ein Kraftstoff, der sich in einem Prüfmotor z. B. wie ein Gemisch aus 95 % Isooctan und 5 % n-Heptan verhält, erhält die Oktanzahl 95.
Rohbenzine der Erdöldestillation haben nur Oktanzahlen zwischen 60 und 75.

2 Verschiedene Kraftstoffe

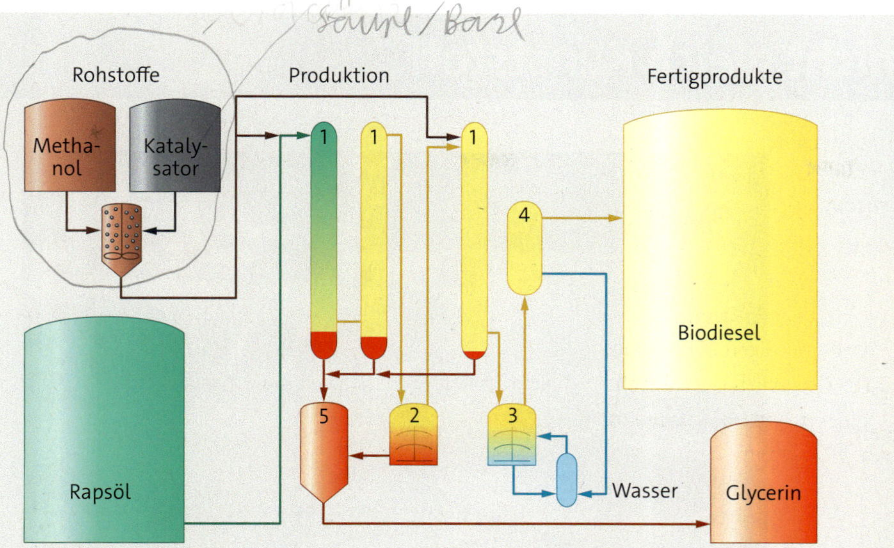

1 Umesterung
2 Trennung von Biodiesel und Glycerin
3 Biodieselwäsche
4 Biodieseltrocknung
5 Glycerinaufbereitung

3 Herstellung von Biodiesel

4 Blühendes Rapsfeld

Biodiesel statt Normaldiesel Im Frühsommer fallen die wunderschönen gelben Rapsfelder sofort auf. Aus den Rapssamen gewinnt man durch Extraktion das Rapsöl, das auch als Speiseöl verwendet wird. Dennoch wird der größte Anteil des Rapsöls mithilfe eines Alkohols zu Biodiesel umgewandelt. Weil Biodiesel aus nachwachsenden Rohstoffen hergestellt wird, gehört er zu den erneuerbaren oder regenerativen Energieträgern. Obwohl bei der Verbrennung von Biodiesel das Treibhausgas Kohlenstoffdioxid entsteht, ist der Ausstoß an Kohlenstoffdioxid gegenüber dem von Dieselkraftstoff reduziert.
Biodiesel zeichnet sich im Vergleich zu Dieselkraftstoff aus Erdöl z. B. auch dadurch aus, dass er frei von Schwefelverbindungen ist und sich biologisch leichter abbauen lässt.

Info 3

Treibstoffe mit Zukunft?

Sowohl einige Alkohole als auch Wasserstoff eignen sich zum Antrieb von Ottomotoren. So enthält E10-Kraftstoff 10 % Ethanol. Zunehmend gewinnt der bivalente Antrieb an Bedeutung (lat. *bis:* doppelt, *valere:* wirksam). Hierbei werden zwei unterschiedliche Kraftstoffe in einem Fahrzeug verwendet, z. B. Erdgas, Biogas – und eventuell zukünftig Wasserstoff – und Benzin.

Erdgas Seit 1994 gibt es in Deutschland serienmäßig Erdgasfahrzeuge. Erdgas zählt zu den alternativen Energieträgern, denn es verbrennt schadstoffarm, rußfrei und vollständig. Aufgrund seiner Eigenschaften, z. B. der Explosionsfreudigkeit mit Luft und der hohen Klopffestigkeit (OZ: 125), kann es in entsprechend umgerüsteten Ottomotoren zur Anwendung kommen. Damit es als Treibstoff eingesetzt werden kann, muss es entweder bei 20 MPa komprimiert (CNG = Compressed Natural Gas) oder bei −160 °C und 0,2 MPa verflüssigt werden (LNG = Liquefied Natural Gas).

Aufgaben

1 Recherchiere zu Vor- und Nachteilen von Diesel und Biodiesel. Setze dich dabei mit dem Problem der Nachhaltigkeit bei der Herstellung beider Dieselarten auseinander.

2 Vergleiche Otto- und Dieselmotor hinsichtlich Bau und Arbeitsweise.

3 Informiere dich über den Einsatz von Erdgasautos in deiner Umgebung. Deute das Ergebnis.

4 Recherchiere über die Treibstoffe der Zukunft. Stelle Vor- und Nachteile in einer Tabelle zusammen.

Kunststoff ist nicht gleich Kunststoff

Während früher Kunststoffe nur Ersatzstoffe für Naturstoffe waren, gibt es sie heute für fast jeden Zweck.
Kunststoffe sind aus riesigen Molekülen aufgebaut.
Wegen seiner vielfältigen Verwendung ist Polyethen weltweit der am meisten hergestellte Kunststoff.

1 Polyethen – Folie zum Abdichten eines Teiches

Schon gewusst?
Zu Beginn des 20. Jahrhunderts erkannte der deutsche Chemiker HERMANN STAUDINGER (1881–1965) die Struktur von Makromolekülen und entwickelte Vorstellungen zur Synthese solcher Moleküle. Damit begann das Zeitalter der Kunststoffe. 1926 wurde erstmals PVC (Polyvinylchlorid) technisch produziert.

2 Haushaltsgegenstände aus PE

Herstellung von Makromolekülen durch Polymerisation Unter dem Einfluss von Licht, Wärme oder eines Katalysators können Ethenmoleküle auch untereinander reagieren. Dabei brechen die Doppelbindungen der Ethenmoleküle auf und es entstehen sehr langkettige Moleküle, die bis zu 200 000 Kohlenstoffatome enthalten können. In diesen Molekülen sind die Kohlenstoffatome durch Einfachbindung miteinander verbunden. Die fortlaufende Addition von vielen Einzelmolekülen mit Doppelbindung wird als **Polymerisation** bezeichnet. Sie führt zu **Makromolekülen** (griech. *makros:* lang, groß). Da die Makromoleküle aus vielen Ethenmolekülen entstanden sind, wird der neue Stoff **Polyethen (PE)** genannt (griech. *poly:* viel). Die kleinen Moleküle, aus denen die Riesenmoleküle aufgebaut werden, heißen **Monomere** (griech. *monos:* ein, *meros:* Teil), die Makromoleküle **Polymere**.

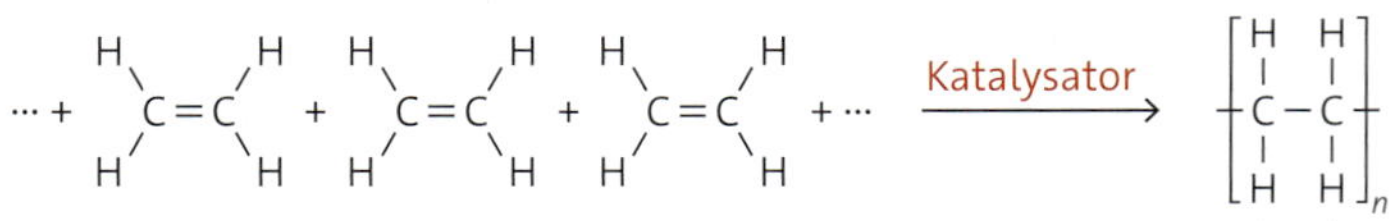

Ethen Polyethen

Ein weiterer Kunststoff, **Polyvinylchlorid (PVC)**, kann ebenfalls durch Polymerisation hergestellt werden. Ausgangsstoff ist das giftige Monochlorethen, das auch als Vinylchlorid bezeichnet wird.

Vinylchlorid Polyvinylchlorid

Exp. 15 **Elektrische Leitfähigkeit von Kunststoffen**

Baue einen Stromkreis auf. Überprüfe das Aufglühen der Glühlampe. Prüfe danach die unterschiedlichen Kunststoffproben, indem du sie nacheinander in den Stromkreis einbaust. Notiere deine Beobachtungen.
Entsorgung: Kunststoffproben zur Wiederverwendung einsammeln.

Exp. 16 **Hitzebeständigkeit von Kunststoffbechern**

Fülle verschiedene Kunststoffbecher (z. B. Joghurt- oder Getränkebecher oder Kunststoffgeschirr) mit heißem Wasser, das du vorher im Wasserkocher erhitzt hast. Notiere deine Beobachtungen. Ordne die Stoffproben nach ihrem thermischen Verhalten. Entscheide, welche Kunststoffbecher für die Aufbewahrung von Heißgetränken geeignet sind.
Entsorgung: Feststoffe in den Hausmüll geben bzw. einsammeln.

Durch die Wahl der Reaktionsbedingungen und durch den Zusatz von Stoffen lassen sich bei der Polymerisation Kunststoffe mit unterschiedlichen Eigenschaften, z. B. Weich- und Hart-PVC, herstellen. Häufig eingesetzte Zusatzstoffe sind Weichmacher, Füllstoffe, Lichtschutzmittel, Farbmittel, Antistatika und Treibmittel. Die aufbereiteten Kunststoffe werden meist in Form von Pulver oder Granulat gelagert und transportiert. Erst bei der Verarbeitung erhalten sie ihre endgültige Form (▸**1**, **2**).

Bei der Polymerisation reagieren Monomere mit mindestens einer Doppelbindung im Molekül zu makromolekularen Stoffen.

Eigenschaften und Verwendung von Polyethen und Polyvinylchlorid
Beide Kunststoffe erweichen beim Erhitzen und werden beim Abkühlen wieder fest. Solche Kunststoffe werden als Thermoplaste (griech. *thermos:* warm, *plasso:* bilden) bezeichnet.
Gegenüber Säuren und Laugen sind beide Kunststoffe recht beständig. Sie werden aber von einigen organischen Lösungsmitteln angegriffen (▸Exp. 17). Polyethen und Polyvinylchlorid haben gegenüber Metallen eine geringere Dichte. Diese Eigenschaften begünstigen ihre Verwendung (▸Exp. 15, 16; ▸**3**).
Beide Kunststoffe sind brennbar (▸Exp. 18). Beim Verbrennen von Polyvinylchlord entsteht gesundheitsschädlicher Chlorwasserstoff. In Müllverbrennungsanlagen müssen deshalb Abgasfilter eingebaut werden.

Polyethen und Polyvinylchlorid erweichen beim Erwärmen und sind plastisch verformbar. Gegenüber Chemikalien sind sie zum Teil sehr beständig.

Kunststoff	Verwendung
Polyethen PE	Tragetaschen, Müllbeutel, Frischhaltefolie, Flaschenkästen, Mülltonnen, Flaschen für Reinigungsmittel, Infusionsbeutel
Polyvinylchlorid PVC	Fußbodenbeläge, Abwasserrohre, Schläuche, Kabelummantelungen, Kunststofffenster, Schallplatten, Duschvorhänge

3 Verwendung von Kunststoffen

Exp. 17 **L**

Verhalten von PE und PVC gegenüber Chemikalien

Jeweils ein PE- und PVC-Streifen werden in 10%ige Salzsäure (GHS07), 5%ige Natronlauge (GHS05), Ethanol (GHS02) und Aceton (GHS02|07) gegeben.

Exp. 18 **L**

Brennbarkeit von PE und PVC

Abzug! Produkt (GHS06|08|05)!
Einige Kunststoffproben werden mit der Tiegelzange in die Flamme gehalten und ihr Brennverhalten verglichen.

Aufgaben

1 Entwickle einen Steckbrief von PE.

2 Polypropen (PP) wird aus Propen gebildet. Erläutere die Reaktion und stelle die Gleichung auf.

3 Erläutere, was bei der Polymerisation geschieht. Nenne Voraussetzungen, die Moleküle erfüllen müssen, damit sie polymerisieren können.

Kunststoffrecycling

Kunststoffmüll in den Ozeanen gefährdet das Leben der Tiere. Sie verenden qualvoll, wenn sie die Kunststoffteile als Nahrungsquelle ansehen oder sich im Müll verfangen. Die Menge an Kunststoffen, die auf der Erde seit ihrer Erfindung produziert wurde, würde ausreichen, unseren gesamten Erdball sechsmal mit Folie einzupacken.

1 Eine Lederschildkröte verwechselt im Wasser treibende Kunststofftüten mit Quallen, ihrer Lieblingsmahlzeit.

2 Komposter aus wiederverwertetem Kunststoff

Kennzeichnung	Polymer
1	Polyethylenterephthalat (PET)
2	Polyethen (HDPE; engl. high density polyethene)
3	Polyvinylchlorid (PVC)
4	Polyethen (LDPE; engl. low density polyethene)
5	Polypropen (PP)
6	Polystyren (PS)
7	andere

3 Kennzeichnung häufig verwendeter Polymere

Kunststoffabfälle belasten die Umwelt Kunststoffabfälle, die nicht wiederverwertet werden, gefährden unsere Umwelt in besonderem Maße. Kunststoffe bauen sich in der Regel nicht biologisch ab, sondern zerfallen lediglich in kleine Teilchen. Dieser Prozess dauert bis zu 500 Jahre.
In jeder Minute gelangen laut Schätzung der UNO 125 000 Tonnen Kunststoffe über die Flüsse in die Ozeane. Bis 2025 könnte sich die Gesamtmenge an Kunststoffmüll, die auf unterschiedlichen Wegen in die Ozeane gelangt, auf 155 Millionen Tonnen addieren.
Kunststoffmüll birgt Probleme für das globale Ökosystem und unsere Gesundheit. Kunststoffpartikel geben Schadstoffe in die Umwelt ab oder nehmen durch ihre hydrophoben Eigenschaften teilweise Schadstoffe aus dem Meer auf und transportieren sie an zuvor nicht belastete Orte.

Wiederverwertung von Kunststoffverpackungen 2013 wurden in Deutschland 20 Millionen Tonnen Kunststoff erzeugt, die anfallende Kunststoffabfallmenge betrug 5,7 Millionen Tonnen. Jeder Bundesbürger verursacht 20 kg Kunststoffabfälle pro Jahr, vor allem Kunststoffverpackungen und Einwegartikel.
Die zu Abfall gewordenen Kunststoffe werden zu 99 % wiederverwertet, nur 1 % gelangen auf Deponien. Damit stellen die Abfälle eine wichtige Ressource und einen entscheidenden Wirtschaftsfaktor dar. Kunststoffverpackungen mit dem „Grünen Punkt“ werden in Deutschland wieder eingesammelt und energetisch, rohstofflich oder werkstofflich verwertet (▸**4**). Beispielhaft für einen geschlossenen Wiederverwertungskreislauf ist die Recyclingtechnologie für PET (Polyethylenterephthalat), wobei jährlich weltweit ca. 900 000 Tonnen PET-Abfälle zu neuen PET-Flaschen oder -Fasern recycelt werden.
Ziel der Forschung ist, biologisch abbaubare Kunststoffe zu entwickeln.

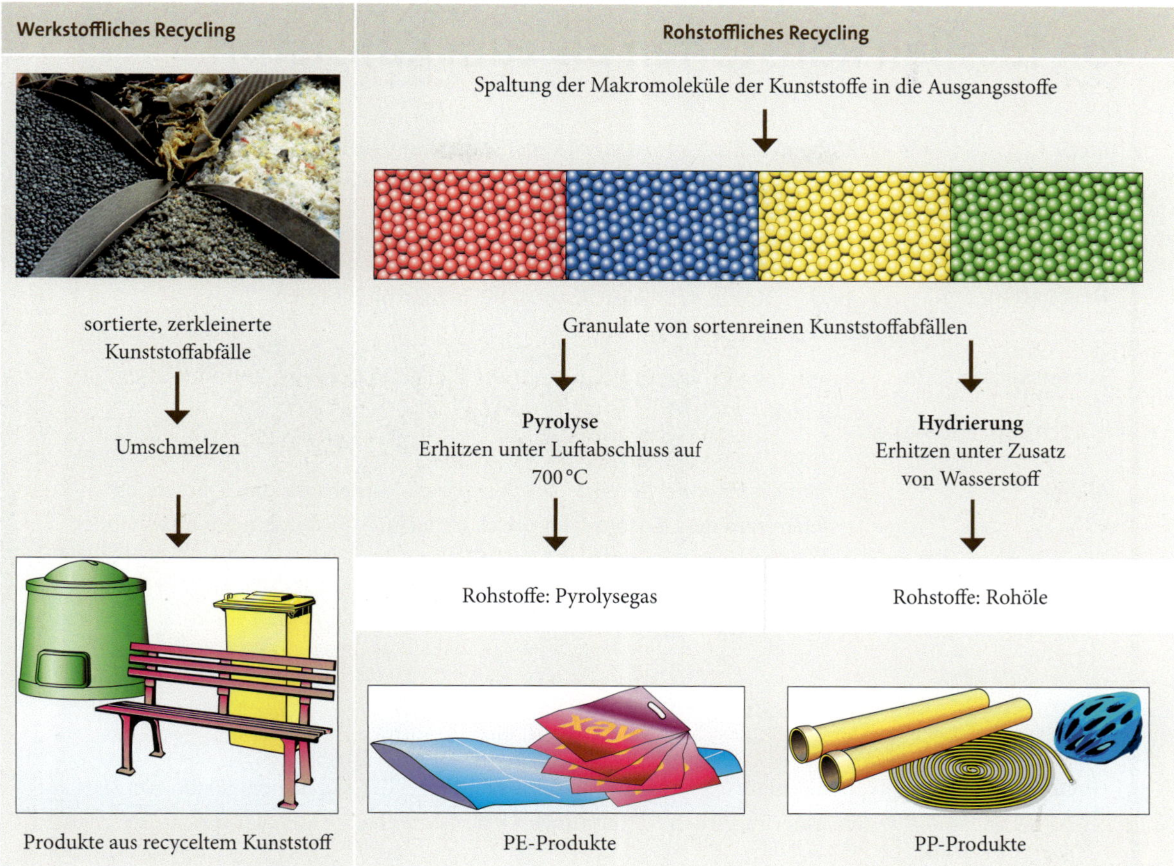

4 Werkstoffliches und rohstoffliches Recycling

Energetische Verwertung Insgesamt 57 % der Kunststoffabfälle in Deutschland können aus z. B. technischen oder ökonomischen Gründen weder rohstofflich noch werkstofflich recycelt werden. Sie werden deshalb energetisch genutzt, d. h., sie werden z. B. in Müllverbrennungsanlagen verbrannt. Bei der Verbrennung von Kunststoffabfällen wird in exothermen Reaktionen Energie freigesetzt, die dann als Heizwärme genutzt werden kann. Aber auch als Brennstoff in Kraftwerken und Zementdrehrohröfen werden Kunststoffabfälle genutzt. Leistungsfähige Filteranlagen reinigen die Verbrennungsgase und entfernen viele giftige Stoffe wie Dioxine, halogenierte Kohlenwasserstoffe und Chlorwasserstoffgas.

5 Kunststoffverpackungen mit dem „Grünen Punkt"

Aufgaben

1 Die Sortierung verschiedener Kunststoffe erfolgt meist nach dem Schwimm-Sink-Verfahren. Gib an, auf welcher Stoffeigenschaft das Trennverfahren beruht.

2 Erläutere, wie sich Entsorgung, Verwertung und Deponierung von Kunststoffabfällen voneinander unterscheiden.

3 Erläutere, was unter der energetischen Verwertung von Kunststoffabfällen verstanden wird. Begründe, warum es kein Recyclingverfahren im eigentlichen Sinne ist.

4 Begründe, warum die Entsorgung von biologisch abbaubaren Kunststoffen unproblematisch ist.

Von fossilen Rohstoffen bis zum Kunststoff

Erdöl	Stoffgemisch verschiedener Kohlenwasserstoffe mit unverzweigten und verzweigten kettenförmigen und ringförmigen Molekülen
Fraktionierte Destillation	Verfahren zur Gewinnung verschiedener Gemische von Kohlenwasserstoffen aus dem Rohöl, z. B. Gase, Kraftstoffe, Schweröl, Bitumen
Kohlenwasserstoffe	organische Verbindungen, die nur die Elemente Kohlenstoff und Wasserstoff enthalten
Alkane	Kohlenwasserstoffe, deren Moleküle nur aus Kohlenstoff und Wasserstoff bestehen und deren Atome nur durch einfache Atombindungen miteinander verbunden sind, z. B. Methan:

Summenformel	Strukturformel	Molekülmodell
CH_4	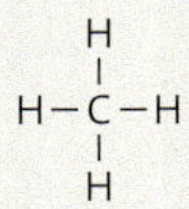	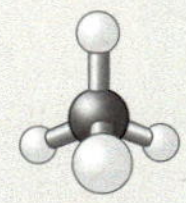

Homologe Reihe	Reihe chemisch ähnlicher Verbindungen, bei der sich die Moleküle von zwei aufeinanderfolgenden Verbindungen jeweils durch eine CH_2-Gruppe unterscheiden
Halogenalkane	Derivate der Alkane, deren Moleküle mindestens ein Halogenatom enthalten, z. B. Chlormethan CH_3Cl
Einteilung der Kohlenwasserstoffe	Die Einteilung der Kohlenwasserstoffe erfolgt nach der Struktur ihrer Moleküle.

Kettenförmige Kohlenwasserstoffe		
Gesättigte Kohlenwasserstoffe	Ungesättigte Kohlenwasserstoffe	
Alkane	Alkene	Alkine

Substitution	Austausch von Atomen oder Atomgruppen zwischen den Molekülen der Ausgangsstoffe
Addition	Vereinigung von jeweils zwei Molekülen der Ausgangsstoffe zu einem Molekül des Reaktionsprodukts
Eliminierung	Abspaltung von mindestens zwei Atomen oder von Atomgruppen aus je einem Molekül des Ausgangsstoffs
Polymerisation	Reaktion von Monomeren mit mindestens einer Doppelbindung im Molekül zu Makromolekülen (Polymeren)

Aufgaben

1 Für Erdöl und Erdgas gibt es keine einheitliche Formel. Begründe.

2 Rohöl kann von den Verbrauchern noch nicht unmittelbar verwendet werden.
- **a** Verdeutliche, in welchen Eigenschaften sich die verschiedenen Rohölfraktionen voneinander unterscheiden.
- **b** Vergleiche die fraktionierte Destillation im Schülerexperiment mit der in der Erdölraffinerie.
- **c** Erläutere die Vorgänge bei der fraktionierten Destillation.
- **d** Beurteile die Notwendigkeit der Vakuumdestillation.

3 Spiritus ist eine organische Verbindung.
- **a** Benenne das Element, das am Aufbau aller organischen Verbindungen beteiligt ist.
- **b** Begründe, warum es wesentlich mehr organische als anorganische Verbindungen gibt.

4 Methan ist der einfachste Kohlenwasserstoff.
- **a** Nenne mindestens drei Vorkommen und die Bedeutung von Methan.
- **b** Entwickle einen Steckbrief von Methan.
- **c** Beschreibe den Bau des Methanmoleküls anhand der Strukturformel.

5 Alkane bilden eine homologe Reihe.
- **a** Erläutere den Begriff „homologe Reihe".
- **b** Stelle die Strukturformeln folgender Alkane auf und benenne sie: C_7H_{16}, $C_{10}H_{22}$, C_5H_{12}.
- **c** Notiere die Summenformeln von Alkanen mit 11, 19 und 24 Kohlenstoffatomen. Leite für diese Alkane aufgrund ihrer Stellung in der homologen Reihe gemeinsame und unterschiedliche Eigenschaften ab.

6 Erläutere die Merkmale von Substitutionsreaktionen anhand der Umsetzung von Octan mit Brom. Beschreibe, woran man erkennen kann, dass die Reaktion tatsächlich abläuft. Entwickle die Reaktionsgleichung.

7 1,2-Dichlorethan und 1,1-Dichlorethan sind Isomere. Begründe diese Aussage. Entwickle die Strukturformeln.

8 Bei der vollständigen Verbrennung von Pentan entstehen Kohlenstoffdioxid und Wasser. Stelle die Reaktionsgleichung auf.

9 Begründe, warum die Verwendung von Halogenalkanen stark eingeschränkt wurde. Nenne Beispiele für Halogenalkane.

10 Überlege, wie du experimentell prüfen könntest, ob im Benzin ungesättigte Kohlenwasserstoffe enthalten sind.

11 Nenne Unterschiede zwischen gesättigten und ungesättigten Kohlenwasserstoffen. Ordne die Stoffe zu: 2-Methylbutan, Hept-2-in, n-Hexan, Pent-1-en, Octadec-3-en, 2,3-Dimethylnonan.

12 But-2-en reagiert mit Chlor und mit Chlorwasserstoff.
- **a** Benenne jeweils die Reaktionsprodukte. Ordne sie einer Stoffgruppe zu.
- **b** Kennzeichne die Reaktionsart.
- **c** Entwickle die Reaktionsgleichungen.

13 Ethan, Ethen und Ethin sind einfache Kohlenwasserstoffe.
- **a** Vergleiche diese Kohlenwasserstoffe hinsichtlich struktureller Merkmale in ihren Molekülen.
- **b** Leite aus dem Bau der Moleküle dieser Kohlenwasserstoffe typische Reaktionen ab.

14 Viele Gegenstände aus dem Alltag bestehen aus dem Kunststoff Polyethen.
- **a** Benenne den Ausgangsstoff, aus dem der genannte Kunststoff hergestellt wird.
- **b** Kennzeichne die Reaktionsart und erläutere sie.
- **c** Entwickle die Reaktionsgleichung.
- **d** Nenne mindestens drei Eigenschaften und Verwendungsmöglichkeiten von Polyethen.

Hilfe zu den Aufgaben findest du auf den Seiten ...

1	43	6	55	11	50, 63 f.
2	44 f.	7	56 f., 60	12	63 f.
3	47, 56 f.	8	54	13	65
4	48 f.	9	60 f.	14	70 f.
5	50, 52 f.	10	63 f.		

▶ Die Lösungen findest du im Anhang.

Material A: Carbidlampe

Die Carbidlampe, auch Acetylenlampe genannt, ist eine Gaslampe, die früher vor allem im Bergbau unter Tage sowie als Fahrzeug- und Signallampe genutzt wurde.

In der Carbidlampe liegt der Brennstoff in chemisch gebundener Form als Calciumcarbid vor. Heute kommen Carbidlampen noch bei der Erforschung von Großhöhlen zum Einsatz.

A1 Begleittext zu einer Carbidlampe im Museum

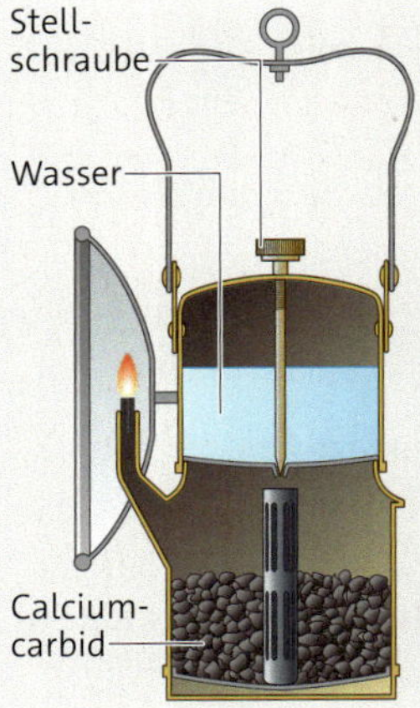

Eine Carbidlampe besteht aus zwei übereinander angeordneten Behältern. Bei der Reaktion von Calciumcarbid (CaC_2) mit Wasser entsteht Ethin, das am Brenner der Lampe entzündet wird. Als Rückstand verbleibt im unteren Behälter überwiegend Calciumhydroxid (gelöschter Kalk).

A2 Schnittdarstellung einer Carbidlampe

1 Carbidlampe oder Acetylenlampe – beide Bezeichnungen sind richtig. Begründe (▸ **A1**, **A2**).

2 Erläutere die Funktionsweise der Carbidlampe (▸ **A2**).

3 Formuliere für die chemische Reaktion, bei der Ethin entsteht, die Reaktionsgleichung (▸ **A2**).

4 Beschreibe die chemische Reaktion, die am Brenner der Carbidlampe stattfindet (▸ **A2**). Entwickle die Reaktionsgleichung.

5 Zeichne und beschrifte für die Darstellung von Ethin mit dir bekannten Geräten eine Experimentieranordnung.

Material B: Gesucht – gasförmiger Kohlenwasserstoff

Werden grüne Bananen und Äpfel zusammen gelagert, reifen die Bananen in kurzer Zeit nach. Die Äpfel geben einen gasförmigen Kohlenwasserstoff ab. Bei der Verbrennung von 5,6 l dieses Gases entstehen 9 g Wasser und 11,2 l Kohlenstoffdioxid.

molare Masse		Stoffmenge		molares Volumen
$M = \frac{m}{n}$	⟵	n	⟶	$V_m = \frac{V}{n}$

B1 Beziehung zwischen Stoffmenge, Masse und Volumen in der Chemie

1 Stelle eine Vermutung auf, um welchen gasförmigen Kohlenwasserstoff es sich im Text handelt.

2 Überprüfe deine Vermutung unter Einbeziehung der Angaben zur Verbrennung dieses Kohlenwasserstoffs. Nutze dabei die Stoffmengenverhältnisse, die sich aus dieser chemischen Reaktion ableiten lassen (▸ **B1**).
($V_m = 22{,}4 \frac{l}{mol}$)

3 Berechne zum Vergleich die Masse Wasser und das Volumen an Kohlenstoffdioxid, die bei der Verbrennung von 5,6 l Ethan entstehen.

Material C: Dampfluttechnik

Aufgrund seiner hohen Viskosität lässt sich weniger als ein Drittel des vorhandenen Erdöls in Deutschland ohne besondere Techniken aus den Erdöllagerstätten gewinnen. Deshalb entwickelten die deutschen Erdölproduzenten in den älteren Erdölfeldern die Dampfluttechnik. Dabei wird 300 °C heißer Wasserdampf in die Lagerstätte gepresst. Das zähe Öl erwärmt sich und kann leichter gefördert werden. Durch diese Technik konnte in den letzten Jahren die Förderung aus den älteren Ölfeldern in Niedersachsen auf hohem Niveau annähernd stabil gehalten werden.

C1 Erdölförderung durch Dampfluttechnik

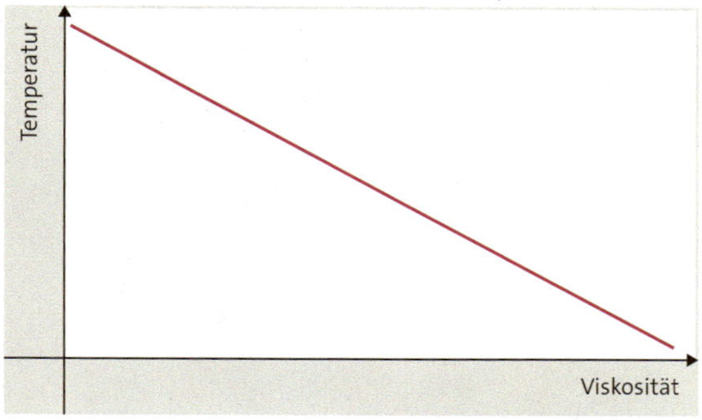

C2 Qualitativer Zusammenhang zwischen Temperatur und Viskosität

1 Erläutere die Zusammenhänge zwischen der unterschiedlichen Viskosität und der Zusammensetzung des Erdöls verschiedener Fundorte.

2 Begründe mithilfe der zwischenmolekularen Wechselwirkungen und des Diagramms, weshalb die Dampfluttechnik die Förderung des Erdöls erleichtert (▸ **C1, C2**).

Material D: Reinigen ohne Wasser

Viele unserer modernen Kleidungsstücke dürfen nicht mit Wasser gewaschen werden. Sie laufen ein, verlieren ihre Form oder ihre Farbe – sie werden unansehnlich. Wir bringen sie in die chemische Reinigung. Hier erfolgt die Reinigung mit organischen Lösungsmitteln. Meist wird heute mit Per – Tetrachlorethen – gereinigt. Per ist ein hervorragendes Lösungsmittel für hydrophobe Stoffe. Da Per umwelt- und gesundheitsgefährdend ist, sind die Per-Reinigungsmaschinen mit einem geschlossenen Kreislauf ausgestattet.

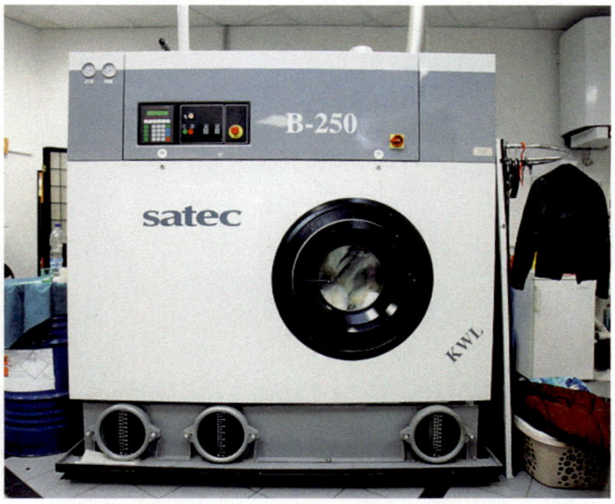

D1 Chemische Reinigung – schnell und zuverlässig

1 Stelle die Strukturformel für Per auf und ordne Per einer Stoffgruppe zu (▸ **D1**).

2 Nenne mindestens drei Stoffe, die durch Per bei der Reinigung entfernt werden können. Begründe, worauf das zurückzuführen ist (▸ **D1**).

3 Formuliere eine Regel für die Löslichkeit der Stoffe, die auch bei der chemischen Reinigung Anwendung findet.

4 Begründe, warum der Einsatz von Per in der Industrie und in der Technik der Bundes-Immissionsschutzverordnung unterliegt (▸ **D1**).

5 Erläutere, wie man prüfen könnte, ob ein Reinigungsmittel organische Halogenverbindungen enthält.

Alkanole und Alkansäuren

Der aus Trauben gewonnene Wein enthält Ethanol, einen bekannten Alkohol. Der Begriff Alkohol umfasst jedoch mehr als alkoholische Getränke. Cremes und Frostschutzmittel enthalten Stoffe, die auch zur Stoffklasse der Alkohole gehören. Entscheidend ist die Struktur der Moleküle. Ob in Organismen oder im Reagenzglas: Aus Alkoholen entstehen durch chemische Reaktionen zahlreiche Produkte wie Essig oder die im Obst enthaltenen Fruchtsäuren. Pflanzen und Insekten setzen sich mit einer aus einem Alkohol herstellbaren Säure zur Wehr.

Eigenschaften von Alkanolen

Exp. 1 Einige Eigenschaften von Ethanol

Vorsicht! Entzündungsgefahr! Ermittle Geruch, Farbe und Dichte von Ethanol (GHS02) bei Zimmertemperatur. Bestimme anschließend die Siedetemperatur. Beschreibe deine Beobachtungen und vergleiche deine Ergebnisse mit den Angaben aus einem Tabellenwerk.
Entsorgung: Reste von Ethanol zur weiteren Verwendung einsammeln.

Exp. 2 Vergleich der Verdunstung von Ethanol mit der von Wasser

Fülle Ethanol (GHS02) bzw. Wasser ca. 2 cm hoch in je ein Reagenzglas. Halte ein Thermometer so lange in die jeweilige Flüssigkeit, bis sich die Temperaturanzeige nicht mehr ändert, und notiere den Wert. Bewege das Thermometer dann für ca. 30 s an der Luft hin und her, damit die Flüssigkeit schnell verdunstet, und lies erneut die Temperatur ab.
Vergleiche die Temperaturänderungen für beide Stoffe und suche nach einer Erklärung.
Entsorgung: Reste von Ethanol zur weiteren Verwendung einsammeln.

Exp. 3 Mischbarkeit von Ethanol mit Wasser und Heptan

Achtung! Keinen Brennspiritus verwenden! Fülle zwei Reagenzgläser ca. 2 cm hoch mit Ethanol (GHS02). Gib in eines die gleiche Menge Wasser und in das andere die gleiche Menge Heptan (GHS02|08|07|09). Verschließe die Reagenzgläser, schüttle vorsichtig und beobachte.
Vereinige jetzt die beiden Mischungen in einem Reagenzglas und schüttle erneut.
Notiere deine Beobachtung und ziehe eine Schlussfolgerung.
Entsorgung: Reste in den Behälter für halogenfreie organische Abfälle geben.

Exp. 4 Volumen- und Temperaturänderung beim Mischen von Ethanol und Wasser

Achtung! Keinen Brennspiritus verwenden! Entnimm mit Pipetten aus zwei gleich temperierten Vorratsgefäßen (Temperatur messen!) genau 10 ml Ethanol (GHS02) und genau 10 ml Wasser und mische beide in einem möglichst kleinen Messzylinder.

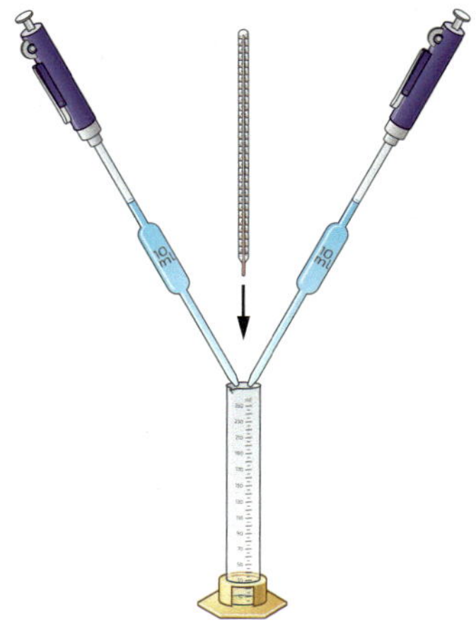

Lies das Volumen der Mischung genau ab und miss dann gleich erneut die Temperatur.
Erkläre mithilfe von zwischenmolekularen Kräften deine Beobachtungen.
Entsorgung: Die Mischung für Exp. 6 aufheben.

Exp. 5 Löslichkeit von Alkanolen

Gib einige Tropfen Propan-1-ol (GHS02|05|07), Butan-1-ol (GHS02|05|07) und Octan-1-ol (GHS07) in jeweils 1 ml Wasser bzw. Heptan (GHS02|08|07|09).
Vergleiche die Löslichkeit der Alkanole.
Beschreibe, wie sich alle Alkanole in Wasser und in Heptan lösen.
Entsorgung: Reste in den Behälter für halogenfreie organische Abfälle geben.

Exp. 6

Elektrische Leitfähigkeit und pH-Wert einer wässrigen Ethanollösung

Stelle eine Vermutung auf, ob die Lösung den elektrischen Strom leitet und ob sie sauer, neutral oder alkalisch reagiert. Überprüfe die Vermutung experimentell: Baue dazu eine Apparatur auf wie in der Skizze und miss die elektrische Leitfähigkeit der wässrigen Ethanollösung aus Exp. 4 (GHS02).

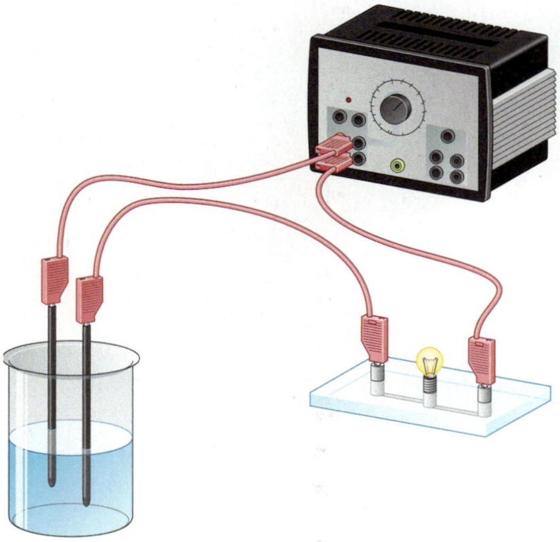

Gib anschließend fünf Tropfen Universalindikator in ein Reagenzglas mit etwa 2 cm der Lösung. Bestimme aus der Farbe der Indikatorlösung den pH-Wert und bewerte deine Vermutung.
Entsorgung: Lösung mit Indikator in das Abwasser geben, übrige Ethanollösung für Exp. 7 aufheben.

Exp. 7

Brennbarkeit von Ethanol-Wasser-Gemischen

Stelle zwei Ethanol-Wasser-Gemische her, bei denen der Volumenanteil des Ethanols (GHS02) 70 bzw. 30 % beträgt. Verwende zusätzlich das Gemisch aus Exp. 6 [Anteil Ethanol = 50 %].
Gib jeweils 5 ml eines Gemischs in je eine Porzellanschale. Versuche die Gemische mit kleiner Brennerflamme zu entzünden.
Beobachte, ob sich die Gemische entzünden lassen und wie lange sie brennen. Leite Schlussfolgerungen über die Brennbarkeit von Ethanollösungen ab.
Entsorgung: Reste in das Abwasser geben.

Exp. 8

Brennbarkeit verschiedener Alkohole

Gib jeweils 5 ml Butan-1-ol (GHS02|05|07), Octan-1-ol (GHS07), Nonan-1-ol (GHS07), Glykol (GHS07|08) und Glycerin in eine Porzellanschale. Entzünde einen langen Holzspan und versuche die Alkohole zu entzünden.

Notiere deine Beobachtungen. Vergleiche das Aussehen der Flammen. Deute das Ergebnis.
Entsorgung: Reste von Alkoholen in den Behälter für halogenfreie organische Abfälle geben.

Exp. 9

Analyse der Verbrennungsprodukte von Ethanol

Gib auf einen Verbrennungslöffel Ethanol (GHS02) und entzünde ihn. Tauche den Verbrennungslöffel in einen sauberen, trockenen Erlenmeyerkolben und verschließe ihn mit einem passenden Stopfen.

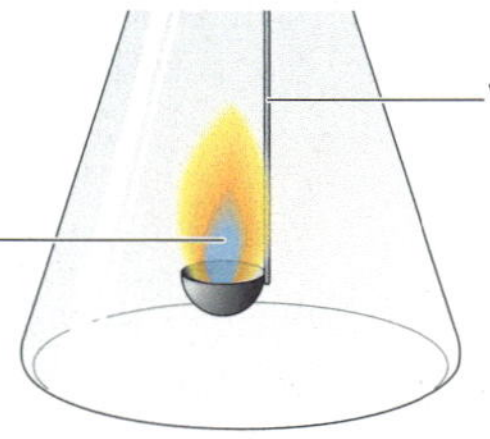

Lass den Erlenmeyerkolben nach beendeter Verbrennung abkühlen, bis sich auf seiner Innenwand ein Reaktionsprodukt abgeschieden hat. Öffne den Kolben kurz und teste es mit einigen Kristallen des wasserfreien Kupfersulfats.
Gib dann etwa 5 ml Bariumhydroxidlösung (GHS05) in den Kolben. Verschließe ihn wieder, schüttle und beobachte die Lösung.
Entsorgung: Reste ins Abwasser geben.

Ethanol

Wurde dir schon mal Blut abgenommen oder bist du geimpft worden? Dann kennst du den Vorgang bereits: Kurz vor dem Einstich wird noch eine Flüssigkeit auf die Haut gesprüht oder getupft.

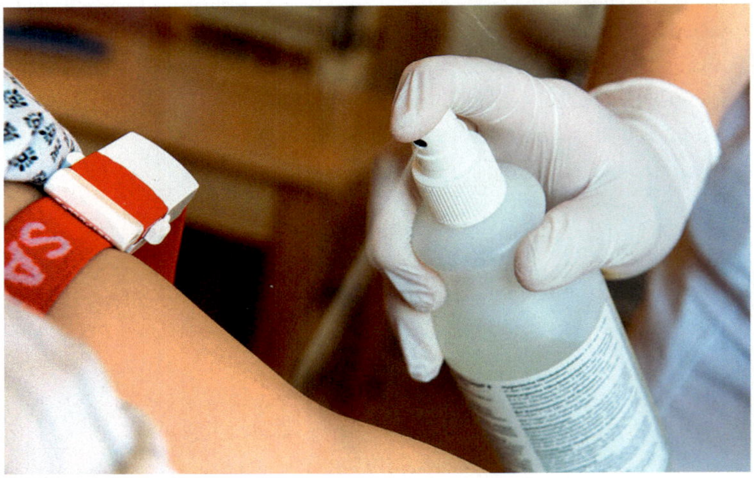

1 Hautdesinfektion kurz vor einer Blutentnahme

Eigenschaften	Ethanol
Siedetemperatur	78 °C
Schmelztemperatur	−114 °C
Flammpunkt	12 °C
Dichte bei 20 °C	0,79 g/cm³

2 Einige Stoffeigenschaften von Ethanol (bei Normdruck)

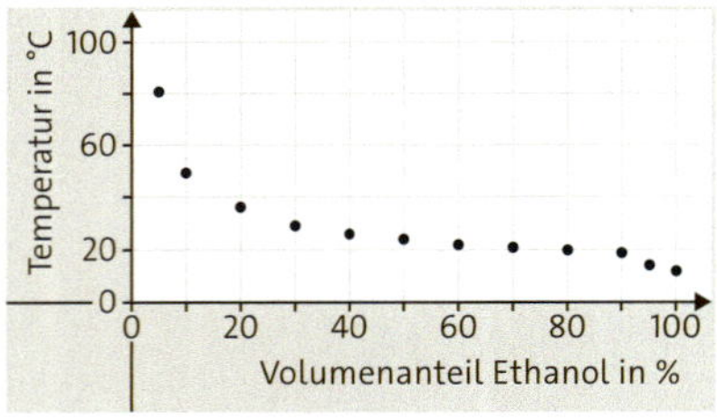

3 Flammpunkte von Ethanol-Wasser-Gemischen

Exp. 10 | **L**

Reaktion von Ethanol mit Magnesium

Ethanoldämpfe (GHS02) werden über stark erhitzte Magnesiumspäne (GHS02) geleitet. Das entweichende Gas wird entzündet.

Ethanol im Alltag Medizinische Desinfektionslösungen besitzen einen charakteristischen Geruch und bewirken auf den benetzten Stellen der Haut ein Kälteempfinden (▸ Exp. 2, S. 80). Ein Blick auf das Etikett zeigt, dass sie Ethanol enthalten. Dies ist die gleiche chemische Verbindung, die Bestandteil alkoholischer Getränke wie Bier, Wein und Spirituosen ist. In vielen Arzneimitteln und Kosmetika wird Ethanol als Lösungsmittel verwendet. In Parfüms dient Ethanol zusätzlich als Duftträger für die enthaltenen Stoffe. Außerdem ist Ethanol in Reinigern und Fleckentfernern sowie in Brennspiritus und im Bioethanol enthalten. Damit Letztere nicht zum Trinken missbraucht werden, macht man sie durch Zusätze schlecht schmeckender Stoffe ungenießbar (Vergällen).

Eigenschaften von Ethanol Ethanol ist eine unter Normbedingungen farblose, leichtflüchtige Flüssigkeit mit einem charakteristischen Geruch (▸ Exp. 1, S. 80). Es brennt an der Luft mit blauer Flamme (▸ Exp. 7, S. 81). Die vielfältigen Anwendungen von Ethanol beruhen auf seinen physikalischen und chemischen Eigenschaften (▸ **2**).

Die verschieden konzentrierten alkoholischen Getränke zeigen, dass sich Ethanol und Wasser in jedem Verhältnis mischen. Ethanol ist hydrophil (▸ Exp. 3, S. 80). Ethanol-Wasser-Gemische sind bei Raumtemperatur entzündbar, wenn der Anteil Ethanol > 45 % ist (▸ Exp. 7, S. 81).

Ethanol mischt sich aber auch in jedem beliebigen Verhältnis mit Alkanen. So existiert neben der Benzinsorte „E10“, die in Deutschland zu haben ist, auch „E85“ mit einem Anteil Ethanol = 85 %, das in Brasilien einen großen Anteil am Treibstoffmarkt hat.
Ethanol ist somit auch lipophil, wobei es sich bereitwilliger in Wasser als in Heptan löst (▸ Exp. 3, S. 80).

Strukturformel des Ethanolmoleküls Wenn Ethanol vollständig verbrennt, entstehen Wasser und Kohlenstoffdioxid (▸ Exp. 9, S. 81). Da bei der Reaktion von Ethanol mit Magnesium Magnesiumoxid entsteht, muss es sich um eine Verbindung der Elemente Kohlenstoff, Wasserstoff und Sauerstoff handeln (▸ Exp. 10). Untersucht man die elementare Zusammensetzung, so findet man für Ethanol die Summenformel C_2H_6O. Dazu gibt es zwei mögliche Strukturformeln (▸ **4**).

Strukturformel I erklärt die Eigenschaften von Ethanol besser als Strukturformel II. Durch die **Hydroxygruppe (OH-Gruppe)** ist Ethanol dem Wasser ähnlich, z. B. in der Reaktion mit Natrium, bei der Wasserstoff entsteht (▸ Exp. 11). Durch die polare Hydroxygruppe können sich Wasserstoffbrücken ausbilden. Bei Ethanol- und Wassermolekülen sind sie so stark, dass sich beim Mischen der Stoffe das Volumen verringert (▸ Exp. 4, S. 80; ▸ **5**). Die Lösung leitet den elektrischen Strom nicht und ist pH-neutral (▸ Exp. 6, S. 81). Anders als Natriumhydroxid, das beim Lösen in Wasser Hydroxid-Ionen freisetzt, spalten Ethanolmoleküle in wässriger Lösung keine Hydroxid-Ionen ab.
Der unpolare Ethylrest ($CH_3{-}CH_2{-}$) ist für die Mischbarkeit von Ethanol mit Alkanen verantwortlich, da es zwischen dem Ethylrest und den Alkanmolekülen zur Ausbildung von Van-der-Waals-Kräften kommt.

Herstellung von Ethanol Das wichtigste Verfahren zur Herstellung von Ethanol ist die alkoholische Gärung von Lösungen, die Glucose (Traubenzucker) enthalten. Katalysiert durch verschiedene Enzyme, die von Hefepilzen produziert werden, wird die Glucose in Kohlenstoffdioxid und Ethanol umgewandelt.

$$\underset{\text{Glucose}}{C_6H_{12}O_6} \xrightarrow{\text{Enzyme}} \underset{\text{Ethanol}}{2\,C_2H_5OH} + \underset{\text{Kohlenstoffdioxid}}{2\,CO_2\uparrow}$$

Bei der alkoholischen Gärung entstehen Ethanollösungen mit einem Volumenanteil von maximal 18 %. Bei höherem Volumenanteil sterben die Hefepilze ab. Ethanol kann aber auch bei erhöhtem Druck und mittels eines Katalysators aus Ethen und Wasser synthetisiert werden.

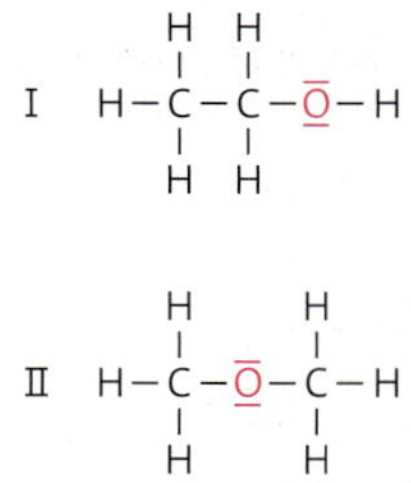

4 Mögliche Strukturformeln zur Summenformel C_2H_6O

Exp. 11 | **L**

Reaktion von Ethanol mit Natrium

Ein kleines Stück Natrium (GHS02|05) wird in einem Reagenzglas zu Ethanol (GHS02) gegeben. Das entstehende Gas wird aufgefangen und eine Knallgasprobe durchgeführt.

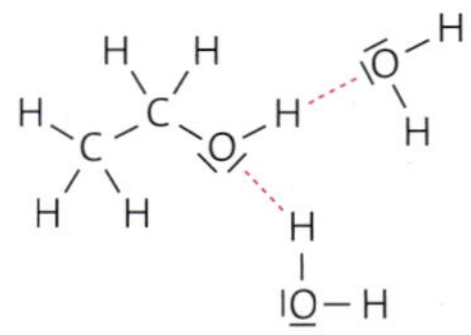

5 Wasserstoffbrücken zwischen Ethanol- und Wassermolekülen

Aufgaben

1 Erkunde ethanolhaltige Stoffe (z. B. Medikamente, Reinigungsmittel; keine Getränke!). Erstelle eine Tabelle mit den Namen, den Alkoholgehalten sowie den Verwendungen und führe diese auf die Eigenschaften von Ethanol zurück.

2 Wasser hat bei 20 °C eine Dichte von 1,00 g/cm³, Ethanol eine von 0,79 g/cm³. Begründe, ob die Dichte einer Ethanollösung mit einem Anteil Ethanol = 50 % größer als, kleiner als oder gleich dem Mittelwert ist.

3 Ein Stoff gilt als leicht entzündlich und damit als Gefahrstoff, wenn sein Flammpunkt unter 21 °C liegt.
- **a** Erstelle die Reaktionsgleichung für die vollständige Verbrennung von Ethanol.
- **b** Begründe, ob Rotwein [Anteil Ethanol = 12 %] brennbar ist. Entscheide, ob ein Transporter, der Weinbrand bzw. Rum transportiert, als Gefahrstofftransport gekennzeichnet werden muss.

Ethanol – Genussmittel, Gefahrstoff und Suchtpotenzial

1 Erwünschte und unerwünschte Wirkungen von Ethanol

Die Party ist in vollem Gange, alle Leute unterhalten sich gut. Die servierten Cocktails kommen bei den Gästen gut an – haben sie zur lockeren Stimmung beigetragen? Einige Zeit später: Einer der Gäste muss sich übergeben und kann ohne fremde Hilfe nicht mehr stehen. Nachdem er nicht mehr ansprechbar ist, ruft der Gastgeber den Notarzt. Waren die Getränke daran schuld?

Konsum alkoholischer Getränke Im Durchschnitt trinkt jeder Deutsche pro Jahr ca. 140 Liter Bier, Wein und Spirituosen und nimmt damit 7,5 kg Ethanol auf. Ethanol ist hydrophil und lipophil. Es löst sich im wässrigen Körpergewebe besser als im Fettgewebe, kann aber die aus Fetten bestehenden Membranen von Zellen durchdringen. Etwa 1–2 Stunden nach dem Konsum eines alkoholischen Getränks hat sich das Ethanol im Körper verteilt. Ein voller Magen verzögert die Resorption des Ethanols. Kohlensäure und Zucker verstärken sie, weil sie die Blutzirkulation beschleunigen.

Blutalkoholkonzentration Der Ethanolgehalt im Blut wird durch die Blutalkoholkonzentration, BAK in Promille (‰), angegeben.

Getränk	Anteil Ethanol	*m*(Ethanol)
Vollbier	5 Vol.-%	19,8 g in 0,5 l
Alcopop	5,5 Vol.-%	13,0 g in 0,3 l
Wein	12 Vol.-%	23,7 g in 0,25 l
Wodka	40 Vol.-%	6,4 g in 0,02 l

2 Beispiele für Ethanolgehalt und Ethanolmasse verschiedener Getränke

$$\text{BAK} = \frac{m(\text{Ethanol im Blut})}{m(\text{Blut})}$$

Nimmt man an, dass der Körper von Männern zu 70 % und der von Frauen zu 60 % aus wässrigen Lösungen besteht, in denen sich das konsumierte Ethanol verteilt, so gilt auch:

$$\text{BAK} = \frac{m(\text{Ethanol, getrunken})}{m(\text{Körper}) \cdot F}$$

(*F*: geschlechtsspezifischer Wasseranteil).

Wenn ein 70 kg schwerer Mann einen halben Liter Vollbier trinkt, wie groß wird dann seine BAK maximal? Im Bier sind 19,8 g Ethanol enthalten (▸ **2**). Mithilfe der Dichte von Ethanol [ϱ(Ethanol) = 0,79 g/ml] kann diese auch berechnet werden:

$$m(\text{Ethanol}) = 0{,}05 \cdot 500\,\text{ml} \cdot 0{,}79\,\text{g/ml} = 19{,}75\,\text{g}$$

Daraus ergibt sich dann ein BAK von:

$$\text{BAK} = \frac{19{,}75\,\text{g}}{70\,\text{kg} \cdot 0{,}7} = \frac{0{,}4\,\text{g}}{\text{kg}} = 0{,}4\,‰.$$

Etwa 5 % des aufgenommenen Ethanols werden durch Ausatmung abgegeben („Alkoholfahne") oder mit dem Schweiß bzw. Urin ausgeschieden. Die übrige Menge wird im Magen und in der Leber zu Folgeprodukten umgewandelt. Pro Stunde und pro Kilogramm Körpergewicht werden ca. 0,1 g Ethanol vom Körper abgebaut und der Ethanolgehalt im Blut um 0,14 ‰ vermindert.

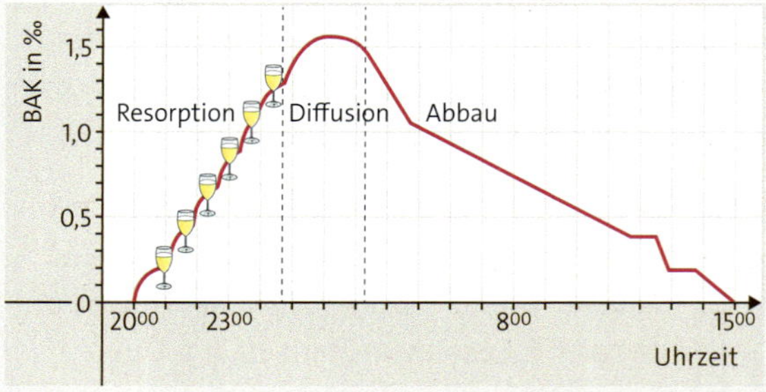

3 Abbau von Ethanol im menschlichen Körper

Wirkungen von Ethanol im Körper Ethanol und seine Stoffwechselprodukte haben vielfältige Wirkungen auf den menschlichen Körper (▸**4**). Während man sich bis zu einer BAK von 0,5 ‰ entspannt fühlt, lassen darüber Seh- und Reaktionsvermögen sowie Selbstbeherrschung nach. Ab 3,0 ‰ kann es zur Bewusstlosigkeit kommen.

Außer dem Einfluss auf Nervenzellen und Hormone ist auch die Rolle von Ethanol als Nährstoff zu beachten. 1 kg Ethanol hat einen Brennwert von knapp 30 000 kJ ≈ 7150 kcal. Diese Energiemenge entspricht in gespeicherter Form 1 kg Körperfettgewebe. Wer einen großen Teil seines Flüssigkeitsbedarfs über alkoholische Getränke abdeckt, läuft Gefahr, übergewichtig zu werden.

Info 1

Alkoholrausch und Alkoholismus

Circa ein Drittel der 16- und 17-Jährigen nimmt einmal monatlich vier oder mehr alkoholische Getränke zu sich („Rauschtrinken", „Komasaufen", „Binge-Drinking"). Bei 8 % der Befragten einer Studie der Bundeszentrale für gesundheitliche Aufklärung war das viermal oder häufiger im Monat der Fall. Pro Jahr werden in Deutschland über 120 000 Personen aufgrund einer Alkoholvergiftung stationär in einem Krankenhaus behandelt. Davon sind mehr als 25 000 Kinder und Jugendliche im Alter von 10 bis 19 Jahren.

Ethanol wirkt als Droge, sein Konsum kann nicht nur zur psychischen, sondern auch zur körperlichen Abhängigkeit, dem Alkoholismus, führen. Der Organismus passt sich teilweise an die Zufuhr von Ethanol an. Das hat zur Folge, dass zum Erreichen einer erwünschten Wirkung immer größere Mengen alkoholischer Getränke konsumiert werden müssen.

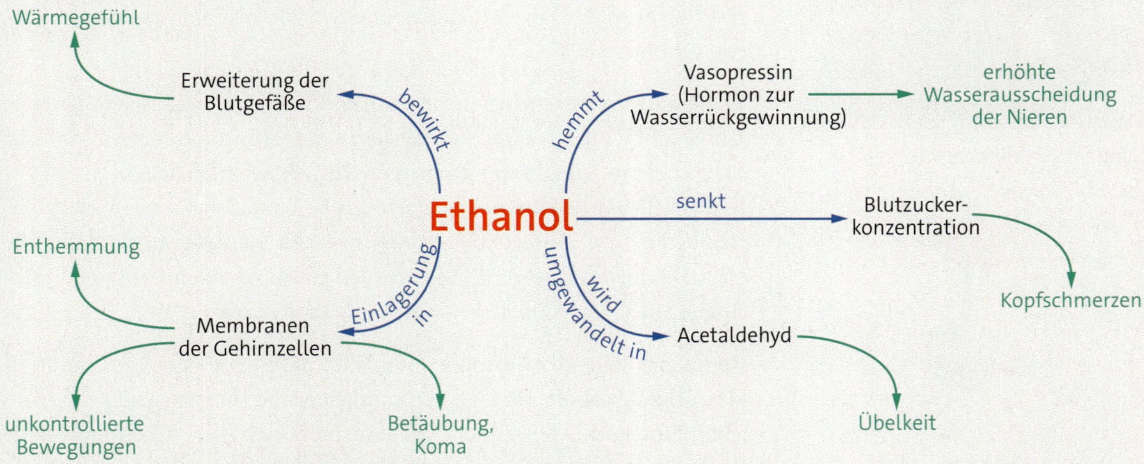

4 Schema für einige kurzfristige Wirkungen von Ethanol im Körper

Aufgaben

1 Erkläre den Befund, dass der Konsum von Bier zu einem größeren Harndrang führt als das Trinken des gleichen Volumens an Mineralwasser.

2 Ein Freund, der so schwer ist wie du, hat schnell einen halben Liter Wodka getrunken.
- **a** Schätze die BAK in seinem Blut zwei Stunden nach dem Trinken ab.
- **b** Schlage Maßnahmen vor.

3 „Frauen vertragen weniger Alkohol als Männer" ist eine bekannte Behauptung. Ein Grund für eine höhere BAK bei Frauen ist ein im Magen befindliches, Ethanol abbauendes Enzym. Es ist bei Männern aktiver ist als bei Frauen. Erläutere weitere Gründe.

4 Bewerte die folgende Aussage: „Das Leben von Personen, die in kalten Nächten exzessiv alkoholische Getränke konsumieren, ist gefährdet."

Alkanole

Von alkoholischen Getränken können manchmal noch andere Gefahren ausgehen, wie der nebenstehende Zeitungsartikel zeigt.

Methanol
CH_3OH

Gefahrenhinweise
H225 Flüssigkeit und Dampf leicht entzündbar.
H331 Giftig beim Einatmen.
H311 Giftig bei Hautkontakt.
H301 Giftig bei Verschlucken.
H370 Schädigt die Organe.

Gefahr

„Bei einer Klassenfahrt im März 2009 war einer Schülergruppe aus Lübeck ... gepanschter Alkohol serviert worden. Ein 21-Jähriger starb an einer Methanolvergiftung, ein 17- und ein 19-Jähriger fielen ins Koma und starben später in der Uniklinik Lübeck. Die Schüler hatten den Schnaps nach eigenen Angaben in ihrem Hotel gekauft."

1 Methanol ist ein Gefahrstoff.

Info

Methanol wurde früher Holzgeist genannt, weil es aus Holz durch Erhitzen unter Luftausschluss gewonnen werden kann. Als Benzin nach dem Zweiten Weltkrieg in Deutschland knapp und teuer war, ersetzte man es mit der Holzvergasertechnik u.a. durch Methanol.

2 Auto mit Holzvergaser

Methanol – Verwandter des Ethanols Methanol ist eine Verbindung, die ähnliche Eigenschaften hat wie Ethanol (Brennbarkeit, Löslichkeit u.a.). Wie das Ethanolmolekül enthält auch das Methanolmolekül eine Hydroxygruppe. Diese ist jedoch an einen Methyl- statt an einen Ethylrest gebunden (▸**3**).

Methanol wird im menschlichen Körper durch Stoffwechselvorgänge in giftige Stoffe umgewandelt. Bereits eine Aufnahme von mehr als 100 mg Methanol pro Kilogramm Körpergewicht gilt als gefährlich (▸**1**).
Industriell wird Methanol heute in großem Maßstab aus Kohlenstoffmonooxid und Wasserstoff synthetisiert. Es ist Ausgangsstoff für die Herstellung von Farb- und Kunststoffen sowie Arzneimitteln und Treibstoffen auf Pflanzenölbasis.

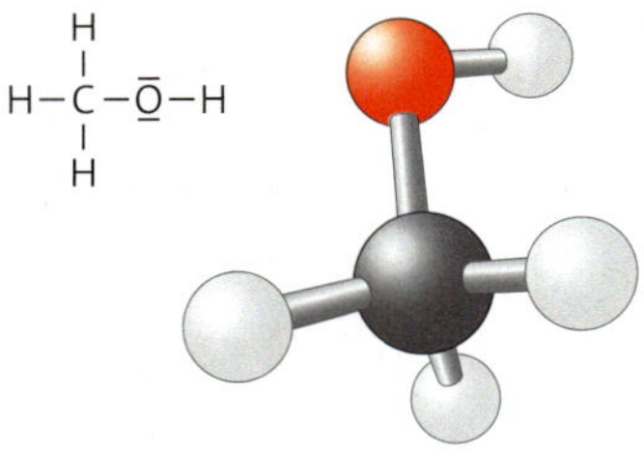

3 Strukturformel und Modell des Methanolmoleküls

Homologe Reihe der Alkanole Methanol und Ethanol gehören zur Stoffklasse der **Alkohole.** Ihre Gemeinsamkeit ist die Hydroxygruppe im Molekül. Sie ist das wesentliche Strukturmerkmal aller Alkoholmoleküle und wird deshalb als **funktionelle Gruppe** der Alkohole bezeichnet. Eine Untergruppe der Alkohole, die strukturell eng mit den Alkanen verwandt ist, wird als **Alkanole** bezeichnet.
Ein Alkanolmolekül erhält man, indem man in einem Alkanmolekül ein Wasserstoffatom durch eine Hydroxygruppe ersetzt.
In der homologen Reihe der Alkanole unterscheiden sich zwei aufeinanderfolgende Moleküle durch eine CH_2-Gruppe. Die Hydroxygruppe ist dabei immer an ein endständiges Kohlenstoffatom der Moleküle gebunden (▸**4**).

Alkanol	Formel	ϑ_V in °C
Methanol	CH_3OH	65
Ethanol	C_2H_5OH	78
Propan-1-ol	C_3H_7OH	97
Butan-1-ol	C_4H_9OH	118
Hexan-1-ol	$C_6H_{13}OH$	156
Dodecan-1-ol	$C_{12}H_{25}OH$	259
Hexadecan-1-ol	$C_{16}H_{33}OH$	312

4 Formeln und Siedetemperaturen in der homologen Reihe der Alkanole

Die Alkanole bilden eine homologe Reihe mit der allgemeinen Summenformel $C_nH_{2n+1}OH$.

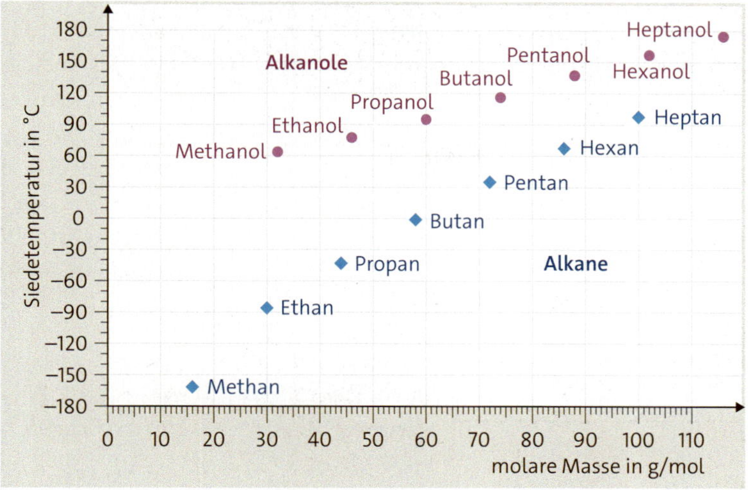

5 Vergleich der Siedetemperaturen von Alkanen und Alkanolen

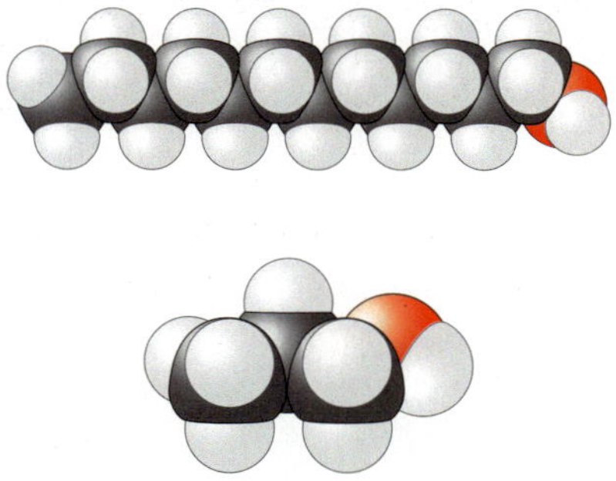

6 Molekülmodelle von Dodecan-1-ol und Propan-1-ol

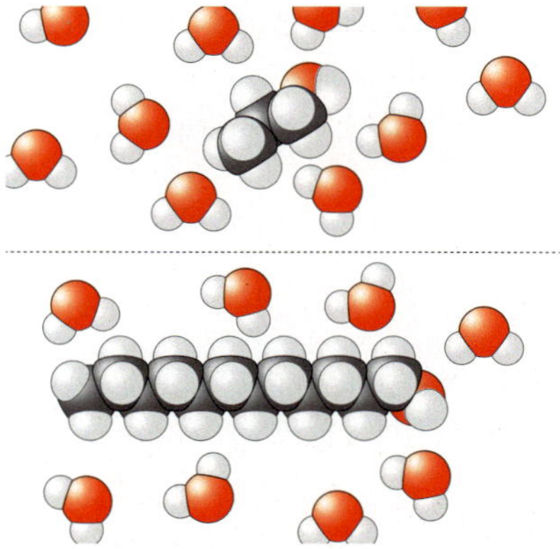

7 Modelldarstellung der Lösungen von Propan-1-ol und Dodecan-1-ol in Wasser im Vergleich

Struktur-Eigenschafts-Beziehung bei Alkanolen Die polare Hydroxygruppe und der unpolare organische Molekülrest der Alkanole bestimmen die Eigenschaften der Alkanole (▸**6**).

Die Siedetemperaturen der Alkanole liegen über denen der entsprechenden Alkane mit ähnlicher molarer Masse (▸**5**). Der Grund ist die Ausbildung von Wasserstoffbrückenbindungen zwischen den Hydroxygruppen der Alkanole. Beim Verdampfen des Alkanols muss zur Trennung der Wasserstoffbrückenbindungen zusätzlich Energie zugeführt werden.

Mit Zunahme der Kettenlänge des organischen Molekülrests der Alkanole nimmt innerhalb der homologen Reihe die Siedetemperatur zu (▸**5**). Dies wird, wie bei den unpolaren Alkanen, durch die größer werdenden Van-der-Waals-Kräfte bewirkt.

Mit zunehmender Moleküloberfläche (▸**6**) und der damit stärker werdenden zwischenmolekularen Kräfte nimmt auch die Viskosität (Zähflüssigkeit) innerhalb der homologen Reihe zu.

Bei den kurzkettigen Alkanolen hat die polare Hydroxygruppe einen starken Einfluss auf die Eigenschaften der Alkanole. Deshalb lösen sich diese sehr gut im ebenfalls polaren Wasser. Bei den übrigen Alkanolen gilt: Die Wasserlöslichkeit sinkt mit steigender Anzahl der Kohlenstoffatome im Molekül (▸Exp. 5, S. 80). Die polare Hydroxygruppe des Alkanolmoleküls kann zwar Wasserstoffbrücken zu Wassermolekülen bilden. Der unpolare Alkylrest kann mit seiner Umgebung aber nur über schwache Van-der-Waals-Kräfte in Wechselwirkung treten. Mit zunehmender Größe unterbricht der Alkylrest immer häufiger die starken Wasserstoffbrücken zwischen den Wassermolekülen (▸**7**).

Eine funktionelle Gruppe ist ein wesentliches Strukturmerkmal der Moleküle eines Stoffes. Sie bestimmt die Eigenschaften des Stoffes mit. Die Hydroxygruppe (−OH) ist die funktionelle Gruppe der Alkanole.

Aufgaben

1 Stelle die vereinfachten Strukturformeln der Alkanole aus der Abbildung ▸**4** auf.

2 Erkläre auf Teilchenebene die Zunahme der Siedetemperaturen in der homologen Reihe der Alkanole.

3 Begründe den Unterschied der Siedetemperaturen von Methanol (65 °C) und Ethan (−89 °C), obwohl beide Moleküle etwa die gleiche molare Masse besitzen.

4 Begründe, dass Wasser mit Methanol in jedem Verhältnis mischbar ist und Octanol sich kaum mit Wasser mischt, wohl aber mit Heptan.

Schon gewusst?
Das im Pfefferminzöl enthaltene Menthol ist ein Alkohol. In seinem Molekül liegt ein substituierter Cyclohexanring vor.

2 Pfefferminzblätter und ein Molekülmodell von Menthol

Isomerie und Namensgebung bei Alkanolen In der homologen Reihe der Alkanole ist die Hydroxygruppe immer an ein endständiges Kohlenstoffatom gebunden. Ändert man diese Position, so entsteht ein isomeres Alkanol. Die Position der Hydroxygruppe im Molekül legt man im Namen durch die Nummer des Kohlenstoffatoms fest, an das sie bindet (▸ **1a** und **1b**). Die Hydroxygruppe erhält dabei die kleinstmögliche Zahl (▸ **1c**). Die Kohlenstoffatomkette, an der sich die Hydroxygruppe befindet, bildet die Hauptkette, auch wenn sie nicht die längste im Molekül ist (▸ **1d**).

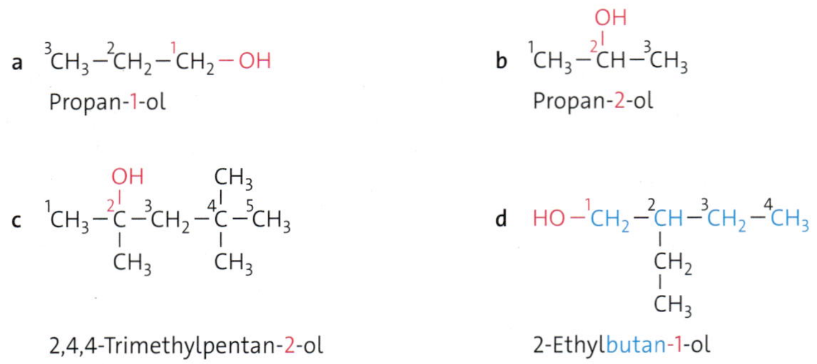

1 Beispiele für Isomerie und Namensgebung bei den Alkanolen

Primäre, sekundäre und tertiäre Alkanole Die Alkanole werden aufgrund der Stellung der Hydroxygruppe unterschieden. Ist die Hydroxygruppe an ein Kohlenstoffatom gebunden, das an **1** Kohlenstoffatom bindet, so liegt ein **primäres** Alkanol vor (▸ **1a** und **1d**). Bindet das die Hydroxygruppe tragende Kohlenstoffatom zu **2** Kohlenstoffatomen, handelt es sich um ein **sekundäres** Alkanol (▸ **1b**), bei **3** Kohlenstoffatomen um ein **tertiäres** Alkanol (▸ **1c**).

Reaktionen der Alkanole Alkanole brennen an der Luft, ihre Flammpunkte steigen mit der Kettenlänge der Moleküle. Methanol und Butan-1-ol sind leicht entzündlich, Nonanol aber nicht (▸ Exp. 8, S. 81). Bei der vollständigen Verbrennung von Alkanolen entstehen nur Kohlenstoffdioxid und Wasser.

$$CH_3{-}CH_2{-}OH + 3\,O_2 \longrightarrow 2\,CO_2\uparrow + 3\,H_2O$$

Mit zunehmender Kettenlänge der Moleküle wird die Verbrennung unvollständig und die Flamme leuchtet wegen der glühenden Kohlenstoffpartikel (▸ **3**).

3 Brennendes Methanol (li.) und Butan-1-ol (re.)

Alkanole reagieren auch mit unedlen Metallen wie Natrium unter Wasserstoffentwicklung. Die dabei entstehenden Salze heißen **Alkanolate**. Mit zunehmender Kettenlänge und abnehmendem Einfluss der Hydroxygruppe nimmt die Heftigkeit der Reaktion ab.

$$2\,Na + 2\,CH_3{-}CH_2OH \longrightarrow 2\,CH_3{-}CH_2ONa + H_2\uparrow$$

Natrium + Ethanol ⟶ Natrium-Ethanolat + Wasserstoff

4 Mehrwertige Alkohole: Strukturformel von Ethan-1,2-diol (links) und Propan-1,2,3-triol (rechts)

Mehrwertige Alkohole Die bisher betrachteten Alkanole gehören zu den **einwertigen** Alkoholen, da sie nur eine Hydroxygruppe im Molekül besitzen. Alkohole, deren Moleküle mehr als eine Hydroxygruppe enthalten, nennt man **mehrwertige** Alkohole.
Mit jeder zusätzlichen Hydroxygruppe steigt auch die Zahl der möglichen Wasserstoffbrücken zu benachbarten Molekülen (▸**5**). Deshalb lösen sich mehrwertige Alkohole besser in Wasser als vergleichbare einwertige und haben auch eine höhere Siedetemperatur.

Glykol (Ethan-1,2-diol, ▸4) Glykol ist eine farblose, ölige und brennbare Flüssigkeit, die einen süßlichen Geschmack besitzt (▸Exp. 8, S. 81). Es löst sich gut in Wasser und hat eine hohe Siedetemperatur (197 °C). Ein Glykol-Wasser-Gemisch im Verhältnis 1 : 1 gefriert erst bei ca. −40 °C (▸Exp. 12). Glykol findet Verwendung bei der Herstellung von Kunststoffen (PET für Getränkeflaschen) sowie als Gefrierschutzmittelzusatz in der Technik. Zum Beispiel werden auf Flughäfen bei Frost die Außenflächen der Flugzeuge mit einem Gemisch aus Wasser und Glykol enteist, im Kühler von Autos wird Glykol als Frostschutzmittel zugesetzt.

Glycerin (Propan-1,2,3-triol, ▸4) Glycerin ist eine farblose, brennbare, bei Raumtemperatur zähe Flüssigkeit mit hoher Siedetemperatur (290 °C), die sich gut in Wasser löst (▸Exp. 8, S. 81). Es wird wegen seiner wasserbindenden (hygroskopischen) Eigenschaft zahlreichen Kosmetikartikeln zugesetzt, um diese feucht zu halten (▸**6**). Glycerin kommt gebunden in tierischen und pflanzlichen Fetten vor.

Exp. 12 **Untersuchung von Schmelztemperaturen**

Gib Wasser und eine Lösung aus gleichen Volumina Wasser und Glykol (GHS07|08) in je einen Kunststoffbehälter und stelle sie in ein Tiefkühlfach. Betrachte die Inhalte am nächsten Tag und interpretiere das Ergebnis.
Entsorgung: Reste ins Abwasser geben.

Schon gewusst?
Die Silben „Glyc“ oder „Glyk“ stammen vom griechischen Wort „Glykeros“, was auf Deutsch süß heißt. Damit wird angedeutet, dass dieser Stoff süß schmeckt. Beispiele für Stoffnamen, in denen sich diese Silben finden, sind Glykol und Glycerin.

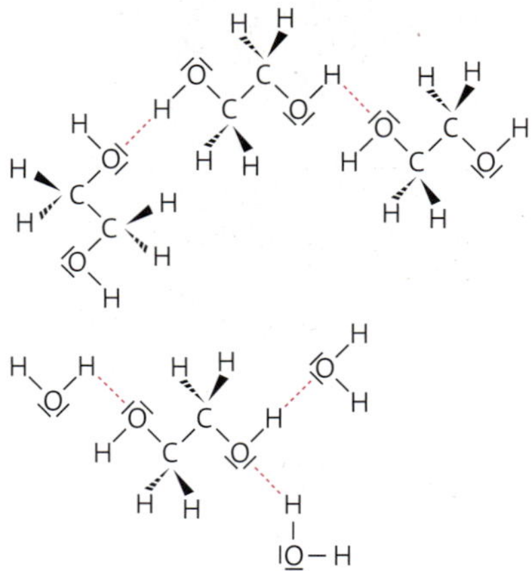

5 Wasserstoffbrücken (rot) zwischen Glykolmolekülen (oben) und zwischen Glykol- und Wassermolekülen (unten)

6 Hautcremes enthalten Glycerin.

Aufgaben

1 Stelle die Reaktionsgleichung auf für:
a die vollständige Verbrennung von Propanol
b die unvollständige Verbrennung von Hexanol.

2 Stelle eine Hypothese darüber auf, ob sich Ethan-1,2-diol gut in Heptan und/oder in Ethanol löst.

3 Begründe den Unterschied der Siedetemperaturen von Butan (−1 °C), Propan-1-ol (97 °C) und Ethan-1,2-diol (197 °C), obwohl die Moleküle etwa gleich groß sind und fast die gleiche Masse haben.

4 Stellt man ein offenes, mit Glycerin gefülltes Gefäß auf eine Waage, so beobachtet man mit der Zeit eine Zunahme des Gewichts. Erkläre diesen Befund.

Bier – eine Erfindung der frühen Hochkulturen

1 Heutzutage stellen Brauereien verschiedene Biersorten her.

Info 1

Die Sumerer waren die Ersten

Als die Erfinder des Bieres gelten die Sumerer – Menschen, die vor über 3600 Jahren in Mesopotamien lebten. Für sie war Bier ein Lebensmittel. Grundlage des Bieres waren schon damals die Getreidesorten Gerste und Emmer, eine spezielle Weizenart. Nach dem Zerfall des Sumerischen Reiches kamen die Babylonier an die Macht und entwickelten die Bierbrauerei weiter. Auch die Ägypter kannten zur gleichen Zeit die Geheimnisse des Bierbrauens. Die Menschen dieser Hochkulturen backten aus dem Getreide allerdings erst Brot, dessen weiches Innere dann in großen Töpfen mit Wasser vergoren wurde. Das so entstandene Bier tranken alle Bevölkerungsschichten, sogar die Sklaven in Ägypten erhielten dieses alkoholische Getränk.

Ein Reinheitsgebot für deutsches Bier Schon in Liedern wird der „große Durst“ der alten Germanen besungen. Vom Römer Cornelius Tacitus stammen erste Überlieferungen, dass die Menschen im von Rom besetzten Germanien Bier tranken. Auf deutschem Gebiet dauerte es bis ins 16. Jahrhundert, dass man Bier in großem Maßstab brauen konnte. Als Voraussetzung für das Bierbrauen mussten Ackerflächen geschaffen werden, wozu wiederum Sümpfe trockengelegt und Wälder gerodet werden mussten.

Bis ins Mittelalter hinein war das Bier oft von minderer Qualität und verursachte durch enthaltene Keime auch Krankheiten unter den Menschen. Jeder Brauer verwendete eigene Zutaten und die Zusammensetzung des Gebräus änderte sich mehrfach bei jedem Brauvorgang. Nachdem verschiedene Städte Verordnungen über die Bierherstellung erlassen hatten, kam es am 23. April 1516 im Bayerischen Landstädtetag zu einem bedeutenden Erlass: Es wurde ein Reinheitsgebot für bayerisches Bier beschlossen. Danach durften zur Bierherstellung als Zutaten nur Malz, Hopfen und Wasser verwendet werden. 1906 wurde noch die Hefe als vierte Zutat mit aufgenommen, da sie in einigen Bieren, wie z. B. dem Hefeweizen, im trinkfertigen Bier verbleibt. Bier ist somit ein alkoholisches Getränk, das aus stärkehaltigen Stoffen wie z. B. Getreide durch alkoholische Gärung gewonnen wird.

Obergärig oder untergärig? Die meisten in Deutschland getrunkenen Biere sind untergärig. Mit diesem Begriff wird eine bestimmte Sorte der Hefe beschrieben, die sich am Ende des Gärprozesses am Boden – also unten – absetzt. Eine andere Gruppe von Hefesorten schwimmt nach dem Gären auf dem Bier. Hier spricht man von obergäriger Hefe. Hefepilze nutzen den ihnen angebotenen Malzzucker zur Assimilation und damit auch zu ihrer eigenen Vermehrung. Während des Brauprozesses verdrei- bis vervierfacht sich die Hefemenge und kann nach einer Reinigung für die nächsten Gärungen wieder eingesetzt werden.

Beim Brauen obergäriger Biere können die Temperaturen 15–20 °C betragen, somit ist auch ohne Kühlung eine Bierherstellung möglich. Trotzdem braute man vorwiegend im Winter, denn das Bier musste auch kühl gelagert werden. Erst die Erfindung der Kältemaschine von CARL LINDE im Jahr 1876 ermöglichte das Brauen untergäriger Biere bei 5–9 °C.

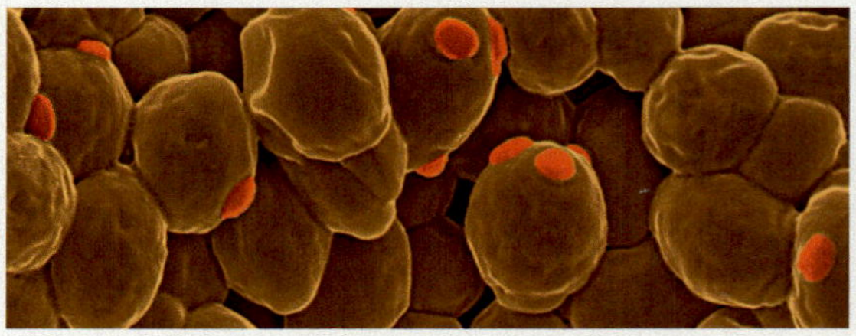

2 Bierhefe unter dem Elektronenmikroskop

Vom Getreide zum Malz Das in Europa am häufigsten für die Bierherstellung eingesetzte Getreide ist die Sommergerste. Die Gerstenkörner werden zunächst durch die Zugabe von Wasser zur Keimung angeregt (Weichen). Dabei wird die in den Getreidekörnern enthaltene Stärke in Malzzucker (Maltose) umgewandelt.
Nach dem Weichen werden die Getreidekörner in den Keimkasten überführt. Sobald der Keimling die Samenschale durchbrochen hat, wird durch Erhitzen das Wasser entzogen und die Keimung wird gestoppt (Darren). Dieses „Grünmalz“ kann nun weiter getrocknet, je nach Malzsorte unterschiedlich stark geröstet und dann geschrotet werden.

Zubereitung der Würze Im Sudhaus wird nun die Bierwürze bereitet. In einem Sudkessel wird Malz mit Wasser versetzt und auf 78 °C erhitzt. Bei dieser „Endverzuckerung“ bildet sich aus der noch vorhandenen Stärke weiterer Malzzucker. Die entstandene Maische wird in einen Läuterbottich geleitet, wo durch Filtration die Würze von den festen Bestandteilen abgetrennt wird.
Der feste Rückstand – der Treber – ist für den Brauer ein Abfallprodukt.
Die filtrierte Maische wird nach der Zugabe des Hopfens abermals im Sudkessel erhitzt. Hierbei gehen die Bitter- und Gerbstoffe des Hopfens in die filtrierte Maische über. Sie verleihen dem Bier die entsprechende Würze, erhöhen die Haltbarkeit und stabilisieren später den Schaum des Bieres.

Alkoholische Gärung Die abgekühlte filtrierte Maische wird nun in Gärbehälter geleitet. Während man früher offene Bottiche verwendete, kommen in modernen Brauereien nur noch geschlossene Behälter zum Einsatz.
Vereinfacht lässt sich der Gärprozess durch die folgende Reaktionsgleichung verdeutlichen:

$$\underset{\text{Glucose}}{C_6H_{12}O_6} \xrightarrow{\text{Hefezellen}} 2\ \underset{\text{Ethanol}}{C_2H_5OH} + 2\ \underset{\text{Kohlenstoffdioxid}}{CO_2} \uparrow$$

Bei den meisten in Deutschland hergestellten Bieren führt man diesen Gärprozess mit untergäriger Hefe bei einer Temperatur zwischen 6 und 8 °C durch. In traditionellen Anlagen ist die Hauptgärung nach 6–8 Tagen abgeschlossen, in modernen Anlagen ist dieser Prozess bereits nach 2–3 Tagen beendet.

3 Gerstenmalz

4 Hopfen

5 Sudkessel aus Kupfer in einer modernen Brauerei

Aufgaben

1 Informiere dich über den Standort der von deiner Schule aus nächstgelegenen Brauerei sowie über die Sorten der dort gebrauten Biere.

2 In Deutschland wird in einigen Ländern ein besonders hoher Anteil an dunklen Bieren hergestellt. Nenne Unterschiede, die in der Zusammensetzung zwischen hellen und dunklen Bieren bestehen. Nutze zur Lösung der Aufgabe das Internet.

3 Viele Brauereien produzieren „Pilsner“. Recherchiere die Besonderheiten dieser Biersorte im Vergleich zu den Sorten „Export“ und „Hell“.

4 Bis ins 17. Jahrhundert wusste man von Bierhefe nichts. Kein Rezept vor dieser Zeit enthielt die Verwendung von Hefe. Gib an, wie die Menschen dennoch die Herstellung von Bier betreiben konnten.

Eigenschaften von Essig und Essigsäure

Exp. 13 Elektrische Leitfähigkeit von Speiseessig, Essigessenz und Essigsäure

Gib 10 ml Speiseessig, 10 ml Essigessenz (GHS05) und 10 ml reine Essigsäure (GHS05) in jeweils ein Becherglas. Prüfe die Lösungen auf elektrische Leitfähigkeit.
Erläutere die Ergebnisse der Leitfähigkeitsprüfung.
Entsorgung: Lösungen weiterverwenden.

Exp. 14 Untersuchen von Lösungen mit einem pH-Meter

Fülle 10 ml Speiseessig [w(Essigsäure) = 5 %] in ein kleines Becherglas. Bestimme mithilfe eines pH-Meters den pH-Wert. Wiederhole den Versuch mit Essigessenz [w(Essigsäure) = 25 %; GHS05] und reiner Essigsäure [w(Essigsäure) = 100 %; GHS05].
Notiere alle pH-Werte und deute diese.
Entsorgung: Lösungen weiterverwenden.

Exp. 15 Verhalten von Magnesium, Magnesiumoxid und Magnesiumhydroxid gegenüber verdünnter Ethansäure und verdünnter Schwefelsäure

Gib in zwei Reagenzgläser jeweils zwei bis drei Magnesiumspäne (GHS02), in zwei weitere Reagenzgläser jeweils eine Spatelspitze Magnesiumoxid und in weitere zwei Reagenzgläser je 2 ml 5%ige Magnesiumhydroxidlösung. Gib in je eines der Reagenzgläser mit Magnesium, Magnesiumoxid und Magnesiumhydroxidlösung jeweils etwa 3 ml Essig und zum Vergleich in die anderen Reagenzgläser jeweils etwa 3 ml 5%ige Schwefelsäure (GHS05).
Vergleiche die Beobachtungsergebnisse miteinander. Ziehe Schlussfolgerungen über das Verhalten von Essig im Vergleich zum Verhalten mit Schwefelsäure.
Entsorgung: Lösungen in den Behälter für saure und alkalische Abfälle, Feststoffe in den Behälter für anorganische Abfälle geben.

Exp. 16 Reaktion von Essig mit Kalk

Gib ca. 10 ml Speiseessig [w(Essigsäure) = 5 %] aus Exp. 13 und eine Spatelspitze Kalk (Calciumcarbonat) in ein Reagenzglas. Beobachte die einsetzende Reaktion.
Stelle eine Hypothese auf, wie eines der Reaktionsprodukte identifiziert werden kann.
Entsorgung: Lösung ins Abwasser geben.

Exp. 17 Schmelztemperatur von Essigsäure

Fülle 10 ml reine Essigsäure (GHS05) in ein großes Reagenzglas, in dem sich auch ein Thermometer befindet. Stelle das Reagenzglas in ein Becherglas mit Eiswasser. Rühre die Essigsäure mit dem Thermometer vorsichtig um. Achte auf den Aggregatzustand. Notiere die Temperatur, bei der die Essigsäure kristallisiert. Stelle das Reagenzglas danach in ein Becherglas, das Wasser bei Raumtemperatur enthält. Beobachte die Form der Kristalle und ob sie in der flüssigen Essigsäure sinken oder auf ihr schwimmen.
Entsorgung: Essigsäure ins Abwasser geben.

Exp. 18 Synthese von Natriumacetat-Trihydrat

Gib zu 0,1 mol Natriumhydrogencarbonat in einem 100-ml-Becherglas langsam 25 g Essigessenz (GHS05) hinzu. Erhitze die Lösung unter Rühren zum Sieden, bis festes Natriumacetat kristallisiert. Nimm ein paar Kristalle heraus und gib zum Rest einige Tropfen Wasser, damit sich der Feststoff wieder löst. Lass die Flüssigkeit auf Umgebungstemperatur abkühlen und gib dann die Kristalle wieder hinzu. Miss die Temperatur, falls die Flüssigkeit kristallisiert.
Entsorgung: Reste ins Abwasser geben.

Essig – ein vielseitiger, alltäglicher Stoff

Ägypter, Römer und der Essig Saurer Wein wurde bereits von den Ägyptern vor über 4000 Jahren hergestellt. Der Grund für den sauren Geschmack des Weins ist die Entstehung von Essig. Römische Legionäre hatten auf ihren Märschen mit Wasser verdünnten Essig zum Trinken dabei. Dieses „Posca“ genannte Getränk war haltbarer als Wasser (▸**1**). Außerdem hatte es nicht die berauschende Wirkung von Wein.

Speiseessig und Essigessenz Als Essig werden Lösungen von Essigsäure in Wasser bezeichnet. Je nach Massenanteil unterscheidet man zwischen Speiseessig [w(Essigsäure) ≈ 5 %] und Essigessenz [w(Essigsäure) ≈ 25 %]. Als Lebensmittelzusatzstoff hat Essigsäure die E-Nummer E260. Ob Weinessig, Obstessig oder Branntweinessig, alle enthalten die gleiche Essigsäure und werden nach ähnlichen Verfahren hergestellt.

Herstellung von Essig Steht ein Gefäß mit Wein für längere Zeit offen, so erhält der Wein einen sauren Geschmack. Das liegt an den Essigsäurebakterien, die hineingelangen und den Ethanol mit Sauerstoff zu Essigsäure oxidieren, wodurch Essig entsteht.
Großtechnisch geschieht dies hauptsächlich im Submersverfahren (lat. *submergere:* untertauchen). Dabei wird durch eine Suspension von Essigsäurebakterien in einer wässrigen Ethanollösung ständig Luft geblasen, um die Oxidation zu beschleunigen. Abschließend wird der Essig abfiltriert und durch neue Ethanollösung ersetzt (▸**2**).

Essig als Reinigungsmittel Essig wird auch als Reinigungs- und Desinfektionsmittel verwendet. Entscheidend ist dabei seine saure Eigenschaft. Mit Essig können Ablagerungen von Kalk, z. B. in Wasserkochern, auf Armaturen oder Fliesen entfernt werden (▸Exp. 16; ▸**3**).

Schon gewusst?
Das Würzen von Speisen mit Essig dient nicht nur dem Geschmack. Die saure Lösung wirkt auch antibakteriell. Das war zu Zeiten schlechter hygienischer Bedingungen noch wichtiger als heute.

1 Essig würzt und macht haltbar.

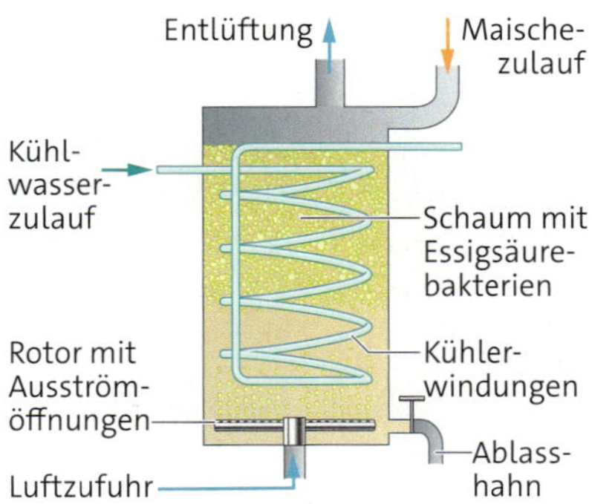

2 Schematische Darstellung der Essigherstellung

3 Tauchsieder mit Kalkablagerung vor (links), während (Mitte) und nach der Behandlung mit Essig

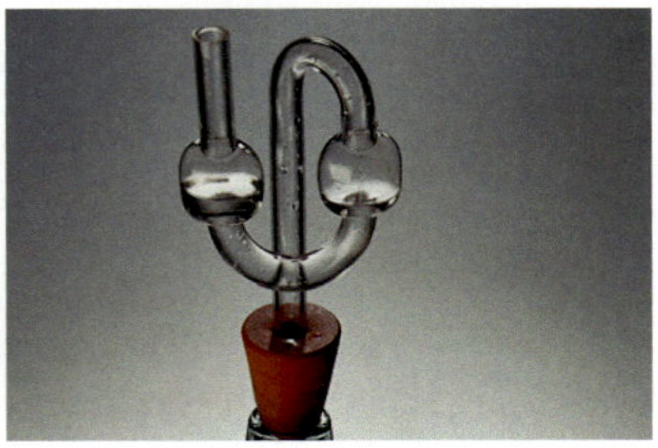

4 Gäraufsatz

Aufgaben

1 Der Gärbehälter ist bei der Weinherstellung durch einen wassergefüllten Gäraufsatz verschlossen, durch den das entstehende Kohlenstoffdioxid entweicht (▸**4**). Ohne Aufsatz kann es passieren, dass der Wein sauer schmeckt. Erkläre.

2 Auf dem Etikett eines Reinigungsmittels, das Essig enthält, steht folgender Hinweis: „Nicht auf Marmor anwenden!“ Recherchiere, um welchen Stoff es sich bei Marmor handelt, und gib dann eine Begründung für den Hinweis.

Ethansäure

**Im antiken Rom wurde Wein häufig aus Gefäßen aus Blei getrunken. Enthielt der Wein Essigsäure, so entstand durch eine chemische Reaktion lösliches Bleiacetat. Dadurch gelangten giftige Blei-Ionen in den Körper. Ähnliches galt für Geschirr aus Hartzinn, das Blei enthielt.
Bleiacetat wurde aber auch bis ins 19. Jahrhundert als Süßungsmittel („Bleizucker") verwendet und saurem Wein zugesetzt.**

1 Durch Nutzung von bleihaltigen Zinngefäßen sind Bleivergiftungen möglich.

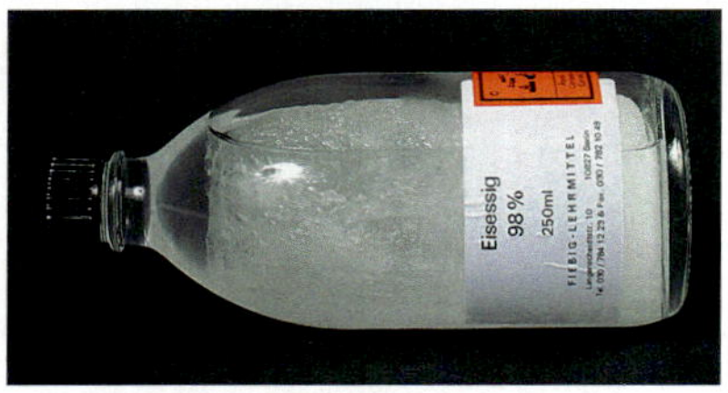

2 Unter 16 °C erstarrt reine Essigsäure (Eisessig).

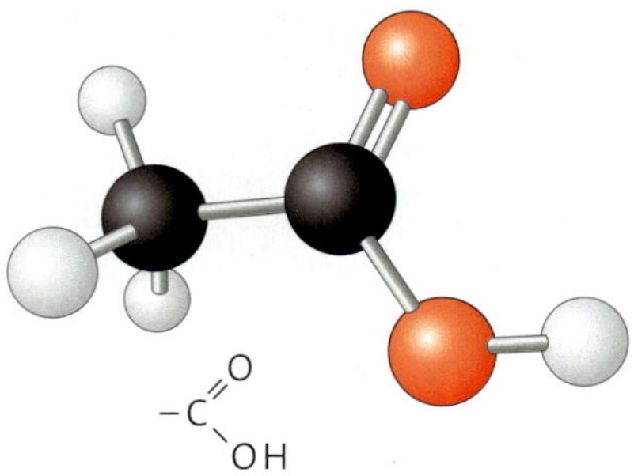

3 Molekülmodell von Ethansäure und Strukturformel der Carboxygruppe

Eisessig Die in Essig enthaltene Essigsäure ist eine farblose, stechend riechende und stark ätzende Flüssigkeit. Reine Essigsäure ist brennbar. Lagert man reine Essigsäure in kühlen Räumen, so wird sie fest. Deswegen wird sie auch Eisessig genannt (▸Exp. 17, S. 92; ▸2). Essigsäure in reiner Form wird hauptsächlich aus Methanol und Kohlenstoffmonooxid hergestellt.

Bau des Essigsäuremoleküls Das Grundgerüst des Essigsäuremoleküls besteht aus zwei Kohlenstoffatomen (▸3). Deshalb wird Essigsäure systematisch als **Ethansäure** bezeichnet. Das erste Kohlenstoffatom bildet mit zwei Sauerstoffatomen und einem Wasserstoffatom die funktionelle Gruppe der Essigsäure. Die Atomgruppe (–COOH) wird als **Carboxygruppe** bezeichnet. Sie bestimmt wesentlich die Eigenschaften der Säure.

Lösen von Ethansäure in Wasser Reine Ethansäure leitet den elektrischen Strom nicht, da in ihr keine frei beweglichen Ionen vorliegen (▸Exp. 13, S. 92). Löst man Ethansäure in Wasser, so wird in der Carboxygruppe der Ethansäure die Bindung zwischen dem Wasserstoffatom und dem Sauerstoffatom gespalten. Das gemeinsame Elektronenpaar verbleibt beim Sauerstoffatom. Die Carboxygruppe wird zum Carboxylat-Ion ($-COO^-$). Die Lösung enthält positiv geladene Wasserstoff-Ionen und negativ geladene **Ethanoat-Ionen** (Acetat-Ionen, CH_3COO^-).

$$\underset{\text{Ethansäure}}{CH_3\text{–}COOH} \longrightarrow H^+ + \underset{\text{Acetat-Ion}}{CH_3\text{–}COO^-}$$

Diese frei beweglichen Ionen sind für die elektrische Leitfähigkeit von Essig und Essigessenz verantwortlich. Die Wasserstoff-Ionen sind die Ursache für die saure Reaktion von Essig und Essigessenz (▸Exp. 14, S. 92).

Salze der Ethansäure Verdünnte Ethansäure reagiert wie andere verdünnte Säuren, z. B. Salzsäure und Schwefelsäure, mit unedlen Metallen, Metalloxiden und Metallhydroxiden zu Salzlösungen (▸Exp. 15, S. 92). Die Reaktionen von organischen Säuren (z. B. Ethansäure) bzw. von anorganischen Säuren (z. B. Salzsäure) mit Metallhydroxiden sind Neutralisationsreaktionen. Bei diesen Neutralisationen vereinigen sich Wasserstoff-Ionen und Hydroxid-Ionen zu Wassermolekülen.

$$2\,CH_3COOH\,(aq) + Mg(OH)_2\,(aq) \longrightarrow (CH_3COO)_2Mg\,(aq) + 2\,H_2O$$

Ethansäure — Magnesiumhydroxid — Magnesiumacetat — Wasser

$$2\,HCl\,(aq) + Mg(OH)_2\,(aq) \longrightarrow MgCl_2\,(aq) + 2\,H_2O$$

Salzsäure — Magnesiumhydroxid — Magnesiumchlorid — Wasser

Die Salze der Ethansäure heißen **Acetate** oder Ethanoate. Viele Acetate sind leicht wasserlöslich. Natrium-, Kalium- und Calciumacetate sind unbedenkliche Lebensmittelzusatzstoffe. Andere Acetate, z. B. Zink- oder Kupferacetate, sind giftig. Deshalb sollten mit Essig zubereitete Speisen und Salate nicht in Zink- oder Kupfergefäßen serviert oder aufbewahrt werden; anderenfalls kann sich giftiges Zink- bzw. Kupferacetat (Grünspan) bilden (▸**4**).
Essigsäure reagiert auch mit Carbonaten (▸Exp. 16, S. 92). Deshalb eignet sie sich als Entkalker für Armaturen, Duschkabinen und Heizstäbe von Wasserkochern (▸**5**).

$$2\,CH_3COOH\,(aq) + CaCO_3 \longrightarrow (CH_3COO)_2Ca\,(aq) + CO_2\uparrow + H_2O$$

Essigsäure — Calciumcarbonat — Calciumacetat — Kohlenstoffdioxid — Wasser

Aus Natriumhydrogencarbonat und Ethansäure kann Natriumacetat-Trihydrat ($CH_3COONa \cdot 3\,H_2O$) hergestellt werden. Dieses Salz findet man z. B. in Handwärmern (▸Exp. 18, S. 92; ▸**6**).

Verdünnte Ethansäure reagiert sauer und leitet den elektrischen Strom. Ethansäure reagiert mit unedlen Metallen, Metalloxiden, Metallhydroxiden und Carbonaten zu Salzen. Die Salze der Ethansäure heißen Acetate.

4 Grünspan an einem Kupferkessel

5 Ethansäure in Haushaltsreinigern

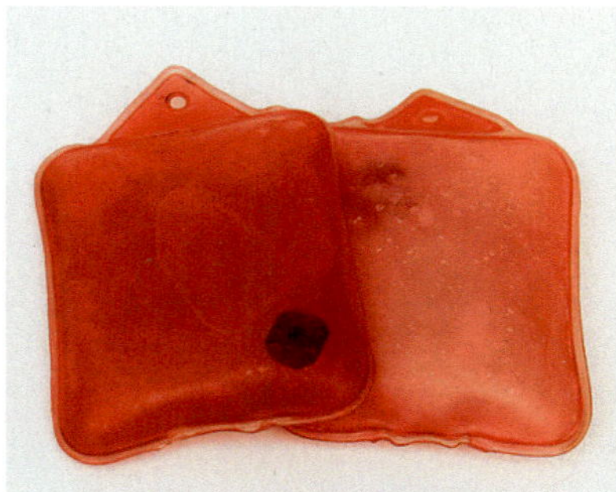

6 Handwärmer mit flüssigem und festem Natriumacetat-Trihydrat

Aufgaben

1 Erstelle einen Steckbrief für Essigsäure.

2 Entwickle die Reaktionsgleichung für die Reaktion von Kupfer und von Zinkoxid mit Ethansäure.

3 Erläutere das Wesen einer Neutralisation am Beispiel von Methansäure mit Kalilauge.

4 Zu einer Portion Ethansäure wird tropfenweise Wasser gegeben und dabei ständig die elektrische Leitfähigkeit gemessen. Am Ende des Experiments ist die Lösung so verdünnt, dass sie sich kaum von reinem Wasser unterscheidet. Skizziere in einem Diagramm den Verlauf der Leitfähigkeit, indem du die Leitfähigkeit (y-Achse) gegen den Wasseranteil (x-Achse) aufträgst. Bei Ethansäure ist der Wasseranteil gleich null, am Ende beträgt er eins.

Carbonsäuren

1 Die Methansäure in Brennnesseln reizt die Haut bei Kontakt.

Ameisensäure Die einfachste organische Säure ist die Ameisensäure (Methansäure), da sie nur ein Kohlenstoffatom im Molekül aufweist (▸**2**). Sie ist eine farblose, stechend riechende und stark ätzende Flüssigkeit. Verdünnte Ameisensäure leitet den elektrischen Strom. Ameisensäure reagiert wie alle Säuren mit unedlen Metallen, Metalloxiden und Metallhydroxiden zu Salzen. Diese heißen Formiate bzw. Methanoate.
Ameisen produzieren zu ihrem Schutz und zur Abwehr von Feinden in ihren Giftdrüsen diese Säure, daher kommt auch der Name Ameisensäure. Die Säure findet sich in den Brennhaaren von Brennnesseln (▸**1**), in Tannennadeln, im Nesselgift von Quallentieren und in verschiedenen Laufkäferarten, Bienen, Wespen, Raupen und anderen Insekten. Sie trägt zum sauren Geschmack vieler Früchte bei.

Verdünnte Ameisensäure reagiert sauer und leitet den elektrischen Strom. Mit unedlen Metallen, Metalloxiden und Metallhydroxiden reagiert sie zu Salzen, den Formiaten.

Alkansäuren Verknüpft man die Carboxygruppe mit einer Alkylgruppe, so erhält man ein Molekül aus der homologen Reihe der **Alkansäuren.** Sie haben die **allgemeine Summenformel $C_nH_{2n+1}COOH$.**

Langkettige Alkansäuren wie Octadecansäure ($C_{17}H_{35}COOH$, Stearinsäure) findet man chemisch gebunden in Fetten.
Die funktionelle Gruppe der Alkansäuren bedingt gleichartige chemische Reaktionen.

Die ersten vier Vertreter lösen sich unbegrenzt, die nachfolgenden zunehmend schlechter in Wasser. Im Gegensatz zu den Siedetemperaturen verhalten sich die Schmelztemperaturen innerhalb dieser Reihe unregelmäßig (▸**4**). Dies liegt z. T. an den unterschiedlichen Kristallstrukturen. Methan- und Ethansäure bilden Molekülketten, in denen Einzelmoleküle über Wasserstoffbrücken miteinander verbunden sind. Die übrigen Alkansäuren liegen als **Dimere** vor (▸**3**).

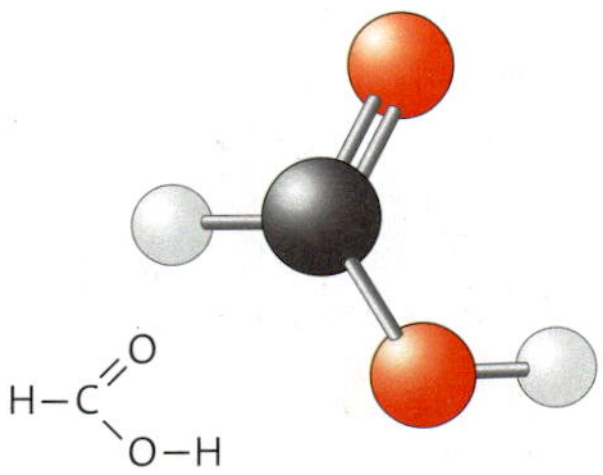

H–COOH

2 Modell und Strukturformel eines Ameisensäuremoleküls

Alkansäure	Schmelztemperatur in °C	Siedetemperatur in °C
Methansäure	8	101
Ethansäure	17	118
Propansäure	–21	141
Butansäure	–5	164
Pentansäure	–34	186
Hexansäure	–3	205
Octansäure	17	239
Octadecansäure	69	–

4 Schmelz- und Siedetemperaturen einiger Alkansäuren

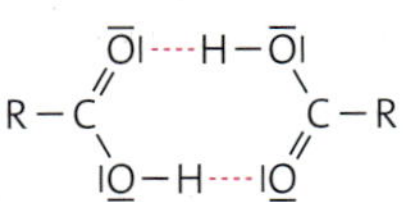

3 Dimer aus zwei Alkansäuremolekülen (R: Alkylgruppe), die über Wasserstoffbrücken verbunden sind

Alkensäuren Alkansäuren und **Alkensäuren** gehören wie alle organischen Verbindungen, in deren Moleküle sich eine oder mehrere **Carboxygruppen** befinden, zu den **Carbonsäuren.** Da sie sich in Art, Anzahl und Anordnung der funktionellen Gruppen oder in anderen Strukturmerkmalen voneinander unterscheiden, gibt es eine Vielzahl von Carbonsäuren.
Alkensäuren besitzen neben der Carboxygruppe noch mindestens eine Doppelbindung im Molekül, deshalb werden sie auch als **ungesättigte Fettsäuren** bezeichnet. Ölsäure ist ein Beispiel für eine einfach ungesättigte Fettsäure.

Durch die Doppelbindung hat das Ölsäuremolekül einen „Knick" (▸5). Dadurch wird das Anordnen der Moleküle beim Kristallisieren erschwert, weshalb Ölsäure schon oberhalb von 17 °C schmilzt. Aus diesem Grund sind Öle, die einen höheren Anteil chemisch gebundener Ölsäure besitzen, bei Raumtemperatur flüssig.
Hat das Carbonsäuremolekül mehr als eine Doppelbindung, so liegt eine mehrfach ungesättigte Fettsäure vor. Ein Beispiel ist Linolensäure, die chemisch gebunden im Leinöl und Walnussöl vorkommt.

Carbonsäuren mit weiteren funktionellen Gruppen Weitere Carbonsäuren können mehrere gleiche oder unterschiedliche funktionelle Gruppen im Molekül enthalten. Oxalsäure (Ethandisäure) ist eine **Dicarbonsäure**, weil sich in ihren Molekülen zwei Carboxygruppen befinden (▸6).

Der saure Geschmack von Früchten liegt an den darin enthaltenen Carbonsäuren, z. B. der Citronensäure (▸7). Aber auch tierische Lebewesen produzieren sie als Zwischenprodukt ihres Fettstoffwechsels. Die Citronensäure ist ein Vertreter der **Hydroxycarbonsäuren**. Sie enthält neben drei Carboxygruppen auch noch eine Hydroxygruppe.
Carbonsäuren mit einer Aminogruppe ($-NH_2$) im Molekül heißen **Aminocarbonsäuren** bzw. Aminosäuren. Sie sind die Grundbausteine der Eiweiße (Proteine). Diese sind am Aufbau der meisten organischen Strukturen beteiligt (z. B. Zellmembranen, Knochen und Haare), aber auch die Spinnfäden der Spinnennetze sind aus Proteinen aufgebaut. In Proteinen gibt es 20 verschiedene Aminosäuren. Die einfachste ist die 2-Aminoethansäure, welche auch Glycin genannt wird (▸8).

> **Carbonsäuren sind organische Verbindungen, die in ihrem Molekül eine oder mehrere Carboxygruppen enthalten.**

5 Kalottenmodell von Ölsäure

COOH
|
COOH

6 Oxalsäure lässt Sauerampfer sauer schmecken.

CH_2-COOH
|
$HO-C-COOH$
|
CH_2-COOH

7 Zitrusfrüchte enthalten viel Citronensäure.

H
|
H – C – COOH
|
NH_2

8 Vereinfachte Strukturformel von 2-Aminoethansäure (Glycin)

Aufgaben

1 Begründe die stetige Zunahme der Siedetemperatur und die Abnahme der Wasserlöslichkeit in der homologen Reihe der Alkansäuren.

2 Entwickle die Gleichungen für die vollständige Dissoziation von:
a Ameisensäure, **b** Oxalsäure, **c** Citronensäure.

3 Erläutere den Haushaltstipp, angeschnittene Zitronen nicht in Aluminiumfolie einzuwickeln.

4 Oxalate sind Salze der Oxalsäure.
Entwickle die Reaktionsgleichung und die Ionengleichung für die Bildung von Natriumoxalat durch Neutralisation.

Auf einen Blick

Alkanole und Alkansäuren

Funktionelle Gruppe	Atomgruppe, die die Eigenschaften eines Stoffes wesentlich mitbestimmt Wichtige funktionelle Gruppen:  Hydroxygruppe Carboxygruppe
Alkanole	Stoffklasse, deren Moleküle als funktionelle Gruppe eine Hydroxygruppe (–OH) besitzen, z. B. Propan-1-ol $CH_3–CH_2–CH_2–OH$ Allgemeine Summenformel: $C_nH_{2n+1}OH$, $n \geq 1$
Mehrwertige Alkohole	Verbindungen mit mehr als einer Hydroxygruppe im Molekül, z. B. Glycerin 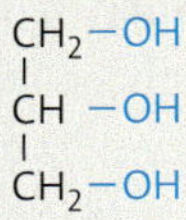
Carbonsäuren	sind organische Verbindungen, die in ihrem Molekül eine oder mehrere Carboxygruppen enthalten, z. B. Ethandisäure (Oxalsäure). HOOC–COOH
Alkansäuren	Stoffklasse, deren Moleküle als funktionelle Gruppe eine Carboxygruppe (–COOH) besitzen, z. B. Ethansäure (Essigsäure) $CH_3–COOH$ Allgemeine Summenformel: $C_nH_{2n+1}COOH$, $n \geq 0$
Eigenschaften der Alkansäuren	Alkansäurelösungen sind saure Lösungen, die mit Indikatoren eine typische Farbänderung zeigen und den elektrischen Strom leiten. Alkansäuren dissoziieren in Wasser. $R–COOH \longrightarrow H^+ + R–COO^-$
Reaktionen der Alkansäuren	Alkansäurelösungen reagieren mit unedlen Metallen, Metalloxiden, Carbonaten und Metallhydroxiden zu Salzlösungen, z. B. bei der Ethansäure: $2\,CH_3COOH\,(aq) + Zn \longrightarrow (CH_3COO)_2Zn\,(aq) + H_2\uparrow$ $2\,CH_3COOH\,(aq) + MgO \longrightarrow (CH_3COO)_2Mg\,(aq) + H_2O$ $2\,CH_3COOH\,(aq) + CaCO_3 \longrightarrow (CH_3COO)_2Ca\,(aq) + CO_2\uparrow + H_2O$ $CH_3COOH\,(aq) + NaOH\,(aq) \longrightarrow CH_3COONa\,(aq) + H_2O$

Aufgaben

1 Ethanol ist ein wichtiger Stoff im Alltag, aber auch in Industrie und Technik.
- **a** Nenne Verwendungen von Ethanol im Haushalt und in der Technik.
- **b** Gib Eigenschaften des Ethanols an, die die benannten Verwendungen ermöglichen.

2 Ethanol kann durch alkoholische Gärung hergestellt werden.
- **a** Beschreibe die Durchführung der alkoholischen Gärung.
- **b** Entwickle eine Reaktionsgleichung für diese Reaktion.
- **c** Berechne die Masse an Ethanol, die bei vollständigem Stoffumsatz aus 1 kg Glucose gebildet werden könnte.
- **d** Erläutere, warum der Volumenanteil an Alkohol im Wein kaum höher als 11–14 % sein kann.

3 Regelmäßiger Alkoholkonsum kann zur Abhängigkeit führen. In Deutschland gibt es über 4 Mio. Alkoholabhängige.
- **a** Erläutere die Gefahren des Alkohols als Suchtmittel.
- **b** Nenne Wirkungen des Alkohols auf den Menschen.

4 Pentan (36,2 °C) und Butan-1-ol (117 °C) besitzen annähernd die gleiche molare Masse, aber unterschiedliche Siedetemperaturen. Begründe diesen Unterschied unter Nutzung deiner Kenntnisse über zwischenmolekulare Kräfte.

5 Erläutere den Begriff „mehrwertige Alkohole“.

6 Essigsäure ist ein wichtiger organischer Stoff.
- **a** Stelle die Strukturformel auf.
- **b** Benenne die funktionelle Gruppe der Essigsäure und erläutere an diesem Beispiel, was unter funktioneller Gruppe verstanden wird.
- **c** Erläutere, wie du zu Hause auf einfache Weise selbst Essig herstellen kannst.
- **d** Gib an, wie du experimentell nachweisen kannst, dass wirklich Essigsäure entstanden ist.
- **e** Entwickle die Reaktionsgleichung.

7 Nenne Eigenschaften und Verwendungsmöglichkeiten von Essigsäure im Haushalt.

8 Die Salze der Alkansäuren können auf verschiedenen Wegen hergestellt werden. Entwickle die Reaktions- und Ionengleichungen für folgende Umsetzungen:
- **a** Natrium und Propansäure
- **b** Calciumoxid und Ethansäure
- **c** Bariumhydroxidlösung und Methansäure

9 Neusilber ist eine Legierung, die aus den Metallen Kupfer, Zink und Nickel besteht. Bestecke aus Neusilber sollten nicht als Salatbesteck verwendet werden. Begründe.

10 Durch die Reaktion von Kalium mit verdünnter Pentansäure sollen 0,5 l Wasserstoff bei 25 °C (V_m = 24,5 l/mol) gewonnen werden. Berechne die Masse der benötigten Pentansäure.

11 Begründe, dass Wasserkocher mit Essig entkalkt werden können. Gib hierzu auch eine Reaktionsgleichung an.

12 Erläutere am Beispiel der Alkansäuren den Zusammenhang zwischen Struktur der Moleküle und Eigenschaften der Stoffe.

13 Alkansäuren und Alkensäuren gehören zu den Carbonsäuren.
- **a** Nenne je zwei Beispiele und gib dafür die Formeln an.
- **b** Erläutere, wodurch sich diese Carbonsäuren voneinander unterscheiden.

Hilfe zu den Aufgaben findest du auf den Seiten ...

1	82	8	95
2	83	9	95
3	84 f.	10	95
4	87	11	95
5	89	12	94, 96
6	93 f.	13	96 f.
7	93 f.		

▶ Die Lösungen findest du im Anhang.

Material A: Trübe Aussichten?

Anis-Spirituosen wie Ouzo haben eine Gemeinsamkeit: Sie werden milchig trüb, wenn man Wasser zusetzt. Dieser Effekt liegt an dem Aromastoff Anethol, der in einer Konzentration von 0,5 bis 2 g in einem Liter der Spirituose vorhanden ist. In Ethanol löst er sich sehr gut, in Wasser nicht.
Beim Verdünnen entsteht aus der Lösung eine Emulsion, in der winzige Tröpfchen von Anethol enthalten sind. Die Trübung entsteht durch Streuung des Lichts an diesen Tröpfchen.

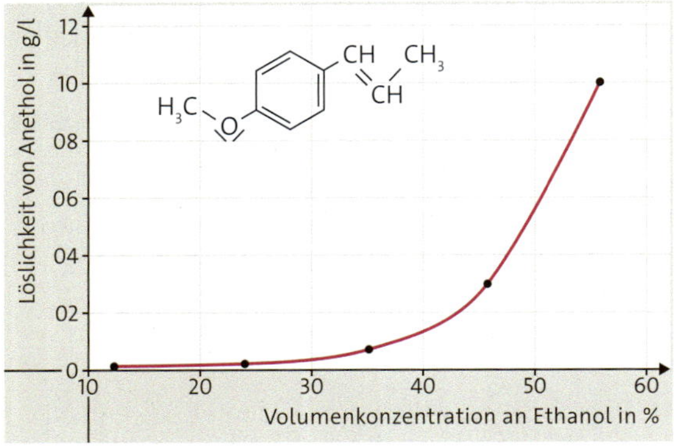

A1 Strukturformel und Löslichkeit von Anethol in Ethanol-Wasser-Lösungen

A2 Trübung von Ouzo beim Verdünnen mit Wasser

1 In Ouzo sind 40 Volumenprozent Ethanol enthalten. Erkläre die Entstehung der Emulsion beim Verdünnen von Ouzo mit Wasser (► **A1, A2**).

2 Anethol löst sich unterschiedlich gut in Ethanol bzw. Wasser.
  a Erkläre anhand der Strukturformeln von Anethol, Ethanol und Wasser die Löslichkeitsunterschiede (► **A1**).
  b Skizziere die Anordnung der Ethanolmoleküle an der Grenzfläche zwischen den Anetholtröpfchen und der Wasser-Ethanol-Mischung. Benenne die jeweils wirkenden zwischenmolekularen Kräfte.

Material B: Neue Treibstoffe

In einer Projektarbeit zum Thema „ethanolhaltige Treibstoffe" sollen Schüler auf der Basis einer Datenrecherche Vor- und Nachteile von Ethanol gegenüber Isooctan ermitteln.

S1: „Isooctan ist ganz klar besser. Es liefert beim Verbrennen fast die vierfache Energiemenge."
S2: „Ja, bezogen auf die Stoffmenge. Aber ein Gramm Ethanol enthält doch viel mehr Moleküle als ein Gramm Isooctan. Wir müssen das auf die gleiche Masse umrechnen."
S3: „Beim Tanken wird doch pro Liter bezahlt, wir sollten die Energie volumenbezogen vergleichen."
S4: „Beim Motor sorgt die Volumenzunahme bei der Verbrennung für die Bewegung des Kolbens und die hängt mit der Änderung der Zahl der Moleküle zusammen."

B1 Schülerdiskussion

	Isooctan	Ethanol
Dichte in g/cm³	0,69	0,79
Verbrennungswärme für 1 mol in kJ	5100	1280

B2 Daten von Ethanol und Isooctan

1 Entwickle für die vollständige Verbrennung von Isooctan (2,2,4-Trimethylpentan) und Ethanol die Reaktionsgleichung.
  a Berechne und vergleiche die Verbrennungswärmen von 1 Kilogramm bzw. von 1 Liter Ethanol und Isooctan (► **B2**). (*Hinweis:* Ermittle zuvor jeweils die molare Masse.)
  b Berechne, um welchen Faktor sich die Zahl der Moleküle bei der Verbrennung von Isooctan bzw. von Ethanol verändert.
  c Beurteile, ob die Schüler mithilfe der Berechnungen entscheiden können, welcher Treibstoff der bessere ist (► **B1**).

Material C: Milchsäure

Joghurt, Frischkäse und viele Produkte mehr werden aus Milch hergestellt. Im Gegensatz zur Milch schmecken diese mehr oder weniger sauer. Sie enthalten Milchsäure, die beim Abbau von Zuckern in der Milch durch Milchsäurebakterien entstanden ist (Milchsäurevergärung).

C1 Viele Milchprodukte enthalten Milchsäure.

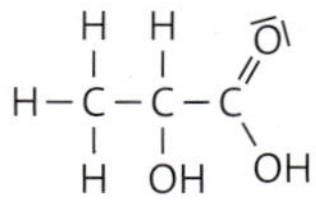

C2 Strukturformel eines Milchsäuremoleküls

1 Beschreibe die strukturellen Merkmale der Milchsäure und gib den systematischen Namen des Stoffes an (► **C2**).

2 Etwas Milchsäure wird in Wasser gelöst und einige Tropfen Universalindikatorlösung hinzugegeben.
- **a** Beschreibe die Beobachtungen, die gemacht werden können.
- **b** Beschreibe die Vorgänge auf Teilchenebene, die beim Lösen der Milchsäure in Wasser ablaufen. Entwickle auch eine passende Reaktionsgleichung.
- **c** Erkläre, warum einige Milchprodukte sauer schmecken (► **C1**).

3 Natriumlactat ist ein Salz der Milchsäure. Nenne eine Möglichkeit, aus Milchsäure Natriumlactat herzustellen.

Material D: Ranzige Butter

Tierische Fette und Öle wie Butter können mit der Zeit verderben. Sie werden ranzig.
Durch Luftfeuchtigkeit und Sauerstoff können die in den Fetten gebundenen Fettsäuren freigesetzt werden. Buttersäure, Capronsäure, Caprylsäure und Caprinsäure verbreiten dabei einen stechenden Geruch oder muffigen Geschmack, die das Fett ungenießbar machen.
Buttersäure kommt neben ranziger Butter auch im Schweiß in geringen Mengen vor. Buttersäure ist in Wasser unbegrenzt löslich.

Name	Summenformel	Aggregatzustand bei Raumtemperatur
Buttersäure	C_3H_7COOH	flüssig
Capronsäure	C_5H_9COOH	flüssig
Caprylsäure	$C_7H_{13}COOH$	flüssig
Caprinsäure	$C_9H_{19}COOH$	fest

D1 Einige Fettsäuren

1
- **a** Bestimme die systematischen Namen der im Text genannten Fettsäuren (► **D1**).
- **b** Begründe, dass die genannten Fettsäuren Glieder einer homologen Reihe sind. Benenne diese Reihe und gib deren allgemeine Summenformel an (► **D1**).

2 Entscheide, ob sich Caprinsäure wie Buttersäure ebenfalls in Wasser unbegrenzt löst. Begründe deine Entscheidung unter Nutzung der Strukturformeln von Caprinsäure und Wasser (► **D1**).

3 Begründe den unterschiedlichen Aggregatzustand der vier Fettsäuren bei Raumtemperatur (► **D1**).

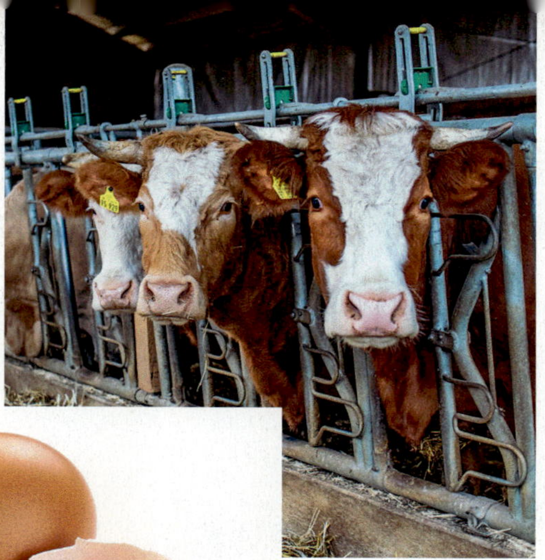

Vom Stickstoff zum Düngemittel

Stickstoff ist der Hauptbestandteil der Luft. Er kann nur von einigen Pflanzen (z. B. den Lupinen) mithilfe von Knöllchenbakterien direkt gebunden und erschlossen werden. In vielen organischen Verbindungen, z. B. Proteinen und DNA, ist Stickstoff ein wesentlicher Bestandteil. Durch den Abbau stickstoffhaltiger Verbindungen im Stallmist von Rindern entsteht Ammoniak. Es ist für den typischen Stallgeruch verantwortlich. Große Bedeutung in der Landwirtschaft haben Ammonium- und Nitratverbindungen als Düngemittel.

Stickstoff als Element der V. Hauptgruppe

Flüssiger Stickstoff muss in speziellen Gefäßen transportiert werden, da er bereits ab einer Temperatur von über −196 °C wieder gasförmig wird. Dies führt zur Bildung eines weißen Nebels – eine Eigenschaft, die gern für Showexperimente genutzt wird.

1 Flüssiger Stickstoff wird aus einem Transportbehälter umgefüllt.

Stickstoff
Farbe: farblos
Geruch: geruchlos
Aggregatzustand bei Zimmertemperatur: gasförmig
Schmelztemperatur: −210 °C
Siedetemperatur: −196 °C
Dichte: 0,00125 g/cm³ (0 °C)
Brennbarkeit: nicht brennbar, Flammen erstickend

2 Steckbrief zum Stickstoff

Eigenschaften von Stickstoff Stickstoff ist ein farbloses, geruchloses und ungiftiges Gas (► 2). Er kondensiert bei einer Temperatur von −195,70 °C zu einer farblosen Flüssigkeit (► 1). Stickstoff brennt nicht und erstickt Flammen. Ein brennender Holzspan erlischt, wenn er in ein Gefäß mit Stickstoff gebracht wird. Der lateinische Begriff für Stickstoff lautet Nitrogenium (*nitron:* Laugensalz, *genos:* Herkunft).
Stickstoff hat eine geringere Dichte als Luft und ist etwa nur halb so gut in Wasser löslich wie Sauerstoff.

Verwendung von Stickstoff Flüssiger Stickstoff dient als Kältemittel in der Lebensmitteltechnologie, Medizin und Pharma-Industrie, z. B. zum Schockgefrieren und zur Gefriertrocknung von empfindlichen Nahrungsmitteln und biologischen Materialien wie Zellen, Gewebe und Blut. In der Technik wird er zur Gefriervermahlung von sonst zähen Materialien wie Kunststoffen und Kautschuk, z. B. Altreifen, eingesetzt. Innerhalb der EU ist Stickstoff als Lebensmittelzusatzstoff E 941 zugelassen und dient unter anderem als Packgas, um Sauerstoff von Lebensmitteln fernzuhalten (► 3).
Stickstoff ist unter Normbedingungen sehr reaktionsträge. Deshalb besitzt er technische Bedeutung als Schutzgas, z. B. in der Elektro- und Metallindustrie, als Treibmittel in Sprays sowie zum Verdünnen leichtentzündlicher Gase. Flugzeugreifen werden mit Stickstoff befüllt, um die Brandgefahr, die durch die große Reibungswärme bei Starts und Landungen entsteht, zu minimieren. Die im Vergleich zu Luft geringere Dichte von Stickstoff ist hierbei ein weiterer Vorteil.
Stickstoff dient als Rohstoff zur Herstellung von Stickstoffverbindungen wie Ammoniak, Aminen, Cyaniden und Stickstoffoxiden, vor allem aber zur Herstellung von Stickstoffdünger.

3 Stickstoff wird als Packgas (Schutzgas) auch zur längeren Haltbarkeit von Salat verwendet.

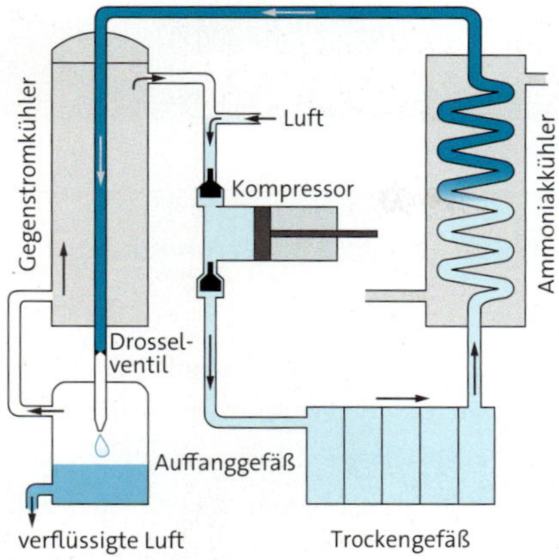

4 Verfahren zum Verflüssigen der Luft (Linde-Verfahren)

Element	Siedetemperatur in °C
Helium	–269
Neon	–246
Stickstoff	–196
Argon	–186
Sauerstoff	–183
Krypton	–152
Xenon	–108

5 Siedetemperaturen von Luftbestandteilen

Vorkommen von Stickstoff Die größte Menge an elementarem Stickstoff mit einem Volumenanteil von $\varphi = 78{,}1\,\%$ befindet sich in der Lufthülle der Erde. Der Massenanteil an Stickstoff in der obersten Gesteinskruste der Erde wird auf etwa 0,03 % geschätzt. Stickstoffhaltige Mineralien sind dagegen verhältnismäßig selten, Beispiele sind Natriumnitrat ($NaNO_3$, Chilesalpeter) und Ammoniumchlorid (NH_4Cl, Salmiak).
Bei Organismen ist Stickstoff Bestandteil der Proteine und der DNA. Durch biologischen Abbau kann er als Ammoniak freigesetzt werden.

Darstellung von Stickstoff Stickstoff wird aus der Luft gewonnen. Dazu wird in einem großtechnischen Verfahren (Linde-Verfahren) Luft verflüssigt und anschließend die flüssige Luft destilliert (▸ **4**).
Zur Verflüssigung wird die gereinigte Luft stark komprimiert und in einem Kühler abgekühlt. Anschließend wird der Druck wieder erniedrigt, wodurch die Temperatur stark sinkt. In einem Kreislauf werden diese Vorgänge so lange wiederholt, bis der größte Teil der Luft bei –200 °C flüssig vorliegt. In Destillationsanlagen wird flüssige Luft in ihre Bestandteile zerlegt. Man lässt die Temperatur von –200 °C auf –196 °C ansteigen. Bei dieser Temperatur siedet Stickstoff (▸ **5**), der als Gas aufgefangen wird und wieder kondensiert werden kann. Anschließend werden die weiteren Gase entsprechend ihren Siedetemperaturen gewonnen.
Eine weitere Möglichkeit ist die chemische Reaktion von Luft mit Metallen. Der Luftsauerstoff reagiert mit dem Metall, Stickstoff und die anderen Luftbestandteile bleiben übrig (▸ Exp. 1, S. 106).

$$2\,Cu + O_2 + 4\,N_2 \longrightarrow 4\,N_2 + 2\,CuO$$

Kupfer + Luft ⟶ Stickstoff + Kufer(II)-oxid

Der gewonnene Stickstoff enthält noch andere Luftbestandteile.

Bedeutung weiterer Elemente der V. Hauptgruppe Phosphor kommt wie Stickstoff in allen Organismen gebunden vor. Er ist Bestandteil der DNA und von ATP (Adenosintriphosphat). Elementarer Phosphor kommt in verschiedenen Modifikationen (▸ **6**) vor.
Arsen, Antimon und Bismut sind giftig. Sie kommen in Mineralien vor und werden in der Technik als Legierungsmetalle verwendet.

6 Modifikationen von Phosphor

Aufgaben

1 Leite alle Aussagen über den Atombau von Stickstoff aus seiner Stellung im PSE ab.

2 Erläutere das Prinzip der Trennung der Luftbestandteile nach dem Linde-Verfahren.

3 Stelle in einer Tabelle die Eigenschaften und Verwendungen aller Elemente der V. Hauptgruppe zusammen. Nutze dafür auch andere Medien.

Stickstoff und Ammoniumverbindungen

Exp. 1 Gewinnen von Stickstoff aus der Luft

Baue eine Apparatur gemäß der Abbildung auf. Erhitze die Kupferspäne kräftig. Leite dann langsam und kontinuierlich Luft über die Späne. Fange das Gas pneumatisch auf, nachdem die Luft aus der Apparatur verdrängt ist.

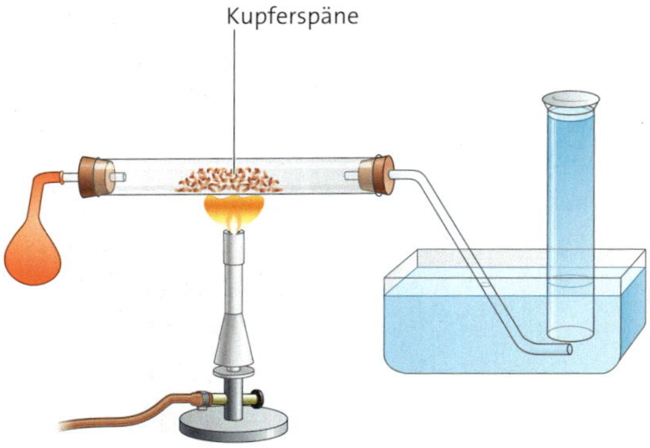

Prüfe das aufgefangene Gas mit der Glimmspanprobe. Deute deine Beobachtungen.
Entsorgung: Reste der Kupferspäne einsammeln, können wiederverwendet werden.

Exp. 2 Nachweis von Ammoniak

Fülle in ein Becherglas (50 ml) einige Milliliter 10%ige Ammoniaklösung (GHS05|07) und in ein weiteres Becherglas einige Milliliter Fensterputzmittel (GHS07). Prüfe vorsichtig den Geruch der Ammoniaklösung und des Fensterputzmittels durch Zufächeln. Prüfe den Gasraum über beiden Lösungen mit angefeuchtetem Universalindikatorpapier.
Deute deine Beobachtungen.
Entsorgung: Lösungen in Sammelbehälter für Abwasser, Universalindikatorpapier in Sammelbehälter für Hausmüll geben.

Exp. 3 Nachweis von Ammonium-Ionen

Lege ein Stück angefeuchtetes Universalindikatorpapier in ein Uhrglas. Gib auf ein zweites Uhrglas eine Spatelspitze Ammoniumchlorid (GHS07) und zwei Tropfen Natronlauge (GHS05) und decke dieses Uhrglas schnell mit dem bereits vorbereiteten Uhrglas ab. Entferne nach kurzer Zeit das obere Uhrglas und führe vorsichtig eine Geruchsprobe durch.
Deute deine Beobachtungen.

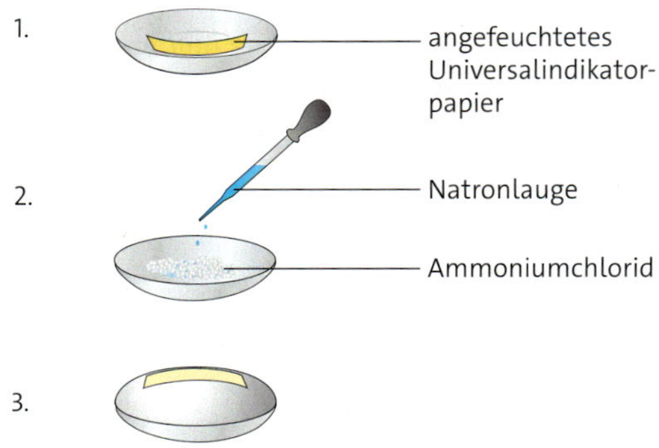

Entsorgung: Reste in Wasser lösen und Lösung in Sammelbehälter für Abwasser, Universalindikatorpapier in Sammelbehälter für Hausmüll geben.

Exp. 4 Nachweis von Ammonium-Ionen in Düngemitteln

Lege ein Stück angefeuchtetes Universalindikatorpapier in ein Uhrglas. Gib auf ein zweites Uhrglas eine Spatelspitze von einer Düngemittelprobe und zwei Tropfen Natronlauge (GHS05). Decke dieses Uhrglas schnell mit dem bereits vorbereiteten Uhrglas ab. Entferne nach kurzer Zeit das obere Uhrglas und führe vorsichtig eine Geruchsprobe durch. Prüfe danach weitere Düngemittelproben. Notiere alle Beobachtungen. Deute das Ergebnis.
Entsorgung: Reste in Wasser lösen und Lösung in Sammelbehälter für Abwasser, Universalindikatorpapier in Sammelbehälter für Hausmüll geben.

Exp. 5

Thermisches Zersetzen von Ammoniumchlorid

Befülle das Reagenzglas wie in der Abbildung dargestellt. Erhitze das Reagenzglas vorsichtig über dem kälteren Teil der rauschenden Flamme.

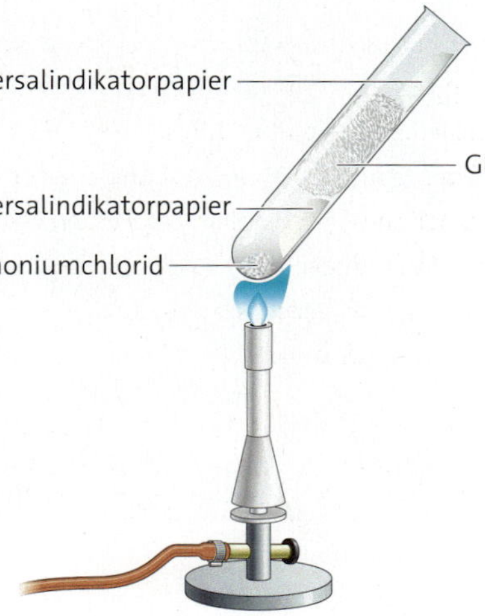

Beobachte das Universalindikatorpapier. Finde eine Erklärung und entwickle eine Reaktionsgleichung.
Entsorgung: Reste in Wasser lösen und Lösung in Sammelbehälter für Abwasser, Universalindikatorpapier in Sammelbehälter für Hausmüll geben.

Exp. 6

Löten mit Lötstein

A Erhitze einen waagerecht im Stativ eingespannten Kupferblechstreifen. Gib auf das entstehende schwarze Kupfer(II)-oxid (GHS07|09) eine Spatelspitze Ammoniumchlorid (GHS07). Beobachte die Metalloberfläche.

B Erhitze zwei waagerecht im Stativ eingespannte Kupferbleche. Gib auf ein Kupferblech eine Spatelspitze Ammoniumchlorid (GHS07) und ein erbsengroßes Stück Lötzinn, erhitze auf dem anderen nur Lötzinn.

Erläutere deine Beobachtungen. Stelle eine Reaktionsgleichung auf.
Entsorgung: Kupferbleche einsammeln und wiederverwenden.

Exp. 7

Lösungen von Ammoniumnitrat in Wasser

Gib 5 ml Wasser in ein Reagenzglas und ermittle die Temperatur. Löse anschließend drei Spatel Ammoniumnitrat darin und ermittle erneut die Temperatur. Deute deine Beobachtung. Leite aus dieser Eigenschaft Verwendungsmöglichkeiten ab.
Entsorgung: Lösung in Sammelbehälter für Abwasser geben.

Exp. 8

Nachweis von Nitrat-Ionen in Lebensmitteln mittels Lunges Reagenz

Vorprobe: Gib in die erste Mulde der Tüpfelplatte vier Tropfen dest. Wasser (Blindprobe). In die zweite Mulde vier Tropfen Natriumnitratlösung (GHS07). Gib nun in jede der beiden Mulden jeweils 2 Tropfen Sulfanilsäurelösung (1%ig in 30%iger Essigsäure, GHS07|05) und 1-Naphthylaminlösung (0,3%ig in 30%iger Essigsäure, GHS07|09|05) und eine Spatelspitze Zinkpulver (GHS09).
Notiere deine Beobachtungen.

Untersuchung von Lebensmitteln: Zerreibe etwas Spinat in einem Mörser und versetze ihn mit dest. Wasser. Filtriere das Gemisch durch einen Trichter mit Faltenfilter in ein Reagenzglas. Gib nun vier Tropfen des Filtrats in eine Mulde der Tüpfelplatte. Fülle in eine weitere Mulde vier Tropfen Mineralwasser. Gib danach die Nachweisreagenzien, analog der Vorprobe, zu den Lebensmittelproben. Beobachte. Leite aus deinen Beobachtungen Rückschlüsse auf das Vorhandensein von Nitrat-Ionen in den untersuchten Lebensmitteln ab.

Entsorgung: Filter und Spinatreste in den Hausmüll, Lösungen in Sammelbehälter für halogenfreie organische Abfälle geben.

Ammoniak – ein wichtiger Grundstoff

Der Schwarze Aaskäfer (Phosphuga atrata) wird auch als Schneckenjäger bezeichnet, da er sich als nachtaktiver Jäger hauptsächlich von Schnecken ernährt. Für seine Fressfeinde ist er allerdings sehr unattraktiv, da er bei Gefahr als Wehrsekret eine 4,5%ige wässrige Lösung von Ammoniak zur Abwehr abgibt.

1 Der Aaskäfer verteidigt sich mit Ammoniaklösung.

2 Die Atmosphäre des Planeten Saturn enthält Spuren von Ammoniak.

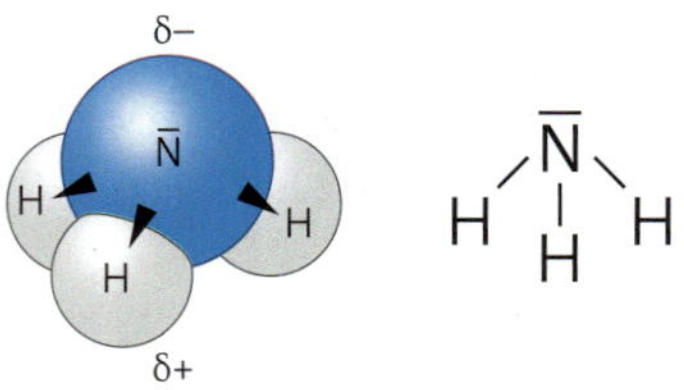

3 Modell und Lewis-Formel eines Ammoniakmoleküls

Vorkommen von Ammoniak In der Natur entsteht Ammoniak durch den Abbau stickstoffhaltiger pflanzlicher und tierischer Stoffe, vor allem von Proteinen und Harnstoff. Geringe Mengen Ammoniak gelangen in die Atmosphäre und in den Boden. Beim Abbau von Proteinen in den Exkrementen von Kühen durch Mikroorganismen entsteht ebenfalls Ammoniak, was den typischen stechenden Geruch in den Ställen erklärt. In freier Form kommt Ammoniak in der Natur nur selten vor. Meist wird es durch chemische Reaktionen in andere Stoffe umgewandelt. Dagegen enthalten die Atmosphären der Planeten Jupiter und Saturn (▸2) Ammoniak zu 0,03 %.

Bau von Ammoniak Ammoniak ist aus Molekülen aufgebaut. Ein Ammoniakmolekül besteht aus einem Stickstoff- sowie drei Wasserstoffatomen und hat die Formel NH_3. Im Ammoniakmolekül sind drei Wasserstoffatome über jeweils ein gemeinsames Elektronenpaar durch polare Atombindung mit einem Stickstoffatom verbunden. Das Stickstoffatom besitzt außerdem ein freies Elektronenpaar. Das Ammoniakmolekül ist ein Dipolmolekül mit gewinkeltem Bau (▸3).

Bedeutung und Verwendung von Ammoniak Flüssiges Ammoniak wird in Stahlflaschen oder mit Tankwagen transportiert. Es hat eine hohe Verdampfungswärme und dient deshalb als Kühlmittel in Kältemaschinen von Kühlhäusern oder Kunsteisbahnen. Wässrige Lösungen von Ammoniak (Salmiakgeist) finden in Haushaltsreinigern und Fensterputzmitteln Verwendung.

In der chemischen Industrie ist Ammoniak Ausgangsstoff für die Herstellung zahlreicher Stoffe, z. B. von Harnstoff, Arzneimitteln, Kunststoffen, Salpetersäure und deren Salze, Farbstoffen und Sprengstoffen.

Etwa 80 % der Weltjahresproduktion an Ammoniak werden entweder direkt oder nach Reaktion mit anderen Stoffen als Düngemittel eingesetzt.

Eigenschaften und Nachweis von Ammoniak Ammoniak ist ein farbloses, stechend riechendes Gas. Ammoniakdämpfe wirken schon in geringer Konzentration reizend, in höherer ätzend auf die Schleimhäute der Atemwege und die Augen. Die Dichte ist mit 0,77 g/l geringer als die von Luft. Das Gas kann bei 20 °C bereits durch einen Druck von 800 bis 900 kPa verflüssigt werden. Flüssiges Ammoniak ist farblos und siedet bei –33,5 °C. Ammoniak verbrennt in Sauerstoff mit fahlgelber Flamme zu Stickstoff und Wasser.

Ammoniak + Sauerstoff ⟶ Stickstoff + Wasser

$4\,NH_3 + 3\,O_2 \longrightarrow 2\,N_2 + 6\,H_2O$ | exotherm

Ammoniak ist in Wasser sehr gut löslich (▸ Exp. 9). Die Löslichkeit ist temperaturabhängig und sinkt mit steigender Temperatur. Eine wässrige Lösung von Ammoniak nennt man Ammoniakwasser. Konzentrierte Ammoniaklösung enthält 28–29 % Ammoniak, verdünnte Ammoniaklösung etwa 10 % Ammoniak. Sie wird auch als Salmiakgeist bezeichnet. Beim Lösen von Ammoniak in Wasser reagiert ein geringer Teil des Ammoniaks mit Wasser zu einer basischen Lösung. Hält man über ein Gefäß mit Ammoniak feuchtes Universalindikatorpapier, färbt es sich blau (▸ Exp. 2, S. 106). Diese Eigenschaft kann zum **Nachweis von Ammoniak** genutzt werden. Die Blaufärbung des Indikators zeigt an, dass ein Überschuss an Hydroxid-Ionen vorhanden ist.
Aus Ammoniak- und Wassermolekülen bilden sich einfach positiv geladene Ammonium-Ionen (NH_4^+) und einfach negativ geladene Hydroxid-Ionen (OH^-).

Ammoniak + Wasser ⟶ Ammonium-Ionen + Hydroxid-Ionen

$NH_3 + H_2O \longrightarrow NH_4^+ + OH^-$

Bildung von Ammoniak Ammoniak kann in Gegenwart eines Katalysators aus den Elementen Stickstoff und Wasserstoff dargestellt werden. Diese Reaktion wird in der Technik als Ammoniaksynthese durchgeführt.

$N_2 + 3\,H_2 \rightleftarrows 2\,NH_3$ | exotherm

Im Labor erhält man Ammoniak durch Einwirken von Natronlauge auf Ammoniumsalze, z. B. Ammoniumchlorid.

$NH_4Cl + NaOH\,(aq) \longrightarrow NH_3\uparrow + NaCl\,(aq) + H_2O$

Ammoniak ist ein stechend riechendes Gas. Es lässt sich leicht verflüssigen und löst sich gut in Wasser. Wässrige Ammoniaklösung reagiert basisch. Als Nachweis von Ammoniak dient die charakteristische Blaufärbung von feuchtem Universalindikatorpapier.

Exp. 9 | L Lösen von Ammoniak in Wasser

Abzug! In eine Kristallisierschale mit Wasser, das Universalindikatorlösung enthält, wird ein mit Ammoniak (GHS06|05|09) gefüllter Rundkolben getaucht. Mit der Pipette wird etwas Wasser in den Kolben gespritzt.

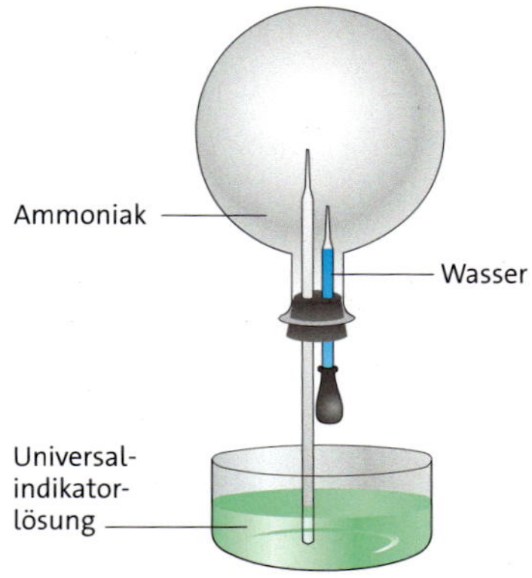

Aufgaben

1 Fertige einen Steckbrief über Ammoniak an.

2 Beschreibe den Bau des Ammoniakmoleküls und die chemische Bindung im Molekül.

3 Vergleiche das Ammoniakmolekül mit dem Wassermolekül und begründe ihre Dipoleigenschaften.

4 Interpretiere die Reaktionsgleichung für die Verbrennung von Ammoniak:
a stofflich
b auf Teilchenebene
c energetisch

5 Begründe, warum das Indikatorpapier vor dem Nachweis von Ammoniak mit Wasser befeuchtet werden muss.

Reaktionen des Ammoniaks

Bringt man eine konzentrierte Ammoniaklösung in die Nähe einer konzentrierten Salzsäurelösung, so reagieren die Dämpfe miteinander. Es bildet sich ein weißer Nebel.

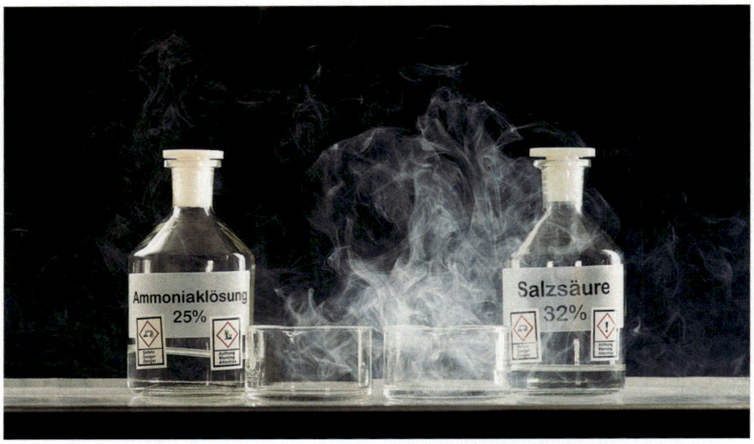

1 Bildung von Ammoniumchlorid

Bildung von Ammoniumverbindungen Der in Abbildung ▸**1** erkennbare weiße Nebel ist fein verteiltes festes Ammoniumchlorid, das durch Reaktion von Chlorwasserstoff und Ammoniak entsteht.
Dabei findet zwischen den reagierenden Teilchen eine **Protonenübertragung** statt. Als Proton wird das Wasserstoff-Ion bezeichnet, da es nur noch aus einem Proton im Atomkern besteht und kein Elektron mehr in der Atomhülle besitzt. Bei dieser Reaktion wird vom Chlorwasserstoffmolekül ein Proton abgegeben, das Chlorwasserstoffmolekül ist hier also der **Protonendonator** (lat. *donare:* abgeben). Das Ammoniakmolekül nimmt das Proton auf, ist somit der **Protonenakzeptor** (lat. *accipere:* aufnehmen). Für die Protonenabgabe und die Protonenaufnahme können folgende Teilgleichungen aufgestellt werden:

Protonenabgabe: $HCl \longrightarrow H^+ + Cl^-$
(Protonendonator)

Protonenaufnahme: $NH_3 + H^+ \longrightarrow NH_4^+$
(Protonenakzeptor)

Protonenübertragung: $HCl + NH_3 \longrightarrow NH_4^+ + Cl^-$

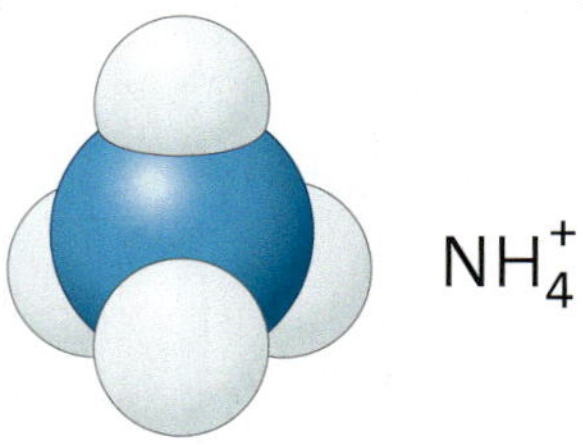

2 Modell und Formel des Ammonium-Ions

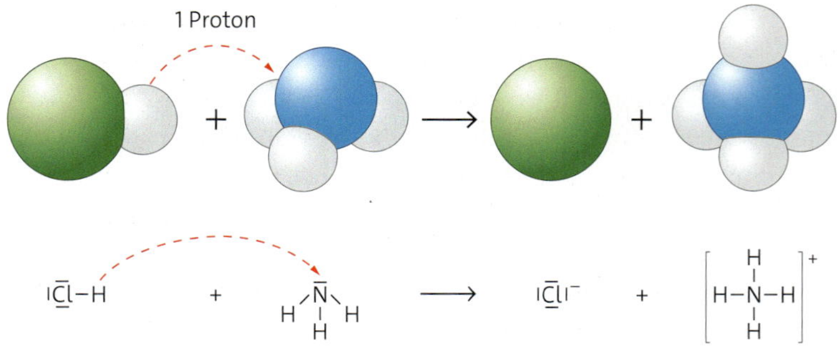

3 Reaktion von Chlorwasserstoff mit Ammoniak im Modell

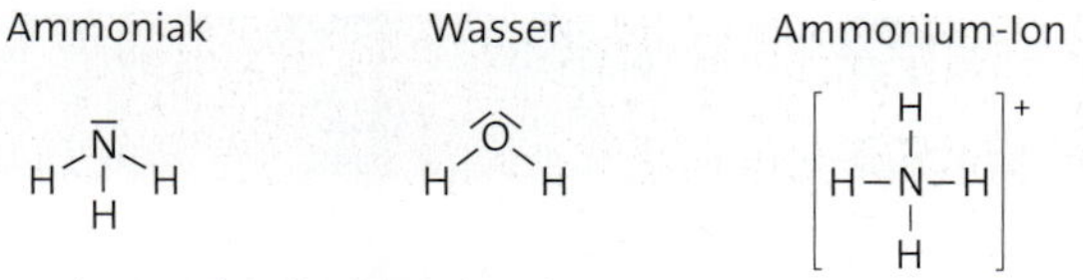

4 Lewis-Formeln verschiedener Verbindungen

5 Gilbert Newton Lewis (1875–1946)

Mithilfe von Lewis-Formeln, benannt nach ihrem Begründer (▸**5**), lassen sich die Bindungsverhältnisse in Molekülen schematisch darstellen. Das bindende Elektronenpaar wird als Strich zwischen die Elementsymbole gesetzt. Außenelektronen, die nicht an der Bindung beteiligt sind, werden paarweise ebenfalls als Striche direkt am Symbol dargestellt, einzelne Elektronen als Punkte gezeichnet (▸**4**). Diese Form der Darstellung hilft, die ablaufenden Prozesse zu verstehen.

Bildung von Ammoniumhydroxid Beim Lösen von Ammoniak in Wasser reagieren die Stoffe miteinander. In der Ammoniaklösung bilden sich durch Protonenübertragung Ammonium-Ionen und Hydroxid-Ionen. Hierbei erfolgt der Protonenübergang vom Wassermolekül als Protonendonator zum Ammoniakmolekül als Protonenakzeptor (▸**6**). Die Hydroxid-Ionen bewirken eine basische Reaktion der Lösung. Sie lässt sich mithilfe von Universalindikatorpapier oder -lösung nachweisen.

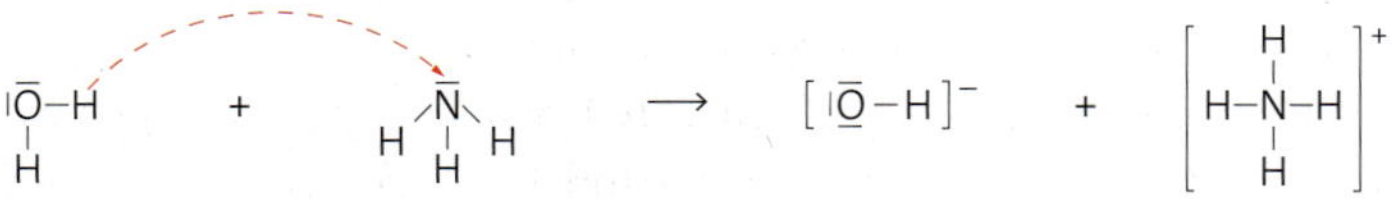

$$H_2O + NH_3 \longrightarrow OH^- + NH_4^+$$

6 Protonenübertragung zwischen Ammoniak und Wasser

Nachweis von Ammonium-Ionen Gibt man zu Ammonium-Ionen Natriumhydroxidlösung, so entweicht aus dieser Lösung Ammoniak, das an seinem stechenden Geruch und dem Blaufärben von feuchtem Universalindikatorpapier gut zu identifizieren ist (▸Exp. 3, S. 106). Diese Reaktion dient als **Nachweis für Ammonium-Ionen**.

Ammoniumverbindungen sind Ionensubstanzen. Sie entstehen durch chemische Reaktionen von Ammoniak oder von Ammoniaklösung mit Säuren.

Oxidation von Ammoniak Ammoniak wird als Grundchemikalie zur Herstellung von Salpetersäure und von Nitraten genutzt. Hierfür sind viele aufeinander aufbauende chemische Reaktionen nötig. Zunächst wird Ammoniak zu Stickstoffmonooxid oxidiert. Diese Reaktion funktioniert nur in Anwesenheit eines Platinkatalysators und ist stark endotherm. Anschließend erfolgt die Bildung von Stickstoffdioxid aus Stickstoffmonooxid. Ein Gemisch aus verschiedenen Stickoxiden reagiert mit Wasser dann zur Salpetersäure.
Die Salpetersäure kann nun durch Reaktion mit verschiedenen Metallen, Metalloxiden, Metallhydroxiden oder mit Ammoniak zu verschiedenen Nitraten umgesetzt werden.

Aufgaben

1 Stelle für die Bildung von Ammoniumhydroxid durch Protonenübertragung die Teilgleichungen auf und kennzeichne den Protonendonator und den Protonenakzeptor.

2 Zeichne die Lewis-Formeln für folgende Stoffe: HCl, H_2, O_2, Cl_2, CH_4

3 Stelle für den Nachweis von Ammonium-Ionen die Reaktionsgleichung auf.

4 Salpetersäure reagiert mit Kaliumhydroxid zu Kaliumnitrat. Stelle die Reaktionsgleichung auf. Bestimme die Reaktionsart.

Vielfalt der Stickstoffverbindungen

Hirschhornsalz besteht zu einem großen Teil aus Ammoniumhydrogencarbonat (NH_4HCO_3) und Ammoniumcarbonat ($(NH_4)_2CO_3$). Der Name Hirschhornsalz stammt aus der ursprünglichen Herkunft des Salzes. Es wurde aus trocken geraspeltem Geweih von Hirschen gewonnen.

1 Hirschhornsalz wird als Backtriebmittel für Lebkuchen und Spekulatius verwendet.

Ammoniumverbindungen Ammoniumverbindungen sind meist weiße, kristalline Substanzen, die sich gut in Wasser lösen. Deshalb eignen sie sich sehr gut als Düngemittel (▸Exp. 4, S. 106).
Das Lösen von Ammoniumverbindungen ist ein endothermer Vorgang (▸Exp. 7, S. 107). Dem Wasser wird Wärme entzogen, die Temperatur sinkt.
Die meisten Ammoniumverbindungen sind durch Wärme zersetzbar (▸Exp. 5, S. 107). Wird Ammoniumcarbonat thermisch zersetzt, entstehen Ammoniak, Kohlenstoffdioxid und Wasserdampf. Deshalb verwendet man z. B. Hirschhornsalz als Backtriebmittel (▸**1**).
Legt man auf die heiße Oxidschicht eines Kupferblechs Ammoniumchlorid, so entstehen durch thermische Zersetzung Ammoniak und Chlorwasserstoff. Chlorwasserstoff reagiert mit der Kupferoxidschicht zu Kupfer(II)-chlorid. Dieses verdampft und es wird blankes Kupfer sichtbar (▸Exp. 6, S. 107). Aus diesem Grund wird Ammoniumchlorid als Lötstein (▸**2**) zum Reinigen von Lötkolben verwendet.
Beim thermischen Zersetzen von Ammoniumhydrogenphosphat entsteht neben Ammoniak Phosphorsäure. Diese wirkt wasserentziehend und verkohlt Holzoberflächen. Deshalb findet Ammoniumhydrogenphosphat Verwendung als Flammschutzmittel.

2 Lötkolben mit Lötstein

Ammoniumverbindung	Verwendung
Ammoniumsulfat	in Düngemitteln; als Flammschutz- und Kältemittel
Ammoniumchlorid (Salmiak)	in Düngemitteln; als Kältemittel, Lötstein, Elektrolyt in Batterien
Ammoniumcarbonat	als Feuerlöschmittel, Blähmittel für Schaumstoffe und Schaumgummi
Ammoniumhydrogenphosphat	als Düngemittel, Imprägniermittel und Flammschutzmittel für Holz
Ammoniumhydrogencarbonat	als Backtriebmittel (Hirschhornsalz), Feuerlöschmittel

3 Wichtige Ammoniumverbindungen und ihre Verwendung

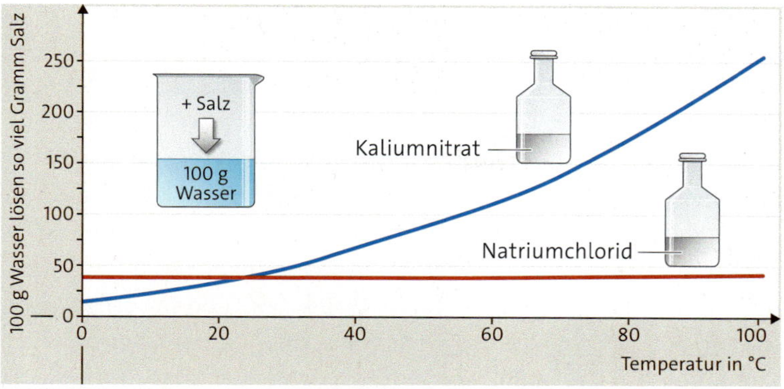

4 Abhängigkeit der Löslichkeit von Kaliumnitrat und Natriumchlorid von der Temperatur

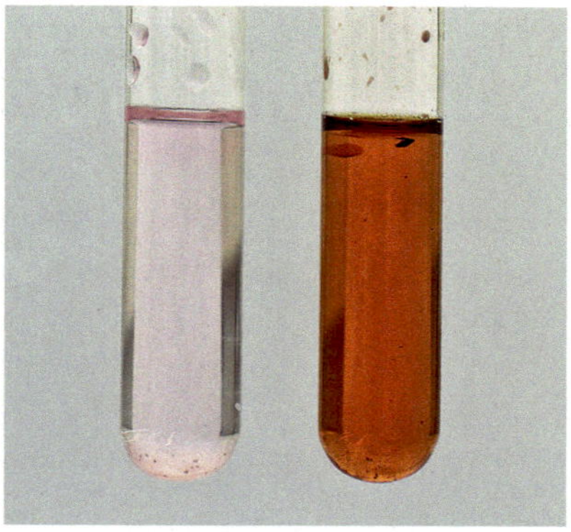

5 Nachweis von Nitrat-Ionen mit Lunges Reagenz

Nitrate Nitrate sind Salze, die aus positiv geladenen Metall-Ionen oder Ammonium-Ionen und einfach negativ geladenen Nitrat-Ionen NO_3^- bestehen. Nitratlösungen entstehen bei der Reaktion von Metallen, Metalloxiden, Metallhydroxiden oder Ammoniak mit verdünnter Salpetersäure. Alle Nitrate lösen sich leicht in Wasser. Zum Nachweis von Nitrat-Ionen werden Farbreaktionen genutzt, z. B. Lunges Reagenz. Hierbei wird eine essigsaure 1-Naphthylaminlösung mit einer essigsauren Sulfanilsäurelösung und Zinkpulver auf einer Tüpfelplatte vermischt. Nach Nitratzugabe bildet sich eine rötliche bis rotorange Färbung (▸ Exp. 8, S. 107; ▸ **5**).

Kaliumnitrat (Kalisalpeter) Dieses Salz ist an der Luft relativ beständig und im Gegensatz zu anderen Nitraten wenig hygroskopisch (wasseranziehend). Kaliumnitrat ist sehr gut in Wasser löslich, wobei die Löslichkeit mit steigender Temperatur stark zunimmt (▸ **4**).
Kaliumnitrat dient als Lebensmittelzusatzstoff E 252 zum Pökeln von Fleisch- oder Wurstwaren; es verhindert eine Zersetzung des roten Farbstoffs. In der Landwirtschaft wird es als Düngemittel eingesetzt. Kaliumnitrat wird auch zur Herstellung von Schwarzpulver, Zündschnüren, Feuerwerkskörpern oder Rauchgranaten verwendet.

Calciumnitrat (Mauersalpeter) Das Salz kommt an Mauerwerken vor, insbesondere dort, wo Ammoniumnitrat aus Dung von Tieren mit dem Mauerwerk in Kontakt kommt. Das Ammoniumnitrat reagiert mit dem Kalk aus dem Mörtel und bildet Calciumnitrat. Calciumnitrat kommt als farblose Kristalle vor, die sehr gut wasserlöslich sind. Beim Lösen wird Wärme frei. Es ist stark hygroskopisch.
Calciumnitrat wird als Düngemittel sowie zur Herstellung anderer Calciumverbindungen, Calciumsilicat-Nanokristallen sowie elektrisch leitfähigen Keramikmaterialien verwendet.

Natriumnitrat (Natronsalpeter/Chilesalpeter) Das Salz ist hygroskopisch. Mischungen mit brennbaren oder leichtoxidierbaren Stoffen wie Metallpulver sind explosionsgefährlich.
Natriumnitrat wird zur Herstellung von Zündhölzern und Düngemitteln benötigt. In der chemischen Industrie ist es ein Zwischenprodukt zur Herstellung von Kaliumnitrat.

Aufgaben

1 Stelle die Wort- und Reaktionsgleichung für die thermische Zersetzung von Ammoniumcarbonat auf.

2 Gib für alle Ammoniumverbindungen aus der Übersicht (▸ **3**) den Namen und die chemische Formel an.

3 Ermittle mithilfe des Diagramms (▸ **4**), wie viel g Kaliumnitrat sich in 100 g Wasser lösen, wenn die Temperatur des Wassers 20 °C, 40 °C, 60 °C oder 80 °C beträgt. Vergleiche mit der Löslichkeit von Natriumchlorid.

4 Gib zu allen im nebenstehenden Text vorkommenden Nitraten den entsprechenden Namen und die chemische Formel an.

Stickstoffkreislauf

Der Stickstoff der Luft und die Stickstoffverbindungen befinden sich in der Natur in einem ständigen Kreislauf. Bereits 1840 hat Justus von Liebig (1803 bis 1873) über diesen Prozess in seinem Buch „Die Organische Chemie in ihrer Anwendung auf Agrikultur und Physiologie“ geschrieben (Auszug):

> *„Kohlensäure, Ammoniak und Wasser enthalten in ihren Elementen die Bedingungen zur Erzeugung aller Tier- und Pflanzenstoffe während ihres Lebens. Kohlensäure, Ammoniak und Wasser sind die letzten Producte des chemischen Prozesses ihrer Fäulniß und Verwesung.“*

Stickstoffverbindungen sind unentbehrlich für die Eiweißsynthese der Pflanzen. Nur die Hülsenfrüchtler (Leguminosen), wie z. B. Klee oder Lupinen, können mithilfe von Knöllchenbakterien Stickstoff direkt aus der Luft aufnehmen. Alle anderen Pflanzen sind auf Stickstoffverbindungen in Form von Nitrat- und Ammonium-Ionen aus dem Boden angewiesen. Menschen und Tiere können körpereigenes Eiweiß aus pflanzlicher Nahrung aufbauen.

Über Ausscheidung und Verwesung gelangen die Stickstoffverbindungen wieder in den Boden und werden dort durch Bakterien zu Ammoniak und Ammoniumsalzen abgebaut. Diese können wieder zu Nitraten umgewandelt (Nitrifikation) und von den Pflanzen aufgenommen werden. Ein Teil der anorganischen Stickstoffverbindungen wird außerdem durch Bakterien in elementaren Stickstoff zurückverwandelt (Denitrifikation) und an die Atmosphäre abgegeben.

Luftstickstoff kann aber nicht nur durch Hülsenfrüchtler gebunden werden. Bei Gewitter können durch Blitzentladungen aus Stickstoff und Sauerstoff Stickstoffoxide entstehen, die zu Salpetersäure reagieren und mit dem Regenwasser in den Boden gelangen. Der Kreislauf ist aber nur in der freien Natur weitgehend geschlossen.

Aufgaben

1 Erläutere die Auswirkungen einer intensiven Landwirtschaft auf den natürlichen Stickstoffkreislauf.

2 Begründe die Notwendigkeit des Einsatzes von Nitrat-Düngemitteln in der Landwirtschaft.

3 Beurteile mögliche Folgen einer Überdüngung.

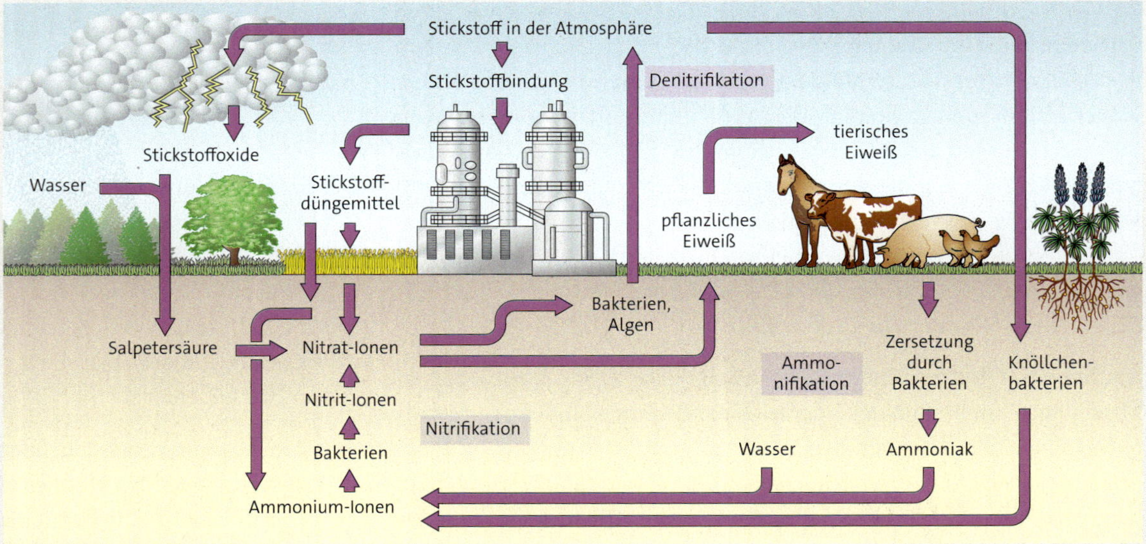

1 Stickstoffkreislauf

Vom Stickstoff zum Düngemittel

Stickstoff

farbloses und geruchloses, nicht brennbares Gas, das Flammen erstickt und mit 78,1 % der Hauptbestandteil von Luft ist. Er wird durch Destillation verflüssigter Luft dargestellt und für die Herstellung von Ammoniak genutzt.

Ammoniak

farbloses, stechend riechendes, ätzendes Gas. Es lässt sich leicht verflüssigen und löst sich gut in Wasser. Eine wässrige Ammoniaklösung reagiert basisch. Als Nachweis für Ammoniak dient die charakteristische Blaufärbung von feuchtem Universalindikatorpapier. Ammoniak wird durch die Ammoniaksynthese aus Stickstoff und Wasserstoff hergestellt.
Ammoniak wird zur Herstellung von Stickstoffdüngern verwendet.

Ammoniumverbindungen

Ammoniumverbindungen sind Ionensubstanzen, die durch die Reaktion von Ammoniak oder Ammoniaklösung mit Säuren entstehen.

$$NH_3 + HCl \longrightarrow NH_4^+ + Cl^-$$

Ammoniumverbindungen sind in Wasser leicht löslich und werden deshalb als Stickstoffdüngemittel genutzt.

Lewis-Formeln

Mithilfe der Lewis-Formeln lassen sich die Bindungsverhältnisse in Molekülen schematisch darstellen. Das bindende Elektronenpaar wird als Strich zwischen die Elementsymbole gesetzt; freie Außenelektronen paarweise als Strich, einzeln als Punkt.
Beispiele:

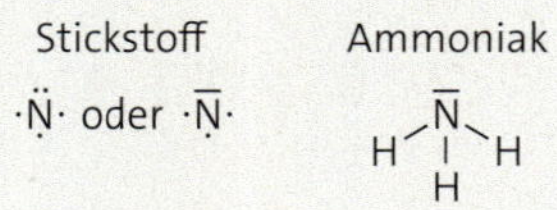

Reaktion mit Protonenübertragung

chemische Reaktion, bei der zwischen den Teilchen der reagierenden Stoffe Protonen übertragen werden
Beispiel:

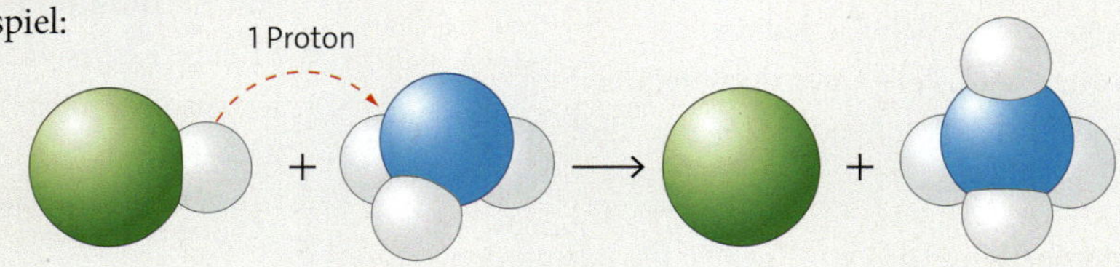

$$HCl + NH_3 \longrightarrow Cl^- + NH_4^+$$

Nitrate

Ionensubstanzen, die sich alle gut in Wasser lösen. Nitratlösungen entstehen bei der Reaktion von unedlen Metallen, Metalloxiden und Hydroxidlösungen mit verdünnter Salpetersäure. Zum Nachweis von Nitrat-Ionen werden Farbreaktionen genutzt, z. B. Lunges Reagenz oder Nitratteststäbchen.
Nitrate werden zur Herstellung von Düngemitteln, Sprengstoffen oder als Lebensmittelzusatzstoff verwendet.

Aufgaben

1 Stickstoff ist ein Gas, das aufgrund seiner Eigenschaften vielfältig verwendet wird.
- **a** Stelle die chemischen Eigenschaften von Stickstoff zusammen.
- **b** Stelle die Verwendungsmöglichkeiten von Stickstoff zusammen und begründe die einzelnen Verwendungsmöglichkeiten mithilfe der Eigenschaften von Stickstoff.

2 Stickstoff wird mithilfe des Linde-Verfahrens gewonnen.
- **a** Nenne weitere Bestandteile der Luft.
- **b** Erläutere die Bedeutung des Kompressors und der Kühler zur Gewinnung von Stickstoff im Linde-Verfahren.

3 Zeichne die Lewis-Formel für das Ammoniakmolekül und leite daraus Eigenschaften des Ammoniaks ab.

4 Eine wässrige Ammoniaklösung leitet den elektrischen Strom und färbt Universalindikator blau. Flüssiges und auch gasförmiges Ammoniak besitzen diese Eigenschaften nicht. Erkläre dieses unterschiedliche Verhalten.

5 Beschreibe den experimentellen Nachweis von Ammoniak.

6 Ammoniak reagiert mit Salpetersäure.
- **a** Stelle die Wort- und die Reaktionsgleichung auf.
- **b** Erläutere mithilfe des Teilchenmodells die Vorgänge, die dabei ablaufen.
- **c** Ordne den Teilchen der reagierenden Stoffe die Begriffe Protonendonator und Protonenakzeptor zu.

7 Ammoniak wird in Wasser gelöst, die entstandene Lösung färbt Universalindikator blau.
- **a** Formuliere für diese Reaktion die Wort- und die Reaktionsgleichung.
- **b** Begründe, dass es sich hierbei um eine Reaktion mit Protonenübertragung handelt.
- **c** Stelle die Teilgleichungen für die Protonenabgabe und -aufnahme auf.
- **d** Erkläre mithilfe der Reaktionsgleichung die Blaufärbung des Universalindikators.

8 Nachweis von Ammonium-Ionen
- **a** Beschreibe den Nachweis.
- **b** Formuliere die Wortgleichung für die Nachweisreaktion.

9 Ammoniumsalze lassen sich thermisch zersetzen, so auch Ammoniumchlorid.
- **a** Formuliere die Wort- und die Reaktionsgleichung für diese Reaktion.
- **b** Nenne zwei Beispiele für die Verwendung von Ammoniumchlorid.

10 Ammoniumverbindungen sind Ionensubstanzen.
- **a** Nenne typische Eigenschaften von Ionensubstanzen.
- **b** Beschreibe an einem Beispiel den Bau einer Ammoniumverbindung und gib die Formel dafür an.

11 Nitrate können durch verschiedene Reaktionen mit Salpetersäure gebildet werden.
- **a** Stelle die Wort- und die Reaktionsgleichungen für die Bildung von Natriumnitrat aus Natrium, Natriumoxid und Natriumhydroxid mit Salpetersäure auf.
- **b** Erläutere eine Möglichkeit, die Nitrat-Ionen in diesen Salzen nachzuweisen.
- **c** Nenne mögliche Ausgangsstoffe für die Bildung von Calciumnitrat.

12 Nitrate sind gut in Wasser löslich.
- **a** Stelle die Dissoziationsgleichung für das Lösen von Natriumnitrat in Wasser auf.
- **b** Erläutere, dass es sich bei den Nitraten um Ionensubstanzen handelt.

Hilfe zu den Aufgaben findest du auf den Seiten ...

1	104	7	110 f.
2	105	8	111
3	108	9	112
4	109	10	110
5	109	11	113
6	110	12	113

▶ Die Lösungen findest du im Anhang.

Material A: Lakritze

Lakritze wird aus der Wurzel des Echten Süßholzes hergestellt. Den typischen Geschmack verleiht der Lakritze vor allem der Inhaltsstoff Glycyrrhizin. Als Säuerungsmittel wird Ammoniumchlorid beigemengt, wovon bis zu 20 g/kg enthalten sein dürfen.

A1 Lakritze – eine Süßigkeit mit typischem Geschmack

Stoff	Experiment	Beobachtung
Ammoniumchlorid	auf feuchtes Universalindikatorpapier geben	Es bildet sich ein roter Rand.
feuchte Lakritze		
Ammoniumchlorid	Auftropfen von Natriumhydroxidlösung	Es entsteht ein Gas mit einem typischen Geruch, das mit feuchtem Indikatorpapier eine Blaufärbung bewirkt.
Lakritze		

A2 Experimentelle Untersuchungen

1 Stelle für die in **A2** beschriebene Reaktion von Ammoniumchlorid mit Natriumhydroxid die Reaktionsgleichung auf. Erkläre die Blaufärbung des Universalindikatorpapiers.

2 Stelle eine Vermutung auf, worauf der saure Charakter von feuchter Lakritze zurückzuführen ist (► **A1, A2**).

3 Beurteile, ob es sich bei den Reaktionen in **A2** um Reaktionen mit Protonenübergang handelt. Gib gegebenenfalls den jeweiligen Protonendonator und Protonenakzeptor an.

Material B: Düngemittel

Pflanzen brauchen für ihr Wachstum verschiedene Mineralstoffe, u. a. Nitrate. Diese können den Pflanzen auf verschiedenen Wegen zugeführt werden. Durch die intensive Landwirtschaft besteht allerdings die Gefahr einer Überdüngung, wodurch sich u. a. Nitrate im Grundwasser und in den Pflanzen anreichern können. Der Grenzwert im Trinkwasser liegt bei 50 mg/l.

B1 Nitrate als Düngemittel und im Trinkwasser

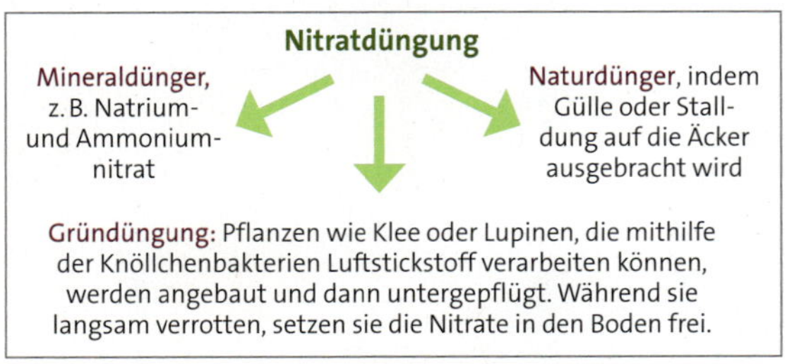

B2 Möglichkeiten der Düngung

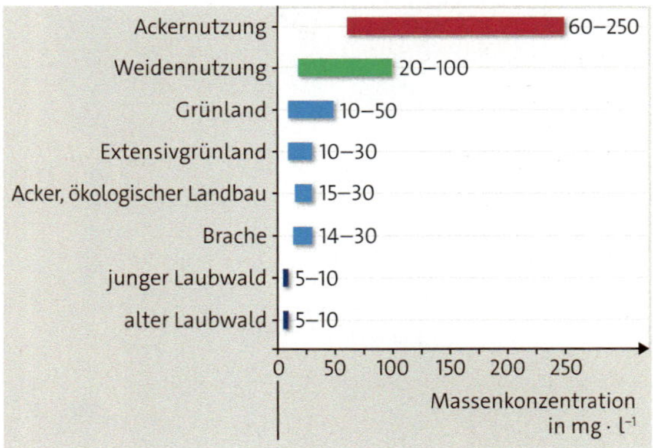

B3 Massenkonzentration an Nitrat im oberflächennahen Grundwasser in Abhängigkeit von der Nutzung

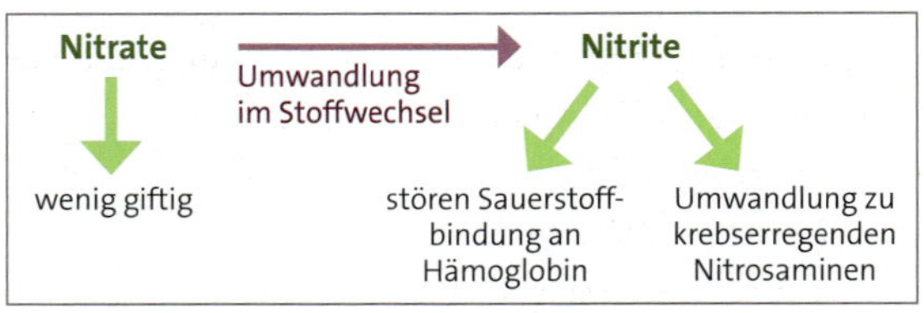

B4 Wirkung von Nitraten auf den Menschen

1 Werte das Diagramm aus. Stelle einen Zusammenhang zwischen den Nitratwerten und dem Einsatz von Düngemitteln her. (► **B3**)

2 Beurteile die verschiedenen Arten der Düngung hinsichtlich des Risikos einer Überdüngung (► **B1, B2, B3**).

3 Erläutere die Gefahren einer Überdüngung (► **B1, B4**).

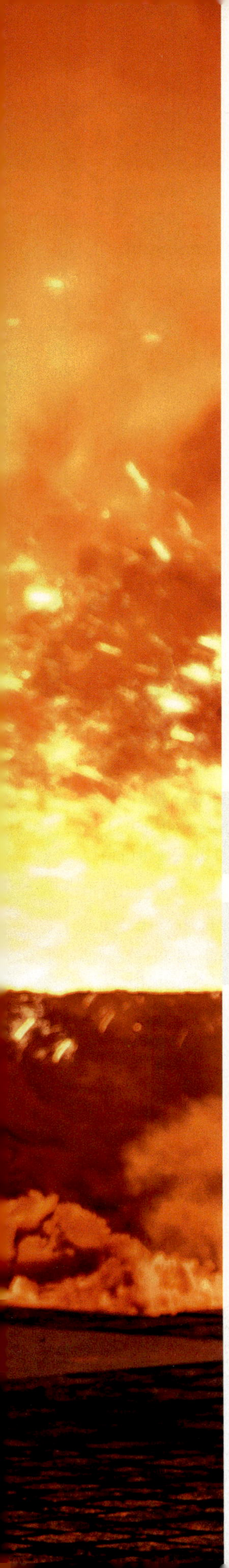

Grundlagen chemisch-technischer Verfahren

Der Bedarf an Produkten der chemischen Industrie nimmt ständig zu. So werden weltweit Milliarden Tonnen an Metallerzen in riesigen Minen abgebaut und die Metalle durch die Anwendung chemischer Reaktionen im großtechnischen Maßstab, z. B. Eisen im Hochofen, gewonnen. Die Haber-Bosch-Synthese ist das erste Verfahren zur Produktion von Düngemitteln, die für ein optimales Pflanzenwachstum und damit auch für die Ernährung der Weltbevölkerung unerlässlich sind.

Verlauf chemischer Reaktionen

Exp. 1 Umkehrbarkeit chemischer Reaktionen

Setze die Apparatur entsprechend der Abbildung zusammen (*Hinweis:* Das Gasableitungsrohr muss bis auf den Boden des Becherglases reichen!). Fülle 35 ml frisch hergestelltes und filtriertes Kalkwasser (GHS05) in das Becherglas.
Gib 40 ml Leitungswasser und zwei Brausetabletten in den Erlenmeyerkolben. Setze zügig den Stopfen auf. Notiere deine Beobachtung.

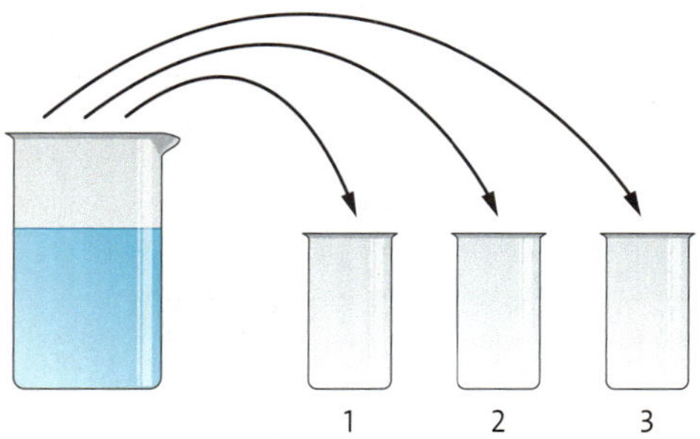

Verteile nun den Inhalt des Becherglases gleichmäßig auf drei kleinere Bechergläser. Becherglas 1 dient zum Vergleich. Erwärme den Inhalt des Becherglases 2 so lange auf einer Heizplatte mit voller Heizleistung, bis eine Veränderung sichtbar ist. Vergleiche mit dem Inhalt des Becherglases 1.
Gib zum Inhalt des Becherglases 3 2 ml Natriumhydrogencarbonatlösung. Vergleiche nach 2 min mit dem Inhalt des Becherglases 1. Notiere alle Beobachtungen.
Entsorgung: Lösungen ins Abwasser geben.

Exp. 2 Modellexperiment zum Gleichgewicht (Heber-Versuch)

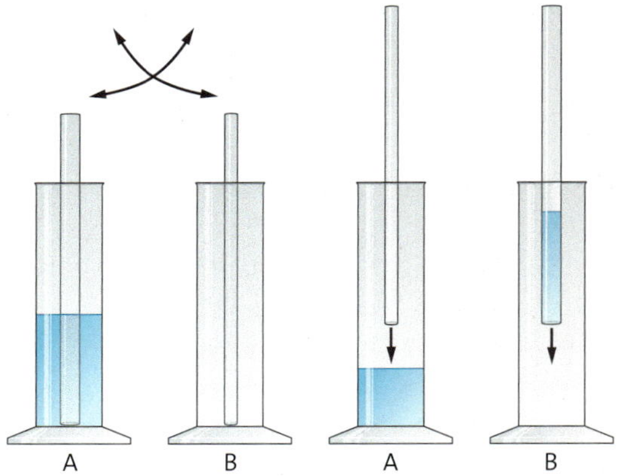

A Gib in den Messzylinder A 50 ml eingefärbtes Wasser. Stelle in diesen Messzylinder ein Glasrohr (∅ = 8 mm). Stelle ein zweites Glasrohr (∅ = 5 mm) in den Messzylinder B. Verschließe nun beide Glasrohre mit dem Finger. Nimm die Glasrohre heraus und entleere deren Inhalt ohne Eintauchen in dem jeweils anderen Messzylinder. Wiederhole diesen Vorgang 30-mal. Notiere jedes Mal die Pegelstände in den beiden Messzylindern.

Trage die Werte in ein Koordinatensystem ein, bei dem auf der x-Achse die Anzahl der Hebevorgänge (0–30) und auf der y-Achse die Pegelstände für beide Messzylinder abgetragen werden.

B Führe den Versuch analog zur Variante A durch. Verwende nun aber zwei Glasrohre mit gleichem Durchmesser (∅ = 8 mm). Zeichne die Werte erneut in ein Diagramm und vergleiche mit Variante A.

C Führe den Versuch analog zu Variante A durch. Vertausche aber nun die Glasrohre. Zeichne die Werte erneut in ein Diagramm und vergleiche mit den Varianten A und B.

Entsorgung: Flüssigkeiten ins Abwasser geben.

Exp. 3

Reaktionen mit vollständigem Stoffumsatz

Erhitze mit der Tiegelzange ein 2 cm langes Stück Magnesiumband (GHS02) in der Brennerflamme. Gib nach dem Erkalten die Probe auf ein Uhrglas. Vergleiche das Aussehen der erhitzten Probe mit dem der nicht erhitzten Probe des Magnesiumbands. Notiere deine Beobachtungen und stelle die Reaktionsgleichung auf.
Gib nun eine Probe des Reaktionsprodukts aus dem ersten Versuch in ein Reagenzglas und füge 5 ml 10%ige Salzsäure (GHS07) hinzu. Notiere deine Beobachtung und stelle die Reaktionsgleichung auf. Begründe anhand deiner Beobachtungen, dass es sich hierbei um Reaktionen mit vollständigem Stoffumsatz handelt.
Entsorgung: Feststoffe in den Hausmüll, Lösungen ins Abwasser geben.

Exp. 4

Wirkung von Katalysatoren

Fülle in drei Reagenzgläser je 2 ml 3,5%ige Wasserstoffperoxidlösung (GHS07). Ein Reagenzglas dient zum Vergleich. Gib zum zweiten Reagenzglas eine Spatelspitze Braunstein (GHS07), zum dritten ein frisch geschnittenes erbsengroßes Stück Kartoffel. Notiere deine Beobachtungen. Leite daraus Aussagen über die Beeinflussung der Zersetzung von Wasserstoffperoxid durch die als Katalysatoren eingesetzten Stoffe ab.
Entsorgung: Kartoffelreste in den Hausmüll, Lösungen ins Abwasser geben.

Exp. 5

Reaktion mit unvollständigem Stoffumsatz

Fülle in ein Reagenzglas 1 ml 10%ige Silbernitratlösung (GHS05|09). Versetze die Lösung mit mehreren Tropfen gesättigter Natriumchloridlösung.
Füge nun einige Tropfen Kaliumiodidlösung hinzu. Notiere deine Beobachtungen.
Entsorgung: Lösungen in den Behälter für giftige anorganische Abfälle geben.

Exp. 6

Temperaturabhängigkeit des chemischen Gleichgewichts

Gib in zwei Reagenzgläser je 10 ml verdünnte Stärkelösung und einige Tropfen verdünnte Iod-Kalium-iodid-Lösung (Lugol'sche Lösung).
Ein Reagenzglas dient als Vergleich. Stelle das zweite Reagenzglas in ein Wasserbad mit Thermometer. Erwärme das Stoffgemisch langsam auf eine Temperatur von 60 °C. Entnimm das Reagenzglas dann aus dem Wasserbad und vergleiche mit dem Inhalt des ersten Reagenzglases. Lass das Stoffgemisch abkühlen und beobachte. Deute das Ergebnis.

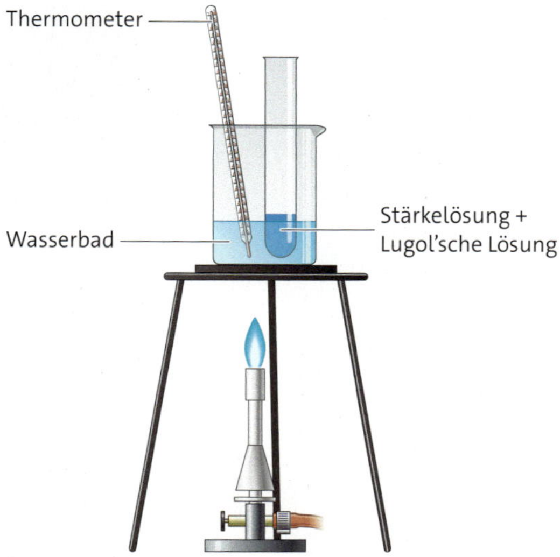

Entsorgung: Lösungen ins Abwasser geben.

Chemisches Gleichgewicht

Die Flügelschnecke *Limacina helicina* lebt in den Polarmeeren. Mit der steigenden Kohlenstoffdioxidkonzentration in der Atmosphäre ist ihr Vorkommen stark bedroht. Die Erhöhung des Kohlenstoffdioxidgehalts führt zum Abbau des Calciumcarbonats, aus dem das Gehäuse besteht.

1 Die Flügelschnecke *Limacina helicina*: Das winzige Plankton spielt eine wichtige Rolle in der Nahrungskette des Südpolarmeers.

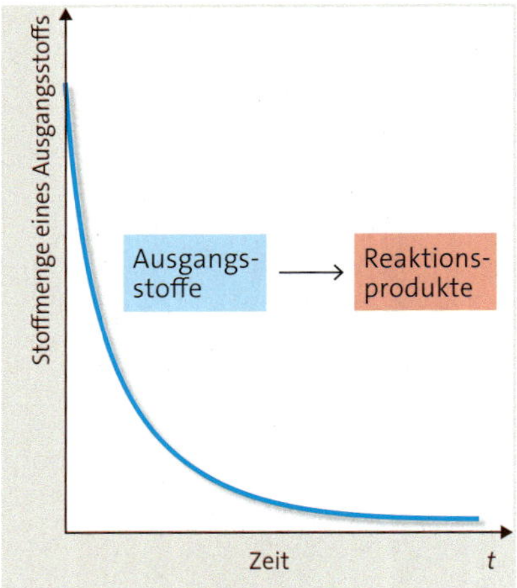

2 Zusammenhang zwischen der Stoffmenge eines Ausgangsstoffs und der Zeit bei einer Reaktion mit vollständigem Stoffumsatz

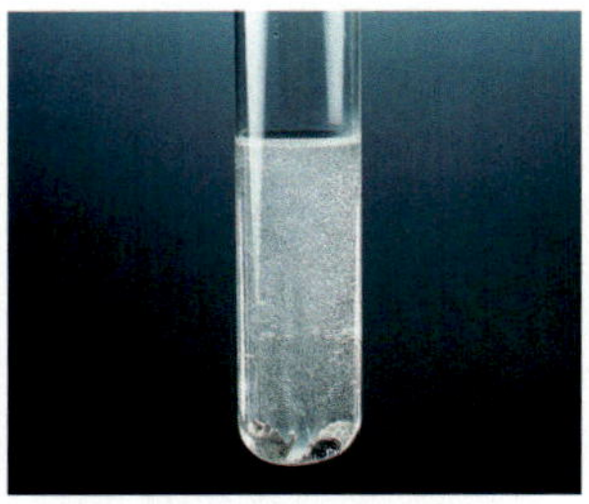

3 Die Reaktion zwischen Magnesiumoxid und Ethansäure verläuft vollständig.

Stoffumsatz bei chemischen Reaktionen Lässt man Magnesium mit Sauerstoff reagieren und versetzt das entstandene Magnesiumoxid dann mit verdünnter Säure, z. B. Essigsäure oder Chlorwasserstoffsäure, laufen beide Reaktionen so lange ab, bis der jeweilige Ausgangsstoff vollständig umgesetzt ist (▸ Exp. 3, S. 121; ▸ **3**). Gleiches ist festzustellen, wenn man Kalkablagerungen an den Heizstäben eines Wasserkochers mit Essig reinigt. Diese Art von chemischen Reaktionen verlaufen mit **vollständigem Stoffumsatz** (▸ **2**).

Unter dem Einfluss von Kohlenstoffdioxid und Wasser reagiert Calciumcarbonat zum wesentlich leichter löslichen Calciumhydrogencarbonat (▸ Exp. 1, S. 120). Die Reaktion verläuft nur mit **unvollständigem Stoffumsatz** (▸ Exp. 5, S. 121; ▸ **4**). Aus dem Reaktionsprodukt kann sich unter bestimmten Bedingungen wieder Kalk bilden. Es liegen Ausgangsstoffe und Reaktionsprodukte gleichzeitig vor. **Umkehrbare chemische Reaktionen** führen auch zur Bildung oder zum Abbau der Kalkschalen der Flügelschnecke (▸ **1**).

$$CaCO_3 + H_2O + CO_2 \underset{\text{Rückreaktion}}{\overset{\text{Hinreaktion}}{\rightleftharpoons}} Ca^{2+} + 2\,HCO_3^-$$

Umkehrbare chemische Reaktionen werden in der Reaktionsgleichung mit einem Doppelpfeil gekennzeichnet, da Hin- und Rückreaktion parallel ablaufen.

Bildung von Ammoniak als umkehrbare Reaktion Bei der Reaktion von Stickstoff und Wasserstoff reagieren nicht alle Ausgangsstoffe vollständig zu Ammoniak, denn ein Teil des Reaktionsprodukts reagiert wieder zu den Ausgangsstoffen.

Umkehrbare chemische Reaktionen verlaufen in zwei Richtungen. Bei der **Hinreaktion** werden Ausgangsstoffe zu Reaktionsprodukten umgesetzt, bei der **Rückreaktion** dagegen Reaktionsprodukte wieder zu Ausgangsstoffen. Findet eine umkehrbare chemische Reaktion in einem geschlossenen Reaktionsgefäß statt, können während der Reaktion keine Stoffe entweichen oder dazukommen. Sobald sich im Verlauf der Hinreaktion aus Ausgangsstoffen Reaktionsprodukte gebildet haben, setzt die Rückreaktion ein, Ausgangsstoffe werden aus den Reaktionsprodukten zurückgebildet. Damit liegen alle an der chemischen Reaktion beteiligten Stoffe gleichzeitig vor, der Stoffumsatz bleibt unvollständig. Die Stoffmenge der Ausgangsstoffe nimmt nur bis zu einem bestimmten Wert ab und bleibt dann konstant. Umgekehrt steigt auch die Stoffmenge der Reaktionsprodukte nur bis zu einem bestimmten Wert und bleibt konstant.

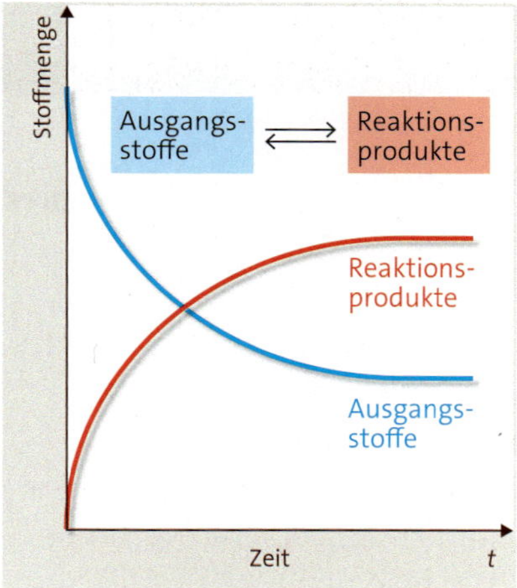

4 Zusammenhang zwischen der Stoffmenge und der Zeit bei einer chemischen Reaktion mit unvollständigem Stoffumsatz

Einstellung eines chemischen Gleichgewichts Führt man die Darstellung von Ammoniak in einem geschlossenen Reaktionsgefäß durch, läuft zu Beginn nur die Hinreaktion ab, indem Stickstoff und Wasserstoff zu Ammoniak reagieren. Nach der Bildung von Ammoniak kann neben der Hinreaktion auch die Rückreaktion ablaufen, indem Ammoniak wieder in Stickstoff und Wasserstoff zerfällt. Im Reaktionsverlauf nehmen die Stoffmengen der Ausgangsstoffe Stickstoff und Wasserstoff ab. Gleichzeitig nimmt die Stoffmenge des Reaktionsprodukts Ammoniak zu. Nach einer bestimmten Zeit wird ein Zustand erreicht, bei dem in der Hinreaktion genauso viel Ammoniak gebildet wird, wie in der Rückreaktion Ammoniak in die Ausgangsstoffe zerfällt. Die Stoffmengen der Ausgangsstoffe und der Reaktionsprodukte ändern sich nicht mehr (▸**4**). Es hat sich ein **chemisches Gleichgewicht** eingestellt. Im Zustand des chemischen Gleichgewichts ist das Verhältnis der Stoffmengen der Reaktionsprodukte und der Stoffmengen der Ausgangsstoffe konstant (▸Exp. 2, S. 120). Das chemische Gleichgewicht ist ein **dynamisches Gleichgewicht**. Hin- und Rückreaktion laufen ständig ab.

Info

Bei der Knallgasreaktion reagieren Wasserstoff und Sauerstoff zu Wasser. Bei der Zerlegung des Wassers mithilfe des elektrischen Stroms entstehen Wasserstoff und Sauerstoff.

$$2\,H_2 + O_2 \underset{\text{Zerlegung}}{\overset{\text{Bildung}}{\rightleftarrows}} 2\,H_2O$$

Bei einer umkehrbaren chemischen Reaktion stellt sich in einem geschlossenen System ein chemisches Gleichgewicht ein. Hinreaktion und Rückreaktion laufen gleichzeitig ab. Im Gleichgewichtszustand bleibt das Stoffmengenverhältnis der reagierenden Stoffe gleich.

Aufgaben

1 Erkläre, warum bei einer umkehrbaren chemischen Reaktion kein vollständiger Stoffumsatz erreicht werden kann.

2 Begründe, warum sich bei chemischen Reaktionen mit vollständigem Stoffumsatz kein chemisches Gleichgewicht einstellen kann.

3 Nenne Beispiele für umkehrbare chemische Reaktionen.

4 Erkläre, warum man bei einem chemischen Gleichgewicht von einem dynamischen Gleichgewicht spricht.

5 Erläutere, inwiefern in einer geschlossenen Flasche mit kohlensäurehaltigem Wasser ein dynamisches Gleichgewicht vorliegt.
Beschreibe, welche Veränderung das Öffnen der Flasche bewirkt.

Beeinflussung des chemischen Gleichgewichts

Temperatur in °C	Volumenanteil NH_3 in %
200	15,3
400	0,44
500	0,12
700	0,02

1 Volumenanteile von Ammoniak in Abhängigkeit von der Temperatur bei einem Druck von 0,1 MPa

Reaktionsbedingungen und chemisches Gleichgewicht Bei jeder Gleichgewichtsreaktion ist eine bestimmte Lage des Gleichgewichts vorhanden. Diese kann stark auf der Seite der Reaktionsprodukte oder stark auf der Seite der Ausgangsstoffe liegen. Bei der Synthese von Ammoniak unter Normbedingungen liegt das chemische Gleichgewicht stark auf der Seite der Ausgangsstoffe, die Ausbeute an Ammoniak ist unter diesen Bedingungen sehr gering. Durch die Veränderung der Reaktionsbedingungen, wie Temperatur oder Druck, kann die Lage des chemischen Gleichgewichts beeinflusst werden.

Einfluss der Temperatur auf chemische Gleichgewichte Der Einfluss einer Temperaturänderung auf ein chemisches Gleichgewicht lässt sich am Beispiel der Bildung und des Zerfalls von Ammoniak gut nachvollziehen. Die Hinreaktion verläuft exotherm, deshalb begünstigen relativ niedrige Temperaturen die Bildung von Ammoniak (▸**1**). Die Rückreaktion verläuft dagegen endotherm und wird somit durch höhere Temperaturen positiv beeinflusst. Bei jeder Temperaturänderung stellt sich ein neues chemisches Gleichgewicht mit veränderten Stoffmengenanteilen der reagierenden Stoffe ein.

Am Beispiel der Polyiodid-Stärke-Reaktion kann man den Einfluss der Temperatur auf dieses chemische Gleichgewicht experimentell überprüfen (▸**2**; ▸Exp. 6, S. 121). Bei einer Temperatur von 20 °C liegt das chemische Gleichgewicht auf der Seite der Bildung der Polyiodidstärke, was anhand der blauen Färbung zu beobachten ist. Führt man dann langsam Wärme zu, wird das Gemisch farblos. Das chemische Gleichgewicht liegt nun auf der Seite der Ausgangsstoffe Polyiodid und Stärke.

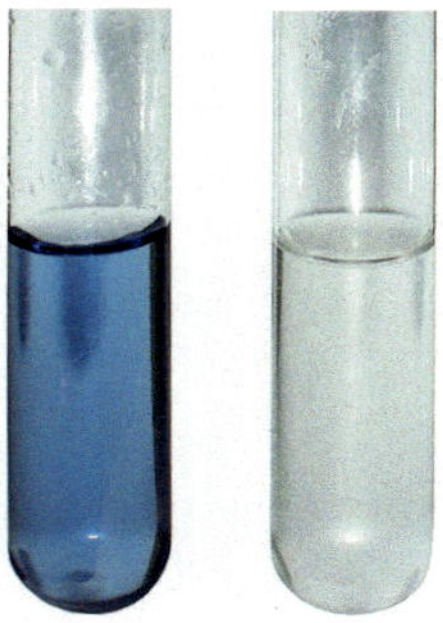

2 Temperaturabhängigkeit des Polyiodidstärke-Polyiodid-Gleichgewichts (links: 20 °C; rechts: 60 °C)

Eine Temperaturerhöhung begünstigt im chemischen Gleichgewicht die Reaktion, die unter Wärmeverbrauch, also endotherm verläuft. Eine Temperaturerniedrigung begünstigt im chemischen Gleichgewicht die Reaktion, die unter Wärmeabgabe, also exotherm verläuft.

Einfluss von Druckänderungen auf chemische Gleichgewichte Sind an einer Gleichgewichtsreaktion Gase beteiligt, so kann die Reaktion unter Volumenänderungen verlaufen, z. B. bei der Ammoniaksynthese. Änderungen des Drucks beeinflussen die Lage des chemischen Gleichgewichts.

$$N_2 + 3\,H_2 \underset{\text{Volumenzunahme}}{\overset{\text{Volumenabnahme}}{\rightleftarrows}} 2\,NH_3 \mid \text{exotherm}$$

1 Volumenanteil, 3 Volumenanteile, 2 Volumenanteile

Da die Hinreaktion unter Volumenabnahme abläuft, wird sie durch einen hohen Druck begünstigt (▸**4**). Die Rückreaktion verläuft unter Volumenzunahme, aus 2 Volumenanteilen Ammoniak entstehen 4 Volumenanteile an Ausgangsstoffen. Sie wird deshalb durch eine Druckverringerung begünstigt (▸**3**).

Druck *p* in MPa	Volumenanteil NH_3 in %
0,1	15,3
10	81,5
30	89,9
60	95,4
100	98,3

3 Volumenanteile von Ammoniak in Abhängigkeit vom Druck bei 200 °C

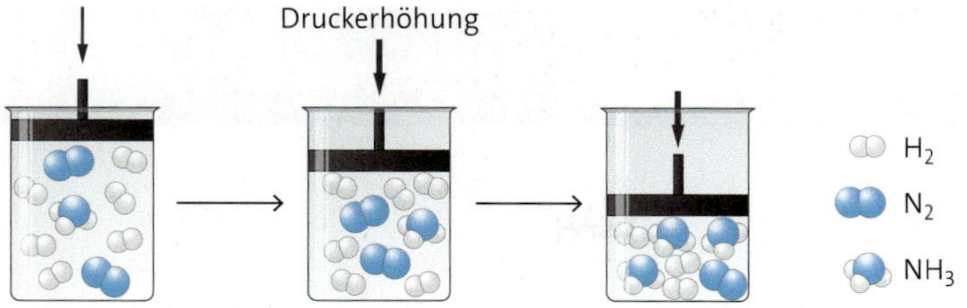

4 Modelldarstellung des Druckeinflusses auf das chemische Gleichgewicht

Eine Druckerhöhung begünstigt im chemischen Gleichgewicht die Reaktion, die unter Volumenabnahme verläuft. Eine Druckerniedrigung begünstigt in einem solchen System die unter Volumenzunahme verlaufende Reaktion.

Prinzip von Le Chatelier Bei einer umkehrbaren chemischen Reaktion stellt sich in einem geschlossenen System bei gleichen äußeren Bedingungen (Temperatur und Druck) stets das gleiche chemische Gleichgewicht ein. Werden die äußeren Bedingungen verändert, so beeinflusst dies die Hin- und Rückreaktion. Es stellt sich ein neues chemisches Gleichgewicht ein. Der Einfluss von Temperatur- und Druckänderungen auf chemische Gleichgewichte wurde Ende des 19. Jahrhunderts von Henry Louis Le Chatelier (▸**5**) untersucht. Das Ergebnis seiner meist theoretischen Überlegungen wird als **Prinzip von Le Chatelier** oder **Prinzip des kleinsten Zwangs** bezeichnet und beinhaltet folgende Grundaussage:

5 Henry Louis Le Chatelier (1850–1936)

Wird auf eine sich im chemischen Gleichgewicht befindende umkehrbare Reaktion ein Zwang ausgeübt, dann weicht das Gleichgewicht dem Zwang so aus, dass die Folgen des Zwangs verringert werden.

Katalysatoren Katalysatoren beeinflussen nicht die Lage des chemischen Gleichgewichts, aber sie beschleunigen chemische Reaktionen, indem sie die Aktivierungsenergie herabsetzen. Sie gehen in der Regel unverändert aus der Reaktion hervor. Die chemische Reaktion vom Zerfall von Wasserstoffperoxid beispielsweise wird durch zugesetzte Katalysatoren wie Braunstein oder Enzyme der Kartoffel beschleunigt (▸Exp. 4, S. 121). **Enzyme** sind Biokatalysatoren, die biochemische Reaktionen schon bei Körpertemperatur möglich machen. Ohne die Wirkung der Enzyme würden Stoffwechselprozesse nur unendlich langsam oder gar nicht ablaufen.

Etwa 90 % aller chemisch-technischen Verfahren werden gegenwärtig von Katalysatoren beeinflusst und wirtschaftlich eingesetzt. Einsparung von Energie und die Herstellung einer größeren Menge an Produkten in kürzerer Zeit verringern die Produktionskosten. Entscheidend ist jedoch, den richtigen Katalysator für die entsprechende chemische Reaktion zu finden. Zur Herstellung von Ammoniak wird ein Mischkatalysator aus Eisen(II)/(III)-oxid genutzt, dem weitere Verbindungen, wie Kaliumcarbonat, Aluminiumoxid und andere zugesetzt werden.

Aufgaben

1 Erläutere den Einfluss von Temperatur- und Druckänderungen auf die Reaktionen:

a $CO_2 + H_2 \rightleftharpoons CO + H_2O$ | endotherm

b $2\,SO_2 + O_2 \rightleftharpoons 2\,SO_3$ | exotherm

2 Gib für die folgenden Beispiele die Reaktionsbedingungen an, mit denen möglichst hohe Ausbeuten erzielt werden können. Wende das Prinzip des kleinsten Zwangs an.

a $2\,C + O_2 \rightleftharpoons 2\,CO$ | exotherm

b $2\,H_2O \rightleftharpoons 2\,H_2 + O_2$ | endotherm

Ammoniaksynthese

Erst durch die technische Ammoniaksynthese wurde die Herstellung von Stickstoffdüngemitteln möglich. Mit dieser Anlage synthetisierte FRITZ HABER (1868–1934) etwas 80 g Ammoniak in der Stunde.

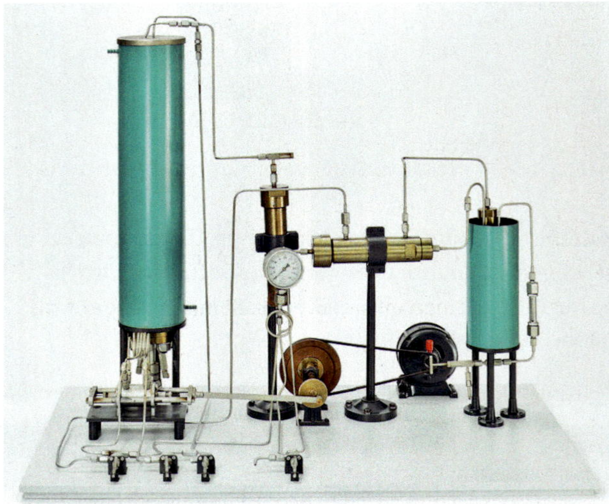

1 Versuchsanlage von FRITZ HABER zur Herstellung von Ammoniak

Geschichte der Ammoniaksynthese Ende des 19. Jahrhunderts wurde es immer wichtiger, eine Alternative zu natürlichem Dünger zu finden. Der Durchbruch gelang am 2. Juli 1909. Der Karlsruher Professor für Chemie FRITZ HABER erzeugte unter Nutzung eines Osmiumkatalysators Ammoniak aus Stickstoff und Wasserstoff. Im Auftrag der Badischen Anilin- und Sodafabrik (BASF) erforschte CARL BOSCH die Umsetzung der Reaktion aus dem Labor in die industrielle Produktion. Gleichzeitig suchten PAUL ALWIN MITTASCH und seine Mitarbeiter nach einem Katalysator, der nicht so teuer wie Osmium sein durfte. In jahrelangen Versuchsreihen von über 20 000 Versuchen mit etwa 3 000 verschiedenen Stoffen wurde er gefunden. Im Jahre 1913 nahm die erste Industrieanlage bei der BASF in Ludwigshafen die industrielle Ammoniakproduktion auf.

Technische Ammoniaksynthese Stickstoff und Wasserstoff sind die Ausgangsstoffe für die technische Ammoniaksynthese. Stickstoff wird aus verflüssigter Luft gewonnen (Linde-Verfahren). Wasserstoff wird aus Erdgas und Wasser oder aus Erdöl und Wasser hergestellt. Die beiden Synthesegase müssen für einen optimalen Reaktionsverlauf im Volumenverhältnis $V(N_2) : V(H_2) = 1:3$ vorliegen. Nach dem Prinzip des kleinsten Zwangs gelten als theoretisch optimale Reaktionsbedingungen niedrige Temperatur und hoher Druck (▸ **2**).

Bei der technischen Durchführung ist aber bei niedrigen Temperaturen die Reaktion zwischen Stickstoff und Wasserstoff so stark gehemmt, dass praktisch keine Reaktion abläuft. Um eine wirtschaftliche Herstellung zu ermöglichen, muss ein Katalysator eingesetzt werden. Dieser benötigt für seine Wirksamkeit eine Temperatur von etwa 450 °C. Die technische Umsetzung erfolgt bei Temperaturen zwischen 400 und 500 °C und einem Druck von 30 MPa.

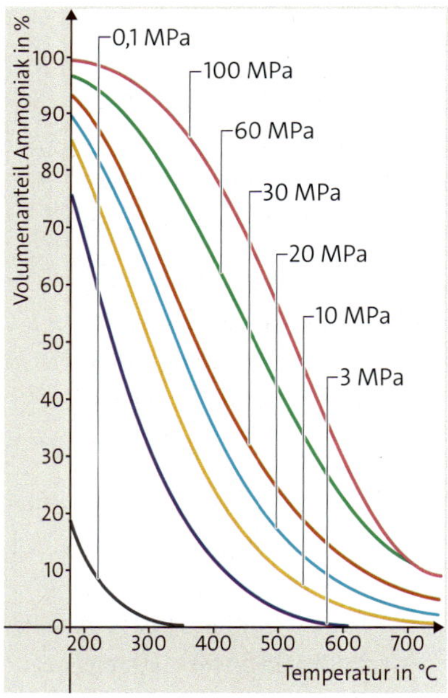

2 Volumenanteil von Ammoniak in Abhängigkeit von Temperatur und Druck

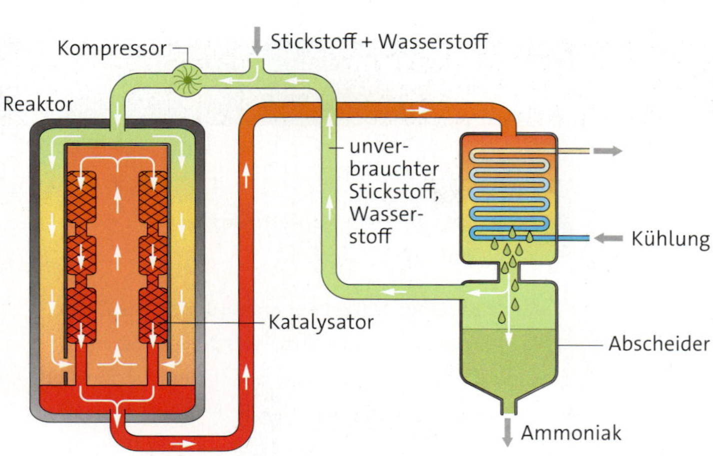

3 Schematische Darstellung einer Anlage zur Herstellung von Ammoniak nach dem Haber-Bosch-Verfahren

Die Reaktion wird in 40 – 60 m hohen Synthesetürmen, den sogenannten **Kontaktöfen**, durchgeführt. Das Synthesegas strömt unter hohem Druck von oben in die Türme und gelangt nach unten in die Wärmetauscher (▸ **3**). Dort wird das kalte Gas im Gegenstrom vorgewärmt und strömt anschließend durch die Katalysatorschichten (Kontakte). An den Kontakten erfolgt die Reaktion von Stickstoff und Wasserstoff zu Ammoniak.
Das den Kontaktofen verlassende Reaktionsgemisch wird abgekühlt. Dabei kondensiert Ammoniak, sodass es im Abscheider als flüssiges Ammoniak aus dem Reaktionsgemisch entfernt werden kann. Stickstoff und Wasserstoff lassen sich dann mit frischem Synthesegas im Kreislauf dem Kontaktofen erneut zuführen.
Die Anlage wird stetig und ohne Unterbrechung betrieben. Dies wird als kontinuierliche Arbeitsweise bezeichnet. Der Volumenanteil an Ammoniak im chemischen Gleichgewicht beträgt theoretisch bei den genannten Reaktionsbedingungen etwa 38 %. Das den Kontaktofen verlassende Reaktionsgemisch enthält aber nur etwa 17 % Ammoniak. Die kurze Verweilzeit des Synthesegasgemischs im Reaktor von nur 1 bis 2 Minuten reicht nicht für die Einstellung des chemischen Gleichgewichts aus.

Energetische Betrachtungen zur Ammoniaksynthese Die Ammoniaksynthese ist insgesamt ein sehr energieintensiver Prozess. Er verbraucht etwa 600 kWh/t erzeugten Ammoniaks. Das liegt vor allem daran, dass für den Aufbau des hohen Drucks große Mengen elektrischer Energie benötigt werden. Die bei der exothermen Reaktion gewonnene Energie ist insgesamt größer, als die bei der endothermen Wasserstoffgewinnung aus der Wasserdampfzerlegung mit Erdgas benötigt wird. Da die frei werdende Energie aber in Form von Wärme auftritt, ist ihre Verwendung nur begrenzt möglich.

Die Ammoniaksynthese wird in einem Kontaktofen bei 400 bis 500 °C und 25 bis 35 MPa durchgeführt. Eine wirtschaftliche Ausbeute gelingt durch die kontinuierliche Arbeitsweise, den Wärmeaustausch im Gegenstromprinzip und die Nutzung des Kreislaufprinzips.

4 Moderne Anlage für die Ammoniaksynthese

Aufgaben

1 Informiere dich über Leben und Wirken von FRITZ HABER. Setze dich kritisch mit dem Wirken von Wissenschaftlern auseinander.

2 Ermittle unter Nutzung des Diagramms (▸ **2**) die Volumenanteile an Ammoniak, die sich in der großtechnischen Anlage bilden würden.
a 400 °C / 20 MPa
b 350 °C / 60 MPa
c 500 °C / 10 MPa

3 Vergleiche die theoretisch optimalen Bedingungen zur Herstellung von Ammoniak mit den Bedingungen in der Technik. Begründe die Unterschiede.

Verhalten von Stoffen beim Erhitzen

Exp. 7 Erhitzen von Eisen

Halte ein Stück Eisenwolle mit der Tiegelzange in die Brennerflamme. Sobald das Eisen aufglüht, entferne es aus der Flamme.
Notiere deine Beobachtungen und formuliere die Reaktionsgleichung.
Entsorgung: Feststoff in den Hausmüll geben.

Exp. 8 Erhitzen von Silberoxid

Gib etwa 1 g Silberoxid (GHS03|05) in ein Reagenzglas und erhitze kräftig mit der Brennerflamme. Führe die Glimmspanprobe durch.
Notiere deine Beobachtungen. Deute das Ergebnis und formuliere die Reaktionsgleichung.
Entsorgung: Silberrückstände einsammeln.

Exp. 9 Erhitzen von Kupfer(II)-oxid mit Zink

Mische in einem Reagenzglas jeweils eine Spatelspitze schwarzes Kupfer(II)-oxid (GHS07|09) mit Zinkpulver (GHS07) und erhitze in der Brennerflamme.

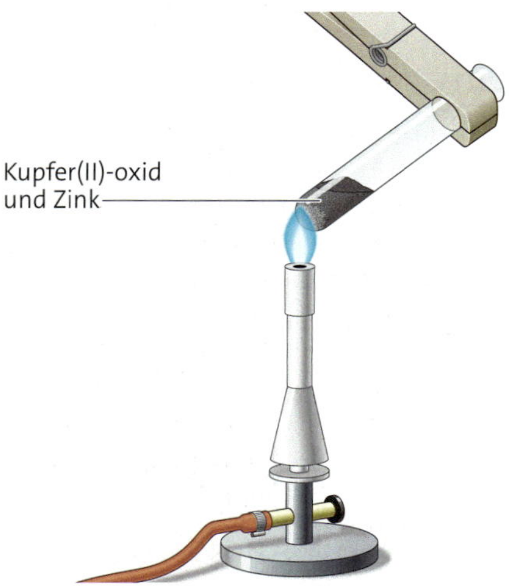

Notiere deine Beobachtungen und deute das Ergebnis.
Entsorgung: Feststoff in den Hausmüll geben.

Exp. 10 Erhitzen von Kupfer(II)-oxid mit Kohlenstoff

Verwende eine Experimentieranordnung wie in der Abbildung. Fülle ein Gemisch aus 2 g schwarzem Kupfer(II)-oxid (GHS07|09) und 0,2 g pulverförmiger Holzkohle in das Reagenzglas. Erhitze kräftig mit der Brennerflamme, bis das Gemisch aufglüht. Entferne den Stopfen, bevor das Gemisch abgekühlt ist.

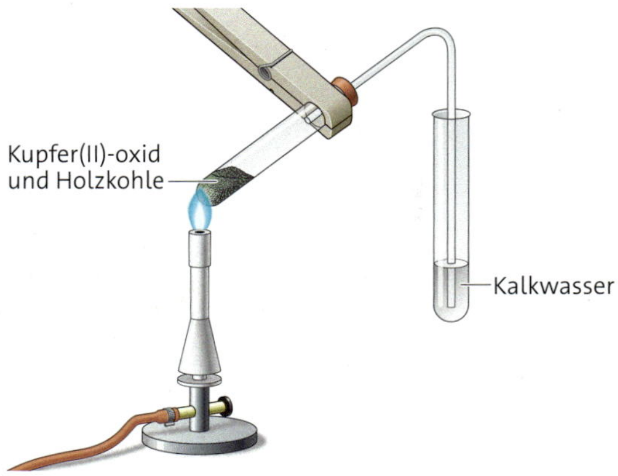

Notiere deine Beobachtungen und deute die Versuchsergebnisse.
Entsorgung: Reaktionsprodukt in den Hausmüll geben. Reste vom Kalkwasser über das Abwasser entsorgen.

Exp. 11 Erhitzen von Kupfer(II)-oxid mit Eisen und Eisen(II)-oxid mit Kupfer

Mische in je einer Porzellanschale 2 g schwarzes Kupfer(II)-oxidpulver (GHS07|09) mit 1 g Eisenpulver (GHS02) bzw. 1 g schwarzes Eisen(II)-oxidpulver mit 1 g Kupferpulver (GHS02|09). Gib die Mischungen in je ein Reagenzglas und erhitze kräftig mit dem Brenner bis zur Rotglut. Gib die Inhalte der Reagenzgläser nach dem Erkalten auf Uhrglasschalen.
Notiere deine Beobachtungen. Nenne die Reaktionsprodukte. Vergleiche die chemischen Reaktionen miteinander.
Entsorgung: Feststoffe in den Hausmüll geben.

Exp. 12

Erhitzen von Rost mit Holzkohle

Mische eine Spatelspitze Rost mit einer Spatelspitze Holzkohlepulver. Gib das Gemisch in einen Verbrennungslöffel und erhitze diesen in der Brennerflamme.

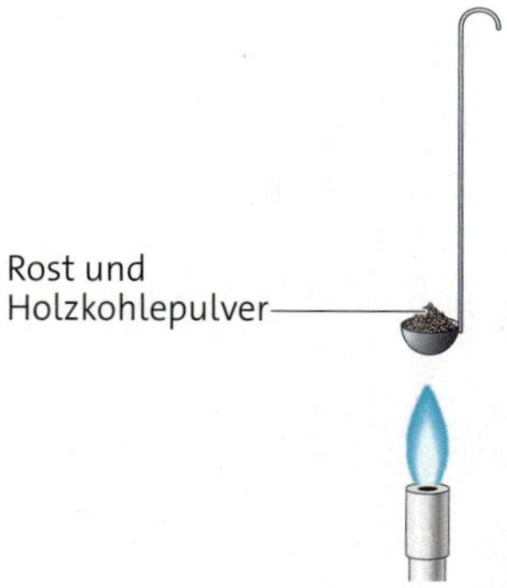

Notiere deine Beobachtungen und deute die Versuchsergebnisse.
Entsorgung: Feststoffe in den Hausmüll geben.

Exp. 13

Reaktionen von Eisen, Kupfer, Aluminium und ihren Oxiden

Stelle jeweils Gemische aus einem Metallpulver, z. B. Kupferpulver (GHS02|09), und einem anderen Metalloxidpulver (GHS07|09), z. B. schwarzes Eisen(II)-oxidpulver, her.
Stelle so insgesamt sechs verschiedene Gemische aus dem jeweiligen Metallpulver von Eisen, Kupfer sowie Aluminium und ihren Oxiden her. Gib die Gemische nacheinander in eine Magnesiarinne und erhitze diese in der Brennerflamme.

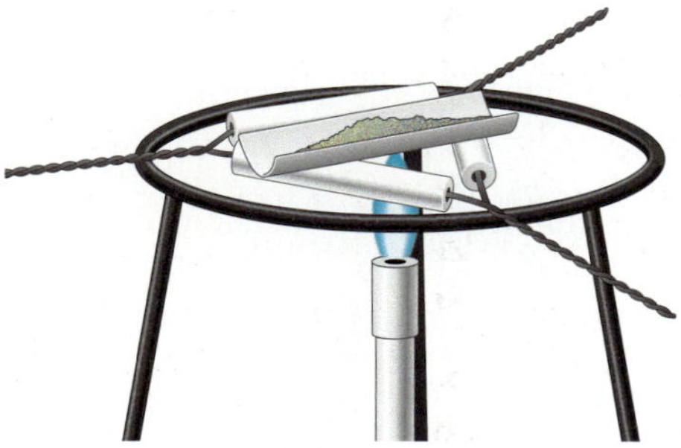

Notiere deine Beobachtungen und stelle das Ergebnis in einer Tabelle dar. Interpretiere das Ergebnis.
Entsorgung: Feste Stoffe in den Hausmüll geben.

Exp. 14

Löschversuch von brennendem Magnesium

Entzünde ein etwa 2 cm langes Stück Magnesiumband (GHS02) in der Brennerflamme. Tauche es dann in einen mit Kohlenstoffdioxid gefüllten Standzylinder.

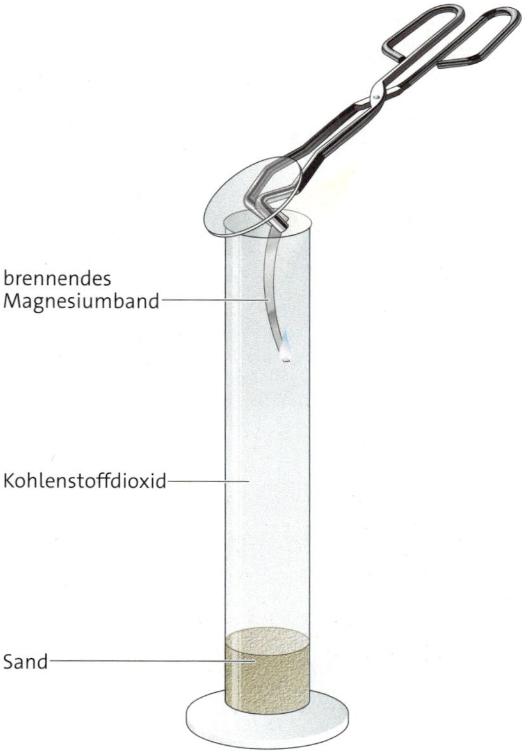

Betrachte am Ende des Experiments auch die Wand des Standzylinders. Notiere deine Beobachtungen und deute das Versuchsergebnis.
Entsorgung: Feststoff in den Hausmüll geben.

Exp. 15

Reaktionsverhalten von Magnesiumoxid mit Eisen

Mische eine Spatelspitze Magnesiumoxidpulver mit einer Spatelspitze Eisenpulver (GHS02). Gib die Mischung in ein Reagenzglas und erhitze kräftig mit dem Brenner.
Notiere deine Beobachtungen und deute die Versuchsergebnisse.
Entsorgung: Feststoffe in den Hausmüll geben.

Oxidation – Reduktion – Redoxreaktion

Viele Metalle kommen in der Natur nicht elementar oder wie Kupfer nur in Form kleiner Nuggets vor. Nur weil es möglich ist, aus Metallerzen die Metalle zu gewinnen, können jedes Jahr Milliarden Tonnen metallischer Produkte hergestellt werden.

1 Jährlich werden etwa 15,8 Millionen Tonnen Kupfererze abgebaut.

2 Aus dem Eisenmineral Hämatit (Fe_2O_3) wird Eisen gewonnen.

3 Erhitzen von Silberoxid

Oxidation Beim Erhitzen von Metallen an der Luft laufen chemische Reaktionen ab – die schon bekannte Oxidation. Die Reaktionsprodukte einer Oxidation sind Oxide. So reagiert hellgraues Eisen mit dem Luftsauerstoff zu schwarzem Eisen(II)-oxid (▸Exp. 7, S. 128). Die meisten Metalle reagieren mit Sauerstoff zu Metalloxiden.

Eisen + Sauerstoff ⟶ Eisen(II)-oxid | exotherm

$2\,Fe + O_2 \longrightarrow 2\,FeO$ | exotherm

Reduktion Metalloxide kommen in der Natur sehr häufig vor und sind wichtige Rohstoffe zur Metallgewinnung. Man muss dazu den chemisch gebundenen Sauerstoff in den Metalloxiden freisetzen. Wenn braunes Silberoxid (Ag_2O) erhitzt wird, entsteht elementares Silber (▸Exp. 8, S. 128; ▸**3**). Als weiteres Reaktionsprodukt kann Sauerstoff nachgewiesen werden. Silberoxid lässt sich also durch Erhitzen zerlegen.

Silberoxid ⟶ Silber + Sauerstoff | endotherm

$2\,Ag_2O \longrightarrow 4\,Ag + O_2$ | endotherm

Das Silberoxid setzt den Sauerstoff frei und das Metall wird in den elementaren Zustand „zurückgeführt“. Eine solche chemische Reaktion bezeichnet man als **Reduktion** (lat. *reducere:* zurückführen). Das Silberoxid wurde reduziert.
Bildung und Zerlegung von Silberoxid sind einander entgegengesetzte Reaktionen. Alle Metalle können durch Erhitzen aus ihren Oxiden gewonnen werden, jedoch sind hierzu oft hohe Temperaturen erforderlich.

Eine Reduktion ist eine chemische Reaktion, bei der einem Stoff Sauerstoff entzogen wird. Sie ist die Umkehrung der Oxidation.

Bei einer Reduktion kann der Sauerstoff auch mithilfe eines anderen Stoffes aus einer Verbindung entzogen werden. Kupfer(II)-oxid (CuO) reagiert mit Magnesium in einer exothermen Reaktion zu festem rotbraunem Kupfer und weißem Magnesiumoxid (▸ Exp. 16; ▸ **4**).

Kupfer(II)-oxid + Magnesium ⟶ Kupfer + Magnesiumoxid | exotherm

$CuO + Mg \longrightarrow Cu + MgO$ | exotherm

Bei dieser chemischen Reaktion entzieht das Magnesium dem Kupfer(II)-oxid den gebundenen Sauerstoff, das Kupfer(II)-oxid wird reduziert. Auch andere Stoffe wie Kohlenstoff und Zink sind in der Lage, dem Kupfer(II)-oxid den Sauerstoff zu entziehen (▸ Exp. 9 und 10, S. 128). Stoffe, die anderen Verbindungen Sauerstoff entziehen, werden als **Reduktionsmittel** bezeichnet.

Redoxreaktion Bei der chemischen Reaktion von Kupfer(II)-oxid mit Kohlenstoff wird das schwarze Kupfer(II)-oxid zu rotbraunem metallischem Kupfer reduziert (▸ Exp. 10, S. 128). Als weiteres Reaktionsprodukt entsteht Kohlenstoffdioxid, das durch die Trübung von Kalkwasser nachgewiesen wird. Das Reduktionsmittel Kohlenstoff wurde zu Kohlenstoffdioxid oxidiert.
Solche chemischen Reaktionen nennt man **Redoxreaktionen** – bei ihnen laufen **Red**uktion und **Ox**idation gleichzeitig ab.

Reduktion (2 CuO → 2 Cu)

$2\,CuO + C \longrightarrow 2\,Cu + CO_2\uparrow$ | exotherm

Oxidation (C → CO_2)

Redoxreaktionen sind chemische Reaktionen, bei denen Reduktion und Oxidation gleichzeitig ablaufen.

Kupfer(II)-oxid kann auch durch Zink reduziert werden (▸ Exp. 9, S. 128; ▸ **5**). Dabei ist Zink das Reduktionsmittel. Es entzieht dem Kupfer(II)-oxid den Sauerstoff und wird zu Zinkoxid oxidiert. Kupfer(II)-oxid liefert für diese Oxidation den Sauerstoff. Man bezeichnet es deshalb als **Oxidationsmittel**. Während der Redoxreaktion wird es zu elementarem Kupfer reduziert.

Reduktion (CuO → Cu)

Oxidationsmittel: CuO

$CuO + Zn \longrightarrow Cu + ZnO$ | exotherm

Reduktionsmittel: Zn

Oxidation (Zn → ZnO)

Bei einer Redoxreaktion gibt das Oxidationsmittel Sauerstoff ab und wird reduziert, das Reduktionsmittel nimmt den Sauerstoff auf und wird oxidiert.

Exp. 16 | L

Reaktion von Kupfer(II)-oxid mit Magnesium

Je ein Spatel Kupfer(II)-oxid (GHS07|09) und Magnesiumpulver (GHS02) werden auf einer feuerfesten Unterlage vermischt und entzündet.

4 Reaktion von Kupfer(II)-oxid mit Magnesium

5 Reaktion von Kupfer(II)-oxid mit Zink

1 Chemische Reaktion von Magnesium mit Trockeneis (Kohlenstoffdioxid)

Exp. 17 | **L**

Reaktion von Magnesium mit Trockeneis

In einen Trockeneisblock wird mit einem Spatellöffel eine Mulde geschabt und mit Magnesiumspänen (GHS02) gefüllt. Ein entzündetes Stück Magnesiumband (GHS02) wird in die Mulde gelegt. Darauf wird ein zweiter Block Trockeneis gestellt.

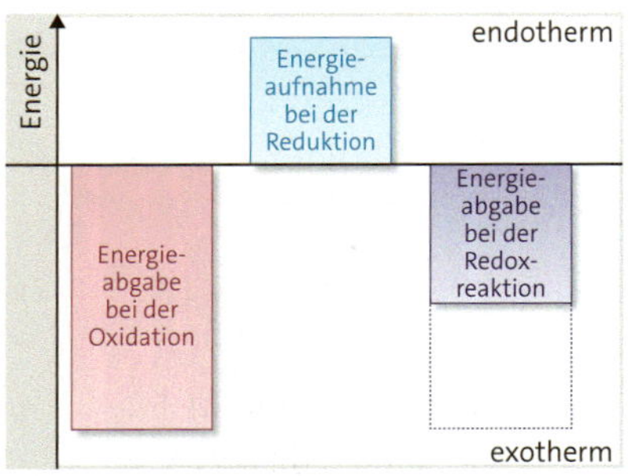

2 Energiebilanz einer Redoxreaktion

Energiebilanz einer Redoxreaktion Auch bei der chemischen Reaktion von Magnesium mit Kohlenstoffdioxid handelt es sich um eine Redoxreaktion. Das Kohlenstoffdioxid gibt den gebundenen Sauerstoff ab und wird zu elementarem Kohlenstoff reduziert. Gleichzeitig nimmt das Magnesium den Sauerstoff auf und wird zu Magnesiumoxid oxidiert. Die Redoxreaktion von Magnesium mit Kohlenstoffdioxid ist eine stark exotherme Reaktion, die nach der Aktivierung von selbst abläuft (▸ Exp. 14, S. 129; ▸ Exp. 17; ▸ **1**).

Kohlenstoffdioxid + Magnesium ⟶ Kohlenstoff + Magnesiumoxid | exotherm

Reduktion (CO_2 ⟶ C)

$CO_2 + 2\,Mg \longrightarrow C + 2\,MgO$ | exotherm

Oxidation (Mg ⟶ MgO)

Bei einer Redoxreaktion finden immer eine endotherme Reduktion und eine exotherme Oxidation gleichzeitig statt. Um die Reaktion zu starten, muss sie zunächst durch Energiezufuhr aktiviert werden.
Ein Teil der frei werdenden Energie der exothermen Oxidation wird fortlaufend bei der endothermen Reduktion wieder aufgenommen. Die restliche Energie ist als Wärme und Licht beobachtbar. Die bei einer Redoxreaktion freigesetzte Energie resultiert also aus der Kombination von exothermer Oxidation und endothermer Reduktion, insgesamt handelt es sich um eine exotherme Reaktion (▸ **2**).

Aufgaben

1 Vergleiche Oxidation und Reduktion miteinander.

2 Kennzeichne Reduktion und Oxidation sowie Oxidations- und Reduktionsmittel für die Reaktion von Kupfer(II)-oxid (CuO) und Magnesium.

3 Formuliere für die Reaktion von Silberoxid mit Aluminium die Wortgleichung. Kennzeichne Reduktion und Oxidation sowie Oxidations- und Reduktionsmittel.

Experimentelles naturwissenschaftliches Problemlösen

In den Naturwissenschaften lassen sich durch geschickte Wahl von Experimenten Lösungen zu vielen Problemen finden. Beim experimentellen naturwissenschaftlichen Problemlösen ist ein Vorgehen nach der angegebenen Schrittfolge sinnvoll.

Für ein Experiment im Chemieunterricht wird Zink benötigt. Leider sind kurz zuvor alle Zinkvorräte aus der Sammlung verbraucht worden. Es ist aber noch Zinkoxid vorhanden, aus dem das benötigte Zink hergestellt werden könnte. Würde man aber das Zink durch Reduktion von Zinkoxid mit einem anderen Metall, z. B. Magnesium, herstellen, wäre das Produkt durch das entstehende Magnesiumoxid verunreinigt.

1 Erfasse das Problem.

Es soll Zink aus Zinkoxid hergestellt werden. Das entstehende Zink soll nicht durch andere Stoffe verunreinigt sein.

Problem: Wie kann reines Zink aus Zinkoxid hergestellt werden?

2 Leite eine Vermutung zur Lösung des Problems ab.

Es ist bekannt, dass Kupfer(II)-oxid durch Kohlenstoff zu reinem Kupfer reduziert werden kann. Dabei wird der feste Kohlenstoff zu gasförmigem Kohlenstoffdioxid oxidiert. Dieses entweicht und verunreinigt das Kupfer nicht. Zinkoxid ist ebenso wie Kupfer(II)-oxid eine chemische Verbindung aus Metall und Sauerstoff.

Vermutung: Zinkoxid wird durch Kohlenstoff zu Zink reduziert. Dabei entweicht Kohlenstoffdioxid. Das Zink wird nicht verunreinigt.

3 Leite aus der Vermutung experimentell überprüfbare Folgerungen ab.

Wenn die aufgestellte Vermutung stimmt, dann müsste man Folgendes beobachten: Es entsteht ein fester silbergrauer Stoff und ein gasförmiger Stoff, der Kalkwasser trübt.

4 Plane ein Experiment, führe es durch und beobachte.

2 g feines Zinkoxid werden mit 0,3 g Kohlenstoffpulver gemischt und in der Versuchsapparatur stark erhitzt (►1).

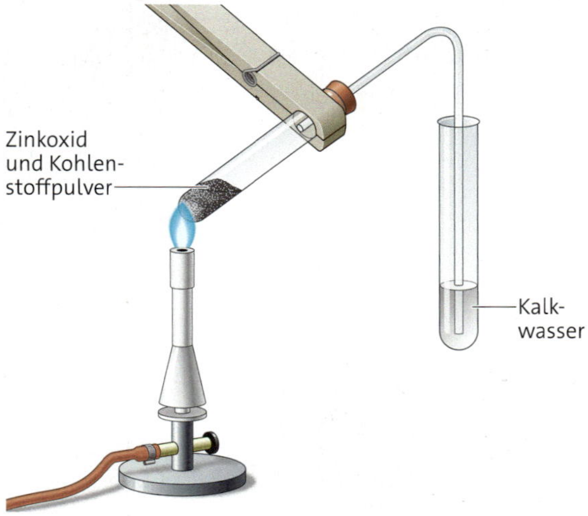

1 Versuchsapparatur

5 Vergleiche die Beobachtungsergebnisse mit den experimentell überprüfbaren Folgerungen.

Nach der Reaktion hat sich an der Wandung des Reagenzglases ein silbergrauer Belag abgeschieden. Es ist ein gasförmiges Reaktionsprodukt entstanden, das das Kalkwasser getrübt hat. Die experimentell überprüfbaren Folgerungen und die Beobachtungsergebnisse stimmen überein.

6 Formuliere eine Aussage über die Richtigkeit einer Vermutung.

Die Vermutung wurde bestätigt. Zinkoxid lässt sich durch Kohlenstoff zu Zink reduzieren.

Reduktion (ZnO → Zn)

$$2\,ZnO + C \longrightarrow 2\,Zn + CO_2\uparrow$$

Oxidation (C → CO_2)

Das bei der Reaktion entstehende Kohlenstoffdioxid verunreinigt das Zink nicht.

Reaktivität der Metalle gegenüber Sauerstoff

Modeschmuck zeigt zum Teil schon nach kurzer Zeit unschöne Verfärbungen. Der Goldschmuck der ägyptischen Pharaonen sieht dagegen heute noch so aus wie vor Tausenden Jahren. Durch die Kenntnis der Reaktivität von Metallen lassen sich Voraussagen über das Reduktionsvermögen der Metalle treffen.

1 Gold glänzt auch noch nach Jahrtausenden.

2 Korrosionsschutz durch Blöcke aus unedleren Metallen wie Zink

Abschätzen von Redoxreaktionen Kupfer(II)-oxid kann durch Eisen oder Aluminium zu Kupfer reduziert werden (▸ Exp. 11, S. 128; ▸ Exp. 13, S. 129). Umgekehrt lassen sich Eisen(II)-oxid und Aluminiumoxid nicht durch Kupfer zu den Metallen reduzieren. Der Grund für dieses unterschiedliche Verhalten liegt in dem verschieden starken Bestreben (der Affinität) der Metalle, mit Sauerstoff Verbindungen einzugehen.

Unedle Metalle wie Magnesium und Eisen, aber auch Nichtmetalle wie Kohlenstoff und Wasserstoff haben eine große Affinität zu Sauerstoff. **Edle Metalle** wie Gold, Silber und Kupfer haben nur eine geringe Affinität, mit Sauerstoff zu den jeweiligen Oxiden zu reagieren. Daher kommen nur Edelmetalle in der Natur gediegen, also als Metall vor.
Werden die Metalle nach ihrer Stärke als Reduktionsmittel angeordnet, ergibt sich eine Reihenfolge in der Reaktivität gegenüber Sauerstoff. Je weiter rechts ein Metall steht, desto geringer ist seine Affinität zu Sauerstoff.

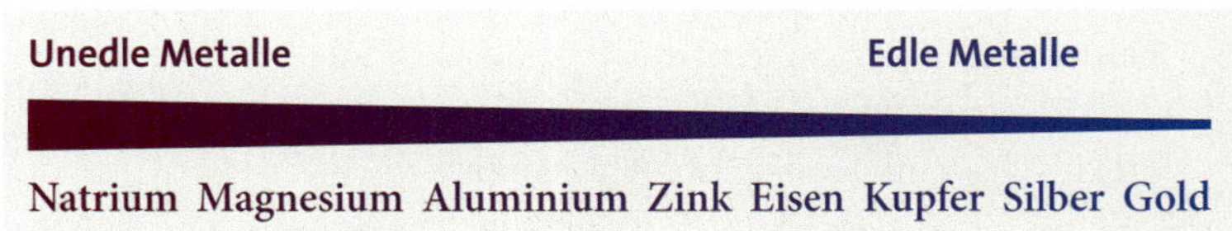

3 Affinität der Metalle zu Sauerstoff und deren Reduktionsvermögen

Mithilfe dieser Anordnung der Metalle können Redoxreaktionen abgeschätzt werden: Das Oxid eines Metalls lässt sich von dem in der Reihe jeweils links angeordneten unedleren Metall reduzieren. Die Erkenntnisse aus dem unterschiedlichen Reaktionsverhalten der Metalle finden z. B. bei der Gewinnung metallischer Rohstoffe oder im Korrosionsschutz Anwendung.

Aufgabe

1 Entscheide, ob die Redoxreaktion zwischen diesen Stoffen möglich ist. Formuliere die Reaktionsgleichung.
   a Zinkoxid und Magnesium
   b Silberoxid und Eisen
   c Kupfer(II)-oxid und Gold
   d Kupfer(II)-oxid und Natrium

Vom Quarzsand zum Mikrochip

Silicium – der wichtigste Ausgangsstoff für die Halbleiterindustrie – wird aus einfachem Quarzsand hergestellt.

Siliciumgewinnung Quarzsand (chemisch SiO_2) wird zusammen mit Kohlepulver in Schmelzöfen stark erhitzt. Das bei dieser Redoxreaktion entstehende Silicium enthält aber noch rund 2 % Verunreinigungen und muss daher durch verschiedene Verfahren zu Reinstsilicium (w(Si) = 99,9999999 %) aufbereitet werden.

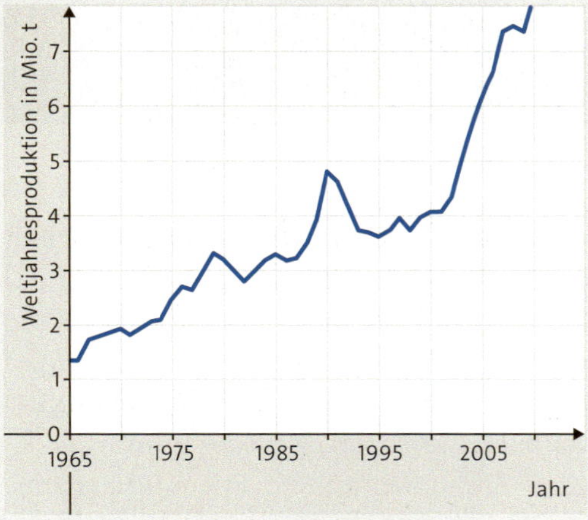

1 Weltjahresproduktion an Silicium – 10 % werden zu Reinstsilicium für Mikrochips weiterverarbeitet.

2 Aus einem Siliciumeinkristall werden spiegelnde Wafer gesägt.

3 Quarzsand als Ausgangsstoff für die Siliciumherstellung

Mikrochips Grundlage zur Herstellung von Mikrochips bilden sogenannte Wafer. Das sind dünne Scheiben aus Silicium (►2). Je nach Durchmesser finden später über hundert Chips auf dem Wafer Platz. Die Scheiben werden aus einer Säule gesägt, die aus einem einzigen Siliciumkristall besteht. Dieser Einkristall wird durch das Zonenziehverfahren hergestellt. Beim stückweisen Aufschmelzen der Säule wird das Silicium gleichzeitig weiter gereinigt. Fremdstoffe sammeln sich in der Schmelzzone und werden später einfach von der Säule abgetrennt.

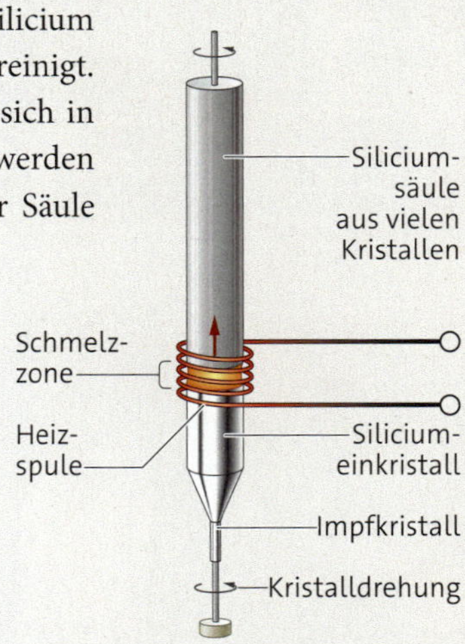

Aufgaben

1 Entwickle die Reaktionsgleichung zur Herstellung von Silicium aus Quarzsand und Kohlepulver.

2 Beschreibe das Zonenziehverfahren mithilfe der Abbildung.

3 Informiere dich über weitere Verwendungsmöglichkeiten des Siliciums.

Technisch bedeutsame Redoxreaktionen

A wie Autokarosserie bis Z wie Zahnspange – Gegenstände aus Eisen begegnen uns ständig im Alltag. Die Anzahl der Verwendungsmöglichkeiten zeigt die große Vielseitigkeit und Bedeutung von Eisen und seinen Legierungen.

1 Redoxreaktionen ermöglichen die Herstellung von Eisenbahnschienen.

2 Abstich des Roheisens am Hochofen

Eisen – ein wichtiger Rohstoff Eisen kommt, abgesehen von eisenhaltigen Meteoriten, in der Natur nur in Verbindungen vor. Es gibt etwa hundert verschiedene Eisenmineralien, von denen nur fünf zur industriellen Eisengewinnung verwendet werden. Hierzu zählen Hämatit (Fe_2O_3) (▸ **2**, S. 130) mit einem Massenanteil von 70 % Eisen und Magnetit (Fe_3O_4) mit einem Massenanteil von rund 72 % Eisen.
Nach dem bergmännischen Abbau werden die Eisenerze zunächst zerkleinert und vom eisenfreien Begleitgestein getrennt. Im Fall von Magnetit kann diese Trennung sehr leicht über eine Magnetabscheidung geschehen, denn wie sein Name schon andeutet, ist dieses Eisenmineral magnetisch.

Herstellung von Roheisen im Hochofen Um aus dem Eisenerz Eisen zu gewinnen, müssen die im Erz enthaltenen Eisenoxide reduziert werden. Die Reaktionen finden in einem **Hochofen** statt. Dieser ist ein bis zu 50 m hoher, auf dem Gegenstromprinzip basierender Gebläseofen. Der aus feuerfesten Steinen gemauerte Innenraum wird von einem Stahlmantel umschlossen. Die heißeren Bereiche des Hochofens werden mit Wasser gekühlt, sodass er einem Dauerbetrieb von zehn Jahren und länger standhält.

Von oben wird der Hochofen schichtweise mit **Koks** und einer Mischung aus **Eisenerzen** und **Zuschlägen** befüllt. Letztere dienen dazu, schwer schmelzbare eisenfreie Bestandteile des Erzes, die Gangart, in leichtschmelzbare Verbindungen, die **Schlacke**, zu überführen. Prinzipiell werden die Eisenoxide durch Kohlenstoff reduziert (▸ Exp. 12, S. 129; ▸ Exp. 18). Da das Erz und der Kohlenstoff fest sind, ist die Kontaktfläche zwischen ihnen gering, und eine Reaktion kann nur langsam ablaufen.

Ein gasförmiges Reduktionsmittel kann sich hingegen gut mit dem Erz durchmischen. Daher wird bei der Herstellung von Roheisen zunächst der Kohlenstoff zu Kohlenstoffmonooxid oxidiert. Dazu wird am unteren Ende des Hochofens der **Wind**, 900 °C bis 1 300 °C heiße Luft, in den Ofen geblasen. Der Koks reagiert mit dem Sauerstoff im Wind in einer stark exothermen Reaktion zu Kohlenstoffdioxid. Dieses reagiert mit weiterem Koks zu Kohlenstoffmonooxid, das nach oben steigt und die Eisenoxide reduziert. Oben aus dem Ofen tritt das **Gichtgas** aus. Es enthält neben Stickstoff noch Kohlenstoffdioxid, Kohlenstoffmonooxid und Wasserstoff. Es wird zum Vorheizen des Windes und zur Stromerzeugung genutzt.

Das flüssige **Roheisen** sammelt sich am Boden des Hochofens. Die auf ihm schwimmende **Schlacke** schützt das Eisen vor einer Oxidation durch die eingeblasene Luft. Eisen und Schlacke werden in bestimmten Zeitabständen abgestochen. Dazu werden die **Abstichlöcher** am unteren Ende des Hochofens aufgebohrt und die flüssigen, etwa 1 500 °C heißen Produkte aufgefangen (▸**2**). Im Roheisen sind Verunreinigungen von Kohlenstoff, Phosphor und Schwefel enthalten. Daher ist es hart und spröde. Es wird als Gusseisen verwendet.

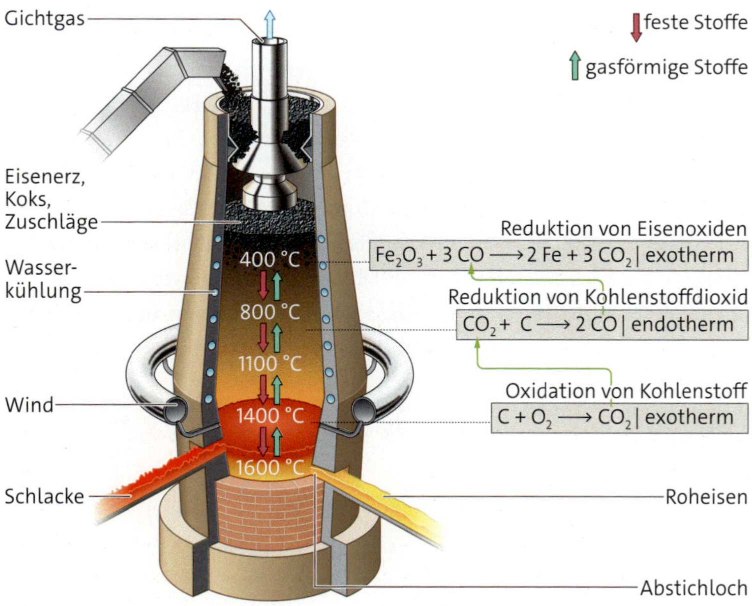

3 Vorgänge im Hochofen

Exp. 18 | **L**

Modellexperiment zum Hochofenprozess

Abzug! Ein Quarzrohr wird abwechselnd mit Aktivkohle und Eisenoxid (Fe_2O_3, GHS07) gefüllt. Die unterste Kohleschicht wird mit zwei Gasbrennern zum Glühen gebracht und Sauerstoff (GHS03) in das Reaktionsrohr geleitet. Danach werden das Eisenoxid und die obersten Schichten erhitzt. Austretendes Kohlenstoffmonooxid (GHS02|06|08) wird entzündet. Wenn beide Kohleschichten glühen, werden die Brenner entfernt und die Sauerstoffzufuhr reduziert.

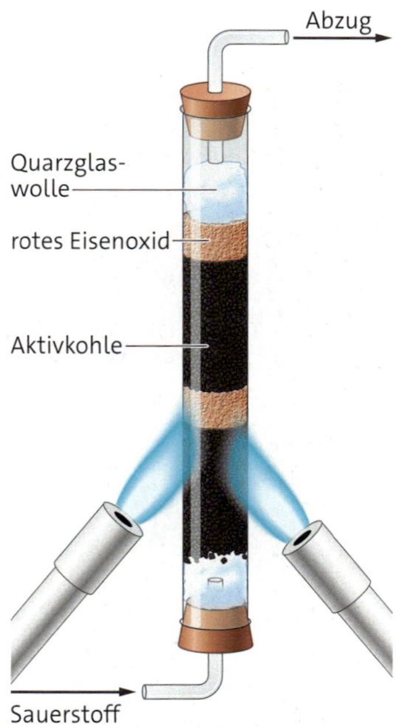

Aufgaben

1 Kennzeichne in der Reaktionsgleichung für die Reaktion von Eisen(III)-oxid (Fe_2O_3) mit Kohlenstoffmonooxid Oxidation und Reduktion und benenne Oxidations- und Reduktionsmittel (▸**3**).

2 Beschreibe die Vorgänge im Hochofen mithilfe des Schemas (▸**3**).

3 Erkläre, warum die Schlacke das Roheisen vor einer Oxidation schützt.

4 Informiere dich über Eigenschaften und Verwendung von Gusseisen.

1 Flüssiges Eisen verbindet die Enden zweier Eisenbahnschienen.

Aluminothermisches Verfahren Beim **aluminothermischen Verfahren** werden Metalle durch die Reduktion ihrer Oxide mit dem unedlen Aluminium gewonnen. Durch die hohe Affinität des Aluminiums zu Sauerstoff handelt es sich bei diesem Verfahren um einen stark exothermen Vorgang. Es wird beispielsweise für die Herstellung von Silicium, Mangan (▸ Exp. 19) und Chrom verwendet. Als Produkt entsteht ein Gemisch aus dem gewünschten Metall und Aluminiumoxid.
Für die Gewinnung hochreiner Metalle ist es nicht geeignet, so darf der Grad der Verunreinigungen beim Silicium zur Halbleiterproduktion maximal ein milliardstel Prozent betragen. Daher ist eine anschließende Reinigung der Metalle notwendig.

Exp. 19 | L

Herstellung von Mangan

Vorsicht! Im Freien genügend Abstand! Mangan(IV)-oxidpulver (GHS07) und Aluminiumgrieß (GHS02) werden gut vermischt und in einen in Sand eingebetteten Faltenfilter gefüllt. Auf das Gemisch wird Magnesiumpulver (GHS02) gegeben und mit einem Magnesiumband (GHS02) gezündet.

Herstellung von Roheisen vor Ort Beim Verlegen von Eisenbahnschienen müssen die einzelnen Enden der Schienenstränge miteinander verschweißt werden. Hierfür wird flüssiges Eisen benötigt, das die Lücke zwischen den Schienenenden ausfüllen kann. Das flüssige Eisen wird vor Ort mithilfe des aluminothermischen Verfahrens (Thermitverfahren) hergestellt (▸ Exp. 20). Dazu wird eine Mischung aus Eisen(III)-oxid und Aluminiumgrieß in einem feuerfesten Gefäß gezündet.

Aluminium + Eisen(III)-oxid ⟶ Aluminiumoxid + Eisen | exotherm

Reduktion (Fe_2O_3 → Fe)

$$2\,Al + Fe_2O_3 \longrightarrow Al_2O_3 + 2\,Fe \quad | \text{ exotherm}$$

Oxidation (Al → Al_2O_3)

Bei dieser Reaktion entsteht innerhalb weniger Sekunden eine Temperatur von etwa 2400 °C. Das flüssige Eisen fließt durch eine Öffnung des Reaktionsgefäßes in eine um die Schienen befestigte Form (▸1). Durch die hohen Temperaturen werden die Enden der Schienen angeschmolzen und so dauerhaft miteinander verbunden.

Exp. 20 | L

Aluminothermisches Verfahren

Vorsicht! Im Freien genügend Abstand! Ein Blumentopf oder ein spezieller Tiegel wird unten mit einer dünnen Blechscheibe, Alufolie oder einem Filterpapier verschlossen und mit einem Thermitgemisch aus Eisen(III)-oxid (GHS07) und Aluminiumgrieß (GHS02) im Massenverhältnis 3 : 1 gefüllt. Das Gemisch wird mit einer Wunderkerze oder einem Magnesiumband (GHS02) gezündet.

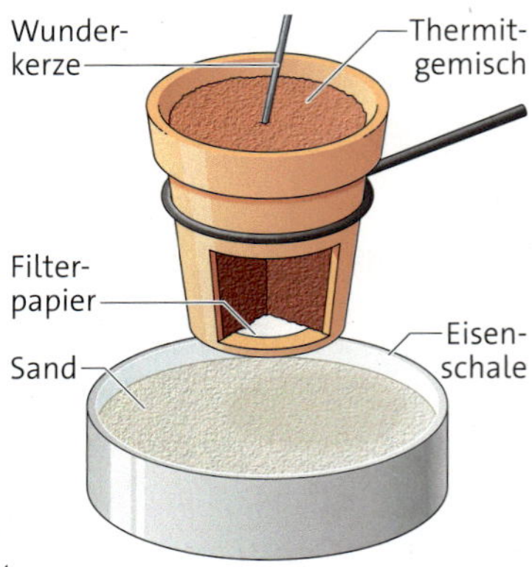

Aufgaben

1 Begründe, warum das aluminothermische Verfahren besonders zur Herstellung kleiner Stoffportionen geeignet ist.

2 Formuliere die Reaktionsgleichungen für die aluminothermische Gewinnung von Mangan, Silicium und Chrom aus ihren Oxiden.

Stahl

Stahl – ein wichtiger Werkstoff Im Gegensatz zum Roheisen lässt sich Stahl im warmen und im kalten Zustand durch Walzen, Pressen, Ziehen und Schmieden formen. Zur Stahlgewinnung müssen zunächst Kohlenstoff und weitere Begleitelemente wie Schwefel und Phosphor, z. B. durch Reaktion mit Sauerstoff, weitgehend aus dem Roheisen entfernt werden. Der so gewonnene Stahl hat einen Massenanteil an Kohlenstoff von maximal 1,7 %. Durch die Zugabe verschiedener Legierungselemente, wie Chrom, Wolfram und Nickel, können Stähle mit unterschiedlichen Eigenschaften hergestellt werden. (▸1, 3)

1 Besteck aus Chromnickelstahl (≈25 % Chrom, ≈20 % Nickel; hart, zäh, hitze- und rostbeständig)

Weltstahlproduktion Um ein Kilogramm Roheisen im Hochofen zu produzieren, wird fast ein halbes Kilogramm Kohlenstoff benötigt. Daraus entstehen letztendlich rund 1,8 kg Kohlenstoffdioxid. Stahl wird aber nicht nur aus Roheisen erzeugt. Durch das Recycling von Schrott werden Energie und wertvolle Ressourcen gespart.

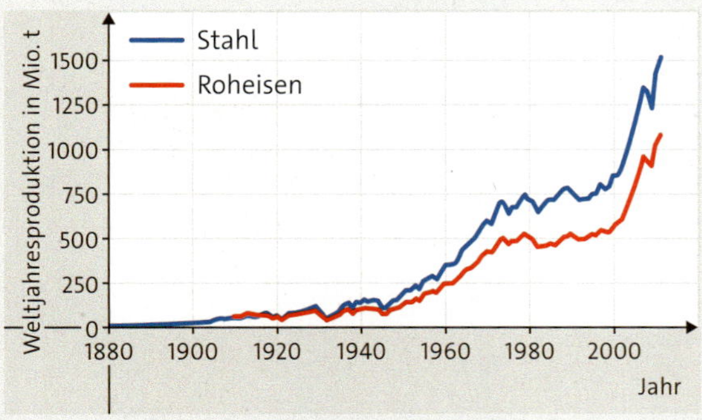

2 Der rasante Anstieg in den letzten zehn Jahren spiegelt auch die Industrialisierung von Schwellenländern wie China und Indien wider.

3 Chirurgenstahl für Zahnspangen (bis zu 18 % Nickel; hautverträglich, säure- und rostbeständig)

Info 1

Die Top 7 Stahlhersteller

2011 wurde 75 % des Stahls von den „Top 7" der Herstellerländer produziert. Allein China erzeugte über 683 Millionen Tonnen Stahl.

Seit 1990 hat China seine Produktion mehr als verzehnfacht, obwohl es nicht mal 10 % seines Stahls exportiert.

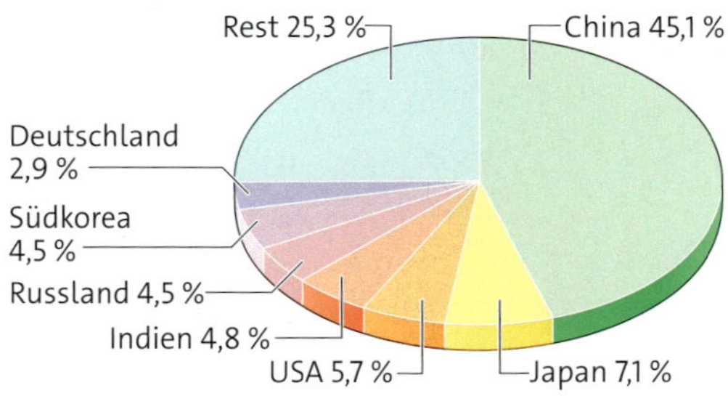

Aufgaben

1 Informiere dich über die Entwicklung der Weltstahlproduktion (▸2), z. B. im Internet. Berücksichtige dabei auch Energie- und Umweltaspekte. Stelle die Ergebnisse anschaulich dar.

2 Berechne die Gesamtmasse an Kohlenstoffdioxid, die durch die Roheisenproduktion 2011 entstanden ist. Vergleiche mit der Gesamtemission von Kohlenstoffdioxid für 2011 (30 Billionen Kilogramm).

3 Erkunde, welche Auswirkungen der Zusatz von Chrom (Cr), Vanadium (V) und Mangan (Mn) auf die Eigenschaften von Stahl hat.

Chemisches Gleichgewicht

Stoffumsatz bei chemischen Reaktionen

Chemische Reaktionen, bei denen die Ausgangsstoffe vollständig zu den Reaktionsprodukten umgesetzt werden, sind Reaktionen mit vollständigem Stoffumsatz. Chemische Reaktionen, bei denen die Ausgangsstoffe nicht vollständig zu Reaktionsprodukten umgesetzt werden, sind Reaktionen mit unvollständigem Stoffumsatz.

Umkehrbare chemische Reaktionen

Bei umkehrbaren chemischen Reaktionen können die Ausgangsstoffe zu Reaktionsprodukten reagieren und die Reaktionsprodukte auch wieder zu Ausgangsstoffen. Beide Reaktionen werden in einer Reaktionsgleichung zusammengefasst und durch einen Doppelpfeil gekennzeichnet.

Chemisches Gleichgewicht

In geschlossenen Reaktionsgefäßen kann sich bei umkehrbaren Reaktionen ein chemisches Gleichgewicht einstellen. Hinreaktion und Rückreaktion laufen gleichzeitig ab. Im Gleichgewichtszustand bleibt das Stoffmengenverhältnis der reagierenden Stoffe gleich.

$$\text{Ausgangsstoffe} \underset{\text{Rückreaktion}}{\overset{\text{Hinreaktion}}{\rightleftarrows}} \text{Reaktionsprodukte}$$

Beeinflussung des chemischen Gleichgewichts

Einfluss durch	Begünstigt
Erhöhung der Temperatur	endotherme Reaktionen
Erniedrigung der Temperatur	exotherme Reaktionen
Erhöhung des Drucks	Reaktionen unter Volumenverringerung
Erniedrigung des Drucks	Reaktionen unter Volumenvergrößerung

Prinzip von Le Chatelier

Wird auf eine sich im chemischen Gleichgewicht befindende umkehrbare Reaktion ein Zwang ausgeübt, dann weicht das Gleichgewicht dem Zwang so aus, dass die Folgen des Zwangs verringert werden.

Katalysator

Katalysatoren sind Reaktionsteilnehmer, die den Reaktionsverlauf beeinflussen, indem sie die Aktivierungsenergie herabsetzen und damit die Reaktion beschleunigen. Sie gehen unverändert aus der Reaktion hervor.
Beispiele: Braunstein, Biokatalysatoren

Ammoniaksynthese

Die Ammoniaksynthese wird in einem Kontaktofen bei 400–500 °C und 25 bis 35 MPa durchgeführt. Eine wirtschaftliche Ausbeute gelingt durch die kontinuierliche Arbeitsweise, den Wärmeaustausch im Gegenstromprinzip und die Nutzung des Kreislaufprinzips.

$$N_2 + 3\,H_2 \rightleftarrows 2\,NH_3 \quad | \text{ exotherm}$$

Redoxreaktionen

Oxidation	chemische Reaktion, bei der ein Stoff mit dem Element Sauerstoff reagiert
Reduktion	chemische Reaktion, bei der einem Stoff Sauerstoff entzogen wird. Sie ist die Umkehrung der Oxidation.
Redoxreaktion	chemische Reaktion, bei der Oxidation und Reduktion gleichzeitig ablaufen. Dabei wird das Reduktionsmittel oxidiert und das Oxidationsmittel reduziert. Redoxreaktionen haben große Bedeutung bei technischen Prozessen, z. B. bei der Eisenerzeugung im Hochofenprozess.
Oxidationsmittel	Stoff, der einen anderen Stoff oxidiert. Bei der chemischen Reaktion gibt er gebundenen Sauerstoff ab und wird selbst reduziert.
Reduktionsmittel	Stoff, der einen anderen Stoff reduziert. Bei der chemischen Reaktion nimmt er Sauerstoff auf und wird selbst oxidiert.
Reaktivität der Metalle gegenüber Sauerstoff	Mithilfe der Anordnung der Metalle nach ihrer Reaktivität gegenüber Sauerstoff können mögliche Redoxreaktionen abgeschätzt werden. Je weiter rechts ein Metall steht, desto geringer ist seine Affinität zu Sauerstoff und sein Reduktionsvermögen. **Unedle Metalle** … **Edle Metalle**  **Natrium Magnesium Aluminium Zink Eisen Kupfer Silber Gold**
Hochofenprozess	Verfahren zur Herstellung von Roheisen aus Eisenerzen durch Redoxreaktionen $Fe_2O_3 + 3\,CO \longrightarrow 2\,Fe + 3\,CO_2$ | exotherm Reduktion (Fe_2O_3 → Fe); Oxidationsmittel: Fe_2O_3 Oxidation (CO → CO_2); Reduktionsmittel: CO
Aluminothermisches Verfahren	Verfahren zur Herstellung von Metallen aus ihren Oxiden durch Redoxreaktion mit Aluminium $2\,Al + Fe_2O_3 \longrightarrow 2\,Fe + Al_2O_3$ | exotherm Reduktion (Fe_2O_3 → Fe) Oxidation (Al → Al_2O_3)

Aufgaben

1 Gib Beispiele für Reaktionen mit vollständigem und unvollständigem Stoffumsatz an. Nenne Ursachen für den unvollständigen Verlauf.

2 In einem geschlossenen System stellt sich bei einer Reaktion mit unvollständigem Stoffumsatz nach einiger Zeit ein chemisches Gleichgewicht ein. Nenne die charakteristischen Merkmale des chemischen Gleichgewichts.

3 Die folgenden Diagramme zeigen den Zusammenhang zwischen der Stoffmenge von Ausgangsstoffen und Reaktionsprodukten und der Zeit bei einer chemischen Reaktion mit unvollständigem Stoffumsatz.

Diagramm A:

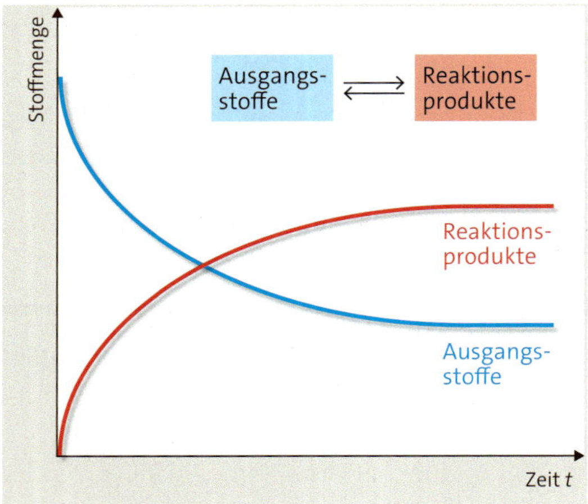

Diagramm B:

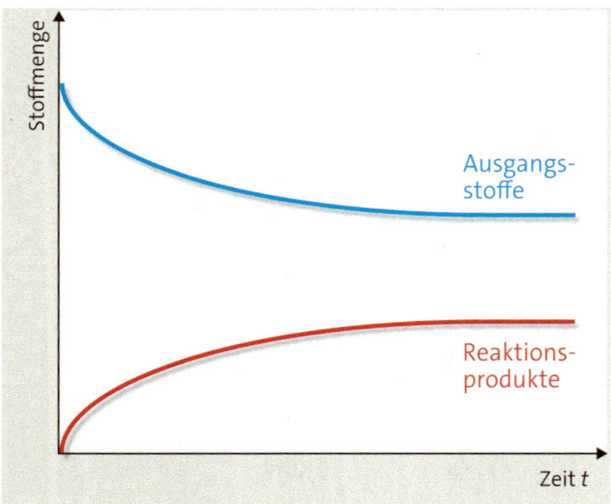

Vergleiche die Diagramme.

4 Erläutere, ob sich in einem offenen stofflichen System ein chemisches Gleichgewicht einstellen kann.

5 Erläutere mithilfe des Prinzips von LE CHATELIER, warum beim Öffnen einer Mineralwasserflasche gelöste Kohlensäure entsprechend folgender Reaktionsgleichung verstärkt zerfällt:

$$H_2CO_3\,(aq) \rightleftharpoons CO_2\uparrow + H_2O$$

6 Bei der Ammoniaksynthese spielt zur Herstellung des Ausgangsstoffs Wasserstoff folgende Reaktion auch eine große Rolle:

$$H_2O + CO \rightleftharpoons CO_2 + H_2 \mid \text{exotherm}$$

- **a** Bestimme die Auswirkungen von Temperatur- und Druckänderungen auf das vorliegende chemische Gleichgewicht.
- **b** Gib an, welche Bedingungen nach LE CHATELIER als günstig angesehen werden können, um das Kohlenstoffmonooxid fast vollständig aus dem chemischen Gleichgewicht zu entfernen.
- **c** Berechne das Volumen an Wasserstoff, das bei einem vollständigen Stoffumsatz aus 2400 l Kohlenstoffmonooxid gewonnen werden könnte.
- **d** Berechne das Volumen an Wasserstoff, das bei einer Ausbeute von 35 % aus 2400 l Kohlenstoffmonooxid entsteht.

7 Katalysatoren haben keinen Einfluss auf die Lage des chemischen Gleichgewichts. Sie stellen nach dem Prinzip von LE CHATELIER keinen äußeren Zwang dar. Begründe, warum man Katalysatoren trotzdem bei vielen Gleichgewichtsreaktionen in der Technik, z. B. bei der Behandlung von Autoabgasen und der Ammoniaksynthese, einsetzt.

8 Ammoniak ist eine der wichtigsten industriellen Grundchemikalien.

- **a** Formuliere die Reaktionsgleichung für die Bildung von Ammoniak.
- **b** Nenne und begründe die theoretisch optimalen Bedingungen für die Ammoniaksynthese.

c Erläutere die Folgen für die Ammoniakausbeute, wenn in der großtechnischen Anlage folgende Störungen auftreten:
- Die Temperatur steigt an.
- Die Temperatur sinkt.
- Der Druck steigt an.
- Die Temperatur und der Druck steigen an.
- Der Katalysator ist funktionsunfähig.

d Erläutere die drei technischen Arbeitsprinzipien, die in der großtechnischen Herstellung von Ammoniak angewendet werden.

9 Erläutere anhand eines selbst gewählten Beispiels, wann eine Redoxreaktion vorliegt.

10 Nenne die Schritte, die beim experimentellen naturwissenschaftlichen Problemlösen beachtet werden sollen.

11 Formuliere für die folgenden Reaktionen die Reaktionsgleichungen. Kennzeichne Reduktion, Oxidation sowie Oxidations- und Reduktionsmittel.
a Silberoxid reagiert mit Magnesium.
b Zinkoxid reagiert mit Aluminium.
c Natrium reagiert mit rotem Kupfer(I)-oxid.
d Magnesium reagiert mit Kohlenstoffdioxid.

12 Die Reduktion von Kohlenstoffdioxid ist eine endotherme chemische Reaktion. Die Redoxreaktion von Kohlenstoffdioxid mit Magnesium ist demgegenüber eine exotherme Reaktion. Erkläre dieses Phänomen.

13 Ein Chemielaborant soll aus Aluminiumoxid Aluminium herstellen. Als Reaktionspartner stehen Eisen, Kupfer, Zink und Magnesium zur Auswahl.
Empfiehl dem Laboranten einen geeigneten Reaktionspartner. Begründe deine Wahl. Stelle die Reaktionsgleichung auf und kennzeichne die Teilreaktionen.

14 Magnesium reagiert mit Schwefeldioxid.
a Formuliere eine Vermutung über die zu erwartenden Beobachtungen.
b Stelle die Reaktionsgleichung auf und kennzeichne die Teilreaktionen.

15 Bei der Herstellung von Stahl wird neben Roheisen auch eine beachtliche Masse an Eisenschrott eingesetzt. Erkläre, warum dies notwendig und unter Umweltaspekten günstig ist.

16 In einer Schülerarbeit wird folgende Aussage getroffen: „Um bei Redoxreaktionen einen reinen Stoff zu erhalten, muss als Reduktionsmittel Kohlenstoff eingesetzt werden. Dadurch dass die Oxidationsprodukte des Kohlenstoffs gasförmig sind, entstehen immer Reinstoffe."
Beurteile diese Aussage.

17 Silicium ist für die Halbleiter-Industrie ein wichtiger Ausgangsstoff. Zur Gewinnung wird einfacher Quarzsand (SiO_2) zusammen mit Koks auf etwa 2 000 °C erhitzt.
a Formuliere die Reaktionsgleichung für die Herstellung von Silicium mit Koks.
b Bestimme die Reaktionsart und begründe deine Wahl.
c Berechne die Masse an Siliciumdioxid, die mindestens mit Kohlenstoff reagieren muss, um 50 kg Silicium herzustellen.

18 Der Hochofenprozess ist ein Verfahren zur Herstellung von Roheisen.
a Skizziere und beschrifte eine schematische Darstellung vom Hochofen.
b Beschreibe die Vorgänge im Hochofen auch unter Verwendung von Reaktionsgleichungen.

19 Erläutere, was man unter dem aluminothermischen Verfahren versteht, und gib ein Beispiel an, bei dem es Verwendung findet.

Hilfe zu den Aufgaben findest du auf den Seiten ...

1	122 f.	11	131
2	123	12	132
3	123 f.	13	134
4	123	14	132
5	124 f.	15	136 f., 139
6	124–127	16	134, 138
7	125	17	131, 135
8	124, 126 f.	18	136 f.
9	131	19	138
10	133		

▶ Die Lösungen findest du im Anhang.

Material A: Boudouard-Gleichgewicht

Bei der Reaktion von Kohlenstoffdioxid mit glühendem Kohlenstoff zu Kohlenstoffmonooxid stellt sich ein chemisches Gleichgewicht ein, welches nach dem französischen Chemiker OCTAVE LEOPOLD BOUDOUARD (1872–1923) benannt wird.

A1 Boudouard-Gleichgewicht

Temperatur ϑ in °C	Volumenanteil $\varphi(CO)$ in %	Volumenanteil $\varphi(CO_2)$ in %
400	1	99
500	5	95
600	23	77
700	58	42
800	90	10
900	97	3
1000	99	1

A2 Volumenanteile im Boudouard-Gleichgewicht

Bei der unvollständigen Verbrennung von Treibstoffen entsteht immer ein Anteil an Kohlenstoffmonooxid. Die Abgase von Dieselmotoren, die bei höheren Drücken arbeiten als Ottomotoren, enthalten Kohlenstoff (Ruß) statt Kohlenstoffmonooxid. Der Ruß wird durch Rußpartikelfilter aus dem Abgas entfernt.

A3 Rußbildung in Dieselmotoren

1 Stelle die Wort- und Reaktionsgleichung für das „Boudouard-Gleichgewicht" auf (▸ **A1**). Erläutere anhand der Reaktionsgleichung die Druckabhängigkeit der Hin- und Rückreaktion.

2 Trage die Messwerte aus der Tabelle **A2** in ein Diagramm ein, das den Zusammenhang zwischen der Reaktionstemperatur und den jeweiligen Volumenanteilen von CO und CO_2 zeigt.

3 Ziehe Schlussfolgerungen bezüglich der Temperaturabhängigkeit der Hin- und Rückreaktion.

4 Stelle mithilfe deiner Kenntnisse zum Prinzip des kleinsten Zwangs eine begründete Vermutung zur Ursache der Rußbildung in Dieselmotoren im Gegensatz zu Ottomotoren auf (▸ **A1**, **A3**).

Material B: Metallbrände

Oberhausen – Großeinsatz für die Feuerwehr am Donnerstagabend. Gegen 22 Uhr wurde im Gewerbegebiet West ein Feuer bei einer Metall verarbeitenden Firma gemeldet. Vor Ort stellten die Einsatzkräfte einen Metallbrand fest, der nur unter Zuhilfenahme eines speziellen Löschmittels gelöscht werden konnte.

B1 Zeitungsartikel

B2 Löschversuch eines Metallbrands mit Wasser

	Brände von festen Stoffen: Holz, Papier, Textilien usw.
	Brände von flüssigen oder flüssig werdenden Stoffen: Benzin, Öle, Fette, Lacke, Harze, Alkohole, Kunststoffe usw.
	Brände von Gasen: Erdgas, Propan, Wasserstoff, Stadtgas usw.
	Brände von Metallen: Aluminium, Magnesium, Alkali usw. und deren Legierungen
	Brände von Speisefett und Speiseöl

B3 Einteilung von Bränden in Brandklassen nach der brennbaren Substanz

1 Begründe, warum nicht Wasser zum Löschen des Metallbrands genutzt wurde (▸ **B1**).

2 Erkläre, warum beim Löschen mit Wasser eine Stichflamme auftreten kann. Entwickle dazu eine passende Reaktionsgleichung (▸ **B2**).

3 Erläutere, warum ein Kohlenstoffdioxidlöscher zur Bekämpfung von Bränden der Brandklassen A–C zugelassen ist, aber nicht für die Brandklasse F (▸ **B3**).

Material C: Haushaltsrezept zur Silberreinigung

Schmuck und Besteck aus Silber überziehen sich im Laufe der Zeit mit einer schwarzen Schicht von Silber(I)-sulfid (Ag_2S). Die „angelaufenen" Silberteile lassen sich aber einfach wieder „reinigen".

Silberschmuck reinigen ohne Chemie Mit dieser Methode erstrahlen Schmuckstücke wieder in altem Glanz: Eine Schale mit Alufolie auslegen, heißes Wasser einfüllen, einen Esslöffel Kochsalz oder Backpulver hinzugeben, umrühren und den schwarz gewordenen Schmuck auf die Alufolie legen. Das Kochsalz nicht vergessen, sonst dauert es viel zu lange.

C1 Haushaltstipp aus dem Internet

1 Erläutere den „Reinigungsvorgang". Nutze dazu deine Kenntnisse über die Reaktivität der Metalle gegenüber Sauerstoff. Wenn nötig, formuliere Reaktionsgleichungen (▸ **C1**).

2 Formuliere den Haushaltstipp (▸ **C1**) in eine Experimentieranleitung um. Gib dabei mögliche Gefahren an.

3 Bewerte die Aussage der Überschrift des Haushaltstipps: „Silberschmuck reinigen ohne Chemie".

4 Erläutere den Vorteil dieser Methode gegenüber einer mechanischen Reinigung, z. B. durch Abschleifen des dunklen Belags.

Material D: Schrottrecycling

Durch Schrottrecycling kann neuer Stahl für Autos, Dosen oder Schienen hergestellt werden. Eine Tonne aus Schrott produziertem Stahl spart dabei 1,5 Tonnen Eisenerz, 0,65 Tonnen Kohle, 0,3 Tonnen Kalkstein und setzt rund 1 Tonne Kohlenstoffdioxid weniger frei.

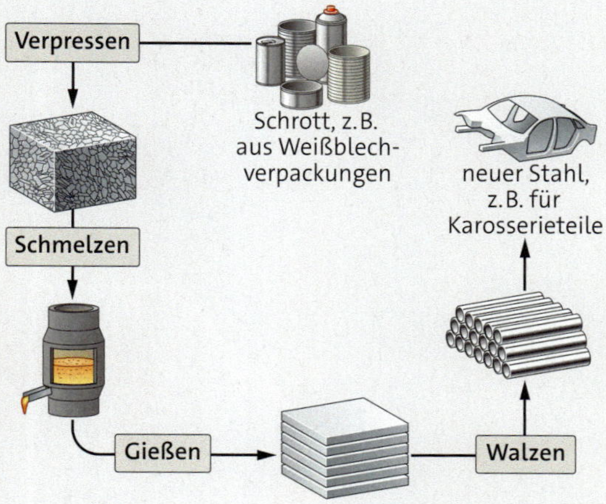

D1 Kreislauf des Schrottrecyclings

Jahr	Rohstahlproduktion in Mio. t	davon Stahlschrottverwendung in Mio. t
2006	47,2	21,2
2007	48,5	21,7
2008	45,8	20,7
2009	32,7	15,2
2010	43,8	19,2
2011	44,3	20,3
2012	42,7	19,7

D2 Stahlproduktion und Schrottverwendung in Deutschland

1 Erläutere anhand von Stahlschrott, was man unter Recycling versteht. Begründe dabei die Notwendigkeit des Recyclings unter ökonomischen und ökologischen Aspekten (▸ **D1**).

2 Bestimme den prozentualen Anteil des aus recyceltem Stahlschrott hergestellten Stahls (Recyclingquote) über die letzten Jahre (▸ **D2**). Stelle Vermutungen auf, warum der Anteil an Schrott bei der Stahlproduktion nicht größer ist.

HO
CH2OH

Praktikum und Systematisierung

Nicht alles, was nach Erdbeere riecht oder schmeckt, ist tatsächlich Erdbeere. Häufig werden unseren Nahrungsmitteln künstliche Aromastoffe zugesetzt, die zum großen Teil im Labor hergestellte Ester sind. Eine Form natürlicher Ester stellen die Fette dar, die nicht nur als Energiequelle eine große Rolle spielen, sondern auch der Wärmeisolierung dienen. Katalysatoren sind zur Herstellung von Estern ebenso notwendig, wie für fast alle Reaktionen in der chemischen Industrie. Enzyme, wie das Bromelin der Ananasfrucht, ermöglichen als Biokatalysatoren Stoffwechselvorgänge in Organismen.

Qualitative und quantitative Untersuchungen

Exp. 1

Untersuchung unbekannter Lösungen auf das Vorhandensein von Ionen

Bei drei mit A, B und C gekennzeichneten Proben in Reagenzgläsern kann es sich um folgende Lösungen handeln: verdünnte Salzsäure (GHS07), Natriumchloridlösung, verdünnte Schwefelsäure (GHS05), Natriumsulfatlösung, verdünnte Kalilauge (GHS05|07), Natriumcarbonatlösung (GHS07) oder dest. Wasser. Finde mit den folgenden Nachweisreagenzien heraus, um welche Stoffe es sich in den Lösungen handelt: Universalindikator, Silbernitratlösung (GHS07), Salzsäure ($w \approx 10\,\%$; GHS07), verdünnte Bariumchloridlösung (GHS06), Bariumhydroxidlösung (GHS05|07). Plane dein Vorgehen und notiere deine Beobachtungen. Gib an, welche Lösung die Reagenzgläser enthalten. Begründe deine Entscheidung.
Entsorgung: Lösungen in den Behälter für giftige anorganische Abfälle geben.

Exp. 2

Untersuchung von Schwermetallsalzen mit der Phosphorsalzperle

Drücke die Spitze eines zum Glühen erhitzten Magnesiastäbchens in eine Stoffprobe „Phosphorsalz" (Natriumammoniumhydrogenphosphat) und halte das Magnesiastäbchen erneut in die Flamme, sodass das schmelzende Salz am Stäbchen eine glasklare Perle bildet. Wiederhole diesen Vorgang gegebenenfalls mehrfach. Feuchte die Perle nach dem Erkalten etwas an und berühre damit fein pulverisiertes Mangan(II)-sulfat (GHS08|09). Führe das so behandelte Magnesiastäbchen in den äußeren Flammenkegel des Brenners.
Wiederhole das Experiment mit fein pulverisiertem Eisen(II)-sulfat (GHS07) und Kupfer(II)-sulfat (GHS07|09).
Entsorgung: Feststoffe in den Behälter für giftige anorganische Abfälle, Magnesiastäbchen mit Phosphorsalzperlen in den Behälter für Hausmüll geben.

Exp. 3

Nachweis von Nitrat-Ionen

Fülle drei kleine Bechergläser jeweils 1 cm hoch mit verdünnter Salpetersäure ($w = 12\,\%$; GHS05), Kaliumnitratlösung ($w = 10\,\%$) und Leitungswasser. Tauche in jede Probe kurz ein Nitratteststäbchen. Vergleiche die Farbe des Testfelds mit der Farbskala. Vergleiche die Ergebnisse. Notiere und deute die Beobachtungen.
Entsorgung: Feststoffe in den Hausmüll, Säurelösung in den Behälter für saure und alkalische Abfälle, restliche Lösungen ins Abwasser geben.

Exp. 4

Prüfe verschiedene Lösungen auf Phosphat-Ionen

Stelle 10%ige Lösungen von Natriumphosphat, Geschirrspülmaschinenreiniger, Milch und Cola her. Prüfe jede Probe gemäß der Gebrauchsanweisung mit einem Phosphatteststäbchen. Vergleiche die Farbe des Testfelds mit der Farbskala.
Notiere deine Beobachtungen und deute die Ergebnisse.
Entsorgung: Lösungen in das Abwasser, Teststäbchen in den Hausmüll geben.

Exp. 5

Untersuchung eines unbekannten Stoffgemischs

Untersuche das vorliegende Feststoffgemisch auf das Vorhandensein folgender Ionen: H^+, OH^-, NH_4^+, Na^+, Fe^{2+}, Cu^{2+}, Cl^-, CO_3^{2-}, SO_4^{2-} und NO_3^-. Wende dazu alle dir bekannten Kationen- und Anionennachweise an. Plane dein Vorgehen und deute deine Beobachtungen.
Entsorgung: Feststoffe und Teststäbchen in den Behälter für Hausmüll und Lösungen in das Abwasser geben.

Exp. 6

Herstellen von Natronlauge einer exakten Stoffmengenkonzentration

Stelle genau 100 ml einer Natronlauge der Stoffmengenkonzentration $c = 0{,}25\,\text{mol} \cdot \text{l}^{-1}$ her. Berechne zunächst die Masse an Natriumhydroxid (GHS05), die dazu abgewogen werden muss. Wiege die Masse in einem Becherglas ab und löse den Stoff in weniger als 100 ml dest. Wasser. Überführe die Lösung in einen 100-ml-Maßkolben und fülle mit dest. Wasser bis zur Markierung auf.
Übergib die fertigen Lösungen deiner Lehrkraft.

Exp. 7

Maßlösungen

Stelle die folgenden Lösungen her:
- Natriumchloridlösung ($c = 1\,\text{mol} \cdot \text{l}^{-1}$)
- Kaliumhydroxidlösung ($c = 0{,}1\,\text{mol} \cdot \text{l}^{-1}$; GHS05)
- Kaliumbromidlösung ($c = 0{,}1\,\text{mol} \cdot \text{l}^{-1}$)

Plane dein experimentelles Vorgehen und zeige deinen Plan sowie die Berechnung der einzuwiegenden Masse des Feststoffs deiner Lehrkraft.
Übergib die fertigen Lösungen deiner Lehrkraft.

Exp. 8

Titration von Natronlauge mit Salzsäure

Gib mit einer Vollpipette genau 20 ml Natronlauge (GHS05) in einen Erlenmeyerkolben. Versetze die Lösung mit drei Tropfen Bromthymolblaulösung. Fülle in eine Bürette Salzsäure der Stoffmengenkonzentration $c = 0{,}1\,\text{mol} \cdot \text{l}^{-1}$ und lass die Salzsäure bis zur Nullmarkierung ablaufen. Tropfe unter ständigem Schwenken des Kolbens Salzsäure in die Natronlauge, bis sich die Farbe des Indikators gerade ändert.
Notiere das Volumen an zugegebener Salzsäure.
Berechne die Stoffmengenkonzentration der Natronlauge.
Hinweis: Zum guten Durchmischen der Lösungen kann auch ein Magnetrührer genutzt werden. Die Veränderung des pH-Werts kann auch mittels einer pH-Elektrode digital erfasst und grafisch dargestellt werden. Hierzu titriert man über den Neutralpunkt hinaus.
Entsorgung: Lösung ins Abwasser geben.

Exp. 9

Bestimmung der Stoffmengenkonzentration von Speiseessig

Gib mithilfe einer Vollpipette genau 20 ml Speiseessig in einen Erlenmeyerkolben. Versetze die Lösung mit drei Tropfen Phenolphthaleinlösung (GHS02|08). Fülle in eine Bürette Natronlauge der Stoffmengenkonzentration $c = 1\,\text{mol} \cdot \text{l}^{-1}$ (GHS05) und notiere das eingestellte Anfangsvolumen. Tropfe unter ständigem Schwenken des Erlenmeyerkolbens (oder unter Nutzung eines Magnetrührers) Natronlauge in die Essigsäure, bis gerade eine blasse rotviolette Färbung des Indikators auftritt.
Notiere das Volumen an zugegebener Natronlauge.
Berechne die Stoffmengenkonzentration an Essigsäure sowie die Masse an reiner Essigsäure, die in einem Liter Speiseessig enthalten ist.
Entsorgung: Lösung ins Abwasser geben.

Exp. 10

Vergleich der Waschwirkung von weichem und hartem Wasser

Fülle zwei Reagenzgläser zu je einem Drittel mit Leitungswasser und versetze eine dieser Wasserproben mit einem Spatel Calciumchlorid (GHS07). Gib in beide Reagenzgläser einen Spatel geraspelte Seife und schüttle kräftig. Vergleiche und interpretiere deine Beobachtungen.
Entsorgung: Lösungen ins Abwasser geben.

Exp. 11

Prüfen der Wasserhärte verschiedener Wasserproben

A: Fülle in jeweils ein Reagenzglas 3 ml Regenwasser, Leitungswasser und Mineralwasser. Gib in jedes Reagenzglas einen Spatel geraspelte Seife und schüttle kräftig.
Beschreibe deine Beobachtungen.
B: Fülle erneut die drei Proben in je ein Reagenzglas und bestimme nun die Gesamthärte mithilfe eines Teststäbchens. Vergleiche und interpretiere deine Beobachtungen.
Entsorgung: Lösungen ins Abwasser geben.

Stoffproben – was und wie viel enthalten sie?

Qualitative Analyse Das Erkennen von Stoffen an ihren charakteristischen Eigenschaften wird als **qualitative Analyse** bezeichnet. Hierbei nutzt man verschiedene Nachweisreaktionen zur Identifizierung einzelner Ionen. Durch diese Art der Analyse lassen sich die chemischen Bestandteile in einem unbekannten Stoffgemisch identifizieren (▸ Exp. 1, S. 148).

Nachweis von sauren, neutralen und alkalischen Lösungen Mithilfe von Indikatoren kann das Vorhandensein von Wasserstoff-Ionen oder Hydroxid-Ionen festgestellt werden (▸ **1**).

Nachzuweisendes Ion	Nachweismittel	Erscheinung
Wasserstoff-Ion H^+	Universalindikatorlösung oder Lackmuslösung	Rotfärbung Rotfärbung
Hydroxid-Ion OH^-	Universalindikatorlösung oder Lackmuslösung oder Phenolphthaleinlösung	Blaufärbung Blaufärbung Rotviolettfärbung

1 Farbreaktionen wichtiger Indikatoren

Nachweis von Kationen Mit Natriumhydroxidlösung lassen sich **Ammonium-Ionen** in festen Stoffen nachweisen. Durch Reaktion mit Hydroxid-Ionen entsteht Ammoniak. Das angefeuchtete Universalindikatorpapier färbt sich aufgrund der entstehenden Hydroxid-Ionen blau (▸ **2**).

Die **Flammenprobe** eignet sich vor allem für die Bestimmung von Metall-Ionen der I. und II. Hauptgruppe, da sie anhand ihrer typischen Flammenfarben charakterisiert werden können (▸ **3**).

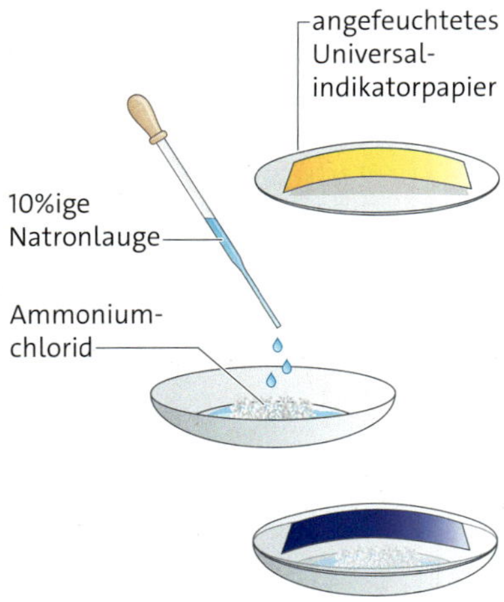

2 Nachweis von Ammonium-Ionen

Metall-Ion	Flammenfarbe
Lithium-Ion	karminrot
Natrium-Ion	gelb
Kalium-Ion	blass violett
Calcium-Ion	ziegelrot
Strontium-Ion	rot
Barium-Ion	grün

3 Flammenfarben verschiedener Metall-Ionen

Die **Phosphorsalzperle** ist eine weitere Probe für die Identifizierung von Metall-Ionen. Zunächst wird eine Phosphorsalzperle durch das Schmelzen von Natriumammoniumhydrogenphosphat hergestellt. Nach dem Erkalten wird die Perle etwas angefeuchtet und anschließend mit einer fein pulverisierten Probe des zu identifizierenden Salzes versehen. Im äußeren Flammenkegel verschmilzt die Probe mit der Phosphorsalzperle und bildet nach dem Abkühlen eine typische Perlfärbung, anhand derer man Rückschlüsse auf das im Salz enthaltene Schwermetall-Ion ziehen kann (▸ **4**, **5**; ▸ Exp. 2, S. 148).

Metall-Ionen des Salzes	Perlfarbe	Abbildung ▸ 5
Mangan(II)-Ionen	violett	a
Eisen(II)-Ionen	braun	b
Kupfer(II)-Ionen	türkis	c
Nickel(II)-Ionen	gelb/bräunlich	d
Chrom(III)-Ionen	grün	e
Cobalt(II)-Ionen	blau	f

4 Perlfärbung verschiedener Metall-Ionen

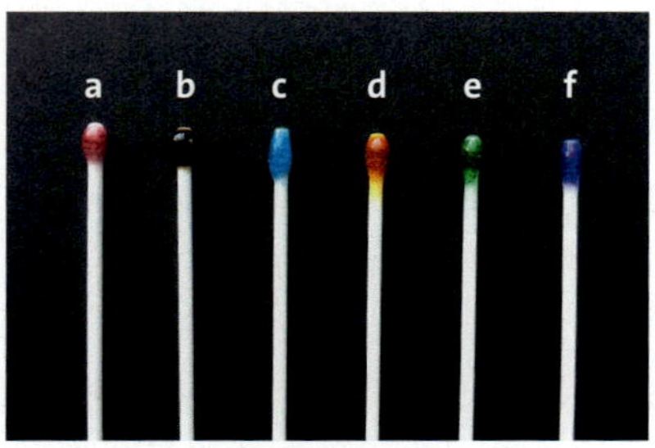

5 Kalte Phosphorsalzperlen verschiedener Schwermetallsalze (Metall-Ionen):

a Mangan(II)-Ionen
b Eisen(II)-Ionen
c Kupfer(II)-Ionen
d Nickel(II)-Ionen
e Chrom(III)-Ionen
f Cobalt(II)-Ionen

Nachzuweisendes Ion	Nachweismittel	Erscheinung – Reaktionsgleichung
Chlorid-Ion Cl^-	Silbernitratlösung	weißer, flockiger Niederschlag $Ag^+ + Cl^- \longrightarrow AgCl \downarrow$
Bromid-Ion Br^-	Silbernitratlösung	hellgelber Niederschlag $Ag^+ + Br^- \longrightarrow AgBr \downarrow$
Iodid-Ion I^-	Silbernitratlösung	gelber Niederschlag $Ag^+ + I^- \longrightarrow AgI \downarrow$
Carbonat-Ion CO_3^{2-}	Bariumhydroxidlösung (oder Calciumhydroxidlösung)	weißer Niederschlag $Ba^{2+} + CO_3^{2-} \longrightarrow BaCO_3 \downarrow$ Auflösen des Niederschlags in verdünnter Salzsäure
Sulfat-Ion SO_4^{2-}	Bariumchloridlösung	weißer Niederschlag $Ba^{2+} + SO_4^{2-} \longrightarrow BaSO_4 \downarrow$ keine Reaktion des Niederschlags mit verdünnter Salzsäure

5 Nachweis von Ionen durch Bildung von Niederschlägen

Nachweis von Anionen Durch Zugabe eines spezifischen Nachweismittels können Anionen in Lösungen bestimmt werden (▸**5**). Entsteht dabei ein schwerlösliches Salz, so bildet sich ein Niederschlag, der ein Hinweis auf das Vorhandensein des entsprechenden Anions ist (▸Exp. 1, S. 148).
Nutzt man sowohl die Kationen- als auch Anionennachweise zur Analyse eines unbekannten Stoffgemischs, so kann dessen Zusammensetzung qualitativ ermittelt werden (▸Exp. 5, S. 148).

Quantitative Analyse Häufig ist es aber nicht nur notwendig zu wissen, welche Ionen sich in einer Lösung befinden, sondern vor allem in welcher Massenkonzentration sie vorkommen. Für die Verwendung des Wassers als Trinkwasser gibt es für alle darin befindlichen Ionen Grenzwerte der maximalen Konzentration, die nicht überschritten werden dürfen. Bei Nitrat-Ionen liegt er bei maximal 50 mg/l Trinkwasser. Das Verfahren, mit dem nachgewiesen wird, wie viele Ionen in der untersuchten Stoffprobe enthalten sind, bezeichnet man als **quantitative Analyse**.
Teststäbchen (▸**6**), wie sie beispielsweise für den **Nachweis von Nitrat- und Phosphat-Ionen** verwendet werden, ermöglichen sowohl eine qualitative als auch eine quantitative Bestimmung der Ionen. Die Intensität der Färbung lässt einen Rückschluss auf die Konzentration des Ions in der Probe zu (▸Exp. 3 und 4, S. 148).

Stoffmengenkonzentration Gehaltsangaben für Lösungen, z. B. die Massenkonzentration, sind schon bekannt. Für die Herstellung von Lösungen ist aber häufig die Stoffmenge eines Stoffes in einem bestimmten Volumen einer Lösung von Bedeutung. Eine solche Größe ist die **Stoffmengenkonzentration** c. Sie ist der Quotient aus der Stoffmenge eines gelösten Stoffes und dem Volumen der Lösung (▸**7**).
Bei der Herstellung von Lösungen exakter Konzentration ist zu beachten, dass sich das Volumen nicht auf das Lösungsmittel, sondern auf die gesamte Lösung bezieht (▸Exp. 6 und 7, S. 149).

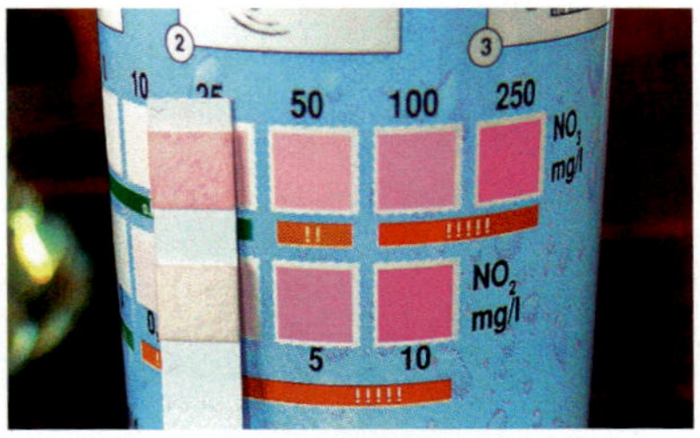

6 Teststäbchen für den Nachweis von Nitrat-Ionen

$$c(\text{Stoff}) = \frac{n(\text{Stoffportion})}{V(\text{Lösung})}$$
$$m(\text{Stoffp.}) = n(\text{Stoffp.}) \cdot M(\text{Stoff})$$
$$c(\text{Stoff}) = \frac{m(\text{Stoffp.})}{M(\text{Stoff}) \cdot V(\text{Lösung})}$$

7 Beziehungen zwischen Stoffmengenkonzentration c und Masse m

Aufgaben

1 Erläutere das experimentelle Vorgehen beim Unterscheiden der Stoffe Natriumchlorid und -sulfat.

2 Ermittle die Masse an Natriumchlorid, die zur Herstellung von 2 Litern Kochsalzlösung der Konzentration $c = 0{,}5\,\frac{\text{mol}}{\text{l}}$ eingewogen werden müssen.

Titration

1 Durchführung einer Titration

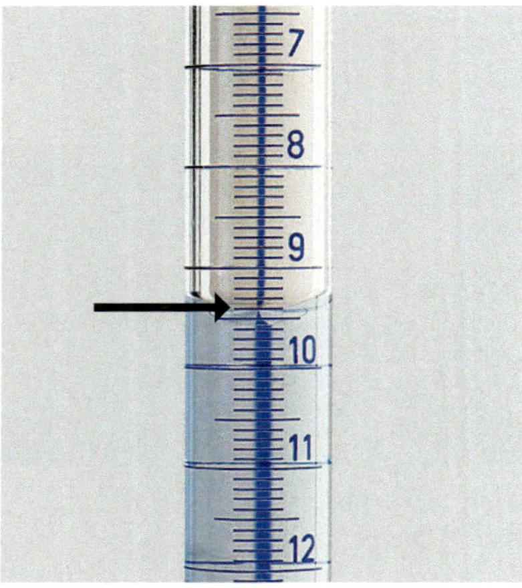

2 Ablesen des Flüssigkeitsmeniskus bei einer Bürette

$$n_1 = n_2 \quad \xleftarrow{} \quad n = c \cdot V$$

$$c_1 = \frac{c_2 \cdot V_2}{V_1}$$

$$n_1 = c_2 \cdot V_2 \quad \xleftarrow{} \quad n = \frac{m}{M}$$

$$m_1 = c_2 \cdot V_2 \cdot M_1$$

3 Auswertung einer Titration für eine Säure und eine Base im Stoffmengenverhältnis 1 : 1 – Berechnung der Stoffmengenkonzentration (oben) und der Masse (unten)

Quantitative Bestimmung von Säuren und Basen Für das genaue Ermitteln der Stoffmengenkonzentration an Wasserstoff-Ionen oder Hydroxid-Ionen, z. B. in einer Abwasserprobe, wird die chemische Reaktion dieser Teilchen miteinander bei einer Neutralisation genutzt. In der als **Titration** bezeichneten Analysemethode werden Lösungen mit genau bekannter Stoffmengenkonzentration als Reaktionspartner für eine zu untersuchende Stoffprobe eingesetzt. Der Verbrauch an dieser **Maßlösung** ermöglicht die quantitative Bestimmung der Stoffmengenkonzentration in der **Analysenlösung.** Wenn beispielsweise die Stoffmenge der Wasserstoff-Ionen im Volumen der zugetropften Maßlösung bekannt ist, lassen sich Stoffmenge und Konzentration der Hydroxid-Ionen in der Analysenlösung berechnen.

Durchführung einer Titration Experimentell soll die Konzentration einer Natriumhydroxidlösung durch Neutralisationstitration mit Salzsäure als Maßlösung ermittelt werden (▸Exp. 8, S. 149; S. 153). Dazu wird die Menge der Analysenlösung (Natriumhydroxidlösung) mit einer Vollpipette exakt abgemessen und in einen Erlenmeyerkolben gegeben. Die Bürette wird mit der Maßlösung gefüllt. Zur Feststellung des Verbrauchs an Maßlösung wird deren Stand in der Bürette zu Beginn und am Ende der Titration abgelesen. An vielen Büretten erleichtert ein sogenannter Schellbach-Streifen das Ablesen des Volumens (▸**2**). Die Titration erfolgt bis zum Neutralpunkt (Äquivalenzpunkt), an dem gilt:

$$n(H^+) = n(OH^-)$$

Der Neutralpunkt wird durch den Farbumschlag des Indikators angezeigt. In diesem Fall von Blau zu Grün, wenn Universalindikator verwendet wird. Folgende Reaktion führt zur Neutralisation:

$$\underbrace{Na^+ + OH^-}_{\text{Natronlauge}} + \underbrace{H^+ + Cl^-}_{\text{Salzsäure}} \longrightarrow \underbrace{Na^+ + Cl^- + H_2O}_{\text{Natriumchloridlösung}}$$

Auswertung der Titration Aus dem verbrauchten Volumen an Salzsäure ($c = 0{,}1\,\frac{\text{mol}}{\text{l}}$) lassen sich sowohl die Konzentration c der Natronlauge als auch die Stoffmenge n und die Masse m des in einem bestimmten Volumen V gelösten Natriumhydroxids ermitteln (▸**3**; S. 153).

Die Titration ist ein Verfahren der quantitativen Analyse. Ein bekannter Stoff, dessen Konzentration unbekannt ist (Analysenlösung), wird in einer gezielten chemischen Reaktion mit einer Maßlösung umgesetzt, deren Konzentration genau bekannt ist.

Ermitteln der Stoffmengenkonzentration durch Säure-Base-Titration

In der Industrie, in Klärwerken oder Laboren ist es oft erforderlich, die genaue Konzentration einer sauren oder basischen Lösung zu bestimmen. Ein geeignetes Verfahren ist die Titration.

Es soll die Stoffmengenkonzentration einer Salzsäure ermittelt werden.

1 Fülle ein genau definiertes Volumen der zu untersuchenden Lösung ab.
Miss mit einer Vollpipette genau 10 ml der Salzsäure ab und gib die abgemessene Lösung in einen Weithals-Erlenmeyerkolben.

2 Versetze die zu untersuchende Lösung mit Indikator.
Gib zu der Salzsäure einige Tropfen Bromthymolblaulösung.

3 Stelle die Maßlösung bereit.
Verwende als Maßlösung Natronlauge mit einer Stoffmengenkonzentration $c = 0{,}2\ \frac{mol}{l}$.

1 Der Indikator Bromthymolblau schlägt von Gelb nach Grün um.

4 Fülle die Bürette mit der Maßlösung auf.

5 Tropfe unter vorsichtigem Umschwenken – oder unter Verwendung eines Magnetrührers – aus der Bürette die Maßlösung zu, bis die Farbe des Indikators gerade umschlägt.

6 Lies den Endstand an der Bürette ab.
Berechne aus der Volumendifferenz von Endstand und Anfangsstand den Verbrauch an Maßlösung. In unserem Beispiel wurden 22,9 ml Natronlauge verbraucht.

7 Überprüfe das ermittelte Volumen an Maßlösung durch zwei weitere Titrationen.
Bilde aus den Ergebnissen der drei Titrationen den Mittelwert für den Verbrauch an Maßlösung.

8 Berechne die Stoffmengenkonzentration der zu untersuchenden Lösung.

Gegeben: $c(\text{NaOH}) = 0{,}2\ \frac{mol}{l}$ **Gesucht:** $c(\text{HCl})$
$V(\text{HCl}) = 10\ \text{ml}$
$V(\text{NaOH}) = 22{,}9\ \text{ml}$

Lösung:

$$c(\text{HCl}) = \frac{c(\text{NaOH}) \cdot V(\text{NaOH})}{V(\text{HCl})}$$

$$c(\text{HCl}) = \frac{0{,}2\ \frac{mol}{l} \cdot 22{,}9\ \text{ml}}{10\ \text{ml}} = 0{,}46\ \frac{mol}{l}$$

Ergebnis: Die Stoffmengenkonzentration der Salzsäure beträgt $0{,}46\ \frac{mol}{l}$.

Anorganische Verbindungen des Kohlenstoffs

1 Kalksteinbruch

Vielfalt der anorganischen Kohlenstoffverbindungen Das Element Kohlenstoff kommt auf der Erde in elementarer Form als Graphit und Diamant, in der Luft als Kohlenstoffdioxid sowie im Wasser in gelöster Form als Kohlensäure vor. In der Erdkruste liegt es in gebundener Form als Calciumcarbonat vor, das als Kalkstein (►1), Marmor oder Kreide abgebaut werden kann. Aus natürlichen anorganischen Vorkommen des Kohlenstoffs können durch chemische Reaktionen weitere anorganische Verbindungen, z. B. Hydrogencarbonate und Kohlenstoffmonooxid, hergestellt werden (►2).

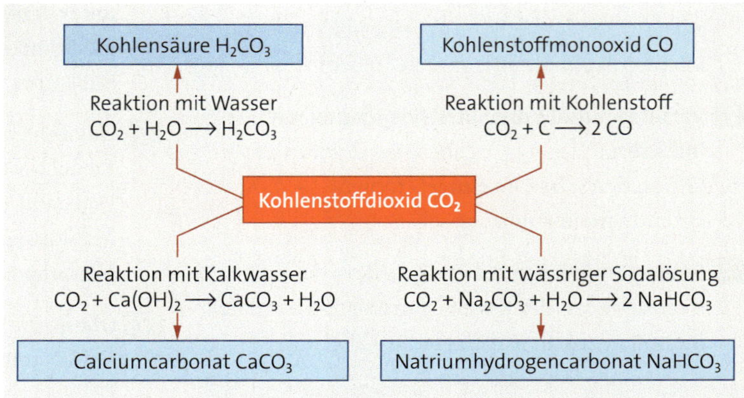

2 Bildung anorganischer Kohlenstoffverbindungen

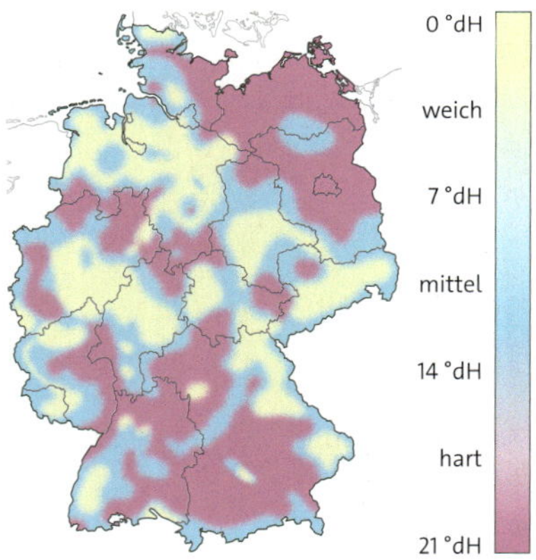

3 Wasserhärte des Trinkwassers in Deutschland

Hartes und weiches Wasser Ob Wasser „weich“ oder „hart“ ist, hängt von dem Massenanteil der gelösten Calcium- und Magnesium-Ionen ab. Trinkwasser, das aus Regionen mit kalkhaltigem Gestein stammt, ist meist sehr hartes Wasser, z. B. in Jena, Tübingen und Würzburg. In kalkarmer Umgebung tritt eher weiches Wasser auf (►3).
Ein Maß für die Wasserhärte ist die veraltete, aber immer noch gebräuchliche Einheit Grad deutscher Härte (°dH) (►4). 1 Grad deutscher Härte (1°dH) bedeutet, dass in einem Liter Wasser 7,18 mg Calcium-Ionen gelöst sind.

Härtebereiche des Wassers	Wasserhärte in °dH
weich	0–8,4
mittel	8,5–14
hart	> 14

4 Härtebereiche des Wassers

Folgen harten Wassers Die Härte des Wassers spielt in unserem Alltag eine große Rolle. Hartes Wasser kann die Waschwirkung stark beeinträchtigen. Wäscht man mit hartem Wasser, so reagieren die enthaltenen Calcium- und Magnesium-Ionen mit den waschaktiven Substanzen in einer

Fällungsreaktion, die an einer Trübung des Wassers erkennbar ist. Somit sind die waschaktiven Substanzen nicht mehr wirksam (▸ Exp. 10 und 11, S. 149). Deshalb sollte die Wasserhärte beim Dosieren von Waschmitteln und Weichspülern beachtet werden (▸ **5**). Eine weitere Möglichkeit besteht in der Verwendung von Wasserenthärtern. Diese binden die Calcium- und Magnesium-Ionen, sodass sie nicht mit den waschaktiven Substanzen reagieren können.
Geschirrspüler benötigen für ihren Betrieb immer weiches Wasser, deshalb haben die Hersteller entsprechende Entkalkungsanlagen eingebaut. Diese können nur dann effizient arbeiten, wenn regelmäßig das Maschinensalz aufgefüllt wird.
Bei Rohren und Armaturen, durch die hartes Wasser langsam fließt, oder Geräten, in denen hartes Wasser auf über 60 °C erhitzt wird, lassen sich Kalkablagerungen meist nicht vermeiden (▸ **6**). Lagert sich Kalk in Leitungsrohren ab, führt dies zu einer Verkleinerung des Innendurchmessers, was zu Verstopfungen führen kann. Eine verkalkte Heizspirale in einem Wasserkocher erhöht den Energieverbrauch erheblich, da der abgelagerte Kalk die Wärmeleitung zwischen dem Metall der Heizspirale und dem zu erwärmenden Wasser erschwert. Dies ist auch das Problem bei verkalkten Heizspiralen in Waschmaschinen.

Wasserhärte	Verschmutzungsgrad			
	leicht	normal	stark	sehr stark
weich	70	100	170	240
mittel	70	135	205	275
hart/ sehr hart	100	170	240	310

5 Dosierung (in ml) für Waschmittel in Abhängigkeit der Wasserhärte

6 Kalkablagerungen an einem Wasserhahn

Chemische Grundlagen zur Wasserhärte Erhitzt man hartes Wasser, so setzt sich im Gefäß eine feste Schicht von Calciumcarbonat ab, die **Kesselstein** genannt wird. Beim Erhitzen zerfallen die im Wasser enthaltenen Hydrogencarbonat-Ionen zu Carbonat-Ionen, Kohlenstoffdioxid und Wasser.

$$2\,HCO_3^- \longrightarrow CO_3^{2-} + CO_2\uparrow + H_2O$$

Die Calcium-Ionen bilden dann zusammen mit den Carbonat-Ionen einen unlöslichen Niederschlag von Calciumcarbonat.

$$Ca^{2+} + CO_3^{2-} \longrightarrow CaCO_3\downarrow$$

Das Wasser ist nun frei von Calcium-Ionen, es ist weich und Seife schäumt darin. Diese Form der Wasserhärte nennt man **temporäre Härte**, da sie schon durch Erhitzen verschwindet.
Die trotz des Erhitzens verbleibenden Ionen, z. B. Magnesium-Ionen und Sulfat-Ionen, bilden die **permanente Härte**.
Temporäre und permanente Härte bilden zusammen die **Gesamthärte**. Mit Teststreifen lässt sich die Gesamthärte des Wassers bestimmen (▸ **7**).

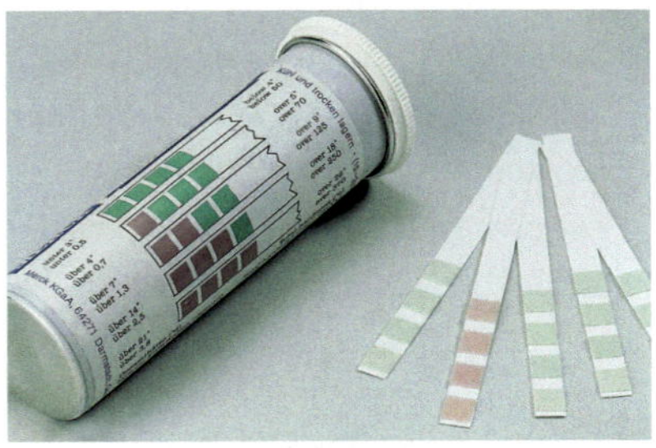

7 Teststreifen zur Bestimmung der Gesamthärte

Aufgaben

1 Recherchiere die Wasserhärte deines Trinkwassers und vergleiche die Werte mit der Abbildung ▸ **3**.

2 Informiere dich in der Inhaltsangabe von Waschmittelverpackungen über die im jeweiligen Waschmittel verwendeten Wasserenthärter.

3 Berechne die Masse an Calcium-Ionen in einem Wasser mit 10 °dH.

4 Kaffeemaschinen müssen ab und zu mit einem Entkalker behandelt werden. Begründe die Notwendigkeit und finde eine Alternative aus dem Bereich der Hausmittel.

Untersuchung chemischer Reaktionen

Exp. 12 Gewinnung von Kupfer

Vorsicht! Auf feuerfester Unterlage arbeiten!
A: Gib zu gekörnter Aktivkohle in einem Reagenzglas schwarzes Kupfer(II)-oxid (GHS07|09). Erhitze das Gemisch in der Brennerflamme kräftig.
B: Gib eine Spatelspitze Grünspan (Kupfer(II)-acetat, GHS07|05|09) in ein kleines Reagenzglas und erhitze dieses kräftig in der Brennerflamme.
Beschreibe deine Beobachtungen.
Entsorgung: Feste Stoffe einsammeln oder in den Hausmüll geben.

Exp. 13 Zersetzung von Kalk durch Säuren

Vorsicht Spritzgefahr! Gib auf drei Uhrglasschalen jeweils ein Stück Kalkstein. Versetze die Stoffproben jeweils mit einigen Tropfen einer verdünnten Säurelösung. Verwende verdünnte Essigsäure, verdünnte Salzsäure (GHS07) und verdünnte Schwefelsäure (GHS05).
Beschreibe die stattfindenden Stoffumwandlungen. Informiere dich, wie es auch in Kalkgebirgen und an kalksteinhaltigen Bauwerken zu diesen Veränderungen kommen kann.
Entsorgung: Lösungen in den Behälter für saure und alkalische Abfälle geben, Feststoffe einsammeln.

Exp. 14 Abhängigkeit der Reaktionsgeschwindigkeit vom Zerteilungsgrad

Gib auf eine Uhrglasschale eine Probe Kalksteinpulver und auf eine zweite Uhrglasschale ein Stück Kalkstein. Achte auf gleiche Massen. Versetze die Stoffproben mit je zehn Tropfen verdünnter Salzsäure (GHS07). Beschreibe und vergleiche die beiden Reaktionen.
Entsorgung: Lösungen in den Behälter für saure und alkalische Abfälle geben, Feststoffe einsammeln oder in den Hausmüll geben.

Exp. 15 Energetischer Vergleich zweier Reaktionen

Gib nebeneinander je einen Spatel blaues Kupfer(II)-sulfat (GHS07|09) und einen Spatel Zinkpulver (GHS09) in ein Porzellanschälchen.
Verrühre anschließend die beiden Pulver. Hebe das Schälchen an und fühle, ob sich seine Temperatur verändert hat.

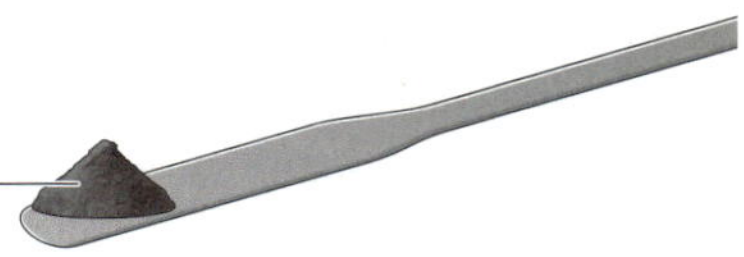

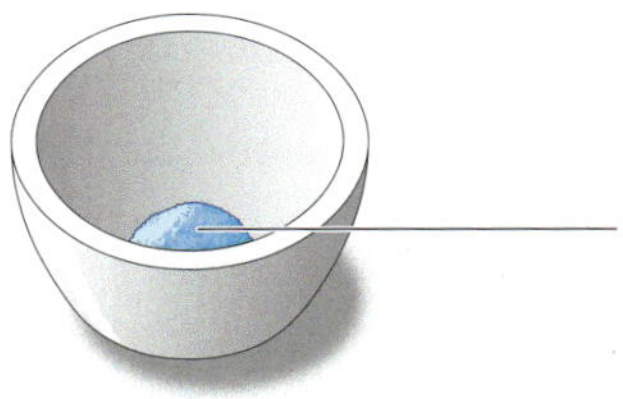

Gib 5 g Kaliumchlorid und 11 g wasserhaltiges Natriumsulfat in jeweils ein Becherglas und ermittle für beide Stoffe die Temperatur. Gib das Kaliumchlorid zum Natriumsulfat und rühre mit einem Glasstab kräftig um. Miss dabei die Temperatur.

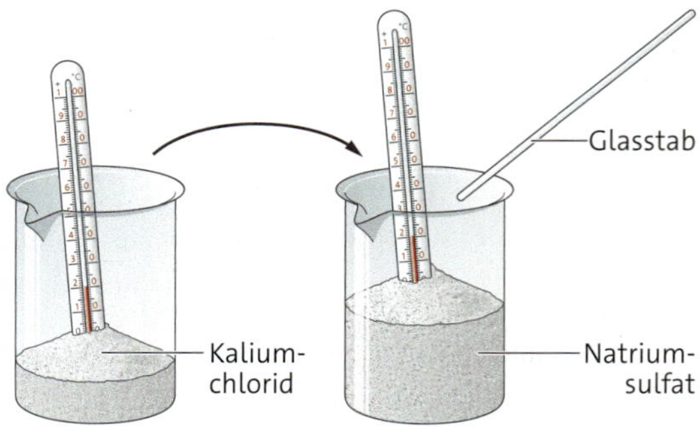

Vergleiche die Messwerte. Fertige jeweils ein Energiediagramm der Reaktionen an.
Entsorgung: Stoffe der ersten Reaktion in den Behälter für giftige anorganische Abfälle geben. Stoffe der zweiten Reaktion mit Wasser verdünnen und anschließend ins Abwasser geben.

Exp. 16 Zeitlicher Verlauf der chemischen Reaktion von Metallen mit Salzsäure

A: Gib in zwei Reagenzgläser je 5 ml verdünnte Salzsäure (GHS07). Stelle eins der Reagenzgläser für 5 min in ein heißes Wasserbad. Gib in jedes Reagenzglas zeitgleich ein Stück Zink. Beobachte.
B: Gib in zwei Reagenzgläser je 5 ml verdünnte Salzsäure. Versetze die Lösung mit einer Spatelspitze Magnesiumgrieß (GHS02), die andere mit einer Spatelspitze Eisenspänen. Beobachte.
Leite aus den Experimenten ab, von welchen Bedingungen chemische Reaktionen abhängen.
Entsorgung: Flüssigkeiten ins Abwasser geben, Feststoffe einsammeln.

Exp. 17 Einfluss verschiedener Katalysatoren auf die Zersetzung von Wasserstoffperoxidlösung

Gib in drei Reagenzgläser jeweils 3 ml 3%ige Wasserstoffperoxidlösung. Versetze eine Lösung mit einer Spatelspitze Mangan(IV)-oxid (Braunstein, GHS03|07), eine zweite mit einer Spatelspitze Eisen(III)-chlorid (GHS05|07). Vergleiche mit der unbehandelten Lösung im dritten Reagenzglas.
Entsorgung: Lösungen filtrieren. Filtrate ins Abwasser, Filterrückstand in den Behälter für giftige anorganische Abfälle geben.

Exp. 18 Einfluss von Amylase auf die Zersetzung von Stärke

Gib in zwei Reagenzgläser je 4 ml einer verdünnten, frisch aufgekochten Stärkelösung. Versetze beide Lösungen mit einigen Tropfen Lugol'scher Lösung (GHS07). Gib zu einer der beiden Lösungen 1 ml Amylaselösung.
Notiere deine Beobachtungen.
Entsorgung: Lösungen ins Abwasser geben.

Exp. 19 Beeinflussung der Reaktionsgeschwindigkeit

Untersuche den Einfluss einer Temperaturänderung, einer Konzentrationsänderung und die Wirkung eines Katalysators auf die chemische Reaktion von Kaliumpermanganat (GHS03|05|07|09) mit Oxalsäure (GHS07|05).
Nutze eine Tabelle zum Erfassen deiner Beobachtungen zu den unterschiedlichen Reaktionsbedingungen.
Gib in drei Reagenzgläser jeweils genau 3 ml einer 0,1-molaren Oxalsäurelösung (GHS07) und 3 ml dest. Wasser.
Fülle ein viertes Reagenzglas mit 6 ml der Oxalsäurelösung.
Versetze die Lösung im ersten Reagenzglas mit drei Tropfen Kaliumpermanganatlösung (GHS03|07|09). Bestimme mithilfe einer Stoppuhr die Zeit bis zum Entfärben der Lösung.
Erwärme den Inhalt des zweiten Reagenzglases auf etwa 40 °C. Versetze die Lösung nun mit drei Tropfen Kaliumpermanganatlösung. Ermittle die Zeit bis zum Entfärben der Lösung.
Gib zum dritten Reagenzglas zunächst zwei Tropfen Mangan(II)-sulfatlösung (GHS08|09), anschließend drei Tropfen Kaliumpermanganatlösung. Ermittle die Zeit bis zum Entfärben.
Versetze die Lösung im vierten Reagenzglas mit drei Tropfen Kaliumpermanganatlösung und bestimme die Zeit bis zum Entfärben der Lösung.

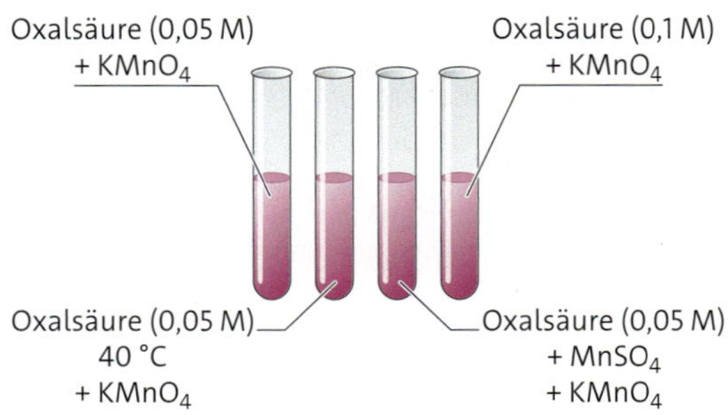

Erläutere, welche Bedingungen bei den Einzelexperimenten variiert wurden. Vergleiche die gemessenen Zeiten und leite daraus ab, wie sich die veränderten Reaktionsbedingungen auf die Reaktionsgeschwindigkeit auswirken.
Entsorgung: Lösungen in den Behälter für giftige anorganische Abfälle geben.

Untersuchen chemischer Reaktionen

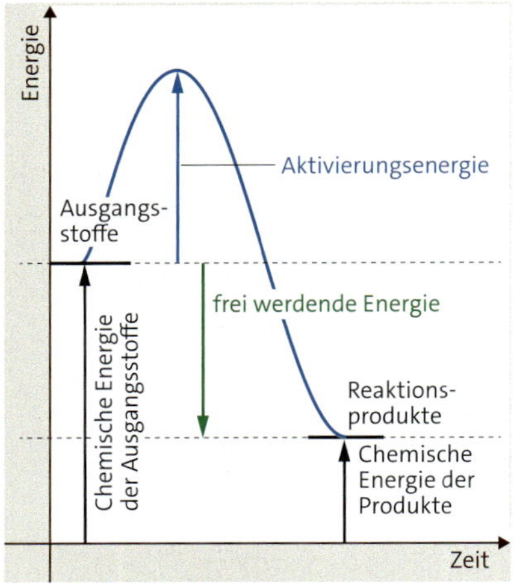

1 Energiediagramm einer exothermen Reaktion

Schon gewusst?
- Rosten von Eisen
- Verspröden von Kunststoff
- Altern von Gummi
- Verwittern von Gestein
- Sauerwerden von Milch
- Ranzigwerden von Butter
- Vergären von Obstsäften
- Faulen von Früchten
- Aufnehmen von Wirkstoffen aus Medikamenten im Körper
- Abbauen von Alkohol im menschlichen Organismus
- Umwandeln von Wein in Essig

2 Chemische Reaktionen aus dem Alltag, bei denen die Zeit entscheidend ist

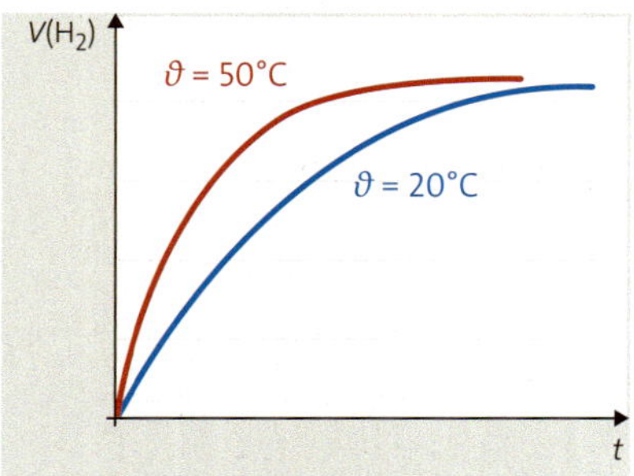

3 Verlauf der Reaktion von Salzsäure mit Zink bei unterschiedlichen Temperaturen

Stoff- und Energieumwandlung – beobachtbar Bei jeder chemischen Reaktion finden Stoff- und Energieumwandlungen statt.

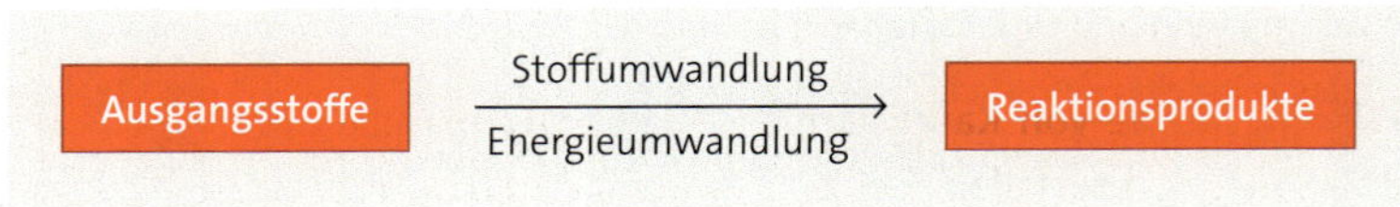

Stoffumwandlungen lassen sich meist sehr gut im Experiment beobachten, beispielsweise anhand einer Farbänderung (► Exp. 12, S. 156) oder einer Gasbildung (► Exp. 13, S. 156). Energieumwandlungen sind vor allem dann gut messbar, wenn thermische Energie aufgenommen (endotherme Reaktion) oder abgegeben (exotherme Reaktion) wird (► Exp. 15, S. 156). Weitere mögliche Energieumwandlungen stellen die Abgabe von Licht, das Verrichten von Arbeit oder das Erzeugen von Strom dar.

Aktivierungsenergie Die Teilchen der Ausgangsstoffe müssen für die chemische Reaktion eine bestimmte Mindestenergie besitzen, um reaktionsbereit zu sein. Die dafür notwendige Energie ist die **Aktivierungsenergie** (► **1**).

Teilchen- und Bindungsänderung Die beobachtbaren Stoff- und Energieumwandlungen bei chemischen Reaktionen sind Ausdruck einer Veränderung im Bau der Stoffe. Atome, Ionen oder Moleküle der Ausgangsstoffe ordnen sich um und verändern sich zu Atomen, Ionen oder Molekülen der Reaktionsprodukte. Diese Teilchenveränderung ist nur möglich, wenn gleichzeitig chemische Bindungen gespalten und andere neu ausgebildet werden.

Zeitlicher Verlauf einer chemischen Reaktion Das Verbrennen des Kraftstoffs im Zylinder eines Motors dauert nur den Bruchteil einer Sekunde. Das Durchrosten eines Nagels kann dagegen Jahre dauern (► **2**). Die Geschwindigkeit einer chemischen Reaktion (**Reaktionsgeschwindigkeit**) hängt von verschiedenen Faktoren ab und kann daher auch durch deren Veränderung beeinflusst werden (► Exp. 16, S. 157). Dies gilt sowohl für Reaktionen mit vollständigem Stoffumsatz als auch für Reaktionen mit unvollständigem Stoffumsatz (► S. 122 f.). Die Geschwindigkeit einer chemischen Reaktion kann entweder am Verbrauch eines Ausgangsstoffs oder am Entstehen eines Reaktionsprodukts verfolgt werden.

Reaktionsgeschwindigkeit und ihre Beeinflussbarkeit Die Geschwindigkeit einer chemischen Reaktion ist von den Reaktionsbedingungen abhängig. Der Zerteilungsgrad, die Temperatur, die Konzentration der reagierenden Stoffe sowie der Einsatz von Katalysatoren beeinflussen den Verlauf einer chemischen Reaktion (► Exp. 19, S. 157). Prinzipiell hängt die Reaktionsgeschwindigkeit von der Anzahl der wirksamen Zusammenstöße der Ausgangsstoffe ab. Diese wird erhöht, wenn sich mehr Ausgangsstoffe mit der entsprechenden Mindestenergie (► **3**) im Reaktionsgefäß befinden.

Einfluss des Zerteilungsgrads Bei der Reaktion von verdünnten Säuren mit Carbonaten entsteht Kohlenstoffdioxid (▸ Exp. 14, S. 156). Die Reaktion findet an der Grenzfläche zwischen festem Carbonat und Säurelösung statt. Es können aber nur Teilchen der Ausgangsstoffe miteinander reagieren, die an der Grenzfläche zusammenstoßen. Deshalb ist die Größe der Grenzfläche für den Verlauf der chemischen Reaktion von entscheidender Bedeutung (▸ **4**).

Wirkungsweise von Katalysatoren Wasserstoffperoxid kann in Wasser und Sauerstoff zerfallen. Bei Zimmertemperatur verläuft diese Reaktion sehr langsam. Versetzt man die Lösung mit etwas Mangan(IV)-oxid oder Eisen(III)-chlorid, verläuft die Reaktion wesentlich schneller (▸ Exp. 17, S. 157). Nach Beendigung der Reaktion liegen Magan(IV)-oxid oder das Eisen(III)-chlorid unverändert vor. Stoffe, welche die Reaktionsgeschwindigkeit einer chemischen Reaktion beeinflussen und am Ende der Reaktion unverändert vorliegen, heißen **Katalysatoren**.
Katalysatoren stabilisieren Zwischenzustände des Reaktionswegs und bewirken dadurch eine Verringerung der zur Aktivierung der Stoffe notwendigen Energie. Sie setzen die Aktivierungsenergie herab (▸ **5**).
Die für die Stoffwechselprozesse in Organismen verantwortlichen Enzyme sind ebenfalls Katalysatoren, sie werden als **Biokatalysatoren** bezeichnet. So kann beispielsweise die Amylase im Mundspeichel Stärke auch bei Körpertemperatur in Maltose spalten (▸ Exp. 18, S. 157).

Katalysatoren in der Technik In der chemischen Industrie leisten Katalysatoren einen entscheidenden Beitrag zur Produktivität der Anlagen. So ist die Ausbeute an Ammoniak durch den Einsatz entsprechender Katalysatoren im Haber-Bosch-Verfahren wesentlich höher (▸ S. 126 f.). Ein bedeutender Katalysator in der Technik ist das Edelmetall Platin. Mithilfe eines platin- und rhodiumbeschichteten Keramikeinsatzes im Abgaskatalysator werden die Autoabgase zu unschädlichen Stoffen umgewandelt. Somit leisten Platinkatalysatoren auch einen wirksamen Beitrag zum Umweltschutz.

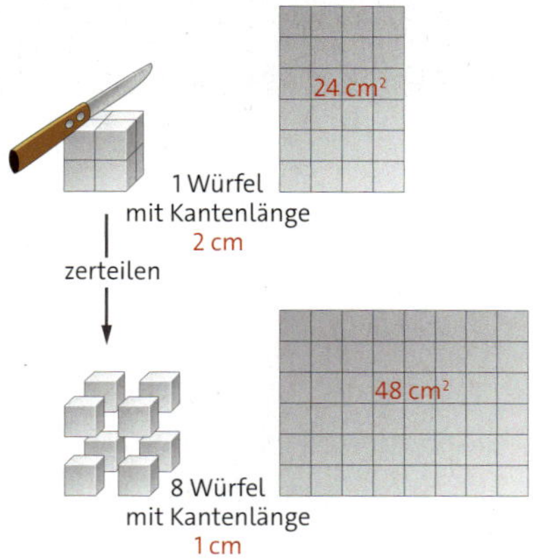

4 Modellvorstellung zur Abhängigkeit der Reaktionsgeschwindigkeit vom Zerteilungsgrad

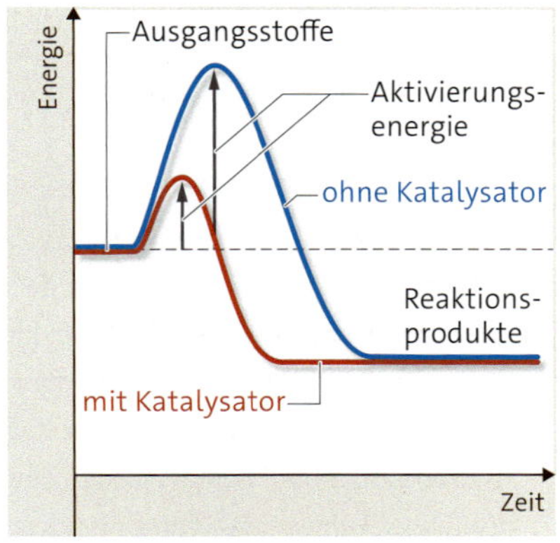

5 Energieverlauf einer chemischen Reaktion mit und ohne Katalysator

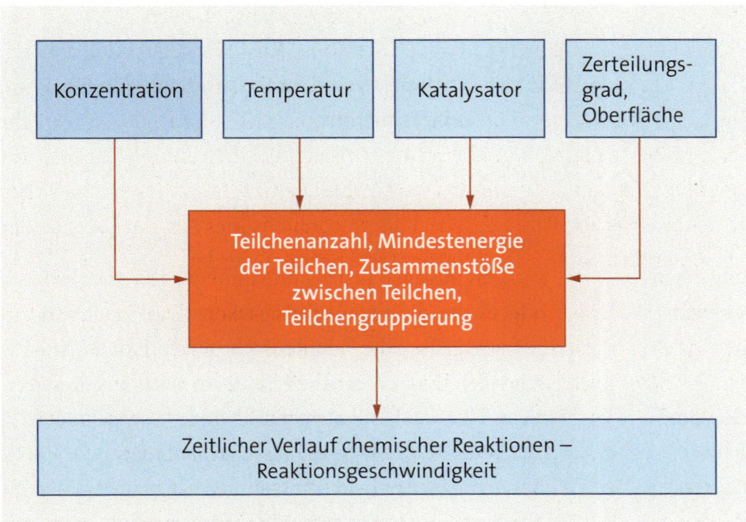

6 Bedingungen, die Einfluss auf die Reaktionsgeschwindigkeit haben

Aufgaben

1 Erläutere für folgende chemische Reaktionen die Veränderung der Stoffe und Teilchen:

$$H_2 + Cl_2 \longrightarrow 2\,HCl$$

$$H^+ + OH^- \longrightarrow H_2O$$

2 Gib je zwei Beispiele aus dem Alltag, der Natur oder der Technik an, bei denen die Wahl oder die Einhaltung bestimmter Bedingungen von entscheidender Bedeutung für den Verlauf der Reaktion ist.

3 Interpretiere das Diagramm von Abbildung ▸ **3**.

Organische Verbindungen

Exp. 20 Nachweis von Alkoholen mit Cer(IV)-ammoniumnitrat-Reagenz

Fülle in ein Reagenzglas 1 ml Weißwein und in ein zweites Reagenzglas 1 ml Wasser. Gib zu beiden Reagenzgläsern jeweils 2 ml des Cer(IV)-ammoniumnitrat-Reagenzes (GHS03|07|05). Vergleiche die Farbreaktionen in beiden Reagenzgläsern.
Entsorgung: Cer(IV)-haltiges Reaktionsgemisch mit Natronlauge neutralisieren und in den Behälter für saure und alkalische anorganische Abfälle geben.

Exp. 21 Oxidation von Ethanol

Gib in ein Becherglas 4 ml Weißwein und in ein Reagenzglas 1 ml Weißwein als Vergleichslösung. Erhitze eine Kupferdrahtspirale in der Brennerflamme bis zur deutlichen Schwarzfärbung, tauche sie anschließend in das Becherglas mit dem Weißwein. Wiederhole diesen Vorgang mindestens 5-mal.
Fülle anschließend 1 ml der Lösung aus dem Becherglas in ein Reagenzglas. Gib zu beiden Proben 2 ml des Cer(IV)-ammoniumnitrat-Reagenzes (GHS03|07|05). Vergleiche die Farbreaktionen in beiden Reagenzgläsern und deute deine Beobachtungen.
Entsorgung: Kupferdrahtspirale aufbewahren. Flüssigkeiten in den Behälter für halogenfreie organische Abfälle geben.

Exp. 22 Nachweis von Aldehyden

Gib je 1 ml Natronlauge ($c = 0{,}1\ \frac{\text{mol}}{\text{l}}$; GHS05) und einen Tropfen Methylenblaulösung ($w = 0{,}02\ \%$) in zwei Reagenzgläser. Gib dann zu einer Lösung einen Tropfen Propanal (GHS02|05|07) und zur anderen einen Tropfen Propan-1-ol (GHS02|05|07).
Beobachte die Veränderung der Farbe.
Entsorgung: In den Behälter für halogenfreie organische Abfälle geben.

Exp. 23 Nachweis von Aldehyden durch die Fehling-Probe

Fülle 1 ml einer verdünnten Glucoselösung in ein Reagenzglas. Gib jeweils 20 Tropfen Fehling-I-Lösung (GHS07|09) und Fehling-II-Lösung (GHS05) hinzu und erwärme das Gemisch mindestens 5 min im Wasserbad. Wiederhole diesen Versuch mit Fructoselösung. Notiere deine Beobachtungen und vergleiche.
Entsorgung: Lösungen filtrieren. Filtrate ins Abwasser, Niederschläge in den Behälter für halogenfreie organische Abfälle geben.

Exp. 24 Nachweis von Aldehyden durch die Silberspiegelprobe (Tollens-Reagenz)

Fülle 1 ml einer verdünnten Glucoselösung in ein Reagenzglas. Gib 20 Tropfen ammoniakalische Silbernitratlösung (GHS05|07|09) hinzu und schwenke vorsichtig. Erwärme das Gemisch in einem heißen, nicht siedenden Wasserbad. Notiere deine Beobachtungen.
Entsorgung: Die mit ammoniakalischer Silbernitratlösung versetzte Lösung mit verdünnter Salzsäure umsetzen und filtrieren. Filterrückstand in den Behälter für silberhaltige Abfälle, das Filtrat in den Behälter für saure und alkalische anorganische Abfälle geben.

Exp. 25 Nachweis von Glucose in verschiedenen Lebensmitteln

Stelle von den vorliegenden festen Lebensmittelproben, z. B. Honig, Apfel und Trockenfrüchten, wässrige Auszüge her und fülle 2 ml in je ein Reagenzglas. Gib von den flüssigen Lebensmittelproben, z. B. mit Stevia oder Sorbit gesüßte Getränke, auch je 2 ml in ein Reagenzglas. Führe die Fehling-Probe wie in Exp. 23 beschrieben durch. Vergleiche deine Beobachtungen und ziehe Schlussfolgerungen bezüglich des Vorkommens von Glucose in verschiedenen Lebensmitteln.
Entsorgung: Lösungen filtrieren. Filtrate ins Abwasser, Niederschläge in den Behälter für halogenfreie organische Abfälle geben.

Exp. 26 Synthese und Nachweis von Aldehyden

Gib 5 ml Propan-1-ol (GHS02|05|07) in eine weiße Porzellanschale. Erhitze dann ein Kupfernetz so, dass sich auf seiner Oberfläche schwarzes Kupferoxid bildet. Tauche das heiße Netz in das Propan-1-ol und beobachte den eingetauchten Teil. Wiederhole den Vorgang 5-mal.
Leite Schlussfolgerungen aus dem Versuchsergebnis ab.

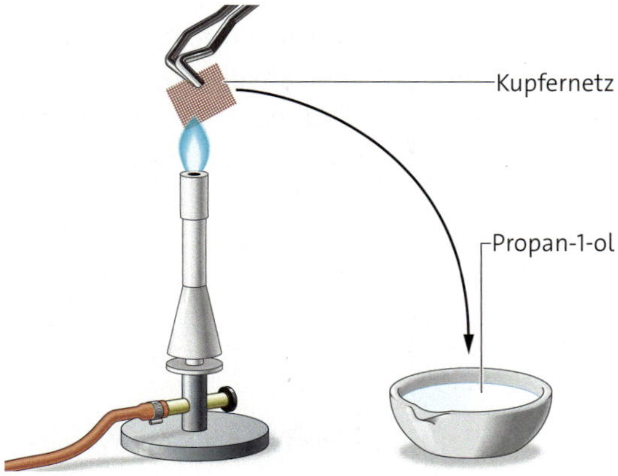

Untersuche das Reaktionsprodukt mit Watesmo-Papier bzw. weißem Kupfer(II)-sulfat (GHS07|09). Teste das Reaktionsprodukt mit Methylenblaulösung (► Exp. 22). Beobachte. Deute das Ergebnis.
Entsorgung: Reste in den Behälter für giftige anorganische Abfälle geben.

Exp. 27 Herstellen von Propansäurepropylester

Gib 2,5 ml Propansäure (GHS02|05), 2,5 ml Propan-1-ol (GHS02|05|07), fünf Tropfen konzentrierte Schwefelsäure (GHS05) und einige Siedesteine in ein Demonstrationsreagenzglas. Erhitze das Reagenzglas im Wasserbad etwa 10 min auf 70 °C. Gieße nach dem Abkühlen die Lösung in eine Petrischale, die einen Spatel Magnesiumcarbonat enthält. Vergleiche den Geruch des Esters mit dem Geruch der Ausgangsstoffe.
Entsorgung: Den Ester in einer dunklen Flasche in die Sammlung, die Flüssigkeitsreste in den Behälter für halogenfreie organische Abfälle geben.

Exp. 28 Synthese von Ethansäureethylester

Gib in ein Reagenzglas mit seitlichem Ansatz 2 ml Ethansäure (GHS07), 2 ml Ethanol (GHS02|07) und eine Spatelspitze Natriumhydrogensulfat (GHS05). Befestige am seitlichen Ansatz ein gewinkeltes Rohr, das in ein kleines Reagenzglas mündet. Erhitze das Reagenzglas mit der Reaktionsmischung für 5 min in siedendem Wasser. Stelle das leere Reagenzglas in ein Eis-Wasser-Bad und fange das das Reaktionsprodukt enthaltende Destillat auf. Führe mit dem Destillat eine Geruchsprobe durch. Gib dann etwa das gleiche Volumen Wasser hinzu und beobachte, ob sich das Destillat in Wasser löst.

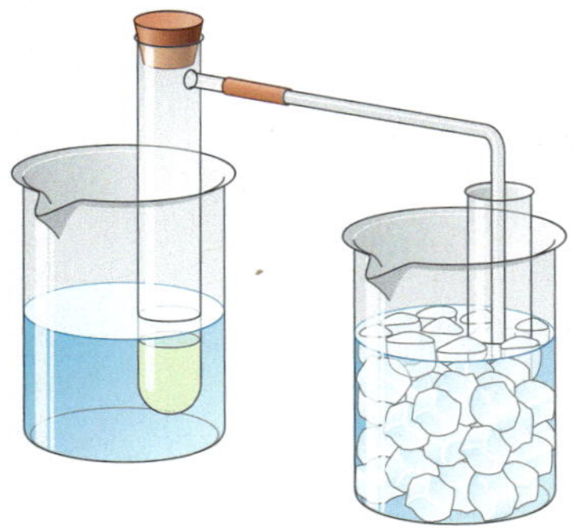

Entsorgung: Destillat aufbewahren, Reste in den Behälter für halogenfreie organische Abfälle geben.

Exp. 29 Lösungseigenschaften von Ethansäureethylester

Verteile auf einem Uhrglas einen Tropfen lösungsmittelhaltigen Klebstoff und lass ihn trocknen.
Gib aus der oberen Phase des Destillats aus Exp. 28 (enthält das Reaktionsprodukt; GHS02|07) einige Tropfen auf den Kleber und beobachte, ob er sich löst. Wiederhole den Versuch mit Ethanol (GHS02).
Entsorgung: Reste in Behälter für halogenfreie organische Abfälle geben.

Organische Verbindungen

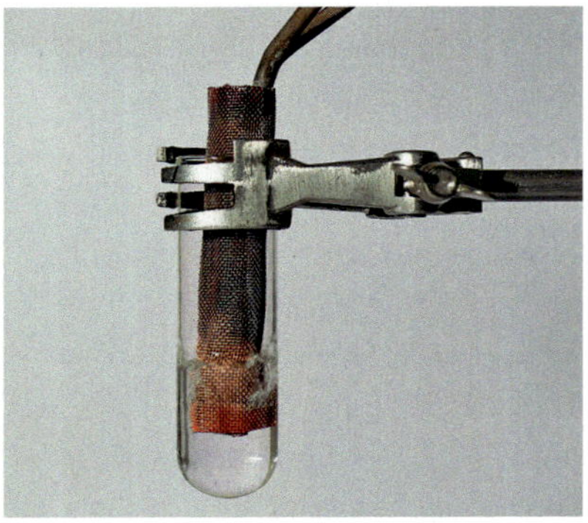

1 Reaktion von Ethanol mit Kupfer(II)-oxid

Einteilung organischer Stoffe Die Vielzahl organischer Verbindungen ergibt sich aus der besonderen Eigenschaft der Kohlenstoffatome, sich durch Einfach- oder Mehrfachbindung miteinander oder mit Atomen anderer chemischer Elemente zu verbinden. Eine Einteilung ist anhand typischer Strukturmerkmale der Moleküle organischer Stoffe möglich (▸**2**). Viele organische Verbindungen sind mithilfe typischer chemischer Reaktionen ineinander umwandelbar.

Vom Ethanol zum Ethanal Wird Ethanol in Kontakt mit heißem Kupfer(II)-oxid gebracht, das sich an einer heißen Kupferdrahtspirale gebildet hat, kann man die Bildung von rot glänzendem Kupfer beobachten (▸**1**). Statt des charakteristischen Alkoholgeruchs ist ein stechender Geruch wahrnehmbar (▸Exp. 21, S. 160).
Aus dem Kupfer(II)-oxid ist Kupfer entstanden. Der stechende Geruch ist auf **Ethanal** zurückzuführen, das sich aus dem Ethanol gebildet hat. Die Reaktion vom Ethanol zum Ethanal lässt sich mittels des Alkoholnachweises mit Cer(IV)-ammoniumnitrat-Reagenz ebenfalls beobachten (▸Exp. 20 und 21, S. 160).
Bei der Reaktion werden dem Ethanolmolekül formal zwei Wasserstoffatome entzogen, die sich mit dem Sauerstoffatom aus dem Kupfer(II)-oxid zu einem Wassermolekül umsetzen. Dabei entsteht ein Kupferatom. Da Kupfer(II)-oxid zu Kupfer reduziert wurde, muss Ethanol zu Ethanal oxidiert worden sein. Folglich handelt es sich um eine Redoxreaktion.

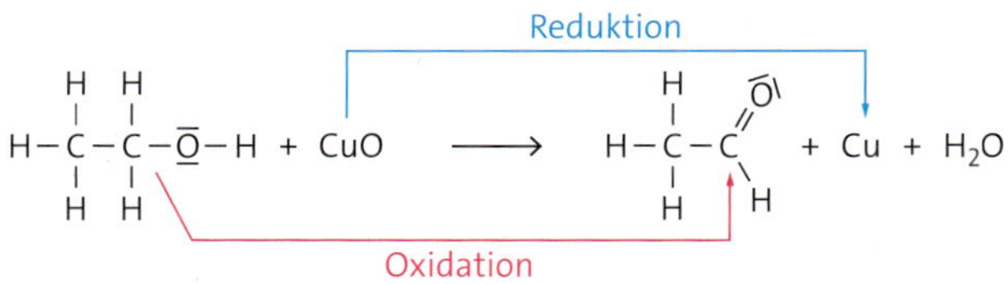

Stoffklasse	Allgemeine Summenformel	Strukturmerkmal / Funktionelle Gruppe	Typische Reaktionen
Kohlenwasserstoffe			
Alkane	C_nH_{2n+2}	nur Einfachbindungen zwischen C-Atomen	Verbrennung, Substitution, Eliminierung
Alkene	C_nH_{2n}	eine Doppelbindung zwischen C-Atomen	Verbrennung, Addition, Eliminierung
Alkine	C_nH_{2n-2}	eine Dreifachbindung zwischen C-Atomen	Verbrennung, Addition
Organische Verbindungen mit funktionellen Gruppen			
Alkanole	$C_nH_{2n+1}OH$	Hydroxygruppe im Molekül	Oxidation zum Alkanal, Verbrennung
Alkansäuren	$C_nH_{2n+1}COOH$	Carboxygruppe im Molekül	Reaktion mit unedlen Metallen, Metalloxiden, Carbonaten, Neutralisation, Oxidation zu Kohlenstoffdioxid und Wasser, Esterbildung

2 Strukturmerkmale und typische Reaktionen organischer Verbindungen

Stoffklasse der Alkanale Ethanal gehört zur Stoffklasse der **Alkanale** oder auch Aldehyde genannt. Der Begriff Aldehyd leitet sich von *Alkohol dehydrogenatus* ab, was so viel bedeutet wie: Alkohol, dem der Wasserstoff entzogen wurde. Charakteristisch für diese Stoffklasse ist die **Aldehydgruppe –CHO**. Die Endung **-al** kennzeichnet die Aldehydgruppe im Molekül. Neben Ethanol können auch andere Alkanole zu den entsprechenden Alkanalen oxidiert werden (▸ Exp. 26, S. 161).
Ebenso wie die Kohlenwasserstoffe und die Alkanole bilden auch die Alkanale eine homologe Reihe. Die aufeinanderfolgenden Glieder unterscheiden sich jeweils durch eine $-CH_2$-Gruppe. Die ersten Glieder der homologen Reihe sind Methanal (Formaldehyd), Ethanal (Acetaldehyd) (▸ **3**) und Propanal.
Die funktionelle Gruppe bestimmt viele Eigenschaften der Alkanale. Ihr Einfluss geht mit zunehmender Kettenlänge der Moleküle zurück. So ist Methanal aufgrund der Polarität der Aldehydgruppe sehr gut in Wasser löslich, mit steigender Kettenlänge nimmt die Löslichkeit ab.

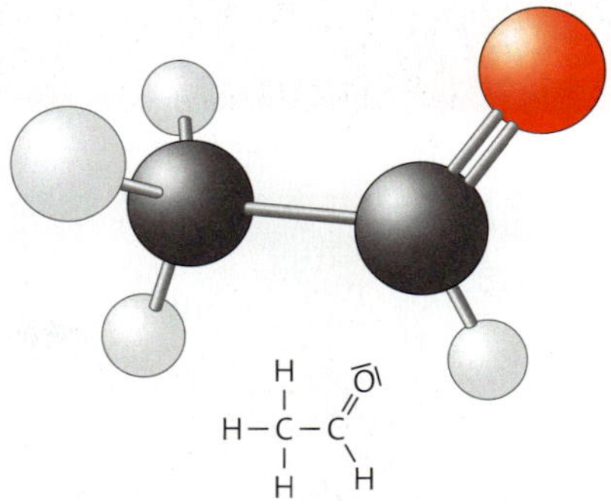

3 Modell und Strukturformel des Ethanalmoleküls

Nachweis der Aldehydgruppe Neben den Alkanalen enthalten noch viele natürlich vorkommende Stoffe, z. B. Glucose, Zimtaldehyd und Vanillin, eine Aldehydgruppe im Molekül. Diese lässt sich durch verschiedene Nachweisreaktionen experimentell bestimmen.
Eine Möglichkeit bietet die **Silberspiegelprobe**. Aus einer frisch zubereiteten, mit Ammoniak versetzten Silbernitratlösung (Tollens-Reagenz) fällt nach Zugabe von Stoffen mit einer Aldehydgruppe in ihrem Molekül elementares Silber aus. An einer sauberen Glaswand bildet dieses Silber eine gleichmäßige Schicht (▸ **4**; ▸ Exp. 24, S. 160).
Eine weitere Nachweismöglichkeit stellt die **Fehling-Probe** dar (▸ Exp. 23 und 25, S. 160). Zur Durchführung der Fehling-Probe verwendet man zwei Lösungen als Nachweisreagenzien, die als „Fehling I" und „Fehling II" bezeichnet werden. Die hellblaue Fehling'sche Lösung I ist eine verdünnte Kupfer(II)-sulfatlösung. Die farblose Fehling'sche Lösung II ist eine alkalische Kaliumnatriumtartratlösung. Die in der Fehling'schen Lösung I enthaltenen Cu^{2+}-Ionen werden zu Cu^{+}-Ionen reduziert, die dann als rotbraunes Kupfer(I)-oxid ausfallen (▸ **5**).
Beide Nachweise beruhen auf der Oxidierbarkeit der Aldehydgruppe. Ein weniger spezifischer Nachweis der Aldehydgruppe gelingt mit **Methylenblau**. Aldehyde entfärben eine basische Methylenblaulösung (▸ Exp. 22, S. 160; ▸ Exp. 26, S. 161).

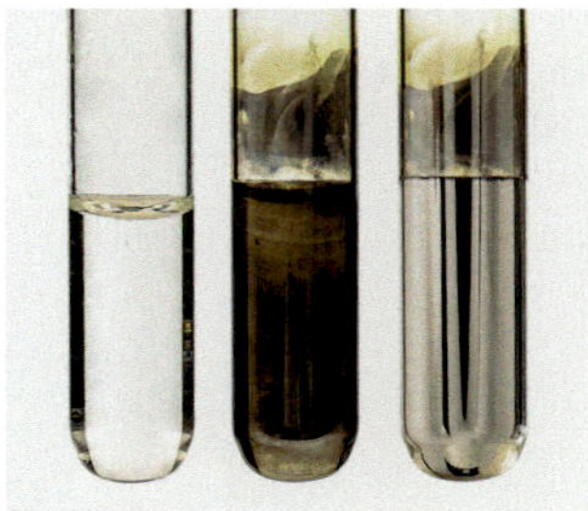

4 Silberspiegelprobe

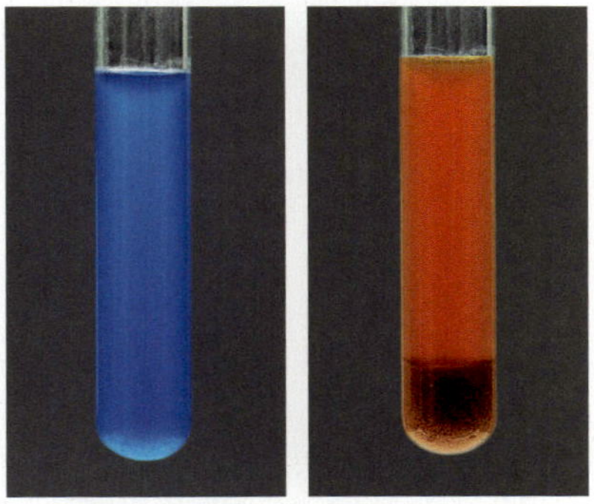

5 Fehling-Probe

Aufgaben

1 Ordne die folgenden Stoffe entsprechenden Stoffklassen zu: Pentansäure, Hex-1-en, Methanal, Heptan-2-ol, Ethan und But-2-in. Stelle für alle genannten Stoffe die vereinfachten Strukturformeln auf und begründe die Zuordnung.

2 Benenne das Alkanal mit der Summenformel C_3H_6O.

3 Entwickle die Reaktionsgleichungen für die im Schema dargestellten chemischen Reaktionen. Benenne und erläutere die Reaktionsarten.
Propin $\longrightarrow$ Propen $\rightleftarrows$ Propan

4 Propanal ist sowohl mit Wasser als auch mit Benzin in jedem Verhältnis mischbar. Begründe.

Ester

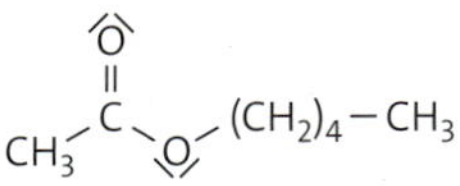

1 Ethansäurepentylester riecht nach Birne.

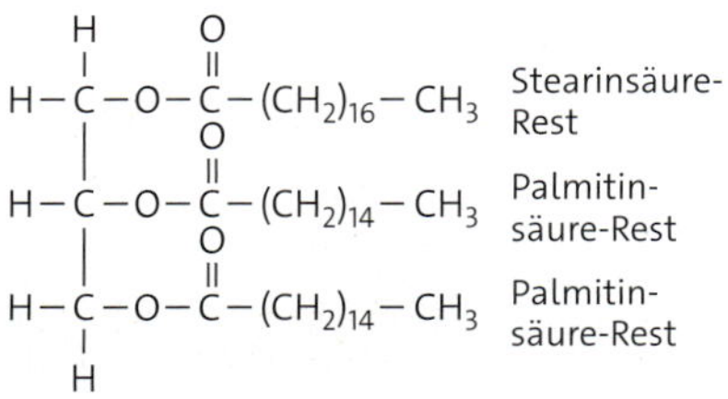

2 Strukturformel eines Fettmoleküls

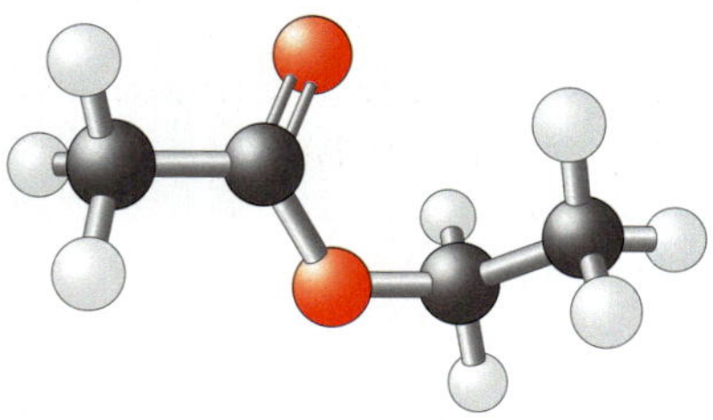

4 Molekülmodell von Ethansäureethylester

Vorkommen und Bedeutung von Estern Betritt man einen Raum, in dem eine reife Birne gegessen wird, ist das sofort an dem angenehmen Geruch erkennbar. Verantwortlich dafür ist ein Stoff, der Birnenester, der relativ leicht auch im Labor hergestellt werden kann (▸1). Düfte und Geschmack vieler Früchte werden durch ähnliche Verbindungen hervorgerufen. Diese Verbindungen werden als **Fruchtester** bezeichnet. Neben diesen gibt es eine Vielzahl natürlich vorkommender Ester, die ganz unterschiedliche Bedeutungen haben (▸3). So sind **Fette** natürliche Ester, die wichtige Energielieferanten sind sowie zur Wärmeisolation und als Lösungsmittel dienen. Zudem können z. B. nur durch Fette die Vitamine A, D und E gelöst und somit in den Körper aufgenommen werden. In einem Fettmolekül sind langkettige Alkansäuren mit Glycerin verestert (▸2).
Die Nutzung synthetisch hergestellter Ester umfasst viele Bereiche, von Aromastoffen bis hin zu Sprengstoffen (▸3).

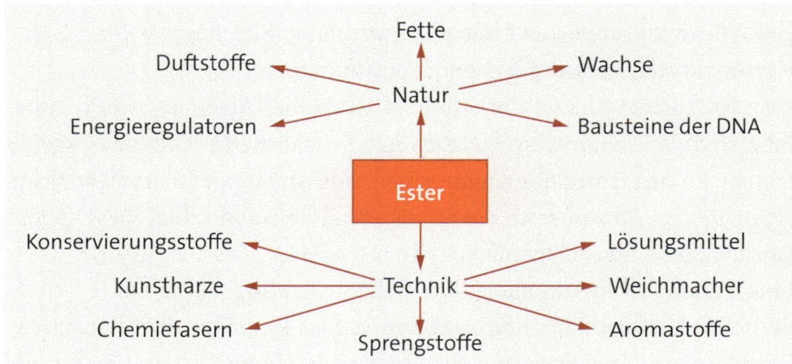

3 Bedeutung und Verwendung von Estern

Bildung von Estern Ester können durch chemische Reaktion aus Säuren und Alkoholen dargestellt werden. Bezeichnet werden die Ester je nach eingesetzter Säure, z. B. entstehen Alkansäureester aus Alkansäuren (▸6). Möchte man beispielsweise Ethansäureethylester herstellen (▸4; ▸Exp. 28, S. 161), so werden Ethansäure und Ethanol als Ausgangsstoffe genutzt, zur Herstellung von Propansäurepropylester entsprechend Propansäure und Propanol (▸Exp. 27, S. 161).
Für die Reaktion wird Wärmezufuhr und ein Katalysator, z. B. Schwefelsäure, benötigt. Die chemische Reaktion wird als **Veresterung** bezeichnet. Neben dem Ester entsteht während der Reaktion auch Wasser, deshalb ist es auch eine **Kondensation**.

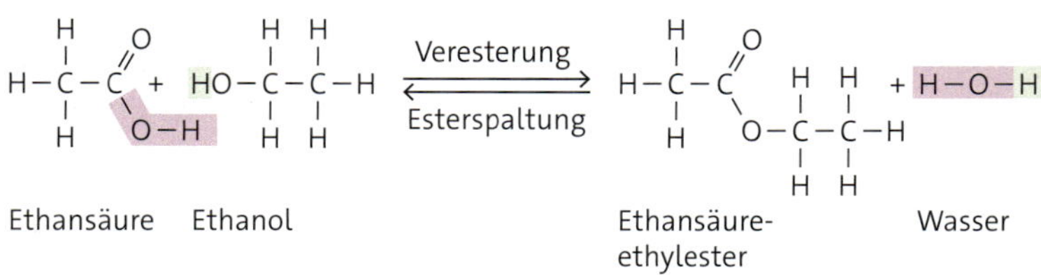

Die Moleküle der Ester enthalten als funktionelle Gruppe die **Estergruppe**:

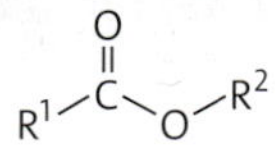

Die Alkylgruppen wurden mit R^1 und R^2 bezeichnet. Bei einem Experiment lässt sich feststellen, dass neben den Reaktionsprodukten Ester und Wasser auch noch die Ausgangsstoffe Säure und Alkohol vorliegen. Die Veresterung verläuft nicht vollständig, sie ist eine umkehrbare chemische Reaktion. Da die Esterspaltung unter Wasseraufnahme erfolgt, wird diese Reaktion als **Hydrolyse** bezeichnet.

Im Gegensatz zu Ethanol und Ethansäure löst sich Ethansäureethylester nicht unbegrenzt in Wasser. In Ethanol, Aceton oder Heptan hingegen löst er sich sehr gut. Da viele Klebstoffe aus großen, schwachpolaren Molekülen bestehen, eignet sich dafür Ethansäureethylester als Lösungsmittel (► Exp. 29, S. 161).

Die Veresterung ist eine chemische Reaktion von Alkansäuren mit Alkoholen unter Bildung von Estern und Wasser. Sie ist auch eine Kondensation, da Wasser ein Reaktionsprodukt ist. Die Veresterung ist eine umkehrbare chemische Reaktion.

Ester anorganischer Säuren Neben den Fruchtestern, Wachsen und Fetten, die zu den Carbonsäureestern gehören, gibt es auch Ester anorganischer Säuren. Phosphorsäureester dienen als Weichmacher, Lösungsmittel, zur Lack- und Kunststoffherstellung. Außerdem sind sie biochemische Energiespeicher, Insektizide sowie chemische Kampfstoffe.
Einer der bekanntesten Salpetersäureester ist das Nitroglycerin, das aus Salpetersäure und Glycerin hergestellt werden kann. ALFRED NOBEL gelang es 1867, eine sicherere Handhabung für Nitroglycerin zu entwickeln, das Dynamit.
Schwefelsäureester dienen unter anderem der Herstellung von Waschmitteln.

Info
Acetylsalicylsäure (Aspirin), das älteste synthetische Schmerzmittel, ist ein Ester aus Ethansäure und Salicylsäure. Letztere reagiert dabei als Alkohol, weil ihr Molekül eine Hydroxygruppe enthält.

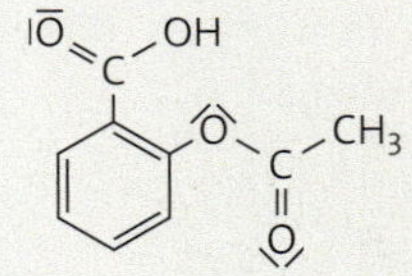

5 Acetylsalicylsäure

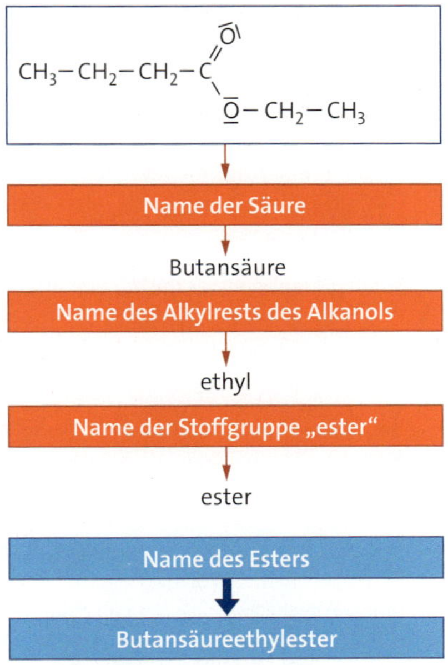

6 Benennung eines Esters

Aufgaben

1 Zeichne die Strukturformel des Carbonsäureesters, der aus Propansäure und Propan-2-ol entsteht.

2 Der Carbonsäureester, dessen Strukturformel gezeigt ist, riecht intensiv nach Banane. Erläutere durch Zerlegung der gezeigten Strukturformel, welche Carbonsäure und welches Alkanol zur Synthese dieses Esters benötigt werden.

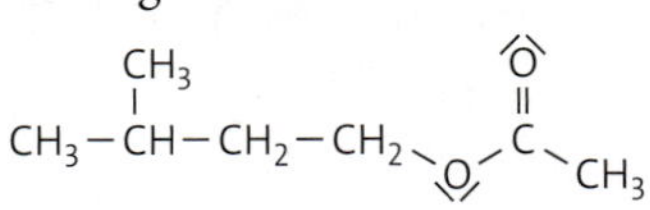

3 Weihrauch enthält ebenso wie Orangen einen fruchtig nach Orangen riechenden Carbonsäureester mit der gezeigten Strukturformel. Benenne den Ester.

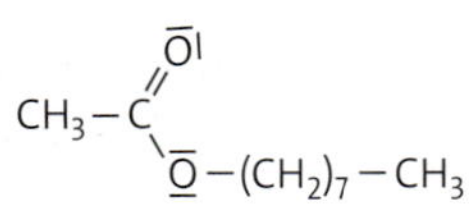

4 Bei der Veresterung entsteht neben Ester auch Wasser. Beschreibe dessen Bildung am Beispiel der Reaktion von Butansäure und Methanol.

5 Beschreibe, welche Funktion die konzentrierte Schwefelsäure bei der Veresterung hat.

Aufgaben richtig verstehen – Umgang mit Operatoren

Im Chemieunterricht wirst du häufig aufgefordert, bestimmte Tätigkeiten durchzuführen. Die Begriffe für solche Tätigkeiten werden als **Operatoren** bezeichnet, z. B.: beschreibe, erläutere, interpretiere, vergleiche, diskutiere.

Was musst du tun, wenn durch einen Operator verlangt wird, dass du eine bestimmte Tätigkeit durchführen sollst? Eine kleine Auswahl an Operatoren soll dir das zeigen.

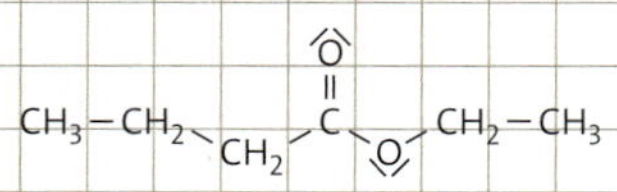

Butansäureethylester riecht nach Ananas.

Gib die Wort- und Reaktionsgleichung für die Bildung des Butansäureethylesters an.

Lösung:

Butansäure + Ethanol ⇌ Butansäureethylester + Wasser

$CH_3CH_2CH_2COOH + CH_3CH_2OH \rightleftharpoons CH_3CH_2CH_2COOCH_2CH_3 + H_2O$

1 Aufgabenstellung im Chemieunterricht

Operator	Was wird verlangt?
Beschreiben	Gib Merkmale von chemischen Objekten, Sachverhalten oder Vorgängen zusammenhängend und geordnet wieder.
Nennen/Angeben	Gib Fakten, Daten, Begriffe oder Sachverhalte ohne Wertung wieder.
Planen eines Experiments	Überlege erforderliche Geräte und Chemikalien zur Lösung eines experimentellen Problems und entwickle („erfinde") eine Geräteanordnung.
Vergleichen	Ermittle Gemeinsamkeiten, Ähnlichkeiten und Unterschiede von chemischen Objekten, Sachverhalten oder Vorgängen.
Erläutern	Veranschauliche einen Sachverhalt unter Nutzung von zusätzlichen Informationen und Beispielen.
Erklären	Stelle Ursachen und Zusammenhänge dar, die das Auftreten einer Erscheinung oder eines Sachverhalts verständlich machen.
Interpretieren/Deuten	Stelle die inhaltliche Bedeutung von Aussagen, chemischen Zeichen oder grafischen Darstellungen heraus und gib sie wieder.
Diskutieren	Stelle Aussagen mit unterschiedlichen Positionen zu Sachverhalten und Zusammenhängen einander gegenüber. Entwickle Pro- und Kontra-Argumente und wäge sie gegenseitig ab.
Begründen	Führe Sachverhalte auf Regeln, Gesetzmäßigkeiten bzw. Zusammenhänge zurück.

2 Ausgewählte Operatoren und ihre Bedeutung

Info 1 Vom Ekelgeruch zum Fruchtaroma

Butansäure gehört zu den Stoffen, deren Moleküle sehr intensive und abstoßende Geruchswahrnehmungen verursachen. Sie kommt unter anderem in ranziger Butter vor und riecht nach Schweiß und Fäulnis.

Eine faszinierende chemische Reaktion ist die von Butansäure mit Ethanol. Dabei entsteht Butansäureethylester, der nach Ananas riecht.

Info 2 Löslichkeitsverhalten der an der Reaktion beteiligten Stoffe

Butansäure und Ethanol lösen sich beide sowohl in Wasser als auch in Benzin (1). In Öl lösen sich beide Stoffe nicht, es bilden sich zwei Phasen (2). Im Butansäure-Öl-Gemisch ist die Öl-Phase über der der Butansäure, beim Ethanol-Öl-Gemisch ist die Öl-Phase unterhalb der Ethanol-Phase.

Butansäureethylester löst sich nicht in Wasser, es bilden sich zwei klare, voneinander getrennte Phasen (3). In Öl und Benzin ist der Ester löslich.

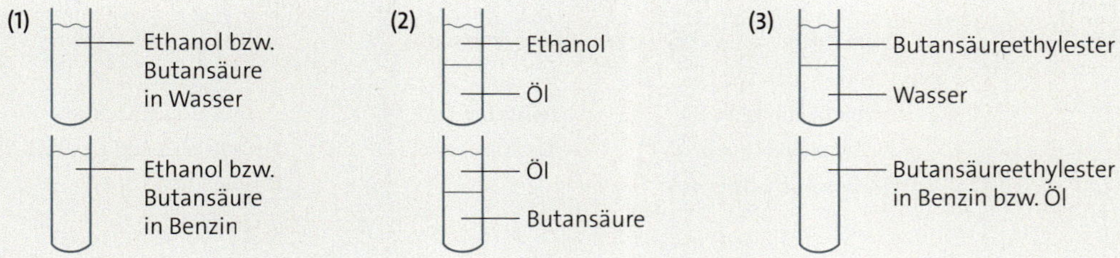

1 Beschreibe die Herstellung eines Ananasesters.

Ananasester ist Butansäureethylester. Für die Herstellung werden Butansäure und Ethanol als Ausgangsstoffe benötigt. Beide reagieren bei Wärmezufuhr und Zugabe eines Katalysators, z. B. Schwefelsäure, zu Butansäureethylester und Wasser.

2 Vergleiche tabellarisch die Löslichkeitseigenschaften der im Text beschriebenen organischen Stoffe.

<table>
<tr><th>Lösungsmittel</th><th>Butansäure</th><th>Ethanol</th><th>Ester</th></tr>
<tr><td>Wasser</td><td colspan="2">löslich</td><td>nicht löslich</td></tr>
<tr><td>Benzin</td><td colspan="3">löslich</td></tr>
<tr><td>Öl</td><td colspan="2">nicht löslich</td><td>löslich</td></tr>
</table>

3 Erläutere die Bindungsverhältnisse im Molekül des Butansäureethylesters.

Die im Ester vorkommenden C–C- und C–H-Bindungen sind aufgrund der geringen EN-Wert-Differenzen unpolare bzw. nur sehr schwachpolare Elektronenpaarbindungen. Die C=O-Bindung ist die am stärksten polare Elektronenpaarbindung im Ester. Sie ermöglicht die Ausbildung von Wasserstoffbrückenbindungen im Lösungsmittel Wasser. Die C–O-Bindung ist ebenfalls eine polare Elektronenpaarbindung.

4 Erkläre das unterschiedliche Lösungsverhalten von Butansäure, Ethanol und Butansäureethylester.

Butansäure und Ethanol lösen sich in Wasser und Benzin, da sie sowohl einen polaren (funktionelle Gruppen), als auch einen unpolaren (Alkylreste) Teil besitzen. Sie sind in der Lage sowohl Wasserstoffbrückenbindungen zu Wassermolekülen als auch Van-der-Waals-Wechselwirkungen mit Kohlenwasserstoffen auszubilden. In Öl lösen sich beide Stoffe jedoch nicht, da der hydrophobe Anteil der Moleküle zu gering ist. Butansäureethylester löst sich hingegen in Öl und Benzin, da der unpolare Teil des Moleküls überwiegt. Somit ist es kaum in der Lage, Wasserstoffbrückenbindungen auszubilden. Deshalb löst es sich nicht im polaren Lösungsmittel Wasser.

Auf einen Blick

Praktikum und Systematisierung

Analyse	Ermittlung der Zusammensetzung von Stoffen. Man unterscheidet die qualitative von der quantitativen Analyse.
Qualitative Analyse	Bestimmung der Bestandteile eines Stoffgemischs oder eines reinen Stoffes mithilfe chemischer Reaktionen mit Nachweisreagenzien oder physikalisch-chemischer Verfahren
Qualitatives analytisches Arbeiten	Nachweisreaktionen für anorganische Stoffe – Ionen **Vorproben:** – Kationennachweise – Flammenfärbung – Phosphorsalzperle **Farbreaktionen:** – Indikatoren – Teststäbchen **Fällungsreaktionen:** – Anionennachweis – Kohlenstoffdioxidnachweis Weitere Analysen beziehen sich z. B. auf: – Nachweisreaktionen für Gase – Identifizierungsreaktionen für organische Stoffe (Moleküle bzw. Atomgruppen)
Quantitative Analyse	Bestimmen von Masse, Stoffmenge, Volumen oder Stoffmengenkonzentration eines Stoffes in einer Lösung oder einem anderen Stoffgemisch. Teststäbchen ermöglichen eine schnelle quantitative Analyse.
Stoffmengen-konzentration	Quotient aus der Stoffmenge n des gelösten Stoffes und dem Volumen V der Lösung $c = \frac{n}{V}$ Einheit: $1\,\frac{\text{mol}}{\text{l}}$; $1\,\frac{\text{mmol}}{\text{l}}$
Titration	Analysemethode, bei der über eine Volumenmessung die Stoffmengenkonzentration einer unbekannten Lösung bestimmt werden kann. Bei einer Säure-Base-Titration kann der Neutralpunkt (Äquivalenzpunkt) mithilfe eines Indikators bestimmt werden.
Auswerten einer Titration	Auswählen der Maßlösung, Ermitteln des Verbrauchs an Maßlösung für die Neutralisation der vorgelegten zu untersuchenden Stoffprobe, Berechnen von: Konzentration: $\text{c(Analysenlösung)} = \frac{c(\text{Maßlösung}) \cdot V(\text{Maßlösung})}{V(\text{Analysenlösung})}$ Stoffmenge: $n(\text{Analysenlösung}) = c(\text{Maßlösung}) \cdot V(\text{Maßlösung})$ Masse: $m(\text{Stoffportion}) = c(\text{Maßlösung}) \cdot V(\text{Maßlösung}) \cdot M(\text{Stoff})$

Vielfalt der Kohlenstoffverbindungen

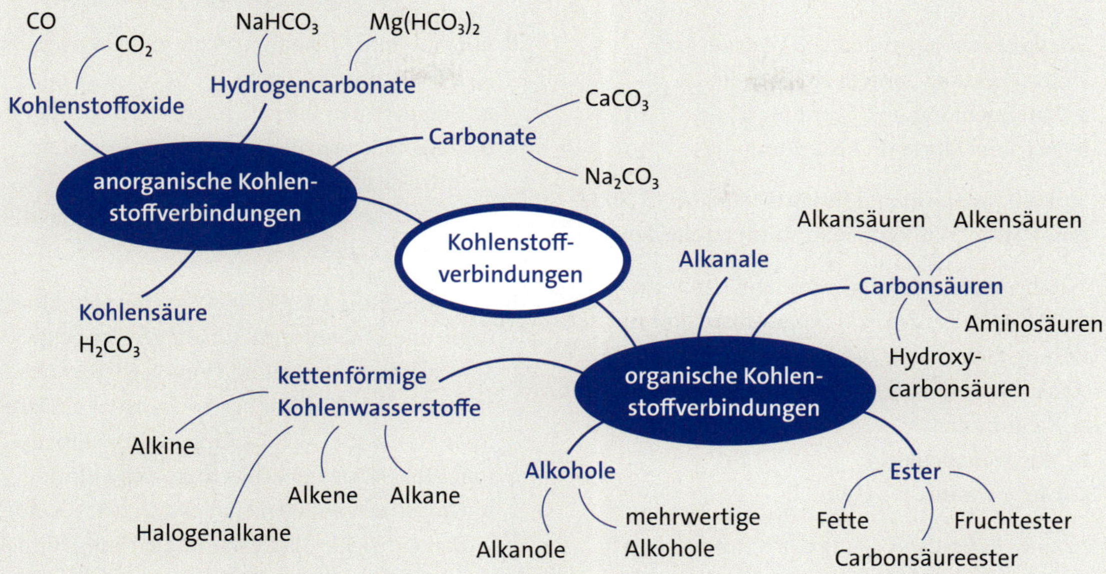

Alkanale	Stoffklasse, deren Moleküle als funktionelle Gruppe eine Aldehydgruppe (–CHO) besitzen Beispiel: Propanal $CH_3–CH_2–CHO$ Nachweis der Aldehydgruppe: Silberspiegelprobe; Fehling-Probe
Ester	besitzen als Strukturmerkmal die Estergruppe und entstehen durch die Reaktion von Carbonsäuren mit Alkoholen unter Abspaltung von Wasser. 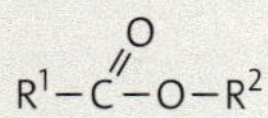
Veresterung (Kondensation) und Esterspaltung (Hydrolyse)	chemische Reaktionen der Bildung und des Zerfalls von Estern Carbonsäure + Alkohol $\underset{\text{Esterspaltung}}{\overset{\text{Veresterung}}{\rightleftharpoons}}$ Ester + Wasser $CH_3COOH + CH_3CH_2OH \rightleftharpoons CH_3COOCH_2CH_3 + H_2O$ Veresterung und Esterspaltung sind umkehrbare Reaktionen und gehören zu den Substitutionsreaktionen.
Vom Alkohol zum Carbonsäureester	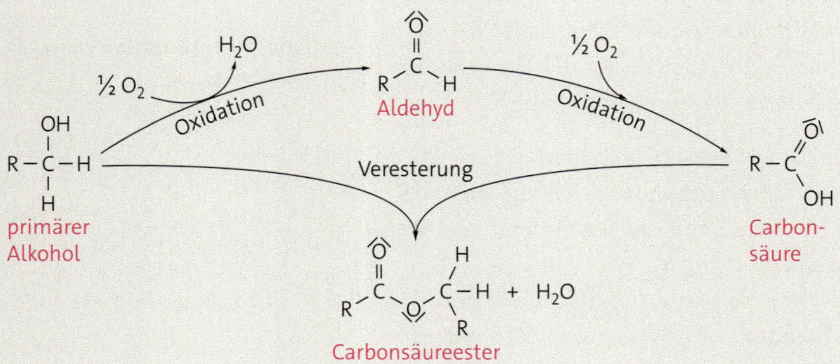

Teste dich

Aufgaben

1 Erläutere das experimentelle Vorgehen zur Unterscheidung der folgenden Stoffe:
a Kaliumchlorid und Natriumchlorid
b Natriumchlorid und Natriumiodid

2 Nickel(II)-chlorid und Eisen(II)-sulfat sind beide grüne Salze. Wie kann man sie unterscheiden?

3 Welche Massen der folgenden Stoffe müssen eingewogen werden, um jeweils einen halben Liter Lösung dieser Stoffe der Stoffmengenkonzentration $c = 0{,}01\,\frac{\text{mol}}{\text{l}}$ herzustellen?
a Kaliumsulfat
b Magnesiumchlorid
c Citronensäure ($C_6H_8O_7$)

4 In einer basischen Lösung der Konzentration $c = 0{,}25\,\frac{\text{mol}}{\text{l}}$ sind 3,5 g eines Metallhydroxids in 250 ml der Lösung enthalten. Ermittle mithilfe einer Berechnung, um welches Metallhydroxid es sich handelt.

5 Für die Neutralisation von je 100,0 ml Natronlauge werden in drei Titrationen die folgenden Volumina an Salpetersäure ($c = 1\,\frac{\text{mol}}{\text{l}}$) benötigt: 15,2 ml, 15,1 ml, 15,6 ml.
a Ermittle das durchschnittliche Volumen an verbrauchter Maßlösung.
b Berechne die Konzentration *c* der Natronlauge sowie die Stoffmenge *n* und die Masse *m* an Natriumhydroxid in der eingesetzten Analysenlösung.

6 Trinkwasser kann hart oder weich sein.
a Gib an, wovon die Wasserhärte abhängig ist.
b Die Gesamthärte des Wassers setzt sich aus der temporären und permanenten Härte zusammen. Erläutere diesen Sachverhalt.
c Nenne Folgen, die sich aus der Verwendung von hartem Wasser ergeben können.

7 Ethanal ist wie Ethanol brennbar.
a Entwickle die Reaktionsgleichung, wenn bei der Verbrennung Kohlenstoffdioxid und Wasser entstehen.
b Berechne die Masse an Ethanal, aus der bei der Verbrennung 15 g Wasser gebildet werden.

8 Ethanol- und Ethanalmoleküle enthalten jeweils eine funktionelle Gruppe.
a Definiere den Begriff „funktionelle Gruppe".
b Gib jeweils den Namen und die Formel der funktionellen Gruppe an.
c Vergleiche die Struktur dieser beiden funktionellen Gruppen.

9 Eine Mischung aus gleichen Stoffmengen Ethansäure und Ethanol wird mit einigen Tropfen Schwefelsäure versetzt und zum Sieden erhitzt. In einer gekühlten Vorlage kondensiert ein farbloser Stoff A, der sich im Gegensatz zu Ethanol und Ethansäure nur schlecht in Wasser löst.
a Gib an, um welchen Stoff es sich bei A handelt, und entwickle die Reaktionsgleichung für dessen Bildung.
b Stoff A kann die Schrift von wasserunlöslichen „Permanentmarkern" gut entfernen, d. h., Stoff A kann den Farbstoff lösen. Stelle eine Vermutung zur Molekülstruktur des Farbstoffs in Permanentmarkern auf.

10 In einem Reagenzglas befindet sich eine Mischung aus Ethanol, Ethansäure und Propansäure. Das Gemisch wird mit etwas Schwefelsäure versetzt und für mehrere Stunden in ein warmes Wasserbad gestellt.
a Gib an, welche Stoffe sich am Ende im Reaktionsglas befinden. Begründe deine Entscheidung.
b Entwickle die Strukturformeln der vorhandenen Stoffe. (*Hinweis*: Von der Schwefelsäure muss keine Strukturformel angegeben werden.)
c Erkläre die Funktion der Schwefelsäure.

Hilfe zu den Aufgaben findest du auf den Seiten ...

1	150 f.	6	154 f.
2	150	7	162 f.
3	151	8	162 f.
4	151	9	164 f.
5	152 f.	10	164 f.

▶ Die Lösungen findest du im Anhang.

Material A: Reinigung von Kontaktlinsen

Ein Reinigungssystem für Kontaktlinsen, das auf Wasserstoffperoxid basiert, kommt ohne weitere Konservierungsstoffe aus. Bei Kontakt mit einem Platinkatalysator zerfällt es in Wasser und Sauerstoff. Damit Bakterien, Fette und Proteine von den Kontaktlinsen entfernt werden, ist Folgendes zu beachten: Die Kontaktlinsen sollen der angegebenen Verweildauer entsprechend in der Reinigungslösung aufbewahrt werden. Der Kontaktlinsenbehälter mit Platinkatalysator muss im vorgeschriebenen Intervall ausgetauscht werden. Beides dient der vollständigen Umsetzung des Wasserstoffperoxids. Unterlässt man dies, können Augenirritationen und eine nicht vollständige Desinfektion die Folge sein.

A1 Anwendungshinweise

1 Stelle die Wort- und Reaktionsgleichung für den Zerfall des Wasserstoffperoxids auf (► **A1**).

2 Im Deckel ist ein kleines Loch eingearbeitet. Begründe (► **A1**, **A2**).

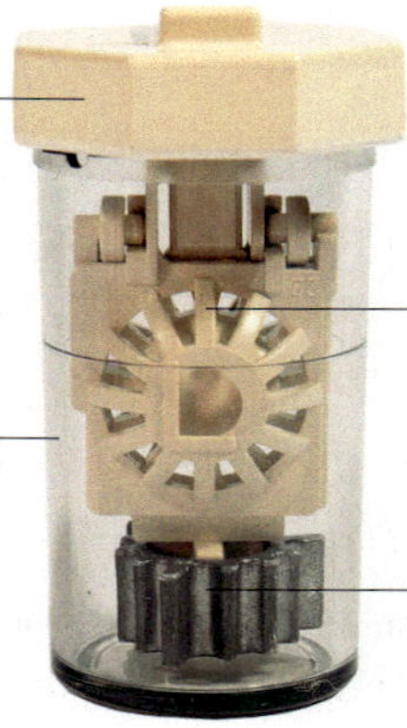

A2 Bestandteile des Reinigungssystems

3 Begründe, warum die Verweildauer der Kontaktlinsen in dem Reinigungssystem auf jeden Fall eingehalten werden muss (► **A1**).

4 Erläutere die Eigenschaften und die Arbeitsweise eines Katalysators. Nenne mögliche Ursachen, warum der Behälter dennoch in gewissen Zeitintervallen ausgetauscht werden muss (► **A1**, **A2**).

Material B: Der Lack ist ab

Es liegen drei Proben von Nagellackentfernern der Firmen A, B und C vor. Jede enthält zwei verschiedene lacklösende Stoffe. Auf den Flaschen mit den Proben befinden sich keine Etiketten, aber es liegt eine Tabelle mit den Inhaltsstoffen vor.

B1 Nagellackentferner enthalten neben Duftstoffen und Ölen Ester und Alkohole.

1 Zeichne die Strukturformeln aller Bestandteile der drei Nagellackentferner (► **B2**).

A	B	C
Ethansäureethylester	Ethansäurebutylester	Ethansäureethylester
Propan-2-ol	Butan-1-ol	Ethanol

B2 Stoffe mit lacklösender Wirkung in drei verschiedenen Nagellackproben

2 a Beschreibe ein Experiment, mit dem ein primärer Alkohol von einem Ester unterschieden werden kann.

b Beschreibe ein Experiment, mit dem ein Ester identifiziert werden kann.

3 Entwickle eine Versuchsdurchführung, mit der die drei Proben den Firmen A, B und C zugeordnet werden können. In ihr müssen alle Überlegungen, Hypothesen und die zugehörigen Beobachtungen enthalten sein, die zur Unterscheidung der drei Produkte notwendig sind (► **B1**, **B2**).

Lösungen der Teste-dich-Aufgaben

Vom Kohlenstoff bis zum Kalkstein (Seite 25)

1

	Diamant
Eigenschaften	– kein elektrischer Leiter – sehr hart – stark lichtbrechend im geschliffenen Zustand
Bau	– Kohlenstoffatome bilden sehr stabiles Raumgitter und sind durch Atombindungen gebunden
Verwendung	– Schleif-, Schneid- und Bohrwerkzeuge – Schmucksteine

	Graphit
Eigenschaften	– elektrischer Leiter – sehr weich – Abreiben von dünnen Schichten
Bau	– Kohlenstoffatome sind schichtweise in ebenen, regelmäßigen Sechsecken angeordnet; es existieren frei bewegliche Elektronen zwischen den Schichten
Verwendung	– Elektroden – Gleit- und Schmiermittel

2 Kohlenstoffmonooxid (CO), Kohlenstoffdioxid (CO_2)

3 Ein steigender Anteil an Kohlenstoffdioxid in der Luft hat Auswirkungen auf die Umwelt. Kohlenstoffdioxid gilt als Hauptverursacher des Treibhauseffekts. Dieser führt zur globalen Temperaturerhöhung. Die direkten Folgen für die Ökosysteme sind u. a. schwere Stürme, Dürren, Überschwemmungen und das Abschmelzen der Eismassen an den Polen. Die Erwärmung der Meere und der damit einhergehende Anstieg des Wasserspiegels beeinflussen auch große Meeresströmungen wie den Golfstrom, der eine erhebliche Bedeutung für das Klima in Westeuropa hat.

4 Einleitung des farblosen Gases (CO_2) in die farblose Bariumhydroxidlösung. Bildung eines weißen Niederschlags.
$Ba^{2+} + 2\,OH^- + CO_2 \longrightarrow BaCO_3 \downarrow + H_2O$

5 $2\,NaHCO_3 \longrightarrow Na_2CO_3 + CO_2 \uparrow + H_2O$

6 Marmor: Bauindustrie; geschliffen und poliert für Fußböden, Treppen und Fensterbänke
Kreide: Grundstoff für die Bauindustrie und zur Herstellung von Düngemitteln
Kalkstein: Grundstoff für die Bauindustrie zur Herstellung von Branntkalk und Zement

7 $H_2SO_4 + Na_2CO_3 \longrightarrow 2\,Na^+ + SO_4^{2-} + CO_2 + H_2O$

8 a) a: Kalkbrennen $CaCO_3 \longrightarrow CaO + CO_2$
b: Kalklöschen $CaO + H_2O \longrightarrow Ca^{2+} + 2\,OH^-$
c: Abbinden, Aushärten
$CO_2 + Ca^{2+} + 2\,OH^- \longrightarrow CaCO_3 + H_2O$
b) Branntkalk und Löschkalk sind ätzende Stoffe. Sie haben eine ätzende Wirkung auf die Augen und die Haut und können zu bleibenden Zerstörungen führen.
c) Beim Abbinden und Aushärten entsteht Wasser.

Quantitative Betrachtungen (Seite 37)

1 Die Stoffmenge ist ein Maß für die Anzahl der Teilchen in einer Stoffportion. Sie wird in der Einheit mol angegeben. In 1 mol eines Stoffes sind etwa $6 \cdot 10^{23}$ Teilchen enthalten.
Die molare Masse eines Stoffes ist der Quotient aus Masse und Stoffmenge einer Stoffportion. Ihre Einheit ist $\frac{g}{mol}$. Sie ist für den jeweiligen Stoff charakteristisch.
Das molare Volumen eines Gases ist der Quotient aus Volumen und Stoffmenge des Gases. Es beträgt unter Normbedingungen immer $22{,}4\,\frac{l}{mol}$.

2 a) $M(Al_2O_3) = 102\,\frac{g}{mol}$
b) $M(Na_2CO_3) = 106\,\frac{g}{mol}$
c) $M(Cu(OH)_2) = 97{,}6\,\frac{g}{mol}$
d) $M(Ba_3(PO_4)_2) = 602\,\frac{g}{mol}$

3 a) $n(CaO) = \frac{m(CaO)}{M(CaO)} = \frac{0{,}6\,g}{56{,}1\,\frac{g}{mol}} = 0{,}01\,mol$

b) $n(Al_2(SO_4)_3) = \frac{m(Al_2(SO_4)_3)}{M(Al_2(SO_4)_3)} = \frac{1\,000\,g}{342{,}2\,\frac{g}{mol}} = 2{,}92\,mol$

c) $n(SO_2) = \frac{V(SO_2)}{V_m} = \frac{0{,}0448\,l}{22{,}4\,\frac{l}{mol}} = 0{,}002\,mol$

d) $n(He) = \frac{V(He)}{V_m} = \frac{2\,000\,l}{22{,}4\,\frac{l}{mol}} = 89{,}29\,mol$

Anhang

4 a) $m(CaCl_2) = n(CaCl_2) \cdot M(CaCl_2)$
$= 2\,mol \cdot 111{,}7\,\frac{g}{mol} = 223{,}4\,g$

b) $m(Fe(NO_3)_3) = 0{,}005\,mol \cdot 241{,}9\,\frac{g}{mol} = 1{,}21\,g$

c) $m(Cu) = n(Cu) \cdot M(Cu) \quad n(Cu) = \frac{N(Cu)}{N_A}$

$$m(Cu) = \frac{N(Cu)}{N_A} \cdot M(Cu)$$

$$= \frac{9 \cdot 10^{23} \cdot 63{,}6\,\frac{g}{mol}}{6 \cdot 10^{23}\,\frac{1}{mol}} = 95{,}4\,g$$

d) $m(O_2) = n(O_2) \cdot M(O_2) \quad n(O_2) = \frac{V(O_2)}{V_m}$

$$m(O_2) = \frac{V(O_2)}{V_m} \cdot M(O_2)$$

$$= \frac{50\,000\,l \cdot 32\,\frac{g}{mol}}{22{,}4\,\frac{l}{mol}} = 71{,}43\,kg$$

5 $V = \frac{m}{\varrho} \quad V = \frac{1}{4}\pi \cdot d^2 \cdot h$

$$d = \sqrt{\frac{4 \cdot m(Au)}{\varrho(Au) \cdot \pi \cdot h}} = \sqrt{\frac{4 \cdot 12\,g}{19{,}3\,\frac{g}{cm^3} \cdot \pi \cdot 0{,}2\,cm}} = 2\,cm$$

Die Goldmünze hat einen Durchmesser von 2 cm.

6

S	+	O_2	$\longrightarrow$	SO_2
1 mol		1 mol		1 mol
Schwefel		Sauerstoff		Schwefeldioxid
$6 \cdot 10^{23}$		$6 \cdot 10^{23}$		$6 \cdot 10^{23}$
Schwefel-atome		Sauerstoff-moleküle		Schwefeldioxid-moleküle

Teilchenanzahlverhältnis:
$N(S) : N(O_2) : N(SO_2) = 1 : 1 : 1$
Stoffmengenverhältnis:
$n(S) : n(O_2) : n(SO_2) = 1\,mol : 1\,mol : 1\,mol$

7 Bei der chemischen Reaktion ($Zn + S \longrightarrow ZnS$) liegt folgendes Stoffmengenverhältnis vor:
$n(Zn) : n(S) : n(ZnS) = 1 : 1 : 1$
Unter Nutzung der Größengleichung $m = n \cdot M$ kann das Massenverhältnis dieser chemischen Reaktion berechnet werden:
$m(Zn) : m(S) : m(ZnS) = 65{,}4 : 32 : 97{,}4$
Demnach ist die Folgerung (10 : 10 : 20) falsch.

8 a) $SiO_2 + C \longrightarrow Si + CO_2\uparrow$
b) Gesucht: $m(SiO_2)$
Gegeben: $m(Si) = 5{,}6\,kg$ $\quad n(Si) = 1\,mol$
$M(Si) = 28{,}1\,\frac{g}{mol}$ $\quad n(SiO_2) = 1\,mol$
$M(SiO_2) = 60{,}1\,\frac{g}{mol}$

Lösung:

$$m(SiO_2) = \frac{n(SiO_2) \cdot M(SiO_2) \cdot m(Si)}{n(Si) \cdot M(Si)}$$

$$m(SiO_2) = \frac{1\,mol \cdot 60{,}1\,\frac{g}{mol} \cdot 5{,}6\,kg}{1\,mol \cdot 28{,}1\,\frac{g}{mol}} = 12\,kg$$

Um 5,6 kg Silicium herzustellen, müssen 12 kg Sand umgesetzt werden.
c) Gesucht: $m(C)$; $V(CO_2)$
Gegeben: $m(Si) = 5{,}6\,kg = 5600\,g$ $\quad n(Si) = 1\,mol$
$M(Si) = 28{,}1\,\frac{g}{mol}$ $\quad n(SiO_2) = 1\,mol$
$M(C) = 12\,\frac{g}{mol}$ $\quad n(CO_2) = 1\,mol$
$V_m = 22{,}4\,\frac{l}{mol}$

Lösung:

$$m(C) = \frac{n(C) \cdot M(C) \cdot m(Si)}{n(Si) \cdot M(Si)}$$

$$m(C) = \frac{1\,mol \cdot 12\,\frac{g}{mol} \cdot 5{,}6\,kg}{1\,mol \cdot 28{,}1\,\frac{g}{mol}} = 2{,}4\,kg$$

$$V(CO_2) = \frac{n(CO_2) \cdot V_m \cdot m(Si)}{n(Si) \cdot M(Si)}$$

$$V(CO_2) = \frac{1\,mol \cdot 22{,}4\,\frac{l}{mol} \cdot 5\,600\,g}{1\,mol \cdot 28{,}1\,\frac{g}{mol}} = 4\,464\,l$$

Bei der Herstellung von 5,6 kg Silicium werden 2,4 kg Kohlenstoff benötigt und es entstehen 4464 l Kohlenstoffdioxid.

9 $Ti + O_2 \longrightarrow TiO_2$
Gesucht: $m(Ti)$
Gegeben: $m(TiO_2) = 2\,t$ $\quad n(Ti) = 1\,mol$
$M(TiO_2) = 79{,}9\,\frac{g}{mol}$ $\quad n(TiO_2) = 1\,mol$
$M(Ti) = 47{,}9\,\frac{g}{mol}$

Lösung:

$$m(Ti) = \frac{n(Ti) \cdot M(Ti) \cdot m(TiO_2)}{n(TiO_2) \cdot M(TiO_2)}$$

$$m(Ti) = \frac{1\,mol \cdot 47{,}9\,\frac{g}{mol} \cdot 2\,t}{1\,mol \cdot 79{,}9\,\frac{g}{mol}} = 1{,}2\,t$$

Zur Herstellung von 2 t Titan(IV)-oxid werden 1,2 t Titan benötigt.

10 In 1 000 m³ (1 000 000 l) säurehaltigem Abwasser befinden sich 1,32 t Salzsäure.

$HCl + NaOH \longrightarrow NaCl + H_2O$

Gesucht: $m(NaOH)$

Gegeben: $m(HCl) = 1{,}32\,t$ $\quad n(HCl) = 1\,mol$

$M(HCl) = 36{,}5\,\frac{g}{mol}$ $\quad n(NaOH) = 1\,mol$

$M(NaOH) = 40\,\frac{g}{mol}$

Lösung:

$$m(NaOH) = \frac{n(NaOH) \cdot M(NaOH) \cdot m(HCl)}{n(HCl) \cdot M(HCl)}$$

$$m(NaOH) = \frac{1\,mol \cdot 40\,\frac{g}{mol} \cdot 1{,}32\,t}{1\,mol \cdot 36{,}5\,\frac{g}{mol}} = 1{,}447\,t$$

Zur Neutralisation von 1000 m³ säurehaltigem Abwasser werden täglich 1,447 t Natriumhydroxid benötigt.

11 a) $Zn + H_2SO_4 \longrightarrow ZnSO_4 + H_2$

Gesucht: $m(Zn)$

Gegeben: $V(H_2) = 2\,l$ $\quad n(H_2) = 1\,mol$

$V_m = 22{,}4\,\frac{l}{mol}$ $\quad n(Zn) = 1\,mol$

$M(Zn) = 65{,}4\,\frac{g}{mol}$

Lösung:

$$m(Zn) = \frac{n(Zn) \cdot M(Zn) \cdot V(H_2)}{n(H_2) \cdot V_m}$$

$$m(Zn) = \frac{1\,mol \cdot 65{,}4\,\frac{g}{mol} \cdot 2\,l}{1\,mol \cdot 22{,}4\,\frac{l}{mol}} = 5{,}84\,g$$

Für die Herstellung von 2 l Wasserstoff wird eine Masse von 5,84 g Zink benötigt.

b) $Zn + H_2SO_4 \longrightarrow ZnSO_4 + H_2$

Gesucht: $m(ZnSO_4)$

Gegeben: $V(H_2) = 2\,l$ $\quad n(H_2) = 1\,mol$

$V_m = 22{,}4\,\frac{l}{mol}$ $\quad n(ZnSO_4) = 1\,mol$

$M(ZnSO_4) = 161{,}5\,\frac{g}{mol}$

Lösung:

$$m(ZnSO_4) = \frac{n(ZnSO_4) \cdot M(ZnSO_4) \cdot V(H_2)}{n(H_2) \cdot V_m}$$

$$m(ZnSO_4) = \frac{1\,mol \cdot 161{,}5\,\frac{g}{mol} \cdot 2\,l}{1\,mol \cdot 22{,}4\,\frac{l}{mol}} = 14{,}42\,g$$

Bei der Herstellung von 2 l Wasserstoff wird eine Masse von 14,42 g Zinksulfat gebildet.

12 a) $CaCO_3 \longrightarrow CaO + CO_2$

b) Gesucht: $m(CaCO_3)$

Gegeben: $m(CaO) = 2\,t$ $\quad n(CaO) = 1\,mol$

$M(CaO) = 56{,}1\,\frac{g}{mol}$ $\quad n(CaCO_3) = 1\,mol$

$M(CaCO_3) = 100{,}1\,\frac{g}{mol}$

Lösung:

$$m(CaCO_3) = \frac{n(CaCO_3) \cdot M(CaCO_3) \cdot m(CaO)}{n(CaO) \cdot M(CaO)}$$

$$m(CaCO_3) = \frac{1\,mol \cdot 100{,}1\,\frac{g}{mol} \cdot 2\,t}{1\,mol \cdot 56{,}1\,\frac{g}{mol}} = 3{,}57\,t$$

Zur Herstellung von 2 t Branntkalk werden 3,57 t Kalkstein benötigt.

b) Gesucht: $V(CO_2)$

Gegeben: $m(CaO) = 2\,t = 2\,000\,000\,g$

$n(CaO) = 1\,mol$

$M(CaO) = 56{,}1\,\frac{g}{mol}$ $\quad n(CO_2) = 1\,mol$

$V_m = 22{,}4\,\frac{l}{mol}$

Lösung:

$$V(CO_2) = \frac{n(CO_2) \cdot V_m \cdot m(CaO)}{n(CaO) \cdot M(CaO)}$$

$$V(CO_2) = \frac{1\,mol \cdot 22{,}4\,\frac{l}{mol} \cdot 2\,000\,000\,g}{1\,mol \cdot 56{,}1\,\frac{g}{mol}}$$

$$= 8\,000\,000\,l = 800\,m^3$$

Bei der Herstellung von 2 t Branntkalk entstehen 800 m³ Kohlenstoffdioxid.

13 Berechnung von $N(Au)$ für 70 Jahre:

$N(Au) = 2{,}2075 \cdot 10^{21}$

Berechnung von $m(Au)$:

$$m(Au) = n(Au) \cdot M(Au) \qquad n(Au) = \frac{N(Au)}{N_A}$$

$$m(Au) = \frac{N(Au)}{N_A} \cdot M(Au)$$

$$= \frac{2{,}2075 \cdot 10^{21}}{6 \cdot 10^{23}\,\frac{1}{mol}} \cdot 197\,\frac{g}{mol} = 0{,}725\,g$$

Berechnung der Kosten:

Kosten $= 30\,\frac{€}{g} \cdot 0{,}725\,g = 21{,}75\,€$

Der Schüler muss 21,75 € für das benötigte Gold sparen.

Von fossilen Rohstoffen bis zum Kunststoff (Seite 75)

1 Erdöl und Erdgas sind Stoffgemische. Sie können deshalb nicht mit einer Formel gekennzeichnet werden. So sind im Erdöl verschiedene organische und anorganische Verbindungen enthalten.

2 a) Die Rohölfraktionen unterscheiden sich z. B. in ihrer Schmelz- und Siedetemperatur sowie in ihrer Viskosität (Zähigkeit). Dies hängt mit dem Anteil kurz- bzw. langkettiger Kohlenwasserstoffmoleküle in den unterschiedlichen Rohölfraktionen zusammen. Je größer die Kettenlänge eines Kohlenwasserstoffmoleküls ist, desto größer sind die Anziehungskräfte (Van-der-Waals-Kräfte) zwischen ihnen. Damit steigen dann auch z. B. Schmelz- und Siedetemperatur sowie Viskosität der Rohölfraktion.
b) Unterschiede zwischen der fraktionierten Destillation im Schülerexperiment und der in einer Raffinerie:
- im Schülerexperiment keine kontinuierliche Destillation aufgrund geringer Mengen an Rohöl
- beim Schülerexperiment ständige Erhöhung der Temperatur im Rundkolben, da keine Glockenböden vorhanden sind

c) Der Destillationsturm ist durch sogenannte Glockenböden stockwerkartig unterteilt, auf denen unterschiedliche Temperaturen herrschen. Auf dem untersten ist es am heißesten, auf dem obersten am kältesten. Die verdampften Bestandteile steigen im Destillationsturm empor, kühlen sich ab und kondensieren etwas unterhalb ihrer Siedetemperatur auf den verschiedenen Glockenböden des Destillationsturms wieder. Das Kondensat fließt durch den Überlauf in den darunterliegenden Glockenboden zurück. Stoffe mit niedrigerer Siedetemperatur verdampfen dann erneut. Dadurch wird eine optimale Trennung der Fraktionen erreicht. Da die Temperatur von unten nach oben abnimmt, reichern sich niedrig siedende Kohlenwasserstoffe oben an, unten sammeln sich die Kohlenwasserstoffe mit den hohen Siedetemperaturen. Die auf den verschiedenen Glockenböden entstehenden Fraktionen werden von dem jeweiligen Boden in Vorratsbehälter abgeleitet.
d) Der Rückstand enthält einen hohen Anteil langkettiger Kohlenwasserstoffe. Er ist zu wertvoll, um ihn zu verwerfen.

3 a) Element Kohlenstoff
b) Das Kohlenstoffatom ist vierbindig. Kohlenstoffatome verfügen über die Eigenschaft, sich durch Elektronenpaarbindung miteinander zu verbinden. So kann sich eine unbegrenzte Anzahl organischer Verbindungen bilden.

4 a) Vorkommen: in Sumpfgas, Erdgas, Biogas, Klär- und Faulgas, Grubengas
Bedeutung: Heizgas, Kraftstoff und Rohstoff für die chemische Industrie
b) Steckbrief Methan

Farbe:	farblos
Geruch:	geruchlos
Aggregatzustand:	gasförmig
Dichte:	$0{,}72\,\frac{g}{l}$
Schmelztemperatur:	−182 °C
Siedetemperatur:	−161 °C
Brennbarkeit:	brennt mit bläulicher Flamme; Methan-Luft-Gemische sind explosiv
Löslichkeit:	in Wasser schwer löslich, gut in organischen Lösungsmitteln

c) 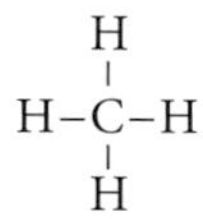

Im Methanmolekül sind die vier Wasserstoffatome jeweils über eine Elektronenpaarbindung mit dem Kohlenstoffatom verbunden. Nach dem Elektronenpaarabstoßungsmodell ordnen sich die Atome tetraederförmig an. Im Zentrum des Tetraeders befindet sich das Kohlenstoffatom, an den vier Ecken sind die Wasserstoffatome.

5 a) Homologe Reihe: Reihe chemisch ähnlicher Verbindungen, bei denen sich die Moleküle aufeinanderfolgender Glieder stets um eine CH_2-Gruppe unterscheiden
b) C_7H_{16} Heptan 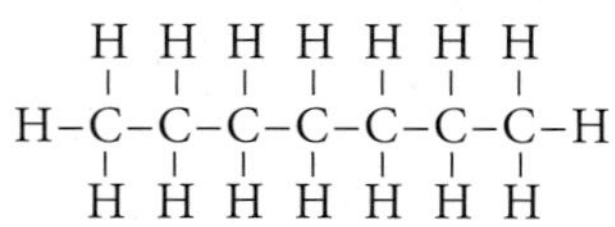

$C_{10}H_{22}$ Decan

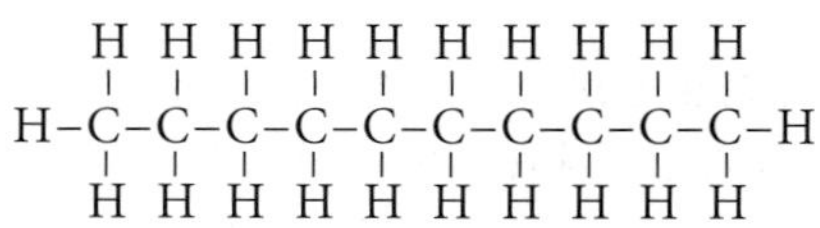

C_5H_{12} Pentan 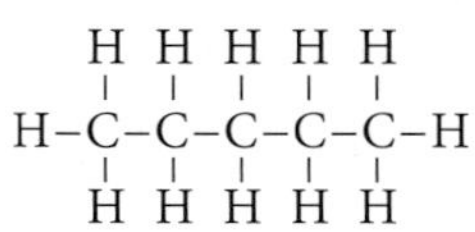

c) $C_{11}H_{24}$; $C_{19}H_{40}$; $C_{24}H_{50}$
Gemeinsame Eigenschaften: leiten den elektrischen Strom nicht, sind hydrophob, nicht mit Wasser mischbar
Unterschiedliche Eigenschaften: Aggregatzustände, Schmelz- und Siedetemperaturen, Dichte, Viskosität, Entzündungstemperaturen

6 Bei der Reaktion von Octan mit Brom wird ein Wasserstoffatom eines Octanmoleküls gegen ein Bromatom eines Brommoleküls ausgetauscht.
Es entstehen ein Bromoctanmolekül und ein Bromwasserstoffmolekül.
Dass die Reaktion abgelaufen ist, lässt sich daran erkennen, dass die braune Farbe des Broms verschwindet und dass das feuchte Indikatorpapier mit dem farblosen Gas Bromwasserstoff eine saure Reaktion (Rotfärbung) anzeigt.
$C_8H_{18} + Br_2 \longrightarrow C_8H_{17}Br + HBr$

7 1,2-Dichlorethan und 1,1-Dichlorethan sind Verbindungen, deren Moleküle gleiche Molekülformeln ($C_2H_4Cl_2$), aber unterschiedliche Molekülstrukturen und damit auch unterschiedliche Eigenschaften haben.

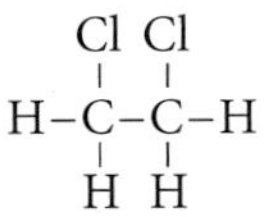
1,2-Dichlorethan

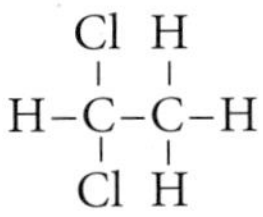
1,1-Dichlorethan

8 $C_5H_{12} + 8\ O_2 \longrightarrow 5\ CO_2 + 6\ H_2O$ | exotherm

9 Die Verwendung von Halogenalkanen wurde stark eingeschränkt, weil die meisten von ihnen sehr giftig und vermutlich auch krebserregend sind. Außerdem zerstören die FCKWs die Ozonschicht der Atmosphäre und stellen so eine große Gefahr für die Umwelt dar.
Beispiele: Chlormethan (CH_3Cl), Trichlorfluormethan ($CFCl_3$), 1,2-Dichlorethan ($C_2H_4Cl_2$)

10 Benzin mit Bromwasser prüfen; Entfärbung gelingt nur bei Anwesenheit ungesättigter Kohlenwasserstoffe.

11 Gesättigte Kohlenwasserstoffe: Die Moleküle enthalten nur Einfachbindungen zwischen den Kohlenstoffatomen. In den Molekülen sind alle Kohlenstoffatome mit der größtmöglichen Anzahl Wasserstoffatome verbunden.
Ungesättigte Kohlenwasserstoffe: Die Moleküle enthalten mindestens eine Doppelbindung (oder eine Dreifachbindung) zwischen zwei Kohlenstoffatomen. Die Moleküle enthalten weniger Wasserstoffatome, als sie aufgrund der möglichen Anzahl an Atombindungen binden könnten.
Gesättigte Kohlenwasserstoffe: 2-Methylbutan, n-Hexan, 2,3-Dimethylnonan
Ungesättigte Kohlenwasserstoffe: Hept-2-in, Pent-1-en, Octadec-3-en

12 a) Es entstehen 2,3-Dichlorbutan und 2-Chlorbutan. Es handelt sich um Halogenderivate der Alkane, also Halogenalkane.
b) Beides sind Additionsreaktionen.

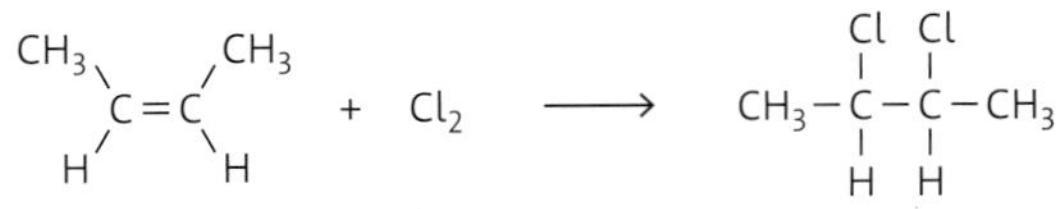
2,3-Dichlorbutan

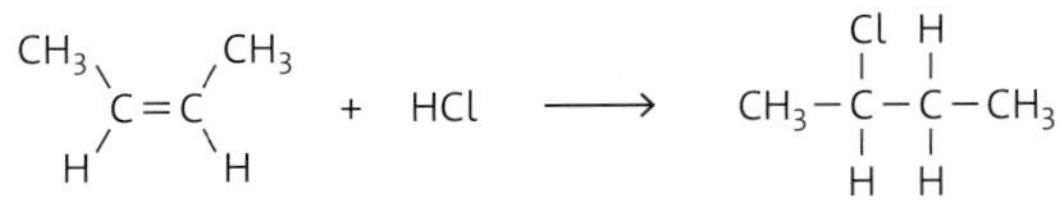
2-Chlorbutan

13 a) und b)

	Ethan	Ethen	Ethin
Molekülformel	C_2H_6	C_2H_4	C_2H_2
Strukturformel	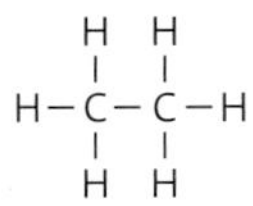	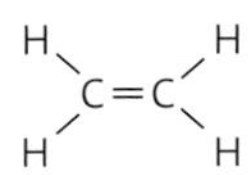	H−C≡C−H
Merkmale	In allen Molekülen gibt es C−H-Einfachbindungen. In Ethan gibt es eine C−C-Einfachbindung, in Ethen eine C−C-Doppelbindung und in Ethin eine C−C-Dreifachbindung.		
Reaktionen	Substitutionsreaktion, Eliminierung (Dehydrierung)	Addition, Eliminierung (Dehydrierung)	Addition

14 a) Ausgangsstoff: Ethen
b) Reaktionsart: Polymerisation
Mithilfe geeigneter Katalysatoren reagieren Ethenmoleküle untereinander. Dabei brechen die Doppelbindungen der Ethenmoleküle auf. Es entstehen langkettige Moleküle – Makromoleküle. In diesen sind die Kohlenstoffatome durch Einfachbindung miteinander verbunden. Der so entstandene neue Stoff ist Polyethen.
Die fortlaufende Addition von vielen Ethenmolekülen wird als Polymerisation bezeichnet.

c)

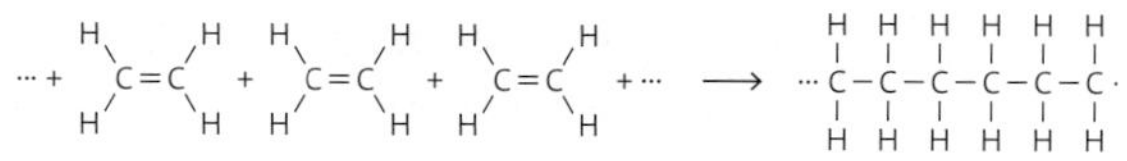

d)

Eigenschaften	Verwendung
brennbar, thermoplastisch verformbar, beständig gegenüber Luft, Wasser, Säuren und Laugen sowie vielen Lösungsmitteln	als Folien, z. B. für Verpackungen; als Gegenstände, z. B. Mülltonnen, Getränkekisten, Aufbewahrungsboxen; als Isolierung, z. B. Kabelummantelungen

Alkanole und Alkansäuren (Seite 99)

1 a) Verwendung als Lösungsmittel in Laboren, in der Kosmetik, in der Industrie, bei der Arzneimittelherstellung und im Haushalt, Verwendung in alkoholischen Getränken, als Kraftstoff und als Kraftstoffzusatz

b) – Verwendung als Kraftstoff: brennbar
- Verwendung als Lösungsmittel: gut mit Wasser, aber auch mit unpolaren Stoffen mischbar
- Verwendung als Trinkalkohol: angenehmer Geschmack in alkoholischen Getränken

2 a) Zuckerhaltige Lösungen (z. B. Fruchtsäfte) werden in Gärgefäße gegeben und unter Luftabschluss vergoren. Enzyme wirken dabei als Katalysatoren (Biokatalysatoren). Die Enzyme werden von Hefen produziert, die den Zucker zersetzen.

b) $C_6H_{12}O_6 \xrightarrow{\text{Enzyme}} 2\,CH_3{-}CH_2OH + 2\,CO_2$

c) $C_6H_{12}O_6 \longrightarrow 2\,CH_3CH_2OH + 2\,CO_2$

Glucose $\longrightarrow$ Ethanol + Kohlenstoffdioxid

Gesucht: m(Ethanol)

Gegeben: m(Glucose) = 1 000 g n(Glucose) = 1 mol
M(Glucose) = 180 $\frac{g}{mol}$ n(Ethanol) = 2 mol
M(Ethanol) = 46 $\frac{g}{mol}$

Lösung:

$$m(\text{Ethanol}) = \frac{n(\text{Ethanol}) \cdot M(\text{Ethanol}) \cdot m(\text{Glucose})}{n(\text{Glucose}) \cdot M(\text{Glucose})}$$

$$m(\text{Ethanol}) = \frac{2\,\text{mol} \cdot 46\,\frac{g}{mol} \cdot 1\,000\,g}{1\,\text{mol} \cdot 180\,\frac{g}{mol}} = 511{,}1\,g$$

Aus 1 kg Glucose könnten 511,1 g Ethanol hergestellt werden.

d) Durch Gärung hergestellter Alkohol kann max. 18 % Ethanol enthalten, da bei einer höheren Konzentration die Hefezellen absterben.

3 a) Regelmäßiger Alkoholkonsum kann zur Abhängigkeit führen. Die Nervenzellen reagieren bei regelmäßiger Alkoholaufnahme mit der Bildung zusätzlicher Rezeptoren. Außerdem erhöht sich die Geschwindigkeit des Alkoholabbaus in der Leber. Die Toleranz gegenüber Alkohol steigt erheblich. Der Körper benötigt bald mehr Alkohol als früher, um die gleiche Wirkung zu erreichen. Das kann unbewusst zu einer psychischen Abhängigkeit führen, die in eine physische Abhängigkeit übergeht. Der Mensch ist süchtig nach Alkohol, er ist alkoholkrank.

b) Kurzfristig: angenehmes Gefühl, Erregtheit mit aufsteigender Hitze, Gesichtsrötung, Verminderung der Selbsteinschätzung und Gefahr der Selbstüberschätzung, Störung der Motorik und Einschränkung des Gesichtsfelds.

Langfristig: Störung des Gleichgewichtssinns, Verminderung der Konzentrations- und Merkfähigkeit, Zerstörung von Gehirnzellen, Schädigung von Nervenbahnen, Erhöhung der Hauttemperatur und damit Möglichkeit der Auskühlung, Gefäßerweiterungen, Herzprobleme und erhöhter Blutdruck, Fettleber und Leberzirrhose, Schädigungen der Magenschleimhaut, Magengeschwüre, Nierenschädigung. Besonders gefährlich für Entwicklung der Embryonen im Mutterleib sowie für Kinder und Jugendliche, deren körperliche und geistige Entwicklung stark beeinträchtigt werden kann.

4 Butan-1-ol: Ausbildung von Wasserstoffbrücken
Pentan: Ausbildung von Van-der-Waals-Kräften
Wasserstoffbrücken sind stärkere zwischenmolekulare Kräfte als Van-der-Waals-Kräfte, deshalb muss man Butan-1-ol mehr Energie zuführen, um die Kräfte zu überwinden.

5 Mehrwertige Alkohole besitzen mehr als eine Hydroxygruppe im Molekül.

6 a)

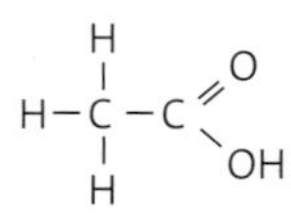

b) Funktionelle Gruppe ist die Carboxygruppe (–COOH-Gruppe). Funktionelle Gruppen sind charakteristische Strukturmerkmale der Moleküle einer Stoffklasse und bestimmen weitgehend deren Eigenschaften.

c) Weißwein längere Zeit offen in einem warmen Raum stehen lassen.

d) Geruchsprobe, prüfen mit Indikator auf saure Lösung, prüfen der elektrischen Leitfähigkeit.

e) $CH_3COOH \longrightarrow H^+ + CH_3{-}COO^-$

7 Eigenschaften: farblos, stechend riechend, ätzend, brennbar
Verwendung: Speiseessig, Reinigungs- und Desinfektionsmittel

8 a) $2\,Na + 2\,CH_3{-}CH_2{-}COOH\,(aq) \longrightarrow 2\,NaCH_3{-}CH_2{-}COO\,(aq) + H_2\uparrow$

$2\,Na + 2\,CH_3{-}CH_2{-}COO^- + 2\,H^+ \longrightarrow 2\,Na^+ + 2\,CH_3{-}CH_2{-}COO^- + H_2$

b) $CaO + 2\,CH_3{-}COOH\,(aq) \longrightarrow Ca(CH_3{-}COO)_2\,(aq) + H_2O$

$CaO + 2\,CH_3{-}COO^- + 2\,H^+ \longrightarrow 2\,CH_3{-}COO^- + Ca^{2+} + H_2O$

c) $Ba(OH)_2\,(aq) + 2\,HCOOH\,(aq) \longrightarrow Ba(HCOO)_2\,(aq) + 2\,H_2O$

$Ba^{2+} + 2\,OH^- + 2\,H^+ + 2\,HCOO^- \longrightarrow Ba^{2+} + 2\,HCOO^- + 2\,H_2O$

9 Im Salat sind saure Lösungen (z. B. Essig) enthalten. Die Wasserstoff-Ionen der sauren Lösungen reagieren mit unedlen Metallen (Zink und Nickel). Es findet ein Elektronenübergang statt. Die Metall-Ionen können die Gesundheit gefährden.

10 $2\,K + 2\,CH_3{-}(CH_2)_3{-}COOH \longrightarrow 2\,KCH_3{-}(CH_2)_3{-}COO\,(aq) + H_2\uparrow$

$$\frac{n(C_5H_{10}O_2)}{n(H_2)} = \frac{2\,mol}{1\,mol} = \frac{2}{1}$$

$$m(C_5H_{10}O_2) = \frac{2 \cdot 0{,}5\,l \cdot 102\,\frac{g}{mol}}{24{,}5\,\frac{l}{mol}}$$

$$m(C_5H_{10}O_2) = 4{,}16\,g$$

Für die Herstellung von 0,5 l Wasserstoff (bei 25 °C) müssen ca. 4,16 g Pentansäure mit Kalium zur Reaktion gebracht werden.

11 Essig enthält Wasserstoff-Ionen. Im Wasserkocher lagert sich Kalk in Form von Calciumcarbonat ab. Carbonate reagieren mit sauren Lösungen unter Bildung von Kohlenstoffdioxid:
$CaCO_3 + 2\,CH_3{-}COOH\,(aq) \longrightarrow Ca(CH_3{-}COO)_2\,(aq) + CO_2\uparrow + H_2O$

12 Alle Alkansäuren enthalten im Molekül die polare Carboxygruppe $-COOH$. Diese bewirkt, dass sich kurzkettige Alkansäuren (Methansäure bis Butansäure) sehr gut in Wasser lösen. Je langkettiger die Alkansäuren werden, desto mehr lässt die Löslichkeit in Wasser nach, da der Alkylrest unpolar ist. Mit steigender Kettenlänge steigt auch die Siedetemperatur der Alkansäuren. Die Siedetemperaturen der Alkansäuren liegen höher als die der Alkanole mit vergleichbarer Kettenlänge, da aufgrund der stärkeren Polarität der Carboxygruppe im Vergleich zur Hydroxygruppe mehr Energie zur Trennung der Moleküle aufgewendet werden muss.

13 a)

Ethansäure	$CH_3{-}COOH$
Propansäure	$CH_3{-}CH_2{-}COOH$
Propensäure	$CH_2{=}CH{-}COOH$
But-2-ensäure	$CH_3{-}CH{=}CH{-}COOH$

b) Die Alkensäuren besitzen neben der Carboxygruppe noch mindestens eine Doppelbindung im Molekül. Die Alkansäuren haben neben der Carboxygruppe nur Einfachbindungen im Molekül.

Vom Stickstoff zum Düngemittel (Seite 116)

1 a) Chemische Eigenschaften: nicht brennbar, erstickende Wirkung auf Flammen, reaktionsträge, gasförmig

b)

Verwendung	Eigenschaften von Stickstoff
Schutzgas	reaktionsträge, gasförmig, Flammen erstickend
Treibmittel in Sprays	gasförmig
Verdünnen leichtentzündlicher Gase	reaktionsträge, gasförmig, Flammen erstickend

2 a) Sauerstoff, Edelgase, Kohlenstoffdioxid
b) Kompressor: dient dem Verdichten (Komprimieren) der Luft.
Kühler: dient dem Abkühlen der Luft vor dem Entspannen.

3
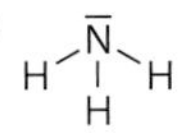

Im Ammoniakmolekül sind drei Wasserstoffatome über ein gemeinsames Elektronenpaar mit einem Stickstoffatom über eine polare Elektronenpaarbindung verbunden. Es bildet sich auf der Seite des Stickstoffatoms ein negativer Ladungsschwerpunkt und zwischen den Wasserstoffatomen ein positiver. Ammoniak ist deshalb sehr gut in Wasser löslich und reaktionsfreudig.

4 Ammoniak ist eine gasförmige Molekülsubstanz, enthält also keine elektrischen Ladungsträger und keine beweglichen Hydroxid-Ionen. Deshalb leitet es nicht den elektrischen Strom und färbt Universalindikator nicht blau.
Wird Ammoniak in Wasser gelöst, reagiert ein Teil der Ammoniakmoleküle mit Wassermolekülen zu Ammonium-Ionen und Hydroxid-Ionen. Durch die

beweglichen Ionen leitet wässrige Ammoniaklösung den elektrischen Strom. Durch die Hydroxid-Ionen wird Universalindikator blau gefärbt.

5 Beim Lösen von Ammoniak in Wasser reagiert ein Teil des Ammoniaks mit dem Wasser zu Ammonium- und Hydroxid-Ionen. Bringt man nun in die Nähe der Ammoniaklösung angefeuchtetes Universalindikatorpapier, färbt es sich blau.

6 a) Ammoniak + Salpetersäure ⟶ Ammoniumnitrat

$NH_3 + HNO_3 \longrightarrow NH_4NO_3$

b) Das Wasserstoff-Ion der Salpetersäure reagiert mit dem freien Elektronenpaar am Stickstoffatom des Ammoniakmoleküls, dabei entsteht das Ammonium-Ion. Das Säurerest-Ion der Salpetersäure verändert sich nicht.

c) Ammoniak: Protonenakzeptor
Salpetersäure: Protonendonator

7 a) Ammoniak + Wasser ⟶ Ammonium-Ion + Hydroxid-Ion

$NH_3 + H_2O \longrightarrow NH_4^+ + OH^-$

b) Es handelt sich um eine Reaktion mit Protonenübertragung, da vom Wassermolekül ein Proton abgegeben wird, das dann von Ammoniak aufgenommen wird. Ammoniak ist hier der Protonenakzeptor und Wasser der Protonendonator.

c) Protonenabgabe: $H_2O \longrightarrow H^+ + OH^-$
Protonenaufnahme: $NH_3 + H^+ \longrightarrow NH_4^+$

d) Das während der Reaktion entstandene Hydroxid-Ion bewirkt die Blaufärbung des Universalindikators.

8 a) Gibt man zu einer Lösung, die Ammonium-Ionen enthält, Natriumhydroxidlösung, so entweicht aus dieser Lösung Ammoniak. Dies ist anhand seines stechenden Geruchs und des Blaufärbens von feuchtem Universalindikatorpapier gut nachzuweisen.

b) Ammoniak + Wasser ⟶ Ammonium-Ion + Hydroxid-Ion

9 a) Ammoniumchlorid ⟶ Ammoniak + Chlorwasserstoff

$NH_4Cl \longrightarrow NH_3 + HCl$

b) Düngemittel, Kältemittel

10 a) Ionensubstanzen sind salzartige, aus Ionen aufgebaute Stoffe. Sie sind kristallin, spröde und haben meist einen hohen Schmelzpunkt. In Wasser dissoziieren Salze in ihre positiv und negativ geladenen Ionen.

b) Ammoniumverbindungen bestehen aus einem positiv geladenen Ammonium-Ion und einem negativ geladenen Säurerest-Ion.
Beispiel: Ammoniumsulfat $(NH_4)_2SO_4$ ist eine Ionensubstanz. Eine Baueinheit Ammoniumsulfat besteht aus zwei Ammonium-Ionen NH_4^+ und einem Sulfat-Ion SO_4^{2-}.

11 a) Natrium + Salpetersäure ⟶ Natriumnitrat + Wasserstoff

$2\,Na + 2\,HNO_3 \longrightarrow 2\,NaNO_3 + H_2$

Natriumoxid + Salpetersäure ⟶ Natriumnitrat + Wasser

$Na_2O + 2\,HNO_3 \longrightarrow 2\,NaNO_3 + H_2O$

Natriumhydroxid + Salpetersäure ⟶ Natriumnitrat + Wasser

$NaOH + HNO_3 \longrightarrow NaNO_3 + H_2O$

b) Gibt man eine wässrige Nitratlösung in eine Tüpfelplatte und vermischt sie mit Lunges Reagenz und Zinkpulver, so bildet sich in Anwesenheit von Nitrat-Ionen eine rotorange Färbung.

c) Mögliche Ausgangsstoffe für die Bildung von Calciumnitrat: Salpetersäure, Calcium, Calciumoxid, Calciumhydroxid

12 a) $NaNO_3 \rightleftharpoons Na^+ + NO_3^-$

b) Nitrate sind Ionensubstanzen, da sie aus Metall-Ionen oder Ammonium-Ionen und einfach negativ geladenen Nitrat-Ionen bestehen. In wässriger Lösung dissoziieren Nitrate in ihre Ionen.

Grundlagen chemisch-technischer Verfahren (Seite 142/143)

1 Beispiele mit vollständigem Stoffumsatz:

$4\,Na + O_2 \longrightarrow 2\,Na_2O$

$Na_2O + H_2O \longrightarrow 2\,NaOH$

Beispiele mit unvollständigem Stoffumsatz:

$N_2 + 3\,H_2 \rightleftharpoons 2\,NH_3$

$2\,SO_2 + O_2 \rightleftharpoons 2\,SO_3$

Ursache für den unvollständigen Verlauf: Ein Teil der durch die chemische Reaktion gebildeten Reaktionsprodukte reagiert wieder zu den Ausgangsstoffen zurück. Hin- und Rückreaktion laufen gleichzeitig ab.

2 Hin- und Rückreaktion laufen gleichzeitig ab. Man spricht von einem dynamischen Gleichgewicht. Im Gleichgewichtszustand bleibt das Stoffmengenverhältnis der reagierenden Stoffe gleich.

3 Drei mögliche Kriterien:

Gemeinsamkeiten	
Stoffmenge vor der Reaktion	gleiche Stoffmengen an Ausgangsstoffen, keine Reaktionsprodukte vorhanden
Einstellung des chemischen Gleichgewichts	nach einer bestimmten Zeit (Einstellzeit) bleiben die Stoffmengen von Ausgangsstoffen und Reaktionsprodukten konstant
Unterschied	
Stoffmengen nach Einstellung des chemischen Gleichgewichts	Diagramm A: Stoffmenge *n*(Reaktionsprodukte) > *n*(Ausgangsstoffe) Diagramm B: Stoffmenge *n*(Ausgangsstoffe) > *n*(Reaktionsprodukte)

4 Bei offenen Systemen erfolgt ein Stoff- und Energieaustausch mit der Umgebung. Durch den Stoffaustausch mit der Umgebung kann es nicht zur Bildung eines chemischen Gleichgewichts kommen, da z. B. entstehende gasförmige Stoffe entweichen und damit für die Rückreaktion nicht zur Verfügung stehen.

5 Wird die Flasche geöffnet, entweicht Kohlenstoffdioxid. Damit wird dessen Konzentration im chemischen Gleichgewicht verringert. Nach dem Prinzip von LE CHATELIER begünstigt die Verringerung der Konzentration eines Stoffes im Gleichgewicht die Reaktion, die diesen Stoff wieder bildet. Das ist die Hinreaktion, also der Zerfall von Kohlensäure:
$H_2CO_3(aq) \rightleftharpoons CO_2\uparrow + H_2O$

6 a) Die Reaktion ist exotherm, also führt eine Temperaturerhöhung zur Begünstigung der Rückreaktion und eine Temperaturerniedrigung zur Begünstigung der Hinreaktion.
Bei der Reaktion ist $\Delta V = 0$, damit hat eine Druckänderung keinen Einfluss auf die Lage des chemischen Gleichgewichts.
Wasserdampf ist ein Ausgangsstoff.
b) Bedingungen, die das fast vollständige Entfernen von Kohlenstoffmonooxid aus dem Gleichgewicht begünstigen: Wasserdampf im Überschuss (also nicht im stöchiometrischen Verhältnis) einsetzen, bei möglichst tiefer Temperatur arbeiten.
c) $H_2O + CO \rightleftharpoons CO_2 + H_2$
Gesucht: $V(H_2)$
Gegeben: $V(CO) = 2400\,l$ $\quad n(CO) = 1\,mol$
$n(H_2) = 1\,mol$
Lösung:

$$V(H_2) = \frac{n(H_2) \cdot V(CO)}{n(CO)}$$

$$V(H_2) = \frac{1\,mol \cdot 2400\,l}{1\,mol} = 2400\,l$$

Es könnte ein Wasserstoffvolumen von 2400 l gewonnen werden.
d) Bei einer Ausbeute von 100 % entstehen 2400 l Wasserstoff (siehe c).
Gesucht: $W = V(H_2)$ bei 35 % Ausbeute
Gegeben: $p = 35\,\%$
$G = V(H_2)$ bei 100 % Ausbeute
Lösung:

$$W = \frac{2400\,l \cdot 35\,\%}{100\,\%} = 840\,l$$

Bei einer Ausbeute von 35 % entstehen 840 l Wasserstoff.

7 Katalysatoren erhöhen sowohl die Reaktionsgeschwindigkeit der Hinreaktion als auch die Reaktionsgeschwindigkeit der Rückreaktion. Damit verkürzen sie die Einstellzeit, sodass sich das chemische Gleichgewicht erheblich schneller einstellen kann.

8 a) $N_2 + 3\,H_2 \longrightarrow 2\,NH_3$
b) Die Reaktionstemperatur sollte möglichst niedrig sein, da die Hinreaktion unter Wärmeabgabe verläuft. Der Druck sollte möglichst hoch sein, da die Hinreaktion unter Volumenabnahme verläuft. Möglichst ein Ausgangsstoff sollte im Überschuss zugesetzt werden, da dies die Hinreaktion begünstigt.
c) Die Temperatur steigt an: Die Ammoniakausbeute sinkt. Da die Hinreaktion exotherm verläuft, begünstigt eine Temperaturerhöhung die endotherme Rückreaktion.
Die Temperatur sinkt: Die Ammoniakausbeute steigt, da eine Temperatursenkung die exotherme Hinreaktion begünstigt. Jedoch benötigt der Katalysator eine bestimmte Arbeitstemperatur (Reaktionsgeschwindigkeit).
Der Druck steigt an: Die Ammoniakausbeute steigt. Da die Hinreaktion eine Reaktion mit Volumenabnahme ist, wird sie durch eine Druckerhöhung begünstigt. Zu hoher Druck kann jedoch zu einer Beschädigung der Anlage führen.
Die Temperatur und der Druck steigen an: Eine Temperaturerhöhung senkt die Ammoniakausbeute, während eine Druckerhöhung zu einer Steigerung der Ausbeute führt.

Der Katalysator ist funktionsunfähig: Ohne Katalysator erfolgt unter den großtechnischen Bedingungen kaum eine Reaktion zwischen Stickstoff und Wasserstoff.

d) Kontinuierliche Arbeitsweise: Reaktion findet stetig und ohne Unterbrechung statt.
Wärmeaustausch im Gegenstromprinzip: Kaltes Synthesegas strömt heißem Reaktionsgas entgegen und wird vorgewärmt.
Kreislaufprinzip: Nicht umgesetzter Stickstoff und Wasserstoff werden dem Prozess erneut zugeführt.

9 Eine Redoxreaktion liegt vor, wenn eine Oxidation und eine Reduktion gleichzeitig ablaufen. Dabei gibt das Oxidationsmittel Sauerstoff ab und wird reduziert, das Reduktionsmittel nimmt den Sauerstoff auf und wird oxidiert. Bei der chemischen Reaktion von Kohlenstoffdioxid und Magnesium zu Magnesiumoxid und Kohlenstoff ist Kohlenstoffdioxid das Oxidationsmittel. Es gibt den Sauerstoff an das Magnesium ab und wird reduziert. Magnesium ist das Reduktionsmittel. Es nimmt den Sauerstoff auf und wird oxidiert.

10 1. Erfassen des Problems
2. Ableiten einer Vermutung zur Lösung des Problems
3. Ableiten von experimentell überprüfbaren Folgerungen aus der Vermutung
4. Planen, durchführen und beobachten des Experiments
5. Vergleichen der Beobachtungsergebnisse mit den experimentell überprüfbaren Folgerungen
6. Formulieren einer Aussage über die Richtigkeit der Vermutung

11 a)

Reduktion ($Ag_2O \rightarrow 2\,Ag$)

$$Ag_2O + Mg \longrightarrow 2\,Ag + MgO$$

Oxidationsmittel: Ag_2O; Reduktionsmittel: Mg

Oxidation ($Mg \rightarrow MgO$)

b)

Reduktion ($3\,ZnO \rightarrow 3\,Zn$)

$$3\,ZnO + 2\,Al \longrightarrow 3\,Zn + Al_2O_3$$

Oxidationsmittel: ZnO; Reduktionsmittel: Al

Oxidation ($2\,Al \rightarrow Al_2O_3$)

c)

Reduktion ($Cu_2O \rightarrow 2\,Cu$)

$$Cu_2O + 2\,Na \longrightarrow 2\,Cu + Na_2O$$

Oxidationsmittel: Cu_2O; Reduktionsmittel: Na

Oxidation ($2\,Na \rightarrow Na_2O$)

d)

Reduktion ($CO_2 \rightarrow C$)

$$CO_2 + 2\,Mg \longrightarrow C + 2\,MgO$$

Oxidationsmittel: CO_2; Reduktionsmittel: Mg

Oxidation ($2\,Mg \rightarrow 2\,MgO$)

12 Bei der Redoxreaktion von Kohlenstoffdioxid mit Magnesium findet neben der endothermen Reduktion von Kohlenstoffdioxid auch die stark exotherme Oxidation von Magnesium statt. Nur ein Teil der frei werdenden Energie der Oxidation wird zur Reduktion des Kohlenstoffdioxids benötigt. Die restliche Energie wird in Form von Wärme und Licht freigesetzt.

13 Als Reaktionspartner kommt nur Magnesium infrage, da dieses unedler als Aluminium ist, also eine höhere Reaktivität gegenüber Sauerstoff hat.

Reduktion ($Al_2O_3 \rightarrow 2\,Al$)

$$Al_2O_3 + 3\,Mg \longrightarrow 2\,Al + 3\,MgO$$

Oxidationsmittel: Al_2O_3; Reduktionsmittel: Mg

Oxidation ($3\,Mg \rightarrow 3\,MgO$)

14 a) Das metallische Magnesium wird nach dem Experiment nicht mehr vorhanden sein. Ein weißer und ein gelber Feststoff werden entstehen. Es wird Wärme frei.

b)

Oxidation ($2\,Mg \rightarrow 2\,MgO$)

$$2\,Mg + SO_2 \longrightarrow 2\,MgO + S$$

Reduktionsmittel: Mg; Oxidationsmittel: SO_2

Reduktion ($SO_2 \rightarrow S$)

15 Der Eisenschrott enthält chemisch gebundenen Sauerstoff, der mit dem im Roheisen enthaltenen Kohlenstoff zu Kohlenstoffdioxid reagiert. Somit wird der hohe Kohlenstoffanteil des Roheisens zu dem im Stahl gewünschten Anteil verringert. Gleichzeitig wird eine stoffliche Verwertung des Schrotts vollzogen und es werden Ressourcen geschont.

16 Setzt man voraus, dass die eingesetzten Stoffe im richtigen Verhältnis gemischt wurden und die Reaktion vollständig verläuft, ist die Aussage richtig. Allerdings entstehen keine elementaren Metalle. Ein Teil des Kohlenstoffs wird mit dem gebildeten Metall eine Legierung bilden.

17 a)

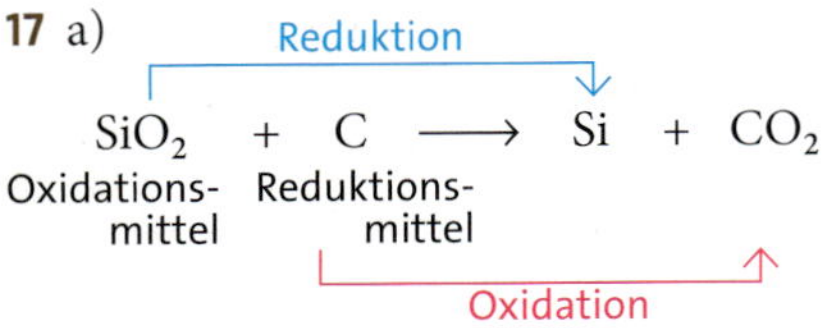

b) Es liegt eine Redoxreaktion vor. Siliciumoxid wird reduziert. Kohlenstoff wird oxidiert.

c) $SiO_2 + C \longrightarrow Si + CO_2$

Gesucht: $m(SiO_2)$

Gegeben: $m(Si) = 50\,kg$ $\quad n(Si) = 1\,mol$

$M(Si) = 28{,}1\,\frac{g}{mol}$ $\quad n(SiO_2) = 1\,mol$

$M(SiO_2) = 60{,}1\,\frac{g}{mol}$

Lösung:

$$m(SiO_2) = \frac{n(SiO_2) \cdot M(SiO_2) \cdot m(Si)}{n(Si) \cdot M(Si)}$$

$$m(SiO_2) = \frac{1\,mol \cdot 60{,}1\,\frac{g}{mol} \cdot 50\,kg}{1\,mol \cdot 28{,}4\,\frac{g}{mol}} = 106{,}9\,kg$$

Es muss eine Masse von 106,9 kg Siliciumdioxid mit Kohlenstoff reagieren.

18 a)

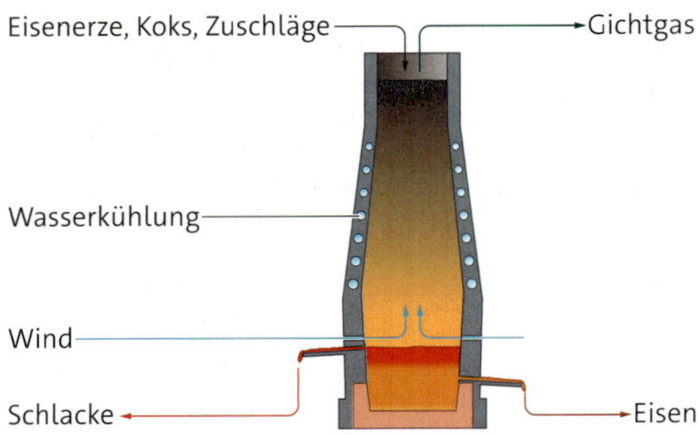

b) Kohlenstoff reagiert mit Sauerstoff aus dem Wind zu Kohlenstoffdioxid, der mit weiterem Kohlenstoff zu Kohlenstoffmonooxid umgewandelt wird.

$C + O_2 \longrightarrow CO_2$

$CO_2 + C \longrightarrow 2\,CO$

Die eigentliche Redoxreaktion zur Eisengewinnung findet zwischen Kohlenstoffmonooxid und Eisenoxid statt.

$Fe_2O_3 + 3\,CO \longrightarrow 2\,Fe + 3\,CO_2$

19 Mithilfe des unedlen Aluminiums können durch Redoxreaktion – meist kleine Mengen – andere Metalle aus ihren Oxiden gewonnen werden.

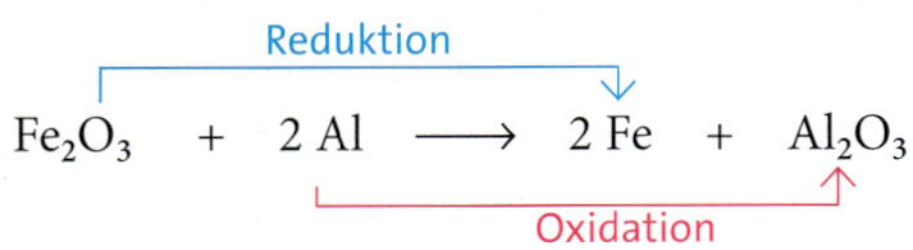

Praktikum und Systematisieren (Seite 168)

1 a) Kaliumchlorid und Natriumchlorid: Überprüfen der Flammenfärbung des Salzes

Kaliumchlorid: violette Flammenfärbung (Cobaltglas verwenden)

Natriumchlorid: gelbe Flammenfärbung

b) Natriumchlorid und Natriumiodid: Zugabe von Silbernitratlösung zu den Lösungen der Salze

Natriumchlorid: weißer Niederschlag

$Ag^+ + NO_3^- + Na^+ + Cl^- \longrightarrow AgCl\downarrow + Na^+ + NO_3^-$

Natriumiodid: gelber Niederschlag

$Ag^+ + NO_3^- + Na^+ + I^- \longrightarrow AgI\downarrow + Na^+ + NO_3^-$

2 Eine Unterscheidung der beiden Salze ist durch das Erkennen des Metall-Ions mithilfe der Phosphorsalzperle möglich:

Metall-Ionen	Farbe der Phosphorsalzperle	
	heiß	kalt
Eisen-Ionen	gelb bis braunrot	farblos bis gelbrot
Nickel-Ionen	gelb	bräunlich

3 a) $m(K_2SO_4) = c(K_2SO_4) \cdot M(K_2SO_4) \cdot V(K_2SO_4)$

$= 0{,}01\,mol \cdot l^{-1} \cdot 174\,g \cdot mol^{-1} \cdot 0{,}5\,l$

$= 0{,}87\,g$

b) $m(MgCl_2) = c(MgCl_2) \cdot M(MgCl_2) \cdot V(MgCl_2)$

$= 0{,}01\,mol \cdot l^{-1} \cdot 95\,g \cdot mol \cdot l^{-1} \cdot 0{,}5\,l$

$= 0{,}475\,g$

c) $m(C_6H_8O_7) = c(C_6H_8O_7) \cdot M(C_6H_8O_7) \cdot V(C_6H_8O_7)$

$= 0{,}01\,mol \cdot l^{-1} \cdot 192\,g \cdot mol \cdot l^{-1} \cdot 0{,}5\,l$

$= 0{,}96\,g$

4
$$M(Me(OH)_x) = \frac{m(Me(OH)_x)}{c(Me(OH)_x) \cdot V(Me(OH)_x)}$$

$$= \frac{3{,}5\,g}{0{,}25\,\frac{mol}{l} \cdot 0{,}25\,l} = 56\,g \cdot mol^{-1}$$

Diese molare Masse entspricht der des Kaliumhydroxids (KOH).

5 a)

$$\overline{V} = \frac{V_1 + V_2 + V_3}{3} = \frac{15{,}2\,ml + 15{,}1\,ml + 15{,}6\,ml}{3}$$

$= 15{,}3\,ml$

b) $HNO_3 + NaOH \longrightarrow NaNO_3 + H_2O$

$H^+ + NO_3^- + Na^+ + OH^- \longrightarrow Na^+ + NO_3^- + H_2O$

Am Neutralpunkt gilt: $n(H^+) = n(OH^-)$ bzw. $n(HNO_3) = n(NaOH)$

Mit $n = c \cdot V$ ergibt sich:

$n(NaOH) = c(HNO_3) \cdot V(HNO_3)$

$= 1\,mol \cdot l^{-1} \cdot 0{,}0153\,l = 0{,}0153\,mol$

$$c(\text{NaOH}) = \frac{n(\text{NaOH})}{V(\text{NaOH})} = \frac{0{,}0153\,\text{mol}}{0{,}1\,\text{l}} = 0{,}153\,\text{mol}\cdot\text{l}^{-1}$$

$$m(\text{NaOH}) = n(\text{NaOH})\cdot M(\text{NaOH})$$
$$= 0{,}0153\,\text{mol}\cdot 40\,\text{g}\cdot\text{mol}^{-1} = 0{,}612\,\text{g}$$

6 a) Die Wasserhärte hängt davon ab, welchen Massenanteil die im Wasser gelösten Calcium- und Magnesium-Ionen ausmachen. In Regionen mit kalkhaltigem Gestein ist das Trinkwasser härter als in kalkarmen Regionen.
b) Die temporäre Härte wird durch die im Wasser gelösten Calcium-Ionen bestimmt. Sie verschwindet durch Erhitzen.
Erklärung: Erhitzt man kalkhaltiges Wasser, so zerfallen gelöste Hydrogencarbonat-Ionen in Carbonat-Ionen, Kohlenstoffdioxid und Wasser. Die Carbonat-Ionen bilden mit den Calcium-Ionen unlösliches Calciumcarbonat, das sich im Gefäß niederschlägt. Das Wasser enthält nun keine Carbonat-Ionen mehr und ist weicher.
Die permanente Härte wird durch die nach dem Erhitzen im Wasser verbleibenden Magnesium- und Sulfat-Ionen bestimmt.
c) Folgen durch die Verwendung von hartem Wasser sind Kalkablagerungen. Sie entstehen, wenn das Wasser auf über 60 °C erwärmt wird oder langsam durch Rohre fließt. Das führt dazu, dass
- Rohre verstopfen können.
- Wasserkocher, Geschirrspül- und Waschmaschinen einen erhöhten Energieverbrauch haben.

Hartes Wasser beeinträchtigt auch die Waschwirkung von Waschmitteln. Die waschaktiven Substanzen bilden mit den im Wasser enthaltenen Calcium- und Magnesium-Ionen einen Niederschlag und sind deshalb nicht mehr wirksam.

7 a) $2\,CH_3CHO + 5\,O_2 \longrightarrow 4\,CO_2 + 4\,H_2O$
b) Gesucht: $m(\text{Ethanal})$
Gegeben: $m(H_2O) = 15\,\text{g}$ $\quad n(H_2O) = 4\,\text{mol}$
$M(H_2O) = 18\,\frac{\text{g}}{\text{mol}}$ $\quad n(\text{Ethanal}) = 2\,\text{mol}$
$M(\text{Ethanal}) = 44\,\frac{\text{g}}{\text{mol}}$

Lösung:

$$m(\text{Ethanal}) = \frac{n(\text{Ethanal})\cdot M(\text{Ethanal})\cdot m(H_2O)}{n(H_2O)\cdot M(H_2O)}$$

$$m(\text{Ethanal}) = \frac{2\,\text{mol}\cdot 44\,\frac{\text{g}}{\text{mol}}\cdot 15\,\text{g}}{4\,\text{mol}\cdot 18\,\frac{\text{g}}{\text{mol}}} \approx 18{,}3\,\text{g}$$

Bei der Verbrennung entstehen 15 g Wasser, wenn ca. 18,3 g Ethanal eingesetzt wurden.

8 a) Funktionelle Gruppen sind Atomgruppen, die die Eigenschaften der Stoffe mitbestimmen.
b) Ethanol: Hydroxygruppe –OH
Ethanal: Aldehydgruppe –CHO
c)

Hydroxygruppe –OH	**Aldehydgruppe –CHO**
Gemeinsamkeiten	
– enthalten ein Sauerstoff- und ein Wasserstoffatom – Atomgruppe, d. h., Atome sind durch Elektronenpaarbindung miteinander verbunden	
Unterschiede	
– Einfachbindung zwischen Sauerstoff- und Wasserstoffatom – enthält kein Kohlenstoffatom	– Doppelbindung zwischen Kohlenstoff- und Sauerstoffatom – Einfachbindung zwischen Kohlenstoff- und Wasserstoffatom – enthält ein Kohlenstoffatom

9 a) Bei Stoff A handelt es sich um Ethansäureethylester.
$CH_3{-}COOH + CH_3{-}CH_2{-}OH$
$\longrightarrow H_2O + CH_3{-}COO{-}CH_2{-}CH_3$
b) Der Farbstoff besteht aus schwachpolaren Molekülen.

10 a) Gemisch aus Ethanol, Ethansäure, Propansäure, Ethansäureethylester, Propansäureethylester, Wasser, Schwefelsäure.
Es läuft eine unvollständige Veresterung ab.
b) Ethansäure:

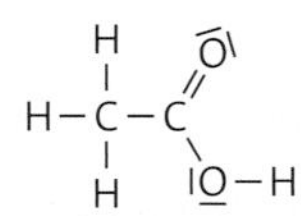

Ethanol:

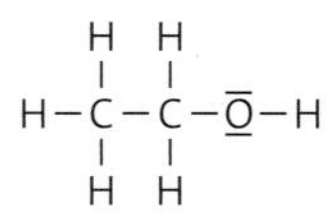

Ethansäureethylester:

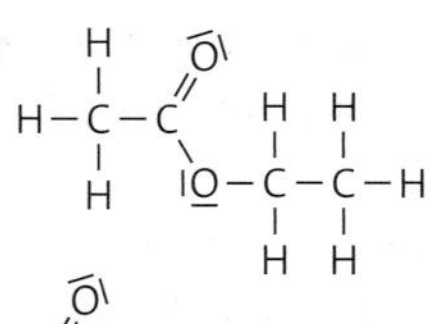

Propansäure:

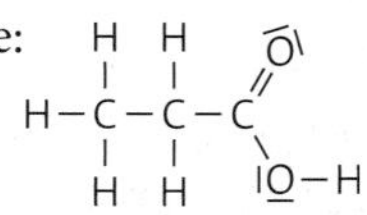

Propansäureethylester:

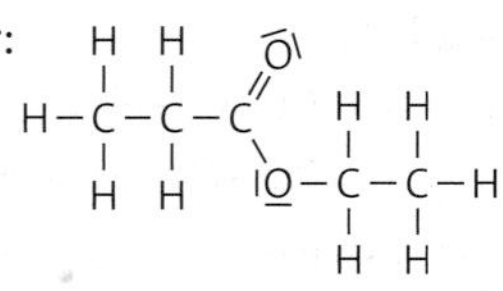

c) Schwefelsäure wirkt als Katalysator. Sie senkt die Aktivierungsenergie der Reaktion. Dadurch läuft die Veresterung schneller ab. Der Katalysator wird bei der Veresterung nicht verbraucht.

Einstufung von Gefahrstoffen nach der GHS-Verordnung

Mit dem neuen GHS (*Globally Harmonised System of Classification and Labelling of Chemicals*) werden die Kriterien für die Einstufung der Gefahrstoffe neu festgelegt und mit international einheitlichen Piktogrammen versehen. Neu ist auch die Verwendung der Signalwörter **Gefahr** und **Achtung** für das Ausmaß der Gefahr: „Gefahr“ bei hoher Gefährdung oder „Achtung“ bei geringerer Gefährdung. Das GHS gilt seit 2009; für die bisherige Verordnung gelten Übergangsfristen.

Gefahren-piktogramm und Piktogrammcode	Mit dem Gefahrenpiktogramm gekennzeichnete Stoffe und Gemische	Signalwort	Kennzeichnung nach bisheriger Gefahrstoffverordnung	
			Gefahrensymbol	Gefahrenhinweise
GHS01	explosive und sehr gefährliche selbstzersetzliche Stoffe und Gemische sowie sehr gefährliche organische Peroxide	Gefahr oder Achtung	E	R2, R3
GHS02	entzündbare, selbsterhitzungsfähige und gefährliche selbstzersetzliche Stoffe und Gemische, pyrophore Stoffe sowie Stoffe und Gemische, die bei Berührung mit Wasser entzündbare Gase entwickeln	Gefahr oder Achtung	F+ oder F oder –	R12, R11 oder R10; R17; R15
GHS02	gefährliche organische Peroxide	Gefahr oder Achtung	O	R7
GHS03	Stoffe und Gemische mit oxidierender Wirkung	Gefahr oder Achtung	O	R8, R9
GHS04*	Gase unter Druck	Achtung	–	
GHS05	Stoffe und Gemische, die korrosiv auf Metalle wirken	Achtung	–	
GHS05	Stoffe und Gemische, die schwere Verätzungen der Haut und/oder schwere Augenschäden verursachen	Gefahr	C oder Xi	R34, R35; R41
GHS06	lebensgefährliche und giftige Stoffe und Gemische	Gefahr	T+ oder T	R26, R27, R28 oder R23, R24, R25
GHS07	gesundheitsschädliche Stoffe und Gemische	Achtung	Xn	R20, R21, R22
GHS07	Stoffe und Gemische, die Haut- und/oder Augenreizungen verursachen und/oder allergische Hautreaktionen, Reizungen der Atemwege und/oder Schläfrigkeit und Benommenheit verursachen können	Achtung	Xi	R36, R37, R38; R43; R67
GHS08	Stoffe und Gemische, die bei Verschlucken und Eindringen in die Atemwege tödlich sein können und/oder eine Gefahr für die Gesundheit darstellen. Diese Stoffe und Gemische schädigen bestimmte Organe und/oder können Krebs erzeugen, die Fruchtbarkeit beeinträchtigen, das Kind im Mutterleib schädigen und/oder genetische Defekte und/oder beim Einatmen Allergien, asthmaartige Symptome oder Atembeschwerden verursachen.	Gefahr oder Achtung	T+ T oder Xn	R45, R49, R40; R60, R62; R61, R63; R46; R39/…; R68/…; R48/…; R42; R33; R65
GHS09	Stoffe und Gemische, die sehr giftig oder giftig für Wasserorganismen sind	Achtung oder –	N	R50, R50/53 R51/53

* Die in den Experimenten verwendeten Gase stehen meist nicht unter Druck, daher wird dort in der Regel auf diese Kennzeichnung verzichtet. In der Gefahrstoffliste sind alle Gase auch mit GHS04 gekennzeichnet.

Gefahrenhinweise (H-Sätze)

Gefahrenhinweise für physikalische Gefahren

H200	Instabil, explosiv.
H201	Explosiv, Gefahr der Massenexplosion.
H202	Explosiv; große Gefahr durch Splitter, Spreng- und Wurfstücke.
H203	Explosiv; Gefahr durch Feuer, Luftdruck oder Splitter, Spreng- und Wurfstücke.
H204	Gefahr durch Feuer oder Splitter, Spreng- und Wurfstücke.
H205	Gefahr der Massenexplosion bei Feuer.
H220	Extrem entzündbares Gas.
H221	Entzündbares Gas.
H222	Extrem entzündbares Aerosol.
H223	Entzündbares Aerosol.
H224	Flüssigkeit und Dampf extrem entzündbar.
H225	Flüssigkeit und Dampf leicht entzündbar.
H226	Flüssigkeit und Dampf entzündbar.
H228	Entzündbarer Feststoff.
H240	Erwärmung kann Explosion verursachen.
H241	Erwärmung kann Brand oder Explosion verursachen.
H242	Erwärmung kann Brand verursachen.
H250	Entzündet sich in Berührung mit Luft von selbst.
H251	Selbsterhitzungsfähig; kann in Brand geraten.
H252	In großen Mengen selbsterhitzungsfähig; kann in Brand geraten.
H260	In Berührung mit Wasser entstehen entzündbare Gase, die sich spontan entzünden können.
H261	In Berührung mit Wasser entstehen entzündbare Gase.
H270	Kann Brand verursachen oder verstärken; Oxidationsmittel.
H271	Kann Brand oder Explosion verursachen; starkes Oxidationsmittel.
H272	Kann Brand verstärken; Oxidationsmittel.
H280	Enthält Gas unter Druck; kann bei Erwärmung explodieren.
H281	Enthält tiefkaltes Gas; kann Kälteverbrennungen oder -verletzungen verursachen.
H290	Kann gegenüber Metallen korrosiv sein.

Gefahrenhinweise für Gesundheitsgefahren

H300	Lebensgefahr bei Verschlucken.
H301	Giftig bei Verschlucken.
H302	Gesundheitsschädlich bei Verschlucken.
H304	Kann bei Verschlucken und Eindringen in die Atemwege tödlich sein.
H310	Lebensgefahr bei Hautkontakt.
H311	Giftig bei Hautkontakt.
H312	Gesundheitsschädlich bei Hautkontakt.
H314	Verursacht schwere Verätzungen der Haut und schwere Augenschäden.
H315	Verursacht Hautreizungen.
H317	Kann allergische Hautreaktionen verursachen.
H318	Verursacht schwere Augenschäden.
H319	Verursacht schwere Augenreizung.
H330	Lebensgefahr bei Einatmen.
H331	Giftig bei Einatmen.
H332	Gesundheitsschädlich bei Einatmen.
H334	Kann bei Einatmen Allergie, asthmaartige Symptome oder Atembeschwerden verursachen.
H335	Kann die Atemwege reizen.
H336	Kann Schläfrigkeit und Benommenheit verursachen.
H340	Kann genetische Defekte verursachen <*Expositionsweg angeben, sofern schlüssig belegt ist, dass diese Gefahr bei keinem anderen Expositionsweg besteht*>.
H341	Kann vermutlich genetische Defekte verursachen <*Expositionsweg angeben, sofern schlüssig belegt ist, dass diese Gefahr bei keinem anderen Expositionsweg besteht*>.
H350	Kann Krebs erzeugen <*Expositionsweg angeben, sofern schlüssig belegt ist, dass diese Gefahr bei keinem anderen Expositionsweg besteht*>.
H350i	Kann beim Einatmen Krebs erzeugen.
H351	Kann vermutlich Krebs erzeugen <*Expositionsweg angeben, sofern schlüssig belegt ist, dass diese Gefahr bei keinem anderen Expositionsweg besteht*>.
H360	Kann die Fruchtbarkeit beeinträchtigen oder das Kind im Mutterleib schädigen <*konkrete Wirkung angeben, sofern bekannt*> <*Expositionsweg angeben, sofern schlüssig belegt ist, dass die Gefahr bei keinem anderen Expositionsweg besteht*>.
H360F	Kann die Fruchtbarkeit beeinträchtigen.
H360D	Kann das Kind im Mutterleib schädigen.
H360FD	Kann die Fruchtbarkeit beeinträchtigen. Kann das Kind im Mutterleib schädigen.
H360Fd	Kann die Fruchtbarkeit beeinträchtigen. Kann vermutlich das Kind im Mutterleib schädigen.
H360Df	Kann das Kind im Mutterleib schädigen. Kann vermutlich die Fruchtbarkeit beeinträchtigen.
H361	Kann vermutlich die Fruchtbarkeit beeinträchtigen oder das Kind im Mutterleib schädigen <*konkrete Wirkung angeben, sofern bekannt*> <*Expositionsweg angeben, sofern schlüssig belegt ist, dass die Gefahr bei keinem anderen Expositionsweg besteht*>.
H361f	Kann vermutlich die Fruchtbarkeit beeinträchtigen.
H361d	Kann vermutlich das Kind im Mutterleib schädigen.
H361fd	Kann vermutlich die Fruchtbarkeit beeinträchtigen. Kann vermutlich das Kind im Mutterleib schädigen.
H362	Kann Säuglinge über die Muttermilch schädigen.
H370	Schädigt die Organe <*oder alle betroffenen Organe nennen, sofern bekannt*> <*Expositionsweg angeben, sofern schlüssig belegt ist, dass diese Gefahr bei keinem anderen Expositionsweg besteht*>.
H371	Kann die Organe schädigen <*oder alle betroffenen Organe nennen, sofern bekannt*> <*Expositionsweg angeben, sofern schlüssig belegt ist, dass diese Gefahr bei keinem anderen Expositionsweg besteht*>.
H372	Schädigt die Organe <*alle betroffenen Organe nennen*> bei längerer oder wiederholter Exposition <*Expositionsweg angeben, wenn schlüssig belegt ist, dass diese Gefahr bei keinem anderen Expositionsweg besteht*>.
H373	Kann die Organe schädigen <*alle betroffenen Organe nennen, sofern bekannt*> bei längerer oder wiederholter Exposition <*Expositionsweg angeben, wenn schlüssig belegt ist, dass diese Gefahr bei keinem anderen Expositionsweg besteht*>.

Gefahrenhinweise für Umweltgefahren

H400	Sehr giftig für Wasserorganismen.
H410	Sehr giftig für Wasserorganismen, mit langfristiger Wirkung.
H411	Giftig für Wasserorganismen, mit langfristiger Wirkung.
H412	Schädlich für Wasserorganismen, mit langfristiger Wirkung.
H413	Kann für Wasserorganismen schädlich sein, mit langfristiger Wirkung.

Ergänzende Gefahrenmerkmale

Physikalische Eigenschaften

EUH001	In trockenem Zustand explosionsgefährlich.
EUH006	Mit und ohne Luft explosionsfähig.
EUH014	Reagiert heftig mit Wasser.
EUH018	Kann bei Verwendung explosionsfähige/entzündbare Dampf/Luft-Gemische bilden.
EUH019	Kann explosionsfähige Peroxide bilden.
EUH044	Explosionsgefahr bei Erhitzen unter Einschluss.

Gesundheitsgefährliche Eigenschaften

EUH029	Entwickelt bei Berührung mit Wasser giftige Gase.
EUH031	Entwickelt bei Berührung mit Säure giftige Gase.
EUH032	Entwickelt bei Berührung mit Säure sehr giftige Gase.
EUH066	Wiederholter Kontakt kann zu spröder oder rissiger Haut führen.
EUH070	Giftig bei Berührung mit den Augen.
EUH071	Wirkt ätzend auf die Atemwege.

Umweltgefährliche Eigenschaften

EUH059	Die Ozonschicht schädigend.

Ergänzende Kennzeichnungselemente / Informationen über bestimmte Stoffe und Gemische

EUH201	Enthält Blei. Nicht für den Anstrich von Gegenständen verwenden, die von Kindern gekaut oder gelutscht werden könnten.
EUH201A	Achtung! Enthält Blei.
EUH202	Cyanacrylat. Gefahr. Klebt innerhalb von Sekunden Haut und Augenlider zusammen. Darf nicht in die Hände von Kindern gelangen.
EUH203	Enthält Chrom (VI). Kann allergische Reaktionen hervorrufen.
EUH204	Enthält Isocyanate. Kann allergische Reaktionen hervorrufen.
EUH205	Enthält epoxidhaltige Verbindungen. Kann allergische Reaktionen hervorrufen.
EUH206	Achtung! Nicht zusammen mit anderen Produkten verwenden, da gefährliche Gase (Chlor) freigesetzt werden können.
EUH207	Achtung! Enthält Cadmium. Bei der Verwendung entstehen gefährliche Dämpfe. Hinweise des Herstellers beachten. Sicherheitsanweisungen einhalten.
EUH208	Enthält <*Name des sensibilisierenden Stoffes*>. Kann allergische Reaktionen hervorrufen.
EUH209	Kann bei Verwendung leicht entzündbar werden.
EUH209A	Kann bei Verwendung entzündbar werden.
EUH210	Sicherheitsdatenblatt auf Anfrage erhältlich.
EUH401	Zur Vermeidung von Risiken für Mensch und Umwelt die Gebrauchsanleitung einhalten.

Sicherheitshinweise (P-Sätze)

Sicherheitshinweise – Allgemeines

P101	Ist ärztlicher Rat erforderlich, Verpackung oder Kennzeichnungsetikett bereithalten.
P102	Darf nicht in die Hände von Kindern gelangen.
P103	Vor Gebrauch Kennzeichnungsetikett lesen.

Sicherheitshinweise – Prävention

P201	Vor Gebrauch besondere Anweisungen einholen.
P202	Vor Gebrauch alle Sicherheitshinweise lesen und verstehen.
P210	Von Hitze/Funken/offener Flamme/heißen Oberflächen fernhalten. Nicht rauchen.
P211	Nicht gegen offene Flamme oder andere Zündquelle sprühen.
P220	Von Kleidung/.../brennbaren Materialien fernhalten/ entfernt aufbewahren.
P221	Mischen mit brennbaren Stoffen/... unbedingt verhindern.
P222	Kontakt mit Luft nicht zulassen.
P223	Kontakt mit Wasser wegen heftiger Reaktion und möglichem Aufflammen unbedingt verhindern.
P230	Feucht halten mit ...
P231	Unter inertem Gas handhaben.
P232	Vor Feuchtigkeit schützen.
P233	Behälter dicht verschlossen halten.
P234	Nur im Originalbehälter aufbewahren.
P235	Kühl halten.
P240	Behälter und zu befüllende Anlage erden.
P241	Explosionsgeschützte elektrische Betriebsmittel/ Lüftungsanlagen/Beleuchtung/... verwenden.
P242	Nur funkenfreies Werkzeug verwenden.
P243	Maßnahmen gegen elektrostatische Aufladungen treffen.
P244	Druckminderer frei von Fett und Öl halten.
P250	Nicht schleifen/stoßen/.../reiben.
P251	Behälter steht unter Druck: Nicht durchstechen oder verbrennen, auch nicht nach der Verwendung.
P260	Staub/Rauch/Gas/Nebel/Dampf/Aerosol nicht einatmen.
P261	Einatmen von Staub/Rauch/Gas/Nebel/Dampf/Aerosol vermeiden.
P262	Nicht in die Augen, auf die Haut oder auf die Kleidung gelangen lassen.
P263	Kontakt während der Schwangerschaft und der Stillzeit vermeiden.
P264	Nach Gebrauch ... gründlich waschen.
P270	Bei Gebrauch nicht essen, trinken oder rauchen.
P271	Nur im Freien oder in gut belüfteten Räumen verwenden.
P272	Kontaminierte Arbeitskleidung nicht außerhalb des Arbeitsplatzes tragen.
P273	Freisetzung in die Umwelt vermeiden.
P280	Schutzhandschuhe/Schutzkleidung/Augenschutz/ Gesichtsschutz tragen.
P281	Vorgeschriebene persönliche Schutzausrüstung verwenden.
P282	Schutzhandschuhe/Gesichtsschild/Augenschutz mit Kälteisolierung tragen.
P283	Schwer entflammbare/flammhemmende Kleidung tragen.
P284	Atemschutz tragen.
P285	Bei unzureichender Belüftung Atemschutz tragen.
P231 + P232	Unter inertem Gas handhaben. Vor Feuchtigkeit schützen.
P235 + P410	Kühl halten. Vor Sonnenbestrahlung schützen.

Sicherheitshinweise – Reaktion

P301	BEI VERSCHLUCKEN:
P302	BEI BERÜHRUNG MIT DER HAUT:
P303	BEI BERÜHRUNG MIT DER HAUT (oder dem Haar):
P304	BEI EINATMEN:
P305	BEI KONTAKT MIT DEN AUGEN:
P306	BEI KONTAMINIERTER KLEIDUNG:
P307	BEI Exposition:
P308	BEI Exposition oder falls betroffen:
P309	BEI Exposition oder Unwohlsein:
P310	Sofort GIFTINFORMATIONSZENTRUM oder Arzt anrufen.
P311	GIFTINFORMATIONSZENTRUM oder Arzt anrufen.
P312	Bei Unwohlsein GIFTINFORMATIONSZENTRUM oder Arzt anrufen.
P313	Ärztlichen Rat einholen/ärztliche Hilfe hinzuziehen.
P314	Bei Unwohlsein ärztlichen Rat einholen/ärztliche Hilfe hinzuziehen.
P315	Sofort ärztlichen Rat einholen/ärztliche Hilfe hinzuziehen.
P320	Besondere Behandlung dringend erforderlich (siehe ... auf diesem Kennzeichnungsetikett).
P321	Besondere Behandlung (siehe ... auf diesem Kennzeichnungsetikett).
P322	Gezielte Maßnahmen (siehe ... auf diesem Kennzeichnungsetikett).
P330	Mund ausspülen.
P331	KEIN Erbrechen herbeiführen.
P332	Bei Hautreizung:
P333	Bei Hautreizung oder -ausschlag:
P334	In kaltes Wasser tauchen/nassen Verband anlegen.
P335	Lose Partikel von der Haut abbürsten.
P336	Vereiste Bereiche mit lauwarmem Wasser auftauen. Betroffenen Bereich nicht reiben.
P337	Bei anhaltender Augenreizung:
P338	Eventuell Vorhandene Kontaktlinsen nach Möglichkeit entfernen. Weiter ausspülen.
P340	Die betroffene Person an die frische Luft bringen und in einer Position ruhig stellen, die das Atmen erleichtert.
P341	Bei Atembeschwerden an die frische Luft bringen und in einer Position ruhig stellen, die das Atmen erleichtert.
P342	Bei Symptomen der Atemwege:
P350	Behutsam mit viel Wasser und Seife waschen.
P351	Einige Minuten lang behutsam mit Wasser ausspülen.
P352	Mit viel Wasser und Seife waschen.
P353	Haut mit Wasser abwaschen/duschen.
P360	Kontaminierte Kleidung und Haut sofort mit viel Wasser abwaschen und danach Kleidung ausziehen.
P361	Alle kontaminierten Kleidungsstücke sofort ausziehen.
P362	Kontaminierte Kleidung ausziehen und vor erneutem Tragen waschen.
P363	Kontaminierte Kleidung vor erneutem Tragen waschen.
P370	Bei Brand:
P371	Bei Großbrand und großen Mengen:
P372	Explosionsgefahr bei Brand.
P373	KEINE Brandbekämpfung, wenn das Feuer explosive Stoffe/ Gemische/Erzeugnisse erreicht.
P374	Brandbekämpfung mit üblichen Vorsichtsmaßnahmen aus angemessener Entfernung.
P375	Wegen Explosionsgefahr Brand aus der Entfernung bekämpfen.
P376	Undichtigkeit beseitigen, wenn gefahrlos möglich.
P377	Brand von ausströmendem Gas: Nicht löschen, bis Undichtigkeit gefahrlos beseitigt werden kann.
P378	... zum Löschen verwenden.
P380	Umgebung räumen.
P381	Alle Zündquellen entfernen, wenn gefahrlos möglich.
P390	Verschüttete Mengen aufnehmen, um Materialschäden zu vermeiden.
P391	Verschüttete Mengen aufnehmen.
P301 + P310	BEI VERSCHLUCKEN: Sofort GIFTINFORMATIONSZENTRUM oder Arzt anrufen.
P301 + P312	BEI VERSCHLUCKEN: Bei Unwohlsein GIFTINFORMATIONSZENTRUM oder Arzt anrufen.
P301 + P330 + P331	BEI VERSCHLUCKEN: Mund ausspülen. KEIN Erbrechen herbeiführen.
P302 + P334	BEI KONTAKT MIT DER HAUT: In kaltes Wasser tauchen/nassen Verband anlegen.
P302 + P350	BEI KONTAKT MIT DER HAUT: Behutsam mit viel Wasser und Seife waschen.
P302 + P352	BEI KONTAKT MIT DER HAUT: Mit viel Wasser und Seife waschen.
P303 + P361 + P353	BEI KONTAKT MIT DER HAUT (oder dem Haar): Alle kontaminierten Kleidungsstücke sofort ausziehen. Haut mit Wasser abwaschen/duschen.
P304 + P340	BEI EINATMEN: An die frische Luft bringen und in einer Position ruhig stellen, die das Atmen erleichtert.
P304 + P341	BEI EINATMEN: Bei Atembeschwerden an die frische Luft bringen und in einer Position ruhig stellen, die das Atmen erleichtert.
P305 + P351 + P338	BEI KONTAKT MIT DEN AUGEN: Einige Minuten lang behutsam mit Wasser spülen. Vorhandene Kontaktlinsen nach Möglichkeit entfernen. Weiter spülen.
P306 + P360	BEI KONTAKT MIT DER KLEIDUNG: Kontaminierte Kleidung und Haut sofort mit viel Wasser abwaschen und danach Kleidung ausziehen.
P307 + P311	BEI Exposition: GIFTINFORMATIONSZENTRUM oder Arzt anrufen.
P308 + P313	BEI Exposition oder falls betroffen: Ärztlichen Rat einholen/ärztliche Hilfe hinzuziehen.
P309 + P311	BEI Exposition oder Unwohlsein: GIFTINFORMATIONSZENTRUM oder Arzt anrufen.
P332 + P313	Bei Hautreizung: Ärztlichen Rat einholen/ärztliche Hilfe hinzuziehen.
P333 + P313	Bei Hautreizung oder -ausschlag: Ärztlichen Rat einholen/ ärztliche Hilfe hinzuziehen.
P335 + P334	Lose Partikel von der Haut abbürsten. In kaltes Wasser tauchen/nassen Verband anlegen.

P337 + P313	Bei anhaltender Augenreizung: Ärztlichen Rat einholen/ärztliche Hilfe hinzuziehen.
P342 + P311	Bei Symptomen der Atemwege: GIFTINFORMATIONSZENTRUM oder Arzt anrufen.
P370 + P376	Bei Brand: Undichtigkeit beseitigen, wenn gefahrlos möglich.
P370 + P378	Bei Brand: … zum Löschen verwenden.
P370 + P380	Bei Brand: Umgebung räumen.
P370 + P380 + P375	Bei Brand: Umgebung räumen. Wegen Explosionsgefahr Brand aus der Entfernung bekämpfen.
P371 + P380 + P375	Bei Großbrand und großen Mengen: Umgebung räumen. Wegen Explosionsgefahr Brand aus der Entfernung bekämpfen.

Sicherheitshinweise – Aufbewahrung

P401	… aufbewahren.
P402	An einem trockenen Ort aufbewahren.
P403	An einem gut belüfteten Ort aufbewahren.
P404	In einem geschlossenen Behälter aufbewahren.
P405	Unter Verschluss aufbewahren.
P406	In korrosionsbeständigem/… Behälter mit korrosionsbeständiger Auskleidung aufbewahren.
P407	Luftspalt zwischen Stapeln/Paletten lassen.
P410	Vor Sonnenbestrahlung schützen.
P411	Bei Temperaturen von nicht mehr als … °C aufbewahren.
P412	Nicht Temperaturen von mehr als 50 °C aussetzen.
P413	Schüttgut in Mengen von mehr als … kg bei Temperaturen von nicht mehr als … °C aufbewahren.
P420	Von anderen Materialien entfernt aufbewahren.
P422	Inhalt in/unter … aufbewahren.
P402 + P404	In einem geschlossenen Behälter an einem trockenen Ort aufbewahren.
P403 + P233	Behälter dicht verschlossen an einem gut belüfteten Ort aufbewahren.
P403 + P235	Kühl an einem gut belüfteten Ort aufbewahren.
P410 + P403	Vor Sonnenbestrahlung geschützt an einem gut belüfteten Ort aufbewahren.
P410 + P412	Vor Sonnenbestrahlung schützen und nicht Temperaturen von mehr als 50 °C aussetzen.
P411 + P235	Kühl und bei Temperaturen von nicht mehr als … °C aufbewahren.

Sicherheitshinweise – Entsorgung

P501	Inhalt/Behälter … zuführen.

Entsorgungsratschläge (E-Sätze)

E 1	Verdünnen, in den Ausguss geben (WGK 0 bzw. 1)
E 2	Neutralisieren, in den Ausguss geben
E 3	In den Hausmüll geben, gegebenenfalls im Polyethylenbeutel (Stäube)
E 4	Als Sulfid fällen
E 5	Mit Calcium-Ionen fällen, dann E 1 oder E 3
E 6	Nicht in den Hausmüll geben
E 7	Im Abzug entsorgen
E 8	Der Sondermüllbeseitigung zuführen (Adresse zu erfragen bei der Kreis- oder Stadtverwaltung), Abfallschlüssel beachten
E 9	Unter größter Vorsicht in kleinsten Portionen reagieren lassen (z. B. offen im Freien verbrennen)
E 10	In gekennzeichneten Behältern sammeln: 1. „Organische Abfälle – halogenhaltig“ 2. „Organische Abfälle – halogenfrei“, dann E 8
E 11	Als Hydroxid fällen (pH = 8), den Niederschlag zu E 8
E 12	Nicht in die Kanalisation gelangen lassen
E 13	Aus der Lösung mit unedlem Metall (z. B. Eisen) als Metall abscheiden (E 14, E 3)
E 14	Recycling-geeignet (Redestillation oder einem Recyclingunternehmen zuführen)
E 15	Mit Wasser vorsichtig umsetzen, frei werdende Gase absorbieren oder ins Freie ableiten
E 16	Entsprechend den speziellen Ratschlägen für die Beseitigungsgruppen beseitigen

Entsorgung von Chemikalienabfällen

Nach dem Experimentieren werden die Reste in die dafür vorgesehenen Sammelbehälter gegeben:

nicht gefährliche und wasserlösliche Chemikalien	nicht gefährliche und feste Chemikalien	Säuren und Laugen	giftige anorganische Chemikalien	halogenfreie organische Chemikalien	halogenhaltige organische Chemikalien
z. B. Natriumchlorid, Natriumcarbonat, Wasserstoffperoxidlösung	z. B. Eisen, Indikatorpapier	z. B. Salzsäure, Natronlauge	z. B. Kupfersulfat	z. B. Petroleumbenzin, Methanol	z. B. Trichlormethan

Die weitere Behandlung und Entsorgung bzw. Übergabe der Abfälle zur Sondermüllentsorgung erfolgt durch die Lehrerin bzw. den Lehrer.

Anhang

Liste der Gefahrstoffe nach der GHS-Verordnung

Gefahrstoff	Signal-wort	Pikto-gramm-code	H-Sätze und EUH-Sätze	E-Sätze
Aceton (Propanon)	Gefahr	GHS02 GHS07	H225 H319 H336 EUH066	1-10-14
Aluminium, Grieß o. Pulver (stabilisiert)	Gefahr	GHS02	H261 H228	6-9
Aluminiumbromid, wasserfrei	Gefahr	GHS05 GHS07	H290 H302 H314	2
Aluminiumchlorid, wasserfrei	Gefahr	GHS05	H314	2
Aluminiumiodid	Gefahr	GHS05	H314	2
Ameisensäure (Methansäure) $w \geq 90\,\%$	Gefahr	GHS02 GHS05	H226 H314	1-10
$10\,\% \leq w < 90\,\%$	Gefahr	GHS05	H314	1-10
$2\,\% \leq w < 10\,\%$	Achtung	GHS07	H315 H319	1-10
Ammoniak, wasserfrei	Gefahr	GHS04 GHS06 GHS05 GHS09	H221 H280 H331 H314 H400 EUH071	2-7
Ammoniaklösung $10\,\% \leq w < 25\,\%$	Gefahr	GHS05	H314 H335	2
$5\,\% \leq w < 10\,\%$	Achtung	GHS07	H315 H319 H335	2
Ammoniumcarbonat	Achtung	GHS07	H302	1
Ammoniumchlorid	Achtung	GHS07	H302 H319	2
Bariumchlorid, wasserfrei	Gefahr	GHS06	H301 H332	1-3
Bariumchloridlösung $3\,\% \leq w < 25\,\%$	Achtung	GHS07	H302	1
Bariumhydroxid, Bariumhydroxid-Octahydrat	Gefahr	GHS05 GHS07	H302 H314 H332	1-3
Bariumoxid	Gefahr	GHS06 GHS05	H301 H314 H332	1-3
Benzoesäure	Achtung	GHS07	H302 H319	10-12
Blei (bioverfügbar)	Gefahr	GHS08 GHS07 GHS09	H360Df H302 H332 H373 H410	8
Blei(II)-acetat	Gefahr	GHS08 GHS09	H351 H360Df H373 H410	8-14
Brom	Gefahr	GHS06 GHS05 GHS09	H330 H314 H400	16
Bromethan (Ethylbromid)	Gefahr	GHS02 GHS08 GHS07	H225 H302 H332 H351	10
Bromthymolblau-lösung (ethanolisch, $w = 0{,}1\,\%$)	Gefahr	GHS02	H225	10
Bromwasser $1\,\% \leq w < 5\,\%$	Gefahr	GHS06	H311 H330	16
Bromwasserstoff	Gefahr	GHS04 GHS06 GHS05	H280 H314 H331	2
n-Butan	Gefahr	GHS02 GHS04	H220 H280	7
Butan-1-ol	Gefahr	GHS02 GHS05 GHS07	H226 H302 H335 H315 H318 H336	10
Butansäure (Buttersäure)	Gefahr	GHS05	H314	10
Calcium	Gefahr	GHS02	H261 EUH014	15
Calciumcarbid	Gefahr	GHS02	H260	15-16
Calciumchlorid	Achtung	GHS07	H319	1
Calciumhydroxid (Löschkalk)	Gefahr	GHS05 GHS07	H315 H318 H335	2
Calciumoxid	Gefahr	GHS05 GHS07	H315 H318 H335	2
Chlor	Gefahr	GHS03 GHS04 GHS06 GHS09	H270 H280 H330 H319 H335 H315 H400 EUH071	16
Chlorethan (Ethylchlorid)	Gefahr	GHS02 GHS04 GHS08	H220 H351 H412	16
Chlormethan (Methylchlorid)	Gefahr	GHS02 GHS04 GHS08	H220 H351 H373	7-12
Chlorwasser, gesättigt $w \approx 0{,}7\,\%$	Achtung	GHS07	H332	16
Chlorwasserstoff	Gefahr	GHS04 GHS06 GHS05	H280 H331 H314 EUH071	2
Citronensäure	Gefahr	GHS05	H318	3
Dibenzoylperoxid	Gefahr	GHS02 GHS07	H242 H319 H317	10-12

Gefahrstoff	Signalwort	Piktogrammcode	H-Sätze und EUH-Sätze	E-Sätze
Diethylether (Ether)	Gefahr	GHS02 GHS07	H224 H302 H336 EUH019 EUH066	9-10-12
Eisen, Pulver	Gefahr	GHS02	H228	3
Eisen(III)-chlorid	Gefahr	GHS05 GHS07	H302 H315 H317 H318	2
Eisen(II)-sulfat, Eisen(II)-sulfatlösung $w \geq 25\,\%$	Achtung	GHS07	H302 H319 H315	2
Eisen(II)-sulfid	Achtung	GHS09	H400 EUH031	8
Essigsäure (Ethansäure) $w \geq 90\,\%$	Gefahr	GHS02 GHS05	H226 H314	2-10
$25\,\% \leq w < 90\,\%$	Gefahr	GHS05	H314	2-10
$10\,\% \leq w < 25\,\%$	Achtung	GHS07	H319 H315	2-10
Essigsäureanhydrid	Gefahr	GHS02 GHS05 GHS07	H226 H332 H302 H314 H335	2-10
Essigsäureethylester (Ethylacetat)	Gefahr	GHS02 GHS07	H225 H319 H336 EUH066	10-12
Ethan	Gefahr	GHS02 GHS04	H220 H280	7
Ethanal (Acetaldehyd)	Gefahr	GHS02 GHS08 GHS07	H224 H351 H319 H335	9-10-12-16
Ethanallösung (Acetaldehydlösung) $w \geq 10\,\%$	Achtung	GHS08 GHS07	H351 H319 H335	9-10-12-16
Ethandiol	Achtung	GHS07	H302	1-10
Ethanol (Brennspiritus)	Gefahr	GHS02	H225	1-10
Ethen (Ethylen)	Gefahr	GHS02 GHS04 GHS07	H220 H280 H336	7
Ethin (Acetylen)	Gefahr	GHS02 GHS04	H220 H280 EUH006	7
Fehling'sche Lösung I	Achtung	GHS07	H302 H319 H315 H410	8
Fehling'sche Lösung II	Gefahr	GHS05	H314	2
n-Heptan	Gefahr	GHS02 GHS08 GHS07 GHS09	H225 H304 H315 H336 H410	10-12
Hexan-1-ol	Achtung	GHS07	H302	10
Hex-1-en	Gefahr	GHS02 GHS08	H225 H304	10-12
Hex-1-in	Gefahr	GHS02 GHS08 GHS07	H225 H304 H315 H319 H335	10-12
Iod	Achtung	GHS07 GHS09	H332 H312 H400	1-16
Iodwasserstoff	Gefahr	GHS04 GHS05	H314	1
Isobutanol (2-Methylpropan-1-ol)	Gefahr	GHS02 GHS05 GHS07	H226 H315 H318 H336 H335	10
Kalium	Gefahr	GHS02 GHS05	H260 H314 EUH014	6-12-16
Kaliumcarbonat	Achtung	GHS07	H319 H315 H335	1
Kaliumchlorat	Gefahr	GHS03 GHS07 GHS09	H271 H302 H332 H411	1-6
Kaliumhydroxid (Ätzkali)	Gefahr	GHS05 GHS07	H302 H314 H290	2
Kaliumhydroxidlösung (Kalilauge) $w \geq 5\,\%$	Gefahr	GHS05 GHS07	H302 H314	2
$2\,\% \leq w < 5\,\%$	Gefahr	GHS05	H314	2
$0{,}5\,\% \leq w < 2\,\%$	Achtung	GHS07	H319 H315	2
Kaliumnitrat	Achtung	GHS03	H272	1
Kaliumnitrit	Gefahr	GHS03 GHS06 GHS09	H272 H301 H400	1-16
Kaliumpermanganat	Gefahr	GHS03 GHS07 GHS09	H272 H302 H410	1-6
Kaliumpermanganatlösung $w \geq 25\,\%$	Gefahr	GHS07 GHS09	H302 H410	1-6
Kohlenstoffmonooxid	Gefahr	GHS02 GHS04 GHS06 GHS08	H220 H280 H360D H331 H372	7
Kupfer, Pulver	Gefahr	GHS02 GHS09	H228 H410	3
Kupferacetat	Achtung	GHS07 GHS09	H302 H315 H319 H335 H410	11
Kupfer(II)-chlorid	Achtung	GHS07 GHS09	H302 H319 H315 H335 H400	11

Gefahrstoff	Signalwort	Piktogrammcode	H-Sätze und EUH-Sätze	E-Sätze
Kupfer(II)-chlorid-lösung $3\,\% \le w < 25\,\%$	Achtung	GHS07	H302	11
Kupfer(II)-hydroxid-carbonat (Malachit)	Achtung	GHS07	H302	8-12
Kupfer(I)-oxid	Achtung	GHS07 GHS09	H302 H410	8-16
Kupfer(II)-oxid	Achtung	GHS07 GHS09	H302 H410	8-16
Kupfer(II)-sulfat, Kupfer(II)-sulfat-Pentahydrat	Achtung	GHS07 GHS09	H302 H319 H315 H410	11
Kupfer(II)-sulfat-lösung $w \ge 25\,\%$	Achtung	GHS07 GHS09	H302 H319 H315 H410	11
Lithium	Gefahr	GHS02 GHS05	H260 H314 EUH014	15-1
Lithiumchlorid	Achtung	GHS07	H302 H319 H315	1
Magnesium, Pulver oder Späne (phlegmatisiert)	Gefahr	GHS02	H228 H261 H251	3
Mangan(IV)-oxid (Braunstein)	Gefahr	GHS03 GHS07	H272 H332 H302	3
Methan	Gefahr	GHS02 GHS04	H220 H280	7
Methanal (Formaldehyd), wasserfrei	Gefahr	GHS06 GHS08 GHS05	H301 H311 H314 H317 H330 H351	10-12-16
Methanallösung (Formaldehydlösung) $w \ge 25\,\%$	Gefahr	GHS06 GHS08 GHS05	H351 H330 H311 H301 H314 H317 H335 H370	10-12-16
$5\,\% \le w < 25\,\%$	Gefahr	GHS06 GHS08	H351 H331 H311 H301 H319 H315 H317 H335	1-10
$0{,}2\,\% \le w < 5\,\%$	Gefahr	GHS08 GHS07	H302 H317 H351	1-10
Methanol	Gefahr	GHS02 GHS06 GHS08	H225 H331 H311 H301 H370	1-10
Methansäure s. Ameisensäure				
Natrium	Gefahr	GHS02 GHS05	H260 H314 EUH014	6-12-16
Natriumcarbonat	Achtung	GHS07	H319	1
Natriumfluorid	Gefahr	GHS06	H301 H315 H319 EUH032	5
Natriumhydroxid (Ätznatron)	Gefahr	GHS05	H290 H314	2
Natriumhydroxid-lösung (Natronlauge) $w \ge 2\,\%$	Gefahr	GHS05	H290 H314	2
$0{,}5\,\% \le w < 2\,\%$	Achtung	GHS07	H315 H319	1
Natriumiodid	Achtung	GHS09	H400	6-12-16
Natriumnitrat	Gefahr	GHS03 GHS07	H272 H302	1
Natriumnitrit	Gefahr	GHS03 GHS06 GHS09	H272 H301 H400	1-16
Natriumoxalat	Achtung	GHS07	H302 H312	
Natriumsulfid	Gefahr	GHS08 GHS07 GHS09	H302 H332 H360Df H373 H410	1
n-Octan	Gefahr	GHS02 GHS08 GHS07 GHS09	H225 H304 H315 H336 H410	10-12
Octan-1-ol	Achtung	GHS07	H319	10
Oxalsäure	Achtung	GHS07	H312 H302	5
Oxalsäurelösung $w \ge 5\,\%$	Achtung	GHS07	H312 H302	5
n-Pentan	Gefahr	GHS02 GHS08 GHS07 GHS09	H225 H304 H336 H411 EUH066	10-12
Pentan-1-ol	Achtung	GHS02 GHS07	H226 H315 H332 H335	10-14
Petrolether (Leichtbenzin)	Gefahr	GHS02 GHS08 GHS07 GHS09	H225 H304 H315 H336 H411	10-12
Petroleum	Gefahr	GHS08	H304	10-12
Petroleumbenzin	Gefahr	GHS02 GHS08 GHS07 GHS09	H225 H304 H315 H336 H361f H373 H411	10-12
Phenolphthalein-lösung (ethanolisch) $w > 1\,\%$	Gefahr	GHS02	H225	1-10

Gefahrstoff	Signalwort	Piktogrammcode	H-Sätze und EUH-Sätze	E-Sätze
Phosphor, rot	Gefahr	GHS02	H228 H412	6-9
Phosphor(V)-oxid	Gefahr	GHS05	H314	2
Phosphorsäure $w \geq 25\,\%$	Gefahr	GHS05	H290 H314	2
$10\,\% \leq w < 25\,\%$	Achtung	GHS07	H319 H315	1
Propan	Gefahr	GHS02 GHS04	H220 H280	7
Propanal	Gefahr	GHS02 GHS07	H225 H319 H335 H315	9-10-12-16
Propan-1-ol	Gefahr	GHS02 GHS05 GHS07	H225 H318 H336	10
Propan-2-ol	Gefahr	GHS02 GHS07	H225 H319 H336	10
Propanon s. Aceton				
Propansäure (Propionsäure) $10\,\% \leq w < 25\,\%$	Gefahr	GHS02 GHS05	H326 H314	2
Resorcin (1,3-Dihydroxybenzol)	Achtung	GHS07 GHS09	H302 H319 H315 H400	10
Rohöl (synthetisch)	Gefahr	GHS02 GHS07 GHS09	H224 H315 H336 H411	10-12
Salpetersäure $w \geq 65\,\%$	Gefahr	GHS03 GHS05	H272 H290 H314	2
$5\,\% \leq w < 65\,\%$	Gefahr	GHS05	H314	2
Salzsäure $w \geq 25\,\%$	Gefahr	GHS05 GHS07	H314 H335	2
$10\,\% \leq w < 25\,\%$	Achtung	GHS07	H315 H319 H335	2
Sauerstoff	Gefahr	GHS03 GHS04	H270 H280	7
Schiffs Reagenz	Achtung	GHS07	H319 H335	2
Schwefel	Achtung	GHS07	H315	3
Schwefeldioxid	Gefahr	GHS04 GHS06 GHS05	H331 H314 H280 EUH071	7
Schwefelsäure $w \geq 15\,\%$	Gefahr	GHS05	H290 H314	2
$5\,\% \leq w < 15\,\%$	Gefahr	GHS05	H290 H319 H315	2
Schwefelwasserstoff	Gefahr	GHS02 GHS04 GHS06 GHS09	H220 H330 H400	2-7
Schwefelwasserstofflösung $0{,}1\,\% \leq w \leq 1\,\%$	Achtung	GHS07	H332	2
Schweflige Säure $w \geq 5\,\%$	Gefahr	GHS05 GHS07	H332 H314	2
$0{,}5\,\% \leq w < 5\,\%$	Gefahr	GHS07	H332 H314	
Silbernitrat	Gefahr	GHS03 GHS05 GHS09	H272 H314 H410	12-13-14
Silbernitratlösung $5\,\% \leq w \leq 10\,\%$	Achtung	GHS07	H319 H315	12-13-14
Silberoxid	Gefahr	GHS03 GHS05	H272 H314 EUH044	12-13-14
Strontiumchlorid	Achtung	GHS07	H319 H315 H335	1-11
Styrol	Achtung	GHS02 GHS08 GHS07	H226 H304 H332 H335 H319 H315 H372	10-12
Wasserstoff	Gefahr	GHS02 GHS04	H220 H280	7
Wasserstoffperoxidlösung $30\,\% \leq w < 50\,\%$	Gefahr	GHS03 GHS05 GHS07	H271 H332 H302 H314 H335	1
$8\,\% \leq w < 30\,\%$	Gefahr	GHS05 GHS07	H302 H318	1
$5\,\% \leq w < 8\,\%$	Achtung	GHS07	H332 H302 H319	1
Weinsäure	Gefahr	GHS05	H138	1-10
Zink, Pulver o. Staub (stabilisiert)	Achtung	GHS09	H410	3
Zinkbromid	Gefahr	GHS05 GHS09	H314 H410	1-11
Zinkchlorid	Gefahr	GHS05 GHS07 GHS09	H302 H314 H335 H410	1-11
Zinkchloridlösung $5\,\% \leq w < 10\,\%$	Achtung	GHS07	H319 H315	1-11
Zinkiodid	Gefahr	GHS07	H319 H315	12-16
Zinkoxid	Achtung	GHS09	H410	3
Zinksulfat, wasserfrei	Gefahr	GHS05 GHS07 GHS09	H302 H318 H410	1-11
Zinn(II)-chlorid	Achtung	GHS07	H302 H315 H317 H319 H335	1-11

Einfache Laborgeräte

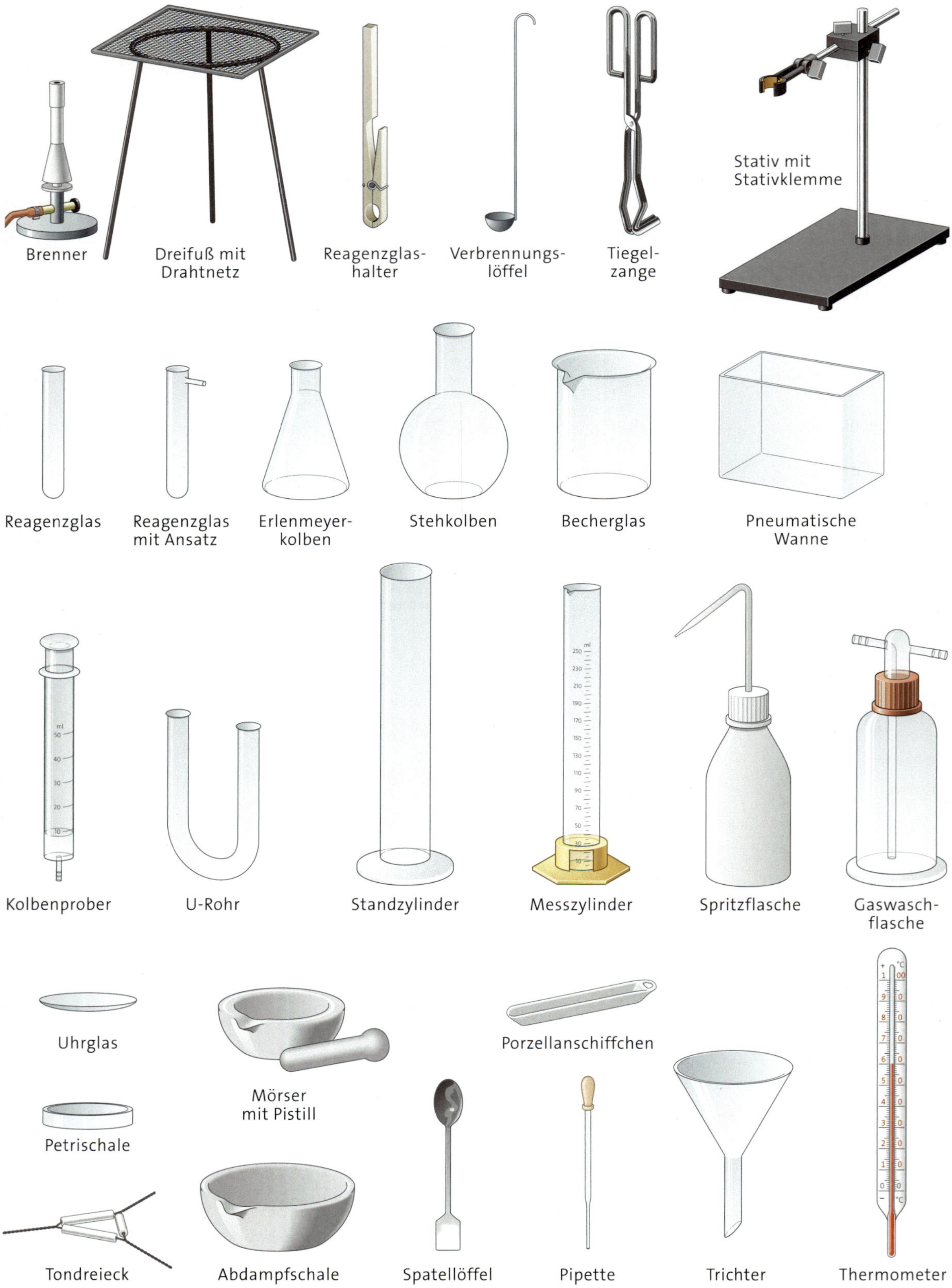

Wichtige Größen in der Chemie

Größen in der Chemie

Größe	Formelzeichen	Einheit
Masse	m	kg, g
Volumen	V	m^3, ℓ
Stoffmenge	n	mol
molare Masse	M	g/mol
molares Volumen	V_m	ℓ/mol
Teilchenanzahl	N	1
Dichte	ϱ	kg/m^3, g/cm^3, g/ℓ
Massenanteil	w	1, %
Volumenanteil	φ	1, %
Massen-konzentration	β	g/ℓ
Stoffmengen-konzentration	c	mol/ℓ
Temperatur	T, ϑ	K, °C

Größengleichungen in der Chemie

Dichte	$\varrho = \frac{m}{V}$ $\varrho = \frac{M}{V_m}$
molare Masse	$M = \frac{m}{n}$
molares Volumen	$V_m = \frac{V}{n}$
Massenanteil	$w(\text{Stoff}) = \frac{m(\text{Stoff})}{m(\text{Stoffgemisch})}$
Volumenanteil	$\varphi(\text{Stoff}) = \frac{V(\text{Stoff})}{V(\text{Stoffgemisch})}$
Massen-konzentration	$\beta(\text{Stoff}) = \frac{m(\text{Stoff})}{V(\text{Stoffgemisch})}$
Stoffmengen-konzentration	$c(\text{Stoff}) = \frac{n(\text{Stoff})}{V(\text{Stoffgemisch})}$

Vorsätze von Einheiten (Auswahl)

Vorsatz	Kurzzeichen	Faktor, mit dem die Einheit multipliziert wird	
Giga	G	1 000 000 000	(10^9)
Mega	M	1 000 000	(10^6)
Kilo	k	1 000	(10^3)
Hekto	h	100	(10^2)
Dezi	d	0,1	(10^{-1})
Zenti	c	0,01	(10^{-2})
Milli	m	0,001	(10^{-3})
Mikro	µ	0,000 001	(10^{-6})
Nano	n	0,000 000 001	(10^{-9})

Konstanten in der Chemie

Normdruck p_n	$p_n = 1013\,hPa$
Normtemperatur T_n	$T_n = 273{,}15\,K$
Molares Volumen eines idealen Gases im Normzustand $V_{m,n}$	$V_{m,n} = 22{,}4$ ℓ/mol
Avogadro-Konstante N_A	$N_A = 6{,}022\,1367 \cdot 10^{23}\,mol^{-1}$

Register

D

E

F

T

U

V

W

Z

Allgemeiner Hinweis zu den in diesem Lehrwerk abgebildeten Personen:
Soweit in diesem Lehrwerk Personen fotografisch abgebildet sind und ihnen von der Redaktion fiktive Namen, Berufe, Dialoge und Ähnliches zugeordnet oder diese Personen in bestimmte Kontexte gesetzt werden, dienen diese Zuordnungen und Darstellungen ausschließlich der Veranschaulichung und dem besseren Verständnis des Inhalts.

Bildnachweis

Titelfoto: Shutterstock/solarseven | action press/London News Pictures/REX: 54/2, action press/Olga Grum-Grzhimaylo/REX: 122/1 | Brandl: 132/1a–1c | Clip Dealer/Torsten Jantsch: 25/u. l. | Colourbox: 20/3, 95/4 | Cornelsen: 17/4, 17/5, 42/1 a–d, 43/4, 56/3a–c, 57/7b, 59/o., 59/M. r., 59/u. r., 62/2, 66/u., 70/M., 73/4c, 73/4b, 73/4d, 73/4e, 77/C2, 106/Exp. 3, 108/3, 109/Exp. 9, 114/1, 128/Exp. 10, 128/Exp. 10, 129/Exp. 12, 129/Exp. 14, 132, 133/1, 135/1, 135/M. r., 137/3, 137/Exp. 18 u., 138/Exp. 20, 139/2, 139/M. r., 145/D1, 144/B3, 150/5, 155/7, 156/o., 156/u., 177/o., 177/u. r. | Cornelsen/Heinz Mahler: 122/3 | Cornelsen/Stephan Ruhmke, S., Berlin: 104/1 | Cornelsen/Stephan Röhl: 95/5 | Cornelsen/Volker Döring: 15/6a, 6b, 16/1, 29/4, 30/1, 53/3–5, 55/4, 77/D1, 93/3a–3c, 94/2, 131/4–5, 152/1, 153/1, 163/5a–b | Cornelsen/Volker Minkus: 63/6a–c, 88/3, 110/1, 145/C1 oben, 145/C1 unten, 152/2 | Cornelsen/Wilhelm, S., Berlin: 27/M., 38/A1, 144/B3, 155/7 | Deutsche Bahn AG/Wolfgang Klee: 136/1 | Deutsches Museum, München, Archiv, CD68715: 126/1 | Duales System Deutschland AG: 73/4a | Engelhard Arzneimittel GmbH & Co.KG.: 34/o. | F1online: 3/u., 3/o., 8, 26 | FIRE Foto/Thomas Gaulke: 144/B2 | FOTOFINDER.COM/Leemage: 125/5 | Fotolia/Africa Studio: 19/1, Amadeus Persicke: 4/o., 102, AndreasEdelmann: 22/2, AnnaReinert: 20/2, Balliolman: 19/2, Bauer Alex: 69/4, Bjoern Wylezich: 130/1b, Christian Müller: 86/1, Cpro: 95/6, Dietrich Leppert: 103/o., dima_pics: 97/6, Dusan Kostic: 103/u., fergregory: 76/A1, fotohansel: 72/3, FreshPaint: 9/l., gcpics: 104/3, Gerhard Seybert: 41/o., Gina Sanders: 78, S.4/m., Gordan Jankulov: 46/1, haitaucher39: 154/1, hans engbers: 14/1, Heike Rau: 112/1a, hjschneider: 91/4, Jacqueline Böttcher: 112/2, Juulijs: 32/2, kenmind: 103/M., khorixas: 135/3, kovaleva_ka: 147/u., liza5450: 79/M., maho: 68/2, Malyshchyts Viktar: 170/1, Mike Brown: 32/1, nevenm: 134/2, Nick Dale: 147/o., nikitos77: 119/u., nikkytok: 119/o., nuzza11: 139/3, PEHA: 12/3, perfectmatch: 96/1, RCphoto: 28/1a, Rüdiger Jahnke: 9/o., Sandy1983: 169/A2, schepers_photography: 67/3, Shirinov Angela: 155/6, shootingankauf: 119/M., Silbertaler: 38/u. r., solstizia: 147/M., Steve Young: 130/1, StudioLaMagica: 4/u., StudioLaMagica: 118, Swapan: 9/r., tab62: 30/3a, taddle: 30/3b, Tristan3D: 108/2, victoria p.: 112/1b, volff: 91/5, VRD: 28/1b, WoGi: 70/1 | imago: 11/4, 151/6, imago/ZUMAPress: 54/1 | laif/Alexander/Arcticphoto: 14/2 | look-foto/Design Pics: 41/M. | mauritius images/Alamy: 43/5, 46/2, 47/1, 62/1, 79/o., 100/A2, Alamy/Maciej Wojtkowiak: 21/5, Chris Seba: 22/1, Hans-Peter Merten: 136/2, ib/Christian Handl: 16/2, imageBROKER/Helmut Meyer zur Capellen: 91/6, Novarc: 50/1, Photononstop: 27/o., Phototake: 90/2, SuperStock: 10/1a, 24/o. l. | NASA/Johns Hopkins University Applied Physics Laboratory/Carnegie Institution of Washington: 39/o. | Okapia/† NAS/Charles D. Winters: 14/3, G.M. Wunsch: 93/4, NAS/Rich Treptow: 105/6 | picture alliance/dpa: 52/1, 86/2, 134/1, 138/1, picture alliance/Ulrich Baumgarten: 73/5, 52/1, 86/2, maxppp: 111/5, ZB: 82/1 | Science Photo library: 27/u., ANDREW LAMBERT PHOTOGRAPHY: 130/3, MARTYN F. CHILLMAID: 163/4, NASA: 61/1, Paul Rapson: 66/1 | Shutterstock/Albert Russ: 20/1, Alexander Raths: 5/M., 146, Alison Hancock: 72/2, Anneka: 10/1b, 24/o. M., Bahadir Yeniceri: 108/1, BESTWEB: 44/1, Bogdan VASILESCU: 64/o., Bragin Alexey: 12/2, Christian Draghici: 90/1, CreativeNature.nl: 48/1, Dar1930: 94/1, Denis Rozhnovsky: 56/1a, DVARG: 41/u., Eldad Carin: 56/1b, ElenVD: 97/7, Ensuper: 65/5, Foodpictures: 101/C1, Fribus Mara: 130/1c, marco mayer: 93/1, Michal Baranski: 130/2, Mohamed Abdulraheem : 72/1, Nastya22: 89/6, NV77: 127/4, O.Bellini: 117/A1, ogwen: 12/1, Ortodox: 164/o., Photographee.eu: 84/1b, Photology1971: 79/u., photosync: 70/2, Pressmaster: 84/1a, pzAxe: 169/B1, ronfromyork: 16/3, Scisetti Alfio: 88/2a, Sean Pavone: 3/M., 40, solarseven: 1 (Cover) | Thomas Seilnacht: 113/5, 124/2a, 2b, 162/1 | ullstein bildullstein bild – CARO/Andree Kaiser: 42/2 | Wacker Siltronic, Burghausen: 135/2 | WMF AG: 139/1 | Zweiband: 176/13

Periodensystem der Elemente

Periode	1[1] I. Hauptgruppe	2 II. Hauptgruppe	3 III. Nebengruppe	4 IV. Nebengruppe	5 V. Nebengruppe	6 VI. Nebengruppe	7 VII. Nebengruppe	8 VIII. Nebengruppe	9 VIII. Nebengruppe
1	1 1,008 2,1 H Wasserstoff								
2	3 6,94 1,0 Li Lithium	4 9,01 1,5 Be Beryllium							
3	11 22,99 0,9 Na Natrium	12 24,31 1,2 Mg Magnesium							
4	19 39,10 0,8 K Kalium	20 40,08 1,0 Ca Calcium	21 44,96 1,3 Sc Scandium	22 47,88 1,5 Ti Titan	23 50,94 1,6 V Vanadium	24 51,996 1,6 Cr Chrom	25 54,94 1,5 Mn Mangan	26 55,85 1,8 Fe Eisen	27 58,93 1,8 Co Cobalt
5	37 85,47 0,8 Rb Rubidium	38 87,62 1,0 Sr Strontium	39 88,91 1,3 Y Yttrium	40 91,22 1,4 Zr Zirconium	41 92,91 1,6 Nb Niob	42 95,94 1,8 Mo Molybdän	43 [98] 1,9 Tc* Technetium	44 101,07 2,2 Ru Ruthenium	45 102,91 2,2 Rh Rhodium
6	55 132,91 0,7 Cs Caesium	56 137,33 0,9 Ba Barium	57 138,91 1,1 La Lanthan ●	72 178,49 1,3 Hf Hafnium	73 180,95 1,5 Ta Tantal	74 183,84 1,7 W Wolfram	75 186,21 1,9 Re Rhenium	76 190,23 2,2 Os Osmium	77 192,22 2,2 Ir Iridium
7	87 [223] 0,7 Fr* Francium	88 226,03 0,9 Ra* Radium	89 227,03 1,1 Ac* Actinium ●●	104 [261] Rf* Rutherfordium	105 [262] Db* Dubnium	106 [266] Sg* Seaborgium	107 [264] Bh* Bohrium	108 [277] Hs* Hassium	109 [268] Mt* Meitnerium

Metall
Halbmetall
Nichtmetall

schwarz = Feststoff
weiß = Flüssigkeit
rot = Gas
hellblau = künstliches Element
* = radioaktives Element

[1] = Gruppennummerierung IUPAC (1989): Gruppennummern 1 bis 18

Ordnungszahl: 7
Atommasse in u: 14,007
Elektronegativitätswert: 3,0
Symbol: N
Name: Stickstoff

Die Atommassen in eckigen Klammern beziehen sich auf das längstlebige gegenwärtig bekannte Isotop des betreffenden Elements.

● Elemente der Lanthanreihe (Lanthanoide)

Periode					
6	58 140,12 1,1 Ce Cer	59 140,91 1,1 Pr Praseodym	60 144,24 1,2 Nd Neodym	61 [145] 1,2 Pm* Promethium	62 150,36 1,2 Sm Samarium

●● Elemente der Actiniumreihe (Actinoide)

Periode					
7	90 232,04 1,3 Th* Thorium	91 231,04 1,5 Pa* Protactinium	92 238,03 1,7 U* Uran	93 [237] 1,3 Np* Neptunium	94 [244] 1,3 Pu* Plutonium